무법적 정의

무법적 정의

바울의 메시아 정치

테드 W. 제닝스 지음 | 박성훈 옮김

도서출판 길

무법적 정의

바울의 메시아 정치

2018년 4월 10일 제1판 제1쇄 찍음
2018년 4월 20일 제1판 제1쇄 펴냄

지은이 | 테드 W. 제닝스
옮긴이 | 박성훈
펴낸이 | 박우정

기획 | 천정은
편집 | 김용진 · 천정은
전산 | 한향림

펴낸곳 | 도서출판 길
주소 | 06032 서울 강남구 도산대로 25길 16 우리빌딩 201호
전화 | 02) 595-3153 팩스 | 02) 595-3165
등록 | 1997년 6월 17일 제113호

ISBN 978-89-6445-154-0 93160

감사의 말

내게 바울 읽기의 복잡성과 즐거움을 소개해준 사람은 헨드리커스 보어스(Hendrikus Boers)다. 그와 함께 지난 40년에 걸쳐 나는 바울에 관해, 특히 로마서의 바울에 관해 긴 밤을 지새우며 대화하는 즐거움을 누렸다. 신약성서에 대한 "인문학적" 해석이라는 도전에 대해 알게 된 것은 그를 통해서였다(서로 신학적 관점이 상당히 다름에도 불구하고). 그러한 관심의 첫 열매가 나의 책 『데리다를 읽는다/바울을 생각한다: 정의에 관하여』(*Reading Derrida / Thinking Paul: On Justice*)였으며, 그로 인해 이 책의 기획을 잠시 중단하고 방향을 재설정하게 되었다. 앞의 책은 헨드릭의 때이른 죽음에 앞서 출판되었다.

이 책은 1984년에 멕시코에서 시작된 로마서 세미나와 시카고 신학대학원(CTS, Chicago Theological Seminary)에서 오랜 기간 지속된 로마서 세미나에 참여한 많은 학생들의 비판적이고 열정적인 관여가 없었다면 쓰일 수 없었을 것이다. 이에 더해, 현대 대륙 철학에 관련된 내 세미나에 참석한 학생들 또한 중요한 기여를 많이 해주었다. 나는 언제나처럼 그러한 기여에 대해 그들에게 감사한다.

나는 고맙게도 원고를 검토하는 데 동의해준 애덤 코츠코(Adam Kotsko)에게, 몇 가지 유익한 제안을 해준 《더 프레스》(*The Press*) 지의 익명의 독자들에게, 그리고 이 책의 출간을 격려해 준 스탠퍼드 대학 출판부의 편집자 에밀리제인 코언(Emily-Jane Cohen)과 헨트 드 브리스(Hent de Vries)에게 감사를 표한다.

이 책을 새로운 사회를 위한, 어쩌면 도래할 민주주의를 위한 투쟁에 관여한, 세계 도처에서 내가 특별히 만날 수 있었던 모든 사람들에게 바친다. 그 새로운 사회에서는 배제와 착취가 종식되고 모든 사람이 메시아의 광휘로 들어가게 될 것이다.

일러두기

- 이 책에 나오는 「로마서」 및 다른 성서 텍스트의 인용문은 지은이가 NRSV(New Revised Standard Version) 판에서 수정을 거쳐 인용한 원문을 옮긴이가 표준새번역을 참고하여 우리말로 옮긴 것이다.
- 이 책의 주(註)는 모두 독자의 이해를 돕기 위해 옮긴이가 붙인 것이다.

• 차례 •

서론

로마서 읽기를 위한 준비

왜 바울의 로마서에 관한 책을 또 쓰는가? 오리게네스[1]가 로마서에 관한 광범위한 주석서를 썼던 3세기 초 이래, 이 편지는 신약성서에서 가장 많은 주석이 쓰인 문헌이었다.

로마서에 대한 일반적인 독해 방식은 기독교적 교의에 대한 설명으로 혹은 (보다 최근 들어) 초기 기독교를 들여다보는 창(窓)으로 간주하는 것이다. 여기에서 나는 이 텍스트를 읽는 또 다른 방식을 제안할 것이다. 내가 이 편지를 독해할 방식은 사람들이 말하는 소위 정치철학(political philosophy) — 정치적인 것(the political)에 대한 사유, 말하자면 인간의 삶이 집단적인 또는 공통적인 삶으로 정립되는 방식에 대한 사유 — 의 가장 근본적인 문제들을 다루는 텍스트로 읽는 것이다. 특히, 바울이 로마에 의해 정립된 정치질서에 반대하며 또한 "모세" 또는 "유대 사람들"(Judeans)의 정치체(polity)에 대한 대안으로 들어서는 메시아적 정치를 발전시키고 있음을 읽을 수 있다고, 나는 주장한다. 바울의

1 오리게네스(Origenes, 185~254). 알렉산드리아 출신의 교부이자 신학자.

시대에 유대교(Jewish) 지식인들은 이미 유대 민족의(Judean), 정치질서 즉 모세의 정치질서가 로마의 정치질서보다 우월하다는 주장을 시도했던 바 있다(Stowers 35). 유대 및 로마의 정치체는 양자 모두 정치적인 것을 공통적인 삶을 구조 짓는 기초적인 법을 통해 구상했다는 공통점이 있다. 이런 점에서 이 두 정치체는 분명히 플라톤과 아리스토텔레스의 접근법을 특징짓는 방식, 즉 정치적인 것을 사회생활을 공평하게 배치해 줄 법적 질서를 제공하는 문제로 다루는 방식과 연속선 상에 있다. 따라서, 아리스토텔레스는 인간은 정치적 동물(political life-form)(*zōon politikon*)이라는 유명한 단언에 이어서 다음과 같이 주장한다. "정의는 국가 안에 있는 인간들을 묶는 유대(紐帶, bond)이다. 왜냐하면 정의의 집행은, 무엇이 정의로운가에 대한 결정으로서, 정치적 사회의 질서이기 때문이다"(『정치학』 1253a.37~39). 그의 스승인 플라톤은 『국가』, 『정치가』, 그리고 『법률』과 같은 책에서 정의로 정향된 이상적인 정치 조직에 관한 고찰을 제시했다. 실제로, 시라쿠사이(Syracuse)를 위한 헌정(constitution)을 마련함으로써 자신의 이념을 실행에 옮기고자 했던 듯 보인다. 이 시도는 부분적으로 퀴프로스, 스파르타, 그리고 아테네로 대표되는 정치질서의 중요한 예들에는 모두 지혜로운 헌법이나 혹은 인민의 공통적인 삶을 지배하는 기본적인 법들을 제공했던 어떤 입법자(아테네의 솔론, 크레타의 미노스, 스파르타의 리쿠르고스)가 있고 이 입법자로부터 도시의 정체가 유래한다는 생각에 기초한 것이었다(플라톤, 『법률』 1.624~631). 입법자에 대한 이러한 관념과 이상적인 헌정을 제시하고자 했던 플라톤과 아리스토텔레스 각자의 시도를 고려할 때, 모세가 어떤 의미에서 일종의 정치적인 또는 헌정적인 질서의 정초자로 이해되는지 아는 것은 그리 어렵지 않다.

적어도 아우구스티누스(Augustinus) 이래, 신학자들은 바울이 로마서에서 법과 정의라는, 정치적 사유에서 공통적으로 논의되는 주제들에 관심을 가졌다는 점을 알고 있었다. 그러나 또한 실제로 대부분의 로마서 독해는 이러한 정치적 문제로부터 관심을 돌려 신과 관련된 개별 신자의 상황에 집중하게 했다. 이것은 또한 로마서가 정치적 텍스트보다는 먼저 종교적 텍스트로 읽혀왔다는 의미이기도 하다. 물론 바울은 (또는 그 사안에 대해서라면 플라톤이나 카이사르 아우구스투스도) 아마도 이러한 이분법을 알지 못했겠지만, 어쨌든 바울 논변의 정치적·철학적 성격은 시야에서 멀어져갔다. 그 결과, 로마서라는 텍스트는 협소하게 종교적 주제들에 국한된 교회의 책으로서 읽히게 된다. 실제로 이 과정은 "justice"(정의)가 (또는 "injustice"(부정의)가) 영어 번역 텍스트에서 사라지면서 악화되었다. 정의나 부정의라는 단어는 "righteousness"(의로움), "unrighteousness"(불의함), 그리고 "wickedness"(사악함) 같은 용어들로 대체되었고, 이로 인해 바울의 관심사에 내포된 정치적 의의는 종교성의 안개 뒤에 가려지게 되었다.

내가 여기에서 제안하는 로마서 독해 방식은 이러한 바울 읽기의 전통으로부터 단절한다. 이 독해는 기본적으로 "법"과 "정의"에 이 단어들 본연의 정치적 의미를 회복시켜주는 것으로부터 시작한다. 로마서에 대한 비정치적 독해 방식이 너무나 지배적이기에 이러한 독해 방식에 여러 생소한 번역을 도입해야 할 필요가 있다. 부분적으로 이런 작업은 독자들이 전통에 의해 눈이 가려지지 않은 새로운 방식으로 텍스트를 대할 수 있도록 하는 데 있어 필수적이다. 어떤 텍스트를 새롭게 대하기 위해서라면 낯설게 하기(defamiliarizing)라는 전략은 거의 언제나 필수적이다. 그러나 이 경우에 그 전략은 해당 텍스트인 로마서를 전통적인 종교적 독해라는, 마치 컬트(cult)와 같이 고립된 영역에 감금되어 있는 상태로부터 해방하는 데 있어 훨씬 더 중요한 의미를 지닐 것이다. 이 전략의 많은 부분은 텍스트 자체에 의해 보증된 단순한 교체에 의한 것이다. 예를 들어, 유대교적인(Jewish)이 아니라 유대인적인(Judean),[2]

2 Jewish와 Judean의 차이. Jewish는 오늘날 정립되어 있는 유대교 및 그 율법을 준수

그리스도(Christ)가 아니라 메시아(messiah), 의로움(올바름, righteousness)이 아니라 정의(justice), 믿음(faith)이 아니라 충실성(fidelity)이나 충성(loyalty), 은혜(자비, grace)가 아니라 관대함(너그러움, generosity)이나 호의(favor), 예수(Jesus)가 아니라 여호수아(Joshua) 등으로 교체하여 사용할 것이다.[3] 이 교체의 중요성은 이 독해가 진행됨에 따라 분명해질 것이다.

바울 서신 자체의 독해에 있어, 바울이 법과 정의라는 정치적 사유의 가장 기본적인 문제들에 관심을 가지고 있다는 점을 이해할 필요가 있다. 하지만, 바울은 정의가 법에 상반된다고 주장함으로써 정치적인 것에 대한 급진적인 재사유를 제안하고 있다. 정의와 관련된 주제를 기본적으로 다루는 정치적 사유의 전통에 동의하면서도, 바울은 정의가 사회의 사법적 구조화를 통해 달성된다는 가정에 근본적인 비판을 제시함으로써 그 전통으로부터 이탈한다. 내가 주장하는 바는, 바울에게 있어 정치적인 정의의 문제는 완전히 새로운 기초를 갖는다는 것이다. 바로 메시아를 통한 신의 역사(役事)라는 기초 말이다. 따라서, 새로운 메시아적 정치의 사유가 도입된다. 다시 말해, 인간의 사회 역사를 이해하는 새로운 방식, 모세의 사회질서나 그리스-로마적 사회질서 — 특

하는 유대인 및 이들과 관련된 것을 말하며, Judean은 유대 전쟁과 디아스포라 이전 팔레스타인 지역에 거주하던 고대 유대인들을 지칭하는 말이다. 이 번역에서는 될 수 있는 한 Judean을 유대인으로 사용하나 오늘날의 유대인을 지칭하는 Jew라는 말과 구분해야 할 경우 '유대 사람'이나 '유대지역 사람'으로 옮길 것이다.

3 예수(Jesus)는 그리스어식 표현인 예수(Iesu)에서 온 이름이며, 이 그리스어식 이름은 예호슈아(Yehoshua, Joshua, 여호수아)의 히브리어식 약칭인 예슈아(Yeshua)를 그리스어로 전차한 것이다. 저자는 이 책에서 바울 서신, 특히 로마서와 그리스도 혹은 메시아의 정치적 성격을 분명히 하기 위해 '신이 구원하신다'는 뜻의 히브리어 이름 예호슈아의 영어식 표기인 Joshua를 사용한다. 따라서 이 번역에서는 예수라는 이름 대신 (개신교권) 국역판 성서의 이름을 차용하여 여호수아라는 이름을 사용한다.

히 로마의 제국적 질서(또는 무질서)에서 구체적으로 드러나는 사회질서—모두와 상반되는 방식을 가리키는 급진적 함의를 지닌 정치적 사유가 말이다.

전통적인 바울 독해에서 가장 빈번하게 시야로부터 숨겨지는 것들 중 하나는 로마 제국과 제국의 개념적 기반에 대한 바울의 근본적인 비판이다. 따라서 "법"의 문제는 매우 흔하게 모세의 종교적 "율법"으로 한정되며, 로마 비판에는 거의—혹은 아예—주의를 기울이지 않는다. 기독교인들 자신이 정치적으로 힘 있는 자들의 환심을 사려 하는 한, 바울의 로마 제국 비판을 회피하거나 혹은 무시할 필요가 있었다. 성서학자들은 오늘날에 와서야 로마에 대한 바울의 반대를 인식하게 되었다. 여기에서 리처드 호슬리(Richard Horsley)가 이끄는 '바울과 정치 연구 그룹'(Paul and Politics working group)이 지속적인 중요성을 지닌다. 닐 엘리엇(Neil Elliott)이 쓴 책들 또한 이러한 시각을 매우 심화시켰다. 더 최근에 브리짓 칼(Brigitte Kahl)이 『다시 구상된 갈라디아서』(*Galatians Re-imagined*)에서 펼쳤던 주장에 따르면, 법에 대한 바울의 관심은 토라(율법, Torah)[4]의 문제뿐만 아니라 로마법과도 연관지어 독해되어야 한다.

모세 또는 유대교의 율법에 관한 강조나 이에 대응하는 로마법에 관한 침묵으로 인해 매우 심대한 반(反)유대교적 로마서 독해가 가능했다. 최근 들어 바울 읽기에서, 그리고 실제로는 신약성서 전체 읽기에서, 가장 중요한 발전들 중 한 가지는 바울의 로마 제국 비판에 대한 인식이 증가하고 있다는 점이며, 다른 한 가지는 바울이 언제나 뼛속 깊이 유대교적인(혹은 유대민족적인) 사상가였다는 인식이 증가하고 있다는 점이다. 바울과 로마서를 대다수의 기독교적 로마서 독해의 반유대주의적 전통으로부터 구해내는 작업은 신약성서, 바울, 그리고 특히 이 로마서

4 구약성서의 창세기, 출애굽기, 레위기, 민수기, 신명기로 구성된 소위 모세 5경.

라는 텍스트에 대한 새로운 이해를 추구함에 있어 엄청난 중요성을 지닌 사안이었다. 실제로, 우리가 앞으로 보게 될 것이며, 바르트[5]가 이미 인식했던 대로, 반유대주의는 이 텍스트에서 원칙적으로 바울에 의해 배제된다.

바울 저작이 정치적 사유의 가장 기본적인 주제들을 다루는 글로 읽힐 수 있다는 점이 신학적 고찰에서 완전한 혁신이라고는 할 수 없다. 아우구스티누스의 로마서 독해는 로마서의 주제들을 심하게 탈정치화했으나, 그럼에도 그마저도 로마서가 자신이 명명하는 신의 도시와 인간의 도시 둘 사이의 대비에 기본적인 단초를 제시한다고 해석할 수 있었다. 물론 도시(city) 혹은 *키비타스*(*civitas*)는 그리스적 사유에 있어서의 *폴리스*(*polis*, 도시국가)와 마찬가지로 라틴적인 정치적 사유의 기초 단위였다. 아우구스티누스는 인간의 도시는 그동안에 도시국가가 아니라 제국이 되었다는 것을 인식했다. 그리고 그는 인간(로마)의 제국과 그리스도에서 시작된 신성한 사회인 신의 도시를 대비하고자 했다. 불행히도, 아우구스티누스는 신의 도시의 *사회적* 성격을 — 적어도 "천국"의 이런 측면을 — 사유하기가 어렵다는 점을 발견했고, 따라서 그 정치적 의의를 기껏해야 희미하게 표현했을 뿐이다. 우리는 아우구스티누스가 이러한 기본적인 정치질서들을 관련짓고자 했던 특정한 방식을 받아들이지는 않지만, 그럼에도 어쨌든 관건이 되는 것은 *키비타스*, 즉 인간세계의 정치적 질서지음이라고 보는 그의 인식에서 어떤 공통된 토대를 발견할 수 있다.("civics"(시민들)이나 "civil society"(시민 사회)는 기초적인 정치적 개념 또는 범주로서의 키비타스(civitas)라는 라틴어에 뿌리를 둔다.)

---

5 카를 바르트(Karl Barth, 1886~1968). 스위스 바젤 출신의 목사, 신학자. 주저로는 『로마서 강해』 등이 있으며, 성서를 윤리를 위한 지침서나 단순한 문헌 정도로 취급하던 자유주의에 반해, 예수를 육화된 신의 말씀으로 강조하는 신정통주의 신학의 효시가 되었다.

분명히 칼뱅[6] 또한 바울이 이 텍스트 속에서 착수하는 기획의 정치적 함의들 중 일부를 지각하고 있었다. 비록 이 텍스트의 정치적 관련성을 정치적 질서가 신으로부터 유래한다는 로마서 13장의 악명 높은 인용구에 맞추고 있기는 했지만 말이다. 그러나 1차 세계 대전이 끝날 무렵, 서구적 사회질서의 명백한 붕괴와 함께, 바르트는 자신의 로마서 주석에서 바울의 기획이 모든 실존하는 사회문화적 질서에 대한 철저한 비판을 표명하는 작업이라는 점을 인식하게 되었다. 분명히 내가 제시하는 로마서 독해는 이 로마서라는 텍스트가 서구 문명의 사회질서(또는 무질서)에 대한 기소장으로 해석될 수 있으며 그렇게 해석되어야만 한다는 바르트의 통찰에 많은 빚을 지고 있다. 그러나 세계의 기본적인 정치 구조를 이해하기 위한 바울 논변의 관련성이 가장 극명하게 드러나는 것은 라틴아메리카의 해방신학이다. 무엇보다 나는 여기에서 호세 포르피리오 미란다(Jose Porfirio Miranda)의 『마르크스와 성서』를 염두에 두는데, 이 책에서 바울은 서구 문명 — 대중을 빈곤에 처하게 하는 한편 소수의 특권을 보장하는 정치경제를 유발하는 문명 — 에 대한 근본적인 비판을 제시한다고 해석된다.

바울을 정치적인 것의 사상가로 읽는 방식이 일부 신학계에서 전례 없는 것은 아니며, 그러한 방식이 동시대 성서학자들의 역사 비평 작업의 특정한 발전에 기인한 것일 수도 있다. 하지만 이런 방식의 바울 독해에서 가장 극적인 발전은 신학자도 성서학자도 아닌, 어쩌면 세속적이거나 혹은 심지어 무신론적인 바울 독자로 간주될 수도 있을 동시대 지식인들로부터 유래한다. 동시대 대륙 사상가들은, 세계가 인류의 번

---

6 장 칼뱅(Jean Calvin, 1509~64). 프랑스 출신으로 프로테스탄트 종교개혁 시기의 유력한 신학자, 목회자. 원래 인문주의에 입각한 변호사 교육을 받았으나, 이후 로마 가톨릭 교회에서 이탈하여 『기독교 강요』가 출간될 무렵 스위스의 제네바로 간 이후 제네바와 스트라스부르 등지에서 목회 및 저술 활동을 했다. 개혁교회, 회중교회, 장로교 등의 다양한 칼뱅주의 교파 신학에 지대한 영향을 미쳤다.

영에 파괴적이라고 간주되는 힘들에 의해 지배되는 지구적 사회라고 사유하는 시도를 통해, 점차 정치적인 것에 대한 기본적인 문제들로 관심의 방향을 돌리게 되었다. 그들 중 많은 사상가들에게 깊은 영향을 미쳤던 것은 카를 마르크스(Karl Marx)가 제시한 자본의 정치경제 비판과 빈곤에 처한 자들이나 억압받는 자들의 해방에 대한 열렬한 욕망이다. 자본주의적 세계화와 특정한 형태의 "공산주의"의 실패 양자 모두에 실망하여, 이 사상가들은 철저하게 새로운 정치경제를 사유할 길을 모색하고자 했다. 이런 시도의 과정에서 그들은 점차 성서와 특히 바울에, 교의를 믿는 "신자"나 의식의 실행자나 기독교라 불리는 제도를 구성하는 일원이 아니라, 오직 정의를 지향하는 인간 사회에 관한 철저하게 새로운 사유를 추구하는 지식인으로서의 바울에 눈을 돌리게 되었다. 그들은 특히 종교적 혹은 심지어 신학적 헌신이라는 테두리 밖에서 바울을 독해할 기회를 제공한다. 이러한 바울 독해의 과정에서, 이 사상가들은 계몽시대 초기의 토머스 홉스(Thomas Hobbes)와 바뤼흐 스피노자(Baruch Spinoza) 그리고 곧 이어 존 로크(John Locke)에 의해 개척된 길을 따라간다. 이 선구적 사상가들은 바울을 일종의 정치철학자로 간주했지만, 그들의 주제는 정치적인 것을 종교적 제도의 헤게모니로부터 그리고 신앙고백적 구속으로부터 해방할 수 있는 가능성을 다루는 쪽으로 기울어 있다. 이와 같이, 계몽시대 초기 단계에, 바울은 국가의 세속화라 지칭될 수 있을 프로그램에 큰 도움이 되었고, 또한 이에 따라 종교적 해방의 옹호자로 간주되었다.

심지어 19세기에, 마르크스의 친구이자 동료였던 프리드리히 엥겔스(Friedrich Engels)는 해방적 정치 기획과 바울의 관련성을 인식했다. 그는 국제 사회주의라는 기획과 로마 제국의 압제받는 대중 가운데 사회적 정의의 공동체들을 정립하고자 한 바울의 작업 사이에서 분명한 유사점들을 인식했다. 엥겔스는 자신의 책 『초기 기독교의 역사에 관하여』에서 다음과 같이 서술한다. "초기 기독교에서 그랬듯이, 사회주의 운동 초기에 그랬다"(330). 그는 급진적인 성서학자 에르네스트 르낭(Ernest Renan)의 다음과 같은 제안을 동의하면서 인용한다. "만일 당신에게 초기 기독교 공동체를 알려주고자 한다면, 나는 국제노동자협회(International Working Men's Association)의 지역지부를 보라고 말할 것이다"(318). 이 언급은 심지어 운동의 목적을 위해 대중으로부터 자원을 끌어 모으는 문제에 있어 기독교와 국제 사회주의 운동 양자 모두가 겪었던 좌절에 대한 언급으로 이어지기도 한다.

그러나 이제 "공적 지식인"이라 불리기도 하는 바울에 대한 해석이 자본주의와 미국적 헤게모니의 지배로 부각된 지구적 차원의 정치적 현실을 사유하고자 새로운 길을 찾는 유럽의 지식인들 사이에서 힘을 얻게 된 기간은 실제로 소련의 붕괴 이후 이어진 단 몇 년 동안이었다.

오늘날 이른바 대침체(Great Recession)[7]가 전 지구적 자본 과잉을 부각했고, 미국적 정치체 전환의 새로운 시작은 사후적으로 되돌아볼 때 선제적 〔예방〕 전쟁과 고문을 수단으로 전개되었던 자유를 위한 십자군 운동의 파산을 명확히 드러내기에, 지구적인 정치적 배치에 관해 사유할 근본적으로 새로운 방식의 모색은 그 어느 때보다 긴급한 문제가 되었다.

이 책의 로마서 다시 읽기에서, 내가 추구하는 방식은 이 "세속적"인 그리고 심지어 비종교적인 지식인들과의 대화를 통한 로마서 독해다. 물론, 나의 독해 방식은 내가 이미 언급했던 일부 신학 및 성서 비평의 발전에서 정보를 얻고 있다. 그러나 나는 바울을 정치적인 것을 사유하는 급진적인 사상가로 해석하기 위해 전문적이거나 학술적인 또는 교

7 대침체(Great Recession). 미국 주택 가격의 거품 붕괴와 함께, 미국의 투자은행들이 만들어낸 주택담보대출 파생상품인 서브프라임 모기지 등을 취급하던 은행들이 유동성 위기를 맞게 되면서 촉발된 경제 위기. 2007~8년에 촉발되어 2009년 초에 끝난 것으로 분석되기는 하지만, 그 여파는 세계적으로 확장되어 2010년대 초까지 이어졌다.

회적인 해석을 하는 종교의, 심지어 학자들의 게토(ghetto) 바깥에서 바울을 읽는 사람들의 도움을 얻는 편이 가장 유익하다고 생각한다. 내가 보기에, 니체와 하이데거, 데리다와 낭시, 바디우와 지젝, 그리고 벤야민과 아감벤의 통찰이 바울을 단지 교회의 신학자가 아니라 위기에 처한 행성에 함께 머무르는 우리 인간 존재들의 공동의 삶에서 가장 기본적인 문제들을 해명하고자 노력하는 사상가로 이해하는 데 도움이 될 것이다.

동시대의 철학자들과 함께하는 로마서 다시 읽기를 정당화하는 한 가지 방식은 사도행전에서 발견할 수 있는 바울에 관한 이야기에서 유래한다. 거기에서 그는 "몇몇 에피쿠로스학파와 스토아학파 철학자들"과 마주쳤는데, 그들은 "바울을 아레오파고스[8]로 데리고 가서, 당신이 말하는 이 새로운 가르침이 무엇인지 우리가 알 수 있겠소?"라고 말한다(17:19). 그런 이후에 제시되는 것은 이 텍스트의 저자가 바울의 입을 빌려 상당히 직접적으로 당대 여러 철학자들의 관점으로부터 오는 것이라고 전하는 연설이다. 예를 들어, "우주와 그 안에 있는 모든 것을 창조하신 하나님께서는 하늘과 땅의 주님이시며, 사람의 손으로 지은 신전에 거하지 않으십니다. … 그리고 그분은 한 사람[9]으로부터 땅 위에 사는 모든 인간의 족속을 만드셨는데 … 그들이 하나님을 찾을 것이라는 희망으로 그분을 찾게 하시려는 것입니다"(17:24~27). 이 모든 것은 그 당시의 철학적 상식에 따른 것이며, 다양한 종류의 "우상 숭배와 미신"의 거부 또한 그렇다. 그러고 나서 바울은 어느 정도 더 논쟁적일 수도 있을 무언가로 방향을 돌린다. "무지의 시대에는 하나님께서 눈

---

8 Areopagus, 원어로는 'Areios pagos'(아레스의 바위)라는 뜻. 원래는 도시 아테네의 종교, 행정, 입법에 관한 장로 회의가 개최되던 곳이었으나, 솔론(Solon)의 개혁 이후에는 살인사건에 대한 재판을 진행하던 장소였다. 아고라(시장)에서 아크로폴리스로 올라가는 북서면 길 중턱에 위치한다.

9 한 조상 또는 혈통.

감아주셨지만, 이제는 어디에서나 모든 사람에게 회개하라고 명하십니다"(17 : 30). 하지만 이 또한 적어도 사람들에게 미신과 악행을 떠나 이성과 덕성으로 들어가라고 요청하는 철학적 소명과 관련하여 쉽게 받아들일 수 있는 말이다. 그러나 이 연설은 이후에 점차 받아들이기 어려워진다. "왜냐하면 하나님께서 세계를 정의로 심판하실 날을 정해놓으셨기 때문입니다"—이 또한 신이 바울 당대의 몇몇 역사가 및 시인들의 저술에서 지적된 부정의로 인해 세계에 유죄를 선고할 정의의 신이라는 의미에서 동의할 수 있는 이야기다. "그분이 지정하신 한 사람을 내세워서"—여기에서, 통상 새로운 황제가 마침내 새로운 정의의 시대를 알릴 누군가로 상정됨에도 불구하고, 우리는 그 문제와 관련된 상식으로부터 떨어져 나간다. "그를 죽은 사람들 가운데서 살리심으로, 이에 관해 모든 사람에게 확신을 주셨습니다"—바로 이 마지막 문장이 그리스-로마 세계의 문화적 상식으로는 받아들일 수 없는 것이다(17 : 31). 그런 이후 충분한 근거를 들어 사도행전의 저자는 다음과 같이 말한다. "그들이 죽은 사람들의 부활에 대해 들었을 때에 더러는 비웃었다"(17 : 32). 이것은 철학적 의미에서 알랭 바디우(Alain Badiou)가 말하는 '우화'(꾸며낸 이야기, fable)가 되기에 충분하다고 보인다. 이 텍스트는 다음과 같이 이어진다. "그러나 더러는 '이 일에 관해서 당신의 말을 다시 듣고 싶소'라고 말하였다"(17 : 32). 이 우화의 외견상 말도 안 되는 몇몇 측면은 당혹스럽지만, 그럼에도 바울의 견해에는 철학자가 추가적 탐구를 정당화하기에 충분할 정도의 매력이 있다. 실제로 마지막 부분에서 우리에게 전해지는 말에 따르면, "그러나 몇몇 사람은 바울 편에 가담하여 신자가 되었으며, 그 가운데는 아레오파고스 법정의 일원인 디오니시우스(Dionysius the Areopagite), 다마리스(Damaris)라는 부인, 그리고 그 밖에 다른 사람들이 있었다"(17 : 34). 여기에서 언급된 디오니시우스라는 이름은 부정 신학 혹은 신비주의 신학의 가장 영향력 있는 저자에 의해 차용된다. 다마리스에 관해서는 추가적인 정보가 없지만, 철학자들 중에 여성들이 있었던 것이 결코 낯선 광경은 아니다.

이 이야기는, 바울 자신의 삶에서 일어났던 사건을 포착한 것이든 아니든 간에, 철학과 초기 기독교의 만남에서 있었다고 알려진 일들을 예시하는(豫示, foreshadow) 듯 보인다(예를 들자면, 순교자 유스티누스[10]의 사례). 그러나 이 이야기는 또한 내가 여기에서 바울을 그리고 바울이 가장 관심을 가졌다고 간주되는 문제들을 다루는 오늘날의 비종교적인 철학자들의 말을 경청할 때 사용하게 될 방식을 시사할 것이다. 여기에서 스피노자의 말이 격려가 될 법하다. "사도들 중 그 누구도 바울만큼 철학적인 설명을 제시하는 사람은 없었다"(144).

이 로마서 텍스트를 새로운 방식으로 읽는 과정에서, 보다 중요한 것은 우리가 바로 로마서라는 텍스트를 읽고 있다는 점을 분명히 밝히는 것이다. 이 텍스트의 적합한 해석을 위한 지침은 오리게네스가 자신의 로마서 주석에서 처음으로 밝힌 것이다. 이 편지의 부분들은 텍스트 전체와 관련하여 이해되어야 한다. 여기저기서 가장 마음에 드는 몇몇 구절을 취하고, 맥락에서 떼어내어, 이러저러한 문제에 대한 구실로 삼는 것은 단적으로 잘못된 독해 방식이다. 내가 진행하는 로마서 수업시간에 나는 학생들에게 우선 장이나 절 구분이 없는 로마서 텍스트를 준비하도록 권장하여 텍스트 자체의 논변에서 나타나는 전반적인 흐름에 집중할 수 있도록 한다. 이것은 우리가 플라톤이나 아리스토텔레스를, 또한 아타나시우스(Athanasius)나 아우구스티누스를 읽는 방식이다. 나 자신의 로마서 재해석에 있어, 나는 장이나 절에 대한 언급을 최소화하여, 바울 논변의 기본적인 요소 및 전개 방식을 강조할 수 있도록 노력

10 순교자 유스티누스(Justinus Martyr). 2세기 무렵의 기독교 변증가로 자신의 제자들과 함께 순교했다. "기독교의 씨앗"(역사 속에서 작용하는 로고스의 현현)이 그리스도의 육화 이전에 있었다는 신학적으로 혁신적인 제언을 통해 소크라테스나 플라톤 같은 그리스 철학자들이 알려지지 않은 기독교인들이었다고 주장했다.

할 것이다. 이 책 전반에 걸쳐 로마서에서 인용된 텍스트는 볼드체 활자로(가끔은 번역이나 텍스트를 분명히 할 목적으로 일반 활자로) 제시하여 독자가 논의 중인 문구를 확인할 수 있도록 할 것이다.

무엇보다, 이 로마서 텍스트를 해명하기 위해 다른 텍스트들을 다룰 경우, 우선 바울이 쓴 텍스트들을 고려하는 것이 중요하다. 만일 로마서에 실린 한 텍스트를 이해하려 한다면, 이 텍스트는 우선 로마서 전체로부터 이해되어야 한다. 그다음으로 바울의 다른 편지들이 — 그것이 바울의 텍스트인 만큼 — 바울이 관심을 기울이고 있는 문제의 해명에 도움이 될 것이다.

또한 로마서 읽기에 관해 주의하도록 당부할 것은 우리가 읽게 될 글이 편지글이라는 점이다. 그것은 이 텍스트가 특정한 독자들을 겨냥하며 이 독자들에게는 고유한 텍스트 해석 방식이 있다는 점을 고려해야 한다는 의미가 된다. 이 문제는 이 텍스트나 다른 유사한 텍스트를 읽는 과정에 내재하는 난점을 지시한다. 말하자면 전화 통화의 한편에서 반대편의 말을 듣고 있는 것과 비슷한 경우다. 이러한 몇 가지 난점들이 우리가 로마서 읽기를 진행하는 과정에서 드러나게 될 것이다. 이 문제들은 결코 해결될 수 없을 것이다. 일반적으로 이는 곧 우리가 결코 해당 텍스트의 특정한 문구나 논변의 의미를 완전하게 확신할 수 없다는 의미가 된다. 이런 문제는 부분적으로 텍스트를 그 자체로 읽는 작업에 따를 수밖에 없는 것이다. 우리 자신으로부터 멀리 떨어진 시간과 장소에 있는 문화와 언어로 쓰인 텍스트를 읽는 작업 말이다.

바울 텍스트 독해에 내재하는 난점은 이미 1세기 말엽 베드로가 썼다고 하는 텍스트에도 나타난다. "그래서 또한 우리의 사랑하는 형제 바울이 자기가 받은 지혜를 따라서 여러분에게 편지한 바와 같습니다. 바울은 모든 편지에서 이런 것을 두고 말하고 있는데, 그 가운데는 알기 어려운 것이 더러 있어서, 무지한 자들은 다른 (거룩한) 기록들을 곡해하듯이 그것을 곡해하여 그들 스스로의 파멸에 이르고 말 것입니다. 그러므로, 사랑하는 자들이여, 여러분은 이러한 경고를 미리 받았으니, 법 없는 자들의 유혹에 휩쓸려 자기 확신을 잃는 일이 없도록 주의하십시오"(베드로후서 3 : 15 ~ 17).

여기에서 벌어지고 있는 일은 무엇인가? 먼저 주목해야 할 것은 글 쓴 사람이 바울의 편지들에 대해 알고 있으며, 그 편지들이 "기록들" — 때때로 70인역(Septuagint, LXX),[11] 즉 고대 이스라엘의 성스러운 문서들의 그리스어 번역본을 언급하는 기술적 용어로 사용된 — 로 간주된다는 사실을 알고 있다는 점이다. 이미 바울의 텍스트들은 난해한 글로 여겨지고 있었다. 그리고 부분적으로 이 난점은 아마도 그 문서들이 사람들을 "법 없음"(lawlessness)으로 이끌게 될 가능성과 관련된다. 그렇다면, 이미 1세기 말에도, 바울의 문서들은 조심해서 다루어야 할 신학적 다이너마이트로 간주되었던 것이다. 그 이후에 이어진 독해의 많은 부분은 바울 텍스트를 무해한 것으로 만들고자 하는 시도였다.

이 난점은 부분적으로 바울이 이미 자신의 소통 방식에 대한 묘사를 통해 예기하는 것이다. 바울의 소통 방식에 대한 그 자신의 설명은 다음과 같다.

> 나는 어느 누구에게도 얽매이지 않은 자유로운 몸이지만, 많은 사람을 얻으려고 스스로 모든 사람의 노예가 되었습니다. 유대 사람들에게는, 유대 사람을 얻으려고 유대 사람같이 되었습니다. 율법 아래 있는 사람들에게, 나는 (율법 아래 있지 않으면서도) 율법 아래 있는 사람을 얻으려고 율법 아래 있는 사람같이 되었습니다. 율법 바깥에 있는 사람들에게, 나는 (하나님의 율법이 없이 사는 사람이 아니라 메시아의 율법 아래 있는 사람이지만) 율

11 septuagint 또는 70인역이란 기원전 3세기경 프톨레마이오스 2세의 후원으로 72인의 유대인 학자들이 알렉산드리아에 살던 유대인들을 위해 오늘날 정립된 구약성서 및 몇 가지 관련 문서를 히브리어에서 코이네(보통) 헬라어로 번역했다고 전해지는 번역본. LXX는 70을 나타내는 라틴어식 표기법이다.

> 법 바깥에 있는 사람들을 얻으려고 율법 바깥에 있는 사람같이 되었습니다. 약한 사람들에게, 나는 약한 사람들을 얻으려고 약한 사람이 되었습니다. 나는 모든 종류의 사람에게, 어떻게든 그들 중 몇 사람만이라도 구하기 위해 모든 것이 되었습니다. 내가 하는 모든 일은 오직 복음을 위한 것입니다(고린도전서 9 : 19~23).

우리는 로마서 읽기 과정 전반에 걸쳐 이 텍스트를 염두에 두어야 할 것이다. 우선 이 텍스트는 바울과 법의 관계에 무엇인가 이상한 점이 있음을 지시한다. 율법에 대해서는 자유롭지만, 신적인 법 혹은 메시아의 법에 대해서는 자유롭지 않다는 것을 말이다. 이는 어떤 의미가 될 수 있는가? 이미 법의 관념에서 어떤 분명한 균열이 생겨나고 있는데, 실제로 신적인 법은 이스라엘의 법, 다시 말해 모세의 법, 즉 토라(Torah)와 대비되고 있는 듯 보인다. 또한 약한 자들의 문제가 있는데, 이에 대해서는 로마서의 마지막 부분을 다루면서 다시 살피게 될 것이다. 그러나 우리의 우선적인 목적들 중 가장 중요한 사안은 바울의 말하기 혹은 글쓰기 방식의 융통성을 확인하는 것이다. 바울은 다른 개인 또는 집단에 대한 자신의 이해에 따라 스스로의 말을 조절한다고 주장한다. 그리고 이러한 주장에 있어 관건은 단지 언어나 어법의 문제만이 아니다. 이 주장은 또한 철저하게 다른 종교적 관점들에도 명백히 적용된다. 그는 유대인들에게는 유대인으로서 말하며, 이방인들에게는 이방인으로서 말한다.

따라서, 바울 읽기의 난점에서 중요한 부분은 바울이 의식적으로 그의 청자들 혹은 독자들에게 특징적으로 나타난다고 상정하는 세계관에 자신의 논변을 맞춘다는 것이다. 당시 바울이 쓴 편지를 읽는 독자들이 지녔던 관점들에 대한 우리의 정보가 부족하다는 점을 고려할 때, 우리는 바울 텍스트들을 읽는 데 상당히 불리한 조건에 있다. 이러한 조건이 바로 이 문서들에 관한 다양한 독해나 해석이 필요한 이유일 것이다.

모든 독해 방식의 시험은 그 독해 방식이 해석하고 있는 텍스트를 어떻게 이해하는가에 달려 있다. 만일 내가 제시하는 독해 방식이 바울이 실제로 썼던 것을 이해하고(즉, 이 독해 방식이 명확히 실제 텍스트에 뿌리 내리고 있고), 그 텍스트를 1세기의 사회적 맥락 안에 위치시키며, 동시에 21세기의 세계에서 우리가 대하는 인식 가능한 현실을 이해하는 데 도움을 준다면, 나는 만족할 것이다.

이 로마서 독해의 제목을 간단히 설명하도록 하자. 이 로마서라는 텍스트는 정의를 다루지만, 바울이 말하는 대로 일종의 "법으로부터 떨어진" 정의를, 혹은 내가 쓴 대로, "무법적 정의"(Outlaw Justice)를 다룬다. 이 주제를 설명하면서, 내가 의지할 것은 정치적인 것을 사유하는 자크 데리다(Jacques Derrida)와 이 세기 초에 주목받는 다른 사상가들로부터 얻은 몇 가지 통찰이다. 정의를 구상할 수 있는 방식은 인간의 역사나 사회의 방향을 새롭게 전환하는 메시아적 사건과, 따라서 "메시아적 정치"와 관련된다. 여기에서 조르조 아감벤(Giorgio Agamben)의 고찰들 중 일부가 바울의 관심사를 포착해내는 데 특히 유익하다. "로마서의 신학·정치학적 독해"라는 개념은 무엇보다 먼저 계몽 시대 초기의 바울 독해인 스피노자의 『신학정치학 논고』에서 유래한 것으로, 베를린 대학의 해석학(hermeneutics) 담당 교수였던 위대한 유대계 지식인 야코프 타우베스(Jacob Taubes)가 따온 주제였다. 타우베스는 자신의 책 『바울의 정치신학』에서, 니체, 프로이트, 벤야민, 그리고 카를 슈미트 등과 대화한다.

이 로마서라는 편지의 본문은 바울 자신의 임박한 로마 방문에 대한 설명으로 시작되어, 자신의 방문이 지연되고 있는 이유에 대한 설명으로 마무리된다. 1장의 첫 부분과 15장의 마지막 부분이 이 주제를 다루고 있다. 그 중간에 오는 모든 내용은 자신의 로마 도착을 향하는 것으로 이해될 수 있을 것이다. 즉, 로마에 있는 메시아적 공동체에 무엇인가 도움을 주고, 또한 자신의 메시아적 사역에서 그들의 도움을 구하기 위해 로마를 방문하는 것으로 말이다.

이후 로마서의 논변은 바울의 관점에서 볼 때 인류의 주요한 두 가지 정치적 조직으로 재현되는 인간의 사회·정치적 부정의에 관한 논의로 방향을 돌린다. 말하자면, 로마에 중심을 둔 이교적(pagan) 사회질서(1:18~2:11)와 모세에 뿌리를 둔 유대적 사회질서(2:17~3:20)에서 드러나는 사회와 정치의 부정의로 말이다. 부정의에 대한 비판의 가능성은 신적인 공평함과 관련이 있다(2:12~16).

바울이 이러한 포괄적인 부정의에 관한 기소와 대비하는 것은 법에 기초한 정의가 아니라(로마의 체제나 유대의 체제 어느 편으로 놓고 보더라도) 신적인 선물(gratuity) 혹은 무조건적인 관대함과 관련한 충실함(faithfulness)에 기초한 메시아적 정의의 요구다. 이러한 정의의 요구는 우선 아브라함에 관련하여(유대인과 이방인(pagan)[12]의 조상으로서), 그리고 이후에는 보다 철저한 방식으로 아담에 관련하여 제시된다. 이에 따라, 메시아적인 것(the messianic)은 아담적인 것(the Adamic) 곧 인류 자체의 전환이 된다.

법적인 사회질서와 〔법이 아닌〕 다른 수단을 통해 정의를 구하는 사회질서 사이의 대비는 새로운 사회질서와 관련된 일련의 질문들과 함께 그러한 사회질서 자체가 정의의 요구의 단적인 폐기가 아닌가 하는 질문을 촉발한다. 이에 답하기 위해, 바울은 일련의 대립항들을 대비하여(생명 대 죽음, 정의의 도구와 노예 대 부정의의 도구와 노예, 결혼생활 중인 여성 대 과부), 법의 지배로부터의 해방이 무엇을 의미하는지에 대해 말하며, 그런 이후 죽음과 법(7:7~25) 대 생명과 영(8:1~17)이라는 가장 근본적인 대립항들의 대비에 나선다. 이 영에 의한 생명력은 이후 피조세계(creation)로 연장되어 신과 인류를 비롯한 모든 피조물의 연대에

12 민족과 종교가 겹쳐 있는 고대 사회의 특징을 감안할 때 pagan은 이방인이라는 의미와 이교도라는 의미 양자 모두로 옮길 수 있다.

대한 흔들리지 않는 확신을 목표로 삼는 영적인 연대를 통해 표현된다 (8:18~39).

이러한 논변은 이후 바울이 역사 속에서 신의 약속에 대한 신뢰성의 문제 — 바울의 논변 전체에 걸쳐 예기된 주제 — 를 다룰 수 있는 기초를 제공한다. 그는 신적인 약속이 인간적 저항에 대응하여 어쨌든 이를 극복하는 일련의 예기치 않은 임기응변(improvisations)을 통해 인간의 역사 속에서 드러나는 방식을 보인다(9~11장). 이는 이후 바울을 모든 것이 메시아적 정의의 승리에 포함될 것이라는 확신으로 되돌아가게 한다.

하지만 현실적으로 실존하는 사회적 부정의 가운데 존재하게 된 새로운 메시아적 사회 집단들의 출현 속에서, 이러한 정의는 지금 구체적으로 어떤 모습으로 나타나는가? 어떤 종류의 전위적인 사회적 실체가 도래하는 메시아적 전환에 대한 설득력 있는 증거를 제시할 수 있는가? 바울은 다음으로 아마 자신의 논변의 중심이자 절정이라고 할 수 있을 주제로 넘어가서 이 메시아적 사회들에서 나타나는 정의에 대해 즉흥연주(improvisation)와 같은 방식으로 논의를 이어간다(12~15장). 물론 정의는 즉흥적인 성격을 가질 수밖에 없다. 정의가 일종의 사법적 구조 — 이 사법적 구조는 그 취지에도 불구하고 부정의의 영속화라는 귀결로 향할 수밖에 없다 — 로 전락하지 다시 빠지지 않으려면 말이다.

그렇다면, 바울의 논변은 자신의 독자들에게, 즉 메시아를 처형한 제국의 수도에 사는 〔바로 그 처형당한〕 메시아를 추종하는 자들로 이루어진 작은 집단에게, 부정의가 너무나 명확히 드러나는 — 특히 신의 메시아의 처형에서 — 세계 가운데 신적인 정의의 요구에 대한 법 외적인 응답을 이해하고 이를 살아나가는 문제에 자신이 도움을 줄 수 있다는 점을 설득하려는 복합적 시도인 것이다.

로마서의 첫 부분

1. 맥락 잡기(1 : 1~17)

우리는 거의 2,000년 전에 쓰인 편지를 읽게 될 것이다. 우리가 거의 아무것도 모르는 누군가로부터 더욱 모르는 누군가에게 향하는 편지를 말이다. 이 편지는 우리에게 전달된 것이 아니다. 우리는 어떤 의미에서 우연한 독자들이다. 자크 데리다는, 『우편엽서』라는 책에서, 일반적으로 텍스트에 이런 성격이 있다고 지적한 바 있다. 그가 어떤 *도착방황성*(*destinerrance*)이라고 부르는, 다시 말해 텍스트의 (의도된?) 목적지로부터의 빗나감(방황)이 있다고 말이다. 우편엽서같이, 텍스트는 수신자가 아닌 사람들에 의해 읽힐 수 있으며, 따라서 추정된 저자의 통제나 의도로부터, 그것이 보내진 방향으로부터 이탈한다. 이 특정한 우편엽서의 저자와 (의도된) 독자로부터의 빗나감은 대체로 기독교의 역사와 유사한 모습을 보인다. 저자는 우리와 우리의 정황, 문화, 언어에 대해 아무것도 알지 못한다. 저자는 추정컨대 자신이 그들에 대해 무엇인가 알고 있는 사람들에게 편지를 썼겠지만, 우리는 그가 알고 있는 것이 무엇인지 알지 못한다. 여느 편지의 저자가 그렇듯, 그는 편지를 받게 될 사람들이 일부 동일한 사안들을 알고 있으며, 그들의 세계와 그 세계가 변화하는 방식들에 대한 어떤 공통된 인식을 가지고 있다고 가정했을 수도 있다. 종종 유익한 결과를 내는 학자들의 노고에도 불구하고, 우리에게는 바울이 편지를 쓰던 그리스-로마적 문화, 종교, 정치로 이루어진 복합적인 세계 안에서 일어난 초기 기독교의 출현에 관해 우리가 알고 싶어 하는 것보다 훨씬 더 적은 양의 지식이 있을 뿐이다. 우리는 저자나 독자들 어느 쪽과도 공통되는 부분이 거의 없다. 우리는 누군가 다른 사람의 우편물을 읽고 있으며, 그뿐 아니라 원래 수신자의 문화나 세계관을 공유한다는 것은 거의 상상조차 할 수 없는 일이다. 공동체의 공유는 차치하더라도 말이다. 그러므로 어떠한 해석도 극도로 제한적일 수밖에 없다. 성서 텍스트의 독자들은 으레 우리가 얼마나 아는 게 없는지 혹은 알 수 있는 게 없는지 망각하곤 한다. 이러한 지식의 부족은 — 본서를 포함하여 — 어떠한 독해도 명확한 해석을 제시할 수 없게 하며, 독해의 여러 가능성에 종지부를 찍을 수 없게 한다. 그렇지만 우리는 서구 기독교 및 문화의 역사를 형성하는 데 너무나 중요한 영향을 미친 이 고대 문서로부터 알 수 있는 것을 모으는 시도를 착실히 진행할 것이다.

이 문서는 하나의 편지다. 이 문서에는 발신인과 수신인이 있고, 편지를 쓴 사람은 독자들에게 그들의 상황과 관계된 무엇인가를 전달하려 한다. 이 문서는 논문이 아니며 따라서 특정한 경우 또는 정황으로부터 분리될 수 있는 것이 아니다. 더욱이 이 문서는 바울 신학의 요약이 아니다. 그러나 이 문서에는 확실한 정합성이 있으며, 부분들을 특정한 주제에 관한 독립적인 성찰로 다루기보다는 전체와 관련하여 고찰해야만 하는 논증의 "흐름"이 있다.

앞으로 보게 될 것처럼, 이 텍스트 전체의 기본적인 주제들은 저자가 서두에 자신을 그리고 자신의 의도를 독자들에게 소개하는 방식으로 예시되어 있다. 『남아 있는 시간』에서, 급진적인 정치사상가 조르조 아감벤이 시도한 작업은 처음 열 단어에 관심을 집중함으로써 이 편지를 해명하는 것이었다. 그러한 방식에 상당한 과장이 있기는 하지만 (그리고 아감벤 자신이 그러한 제한을 상회하여 이 텍스트〔로마서〕나 다른 바울 텍스트 전반의 훨씬 더 많은 부분을 다루고 있기는 하지만), 이 텍스트 전체의 핵심 중 많은 부분이 서두에 이미 예시되어 있다는 생각은 기본적으로 올바른 인식이다. 따라서 이 편지를 하나의 연관된 논변으로 파악하려 한다면, 처음의 몇 단어 — 도입부 — 에 관해 많은 고찰을 해야 할 것이다.

바울, 메시아 여호수아(Joshua)의 노예

우리는, 시작하기도 전에 이미, 숨겨진 난제로 던져 넣어진다. 바울은 누구인가? 왜 그는 자신을 노예라고 부르는가? 어떤 종류의 메시아적 해방자가 노예를 가질 수 있단 말인가? 어떤 종류의 노예가 메시아에게 부속될 수 있는가? 여기에서 도대체 무슨 일이 벌어지고 있는 것인가?

우선, "바울"(Paul)이라는 이름부터 살펴보자. 바울 사후 수십 년이 지나 사도행전이 쓰인 이래로 누구나, 스스로 바울이라 하는 저자가 또한 사울(Saul)로 알려지기도 했다는 점을 알고 있다. (하지만, 이런 정보는 바울이 썼다고 하는 저술들에서는 발견되지 않는다.) 사울이라 불렸던 사람이 자신을 바울로 부른다는 것이 의미하는 바는 무엇인가? 혹자가 말하는 바에 따르면, 이는 유대인이었던 사람(사울)이 이제 기독교인으로 전향함을 반영하는 개명이라고 한다. 다른 사람들이 말하는 바로는, 그에게 유대인 이름(사울)과 이방인 또는 로마인 이름(바울)이 다 있었을 것이라고 한다. 실제로 그는 단지 유대인(그리고, 그 자신이 빌립보서 3:5에서 주장하는 것처럼, 분명히 바리새인)일 뿐만 아니라 또한 (사도행전이 말하는 것처럼) 로마 시민이었다. 〔그리고〕 이방인인 로마인들에게 말을 건넬 때는 자연스럽게 로마식 이름을 썼을 것이다.

아감벤은 우리가 앞으로 탐색하게 될 메시아적 정치에 더욱 적합한 또 다른 가능성을 지적한다. 이를테면, 바울이라는 이름이 "작은" 혹은 "하찮은" 것을 의미한다는 점을 말이다. 그 이름은 따라서, 여기에서 그리고 또한 다른 편지들에서도, 바울의 노예 지위를 나타내는 자기 호칭(self-designation)에 해당한다. 아감벤이 쓰고 있는 바로는, "*시그마*(*sigma*)에서 *파이*(*pi*)로의 교체가 나타내는 것은 왕으로부터 하찮은 자로, 장대함으로부터 작음으로 향하는 이행에 다름 아닌데, 말하자면 라틴어로 파울루스(paulus)가 '작은, 별로 중요하지 않은'이라는 의미이며, 고린도전서에서 바울이 자신을 '사도들 중 가장 작은 자(*elachistos*)'로 규정하고 있기 때문이다"(아감벤, 『시간』 9).

저자가 자신을 하찮은 자라고 지칭할 것이라는 견해와 그의 분명한 단언적 태도 사이에는 상당한 위화감이 드러난다. 특히 그가 자신의 권위를 중시하는 듯 보이는 고린도전·후서나 갈라디아서 같은 텍스트에서 그렇다. 니체 이래로, 이 저자의 때로 거슬리기조차 하는 단언에 대한 〔반복적인〕 언급은 흔히 있어왔다. 실제로 니체가 바울에 대해 말하는 바에 따르면, "그의 욕망은 권력을 향한 것이었으며, 말하자면 바울은 권력을 얻기 위해 애쓰는 사제다. 그는 오로지 대중을 압제하고 군중을 조직하는 관념, 가르침, 상징을 사용할 뿐이다"(『안티크리스트』 §42). 그러나 이러한 견해가 텍스트 자체에 의해 정당화되는가?

우리가 상기할 것은 사울이란 이름이 고귀한 이름, 이스라엘의 첫 번째 왕의 이름, 사울 자신이 소속된 지파인 벤야민 지파에서 나온 왕의 이름이라는 점이다. 만일 저자가 자신의 이름을 고귀하고 심지어 왕이 가졌던 이름에서 하찮을 뿐만 아니라 노예 상태를 강조하는 이름으로 바꿨다면, 이러한 개명의 의미는 무엇일까?

그의 개명이 의미하는 바는, 적어도 이러한 이름의 변화에 있어, 그 자신이 설명하는 확실한 메시아적 정치의 모범과 깊이 일관되어 있다. 빌립보서 — 그가 상당히 잘 알았고, 그들과 좋은 관계를 유지하고 있었다고 여겨지는 〔필리포이(Philippoi)〕 공동체에 쓴 편지 — 에서, 바울은 그들에게 자신이 메시아의 것으로 돌리는 방침(정책, policy)과 공통적인 관점(perspective)을, 그리고 서로에 대한 접근을 받아들이도록 격려한다. "여러분 안에 이 생각을 품으십시오. 그것은 곧 메시아 여호수아의 생각이기도 한데, 그는 하나님의 모습을 지니셨으나, 하나님과 동등함을 당연히 여기지 않으시고, 오히려 자기를 비워 노예의 모습을 취하시고 사람과 같이 되셨습니다"(빌립보서 2:6~7a).

이 메시아적 방침이 특권과 힘을 거부하고 노예의 형상을 취하는 데 이르는 것이라는 점에 주목하자. 왜 노예인가? 우리가 예수/여호수아(Jesus/Joshua)에 대해 알고 있는 바, 그는 법적으로 노예라는 지위에 있지 않았다. 그가 노예의 지위에 가장 근접하게 된 것은 제국의 군사 정부에 의해 십자가형으로 처형되었다는 사실과 관련되는데, 실제로 이 처형 방식은 흔히 반항하는 노예들에게 시행되곤 했다. 그렇다면 방금 인용한 빌립보서 구절에서 바울이 독자들에게 메시아적 방침에 따르라고 말하면서 노예와 십자가를 함께 언급하는 것은 우연이 아니다. 그 편지에서도 바울은 자신을 "메시아의 노예"로 소개했던 것이다.

로마서의 저자는 바울이라는 이름 혹은 별명을 받아들임으로써 이러한 메시아적 정체(polity)와 정치(politics)를 염두에 두었던 것인가? 이는 가장 그럴 법한 설명으로 보인다. 바울이 빌립보서에서 권장했던 그리고 바울 스스로 받아들였다고 여겨지는 메시아적 방침은 장차 복음서라고 지칭될 서사에서 메시아라고 불릴 그 인물의 방침에 대한 이후의 서술을 통해 다른 방식으로 증명된다. 왜냐하면, 복음서에서, 가장 크게 되려는 자들은 스스로 다른 사람들의 종 또는 노예가 되어야만 한다고 말했던 것을 상기할 수 있기 때문이다(마가복음 10:43~44). 그리고 분명히, 누가복음에 나타나는 마리아의 "높은 자들을 낮추셨고 낮은 자들을 높이셨다"는 말(1:52)에 의해 제시되는 그대로, 메시아적 열망은 세속적 지위의 반전을 포함하는 것이었다.

"사울"이 낮아졌다는 것은 또한 자신이 벤야민 지파에 속한 이스라엘 사람이자 바리새인이라는 분명한 종교적 특권을 물려받았다는 바울의 설명과도 일치한다(빌립보서 3:5). 어쨌든 바울은 자신이 아무런 중요성도 없다고 여기는 이 모든 것을 그에게 명해진 메시아적 사명에서 발견한 무언가와 비교했던 것이다. 따라서, 아감벤이 주목하는 그대로, 바울은 자신을 사도들 중 "가장 작은 자"로 기술한 것이다(고린도전서 15:9). 그럼으로써, 그는 그저 자신이 세계에 대한 신의 방침이라 기술하는 것을 다시 한 번 모방할 뿐이다. "그런데 하나님께서는, 지혜 있는 자들을 부끄럽게 하시려고 세상에서 어리석은 것을 택하셨으며, 강한 자들을 부끄럽게 하시려고 세상의 약한 것을 택하셨습니다. 하나님께서는 세상에서 비천하고 멸시받는 것을, 심지어 없는 것들을 택하여, 있는 것들을 없는 것들로 만드셨습니다"(고린도전서 1:27~28).

따라서 "바울"이라는 아무런 중요성도 없는 자를 뜻하는 이름은 그가 스스로 이러한 메시아적 정치에 통합되었다는 것을 나타내기 위해 선택한 이름이다. 그러므로 그가 자신을 노예라고 부르는 것은 별반 놀라운 일도 아니다. 비록 그가 말하는 노예가 메시아의 노예라 하더라도 말이다. 그러나 또한 여기에서 일단 논의를 멈추고 "노예"라는 말이 로마 제국 전반에 걸쳐 그리고 또한 로마라는 도시 자체 내에 존재했던 사회·경제 및 정치적 실체를 지시한다는 점을 상기할 필요가 있다. 제국은 노예제도에 기초한 정치경제 형태로 구축되어 있었다. 로마 인구의 대다수는 노예였을 것이다. 로마 지배 계급에 특권적 기반을 제공했던 대규모 플랜테이션 농장들과 모든 도시 지역들이 실제로 그랬다.[1] 노예

1 로마 공화정 초기 및 중기의 자작농 중심 경제는 오랜 정복전쟁(예컨대, 세 차례의 포에니 전쟁) 기간 동안 병사로 차출된 소규모 자작농들의 몰락으로 전기를 맞게 된다. 소규모 자작농들은 땅을 잃고 도시로 몰려들었고, 이들의 땅은 대농장주들의 차지가 되었다. 이로 인해 로마 경제의 중심은 공화정 말기에 들어 대농장으로 이동하게 되었고, 땅을 잃은 빈민들이 모여든 로마에 빵과 검투사들의 경기를 제공했던 지배 계급의 경제적 기반은 주로 식민지에서 차출된 노예노동으로 운영되었던 라티푼디움(latifundium)이었다.

를 획득하는 주된 수단은 전쟁이었다. 전쟁에서 패배한 자들 중에서 살해되지 않은 자들은 노예가 되었던 것이다.

노예는 모든 인격적 정체성을 상실한 자로, 그의 실존은 완전하게 주인의 기분에 의해 결정된다. 바울이 말 건네던 자들의 대다수가 사실상 노예들이었을 가능성이 상당히 크다. 그러나 바울은 노예가 아니었다. 그는 사회 체계 내에서 찌꺼기와 같은 자들을 향한 연대의 몸짓으로 자신이 이 비천한 지위에 속한다고 말한다. 자신의 메시아와 같이, 그는 로마 제국의 버려진 대중과 자신을 동일시했던 것이다.

하지만 아래를 향한 이 사회적 이동, 즉 가장 비천한 자들과의 동일시는 정태적인 사회 계층화 안이 아니라 지금까지 *메시아*라는 단어와 동일시되어온 힘의 장 안에 위치해 있다. 이 이름이 지시하는 것은 억압당하는 자, 노예, 빈곤에 처한 자들의 상승이며, 높고 힘 있는 자들, 권력과 특권 가진 자들을 끌어내림이다. "메시아"를 왕 또는 황제와 구별하는 것은 바로 이 역전이다.

누군가 자신이 메시아의 노예라고 말한다면 이는 이미 언어를 내부로부터 파열시키는 것이다. 이는 평범한 언어가 허용하지 않을 무언가를 말하는 것, 폭발적인 사회적 잠재력을 지닌 놀라운 역설을 말하는 것이다. 우리는 다른 사고방식을 유발하는 이러한 역설에 의지하는 논변이 이 편지에 특징적으로 나타나는 사항임을 알게 될 것이다.

부르심을 받은 사도, 하나님의 기쁨의 포고〔*euangelion*〕**를 위해 따로 떼어놓은** (이 포고는 〔하나님께서〕 이전에 예언자들을 통해 거룩한 기록에서 약속하셨던 것으로)

메시아의 노예는 사도(apostle)라 지칭된다. 바울의 "정체성"은 전적으로 그에게 주어진 소명(vocation)에 의해 결정되는 것이다. 여기에서는 바울의 개심(conversion)이라 말해지던 것보다는 오히려 이러한 부름(calling)이 전적으로 결정적이라고 주장하는, 크리스터 스텐달(Krister Stendhal)의 이야기가 옳다고 보인다(7~23). 어떤 측면에서 바울은 줄

곧 지녀왔던 자신의 정체성(바리새인, 이스라엘 사람 등등)을 유지하지만, 그는 신적인 메시지 혹은 포고(announcement)를 대변하기 위해 부름받은 것이다. 바울은 유대인이기를 그만두지 않으며, 또한 그런 만큼이나 이방인들이 이방인이기를 그만두라고 요구하지 않는다. 그는 이스라엘의 신의 놀라운 포고를, 즉 이스라엘에 속하지 않은 자들을 향한 포고를 전하도록 부름받은 이스라엘 사람이다.(혹은, 스스로 빌립보서 3:5에서 말하는 것처럼, "히브리인들 중의 히브리인"이다.)

지금으로서는 모든 것이 조금 앞서가는 이야기가 될지도 모르는데, 그 이유는 여기에서 따로 떼어놓여짐(희생을 위해 떼어놓여진 것을 지칭하는 용어)과 공개적인 포고를 대리한다는 공적인 사명을 병치하는 방식에 역설이 있기 때문이다. 이와 같이 바울은 그 자체로 바깥을 향해 확장되어 모든 민족을 포함하게 될 신적인 실체를 위해 따로 떼어진 또는 남겨진 사도인 것이다.

*유앙겔리온(euangelion)*은 여기에서 그 자체로 정치적인 용어다. 이 용어는 권력당국이 민중 전체를 위한 좋은 소식으로 전달하는 포고를 지칭한다. 예를 들자면 전쟁 승리, 세금 감면의 선포, 혹은 특히 풍년이 들었다는 소식이 포함될 수 있을 것이다. 이는 공중(公衆)에 일반적인 환호를 일으킬 어떤 소식의 포고인 것이다. 이를테면 이 선포는 면세 기간이나 평화 선포와 같이 그 자체가 말하는 것을 발생시키는 일종의 수행적(performative) 효과를 가진다. 따라서 이는 또한 기쁨의 포고로서 기쁨을 만들어내며, 그 자체로 "좋은" 소식이기에 환호를 유발하거나 환호의 유발을 목적으로 하는 소식이다.

하지만 여기에서, 이 행복한 선포는 어떤 정부 관리가 아니라 신으로부터 온다. 그 선포는 이 신, 곧 이스라엘의 신이 오래전부터 약속했던 무엇이다. 이스라엘의 신의 선포가 관건이 된다는 점은 그것이 이스라엘의 예언자들에 의해 약속되고 그 민족의 거룩한 기록들에 포함되어 있다는 점에서 분명히 드러난다.

따라서, 바울은 이스라엘 신의 공적인 포고를 대리하도록 따로 떼어 놓여진 바로 그 이스라엘 사람, 그 바리새인[2]인 것이다. 이 공적인 포고의 내용은 무엇이며, 왜 그 내용이 일반적인 또는 보편적인 환호를 일으킬 수밖에 없는가?

그의 아들, 즉 육신으로는 다윗의 후손으로 태어나셨으며, 성령으로는 죽은 사람들 가운데서 부활하심으로써 나타내신 권능으로 하나님의 아들로 지명되신 분에 관한[3]

이 문구가 약간 축약적이기는 하지만, 내 생각에는 몇 개의 공란을 채워 넣음으로써 어떤 특정한 병행구를 복원한다면 이해할 수 있을 것 같다. 신의 아들은 "육신"에 따라 다윗의 후손(다윗의 씨, David's seed)에 속한 자로 지정되거나 혹은 그렇다고 주장된다. 바울에게 육신(flesh)은 일반적으로 신에 대한 대항을 (그리고 이에 따른 영(spirit)에 대한 대항을) 의미하거나 혹은 약함을 (그리고 이에 따른 힘의 결여를) 의미한다. 뒤에서 우리는 이러한 외견상 서로 갈리는 의미들이 실제로는 밀접하게 관련되어 있음을 알게 될 것이다. 영과 육의 대립은 바울이 이 텍스트에서 강력하게 강조할 주제다. 그는 **"육신에 속한 생각은 하나님에 대해 적대적입니다"**(8:7)라고 말할 것이다. 그리고 이를 **"여호수아를 죽은 사람들로부터 일으키신"**(8:11) 영과 대비할 것이다.

그러므로 육신에 따른 다윗의 후손이라는 〔신의〕 아들에 대한 호칭은 신에 대한 적대로부터, 즉 죽은 자들로부터의 부활을 통해 노출된 적대로부터 유래한다. 바울은 다른 곳에서 자기 메시지의 전반적인 내용에

---

2 바리새(Pharishee)라는 말의 어원이 되는 파라쉬(parash)는 '구별하다', '따로 떼어 놓다'라는 뜻이며, 따라서 바리새파를 뜻하는 페루쉼이라는 말 자체가 '구별된 자들'이라는 의미이다.

3 로마서 1:4 원문에서 'en dunamei'를 '권능을 지닌'으로 새겨, '성령으로는 죽은 사람들 가운데서 부활하심으로써 *권능을 지닌* 하나님의 아들로 지명되신 분에 관한'으로 옮길 수도 있다.

대해 지적했지만, 여기에서는 그 내용을 밝히지 않는다. 고린도인들에게 보낸 두 편지를 쓰면서, 그는 이렇게 주장했다. "나는 여러분 가운데서 여호수아 메시아, 곧 십자가에 달리신 그분 밖에는 아무것도 알지 않기로 작정하였습니다"(고린도전서 2:2).

따라서, 메시아를 말하는 다윗의 자손(son of David)이라는 호칭은 이른바 혈통에 관한 어떤 정보를 지칭하는 것이 아니다.(족보가 들어 있는 훨씬 후대에 쓰인 서사들[4]에서, 그를 다윗의 생물학적인 자손으로 이해하지 않으려면 상당한 주의가 요구된다.) 다윗의 자손이라는 호칭은 단지 십자가 자체를 지칭하는 것이며, 이 여호수아라는 인물을 (자칭) 유대인의 왕이자 제국에 반란을 일으킨 자로 밝히는 호칭일 뿐이다.

하지만 이러한 제국의 판결 — "평화"를 위협했던 자칭 메시아의 십자가형을 통해 집행된 — 은 처형된 자가 생명을 부여하는 영의 권능에 의해 삶으로 복귀함으로써 전복된다. 죽은 자의 부활은 (다니엘서에서도 명백히 드러나는 것처럼) 최우선적으로 처형된 자의 복귀인 것이다. 자크 데리다는 벤야민의 「폭력 비판을 위하여」라는 글에 대한 독해에서 이마누엘 칸트를 인용하며, 법의 지배가 사형에 의존하고 있음을 강조한다. "사형에 도전할 때, 우리는 여러 형벌 중 하나의 형벌이 아니라 법 자체의 기원에, 바로 그 질서에 이의를 제기하는 것이다"(「법의 힘」 276). 문제는 법과 죽음이 서로 빠져나갈 수 없을 정도로 결합된 관계에 있다는 점이다. 죽음은 법의 "그렇지 않으면"(or else)으로, 그것이 없다면 법은 법의 힘을 상실하게 된다.

그러나 처형되었던 자들 중 하나가 삶으로 부활함으로써 사형의 유효성이 폐지될 때 일어나는 일은 무엇인가? 모든 국가의 존립에 필수적인, 폭력으로 위협할 힘, 다시 말해 복종을 강요할 힘에 대한 탈취가 일어난다. 이미 여기에서 바울의 메시아적 정치의 급진성을, 즉 심지어 오

---

4 예수의 족보가 실린 복음서들을 지칭한다.

늘날까지도 유효한 정치적 급진성을 어렴풋이 감지할 수 있을 것이다. 이 사안에 대해서는 앞으로 다시 다루게 될 것이다. 그러나 바울은 한 특정한 국가 권력과 사법적 질서에 관해, 즉 로마 제국의 국가 권력에 관해 서술하고 있으며, 이는 십자가라는 수단으로 집행되는 무력적 처형의 유효성에 의지하여 제국의 품 안에 포섭된 민족들의 복종을 확보하는 것이다. 만일 처형된 자의 부활을 통해 제국의 강압이 작동할 수 없게 되어버린다면, 제국은 여전히 존립할 수 있을까?

이제 우리는 바울이 그런 축약적인 문구를 사용했던 이유를 추정할 수 있을 것이다. 그는 다이너마이트를 다루고 있는 것이다. 어쨌든, 그는 실제로 로마에 있는 사람들에게 편지를 쓰고 있으며, 로마는 바로 이스라엘의 메시아가 될 자를 처형했던 제국의 수도이자 요새이다. 여기에는 조심해야 할 충분한 이유가 있는데, 이 편지가 의도된 독자들에게 도착한 이후에도 쉽게 "의도되지 않은 사람의 손"에 떨어질 수 있는 일종의 우편엽서이기 때문이다.

또한 여기에는 "이원적 그리스도론"(two natures Christology)[5]에 대한 전조가 없으며, 이러한 그리스도론은 바울 사후에 공의회들(ecumenical councils)을 거쳐 정립될 것이었다. 메시아는 (이를테면 출생에 의해서가 아니라) 부활을 통해 신의 아들로 지명된다. 말하자면 일종의 부활을 통한 입양인 것이다.

야코프 타우베스는 바울의 주장에서 드러나는 정치적 본성을 강조했다. "나는 이것이 정치적인 선전포고라는 점을 강조하고자 한다"(16). 그는 이런 의미에서 "로마인들에게 보내는 편지는 정치신학, 즉 카이사르(로마 황제)에 대한 *정치적* 선전포고"라고 주장한다(16). 이후 이 편지에 관한 해석은 대체로 이 편지가 카이사르의 눈에 안전하게 보이도록 하는 방향을 추구하게 된다.

5 그리스도의 실체 혹은 개인적 실존 안에 인성과 신성이 공존한다는 교설.

여호수아 메시아, 우리의 지도자, 그를 통해 은혜를 입어 우리가 사도의 직분을 받게 된

바울 선포의 주제로 제시된 "예수 그리스도"에 대한 과잉친밀성(overfamiliarity)은 이 호칭에 대한 번역을 "여호수아 메시아"로 변경하기에 충분한 이유가 될 것이다. 그러나 그보다 더한 이유가 있다. 예수(Jesus, Iesu)는 단적으로 말해서 여호수아(Joshua) 또는 〔그 약칭인〕 예슈아(Yeshua)라는 이름을 그리스어로 전치한 이름일 뿐이다.[6] 여호수아라는 이름을 예수라고 말하는 관습적인 표현 방식은 그 이름이 이스라엘 역사에 미치는 반향을 무시하는 방향으로 흐르게 한다. 그 이름은 이스라엘 사람들을 약속된 땅으로 이끌었던, 이미 여러 민족이, 특히 가나안 사람들(Canaanites)이 점유한 땅으로 이끈 전쟁 지도자 여호수아의 이름이다. 이 메시아의 이름은 바로 이 역사를 상기하는 동시에 변형한다. 이 새로운 여호수아가 그의 사람들을 약속에 기초한 새로운 사회성으로 인도하는 방식은 근본적으로 새롭지만, 다른 한편으로 여기에서 그의 인도는 자신의 사람들이 로마라는 이름으로 지시된 오래된 질서(old order)의 폐허 가운데 실행하게 될 새로운 사회의 창조로 향한다. 게다가 그 이름을 예수라고 말하는 관습적인 표현 방식은 유대 민족이라는 한 특정한 민족의 삶과 기억을 담고 있는 이 이름의 고유한 특성에 대한 망각을 조장할 것이다. 이 이름을 유대 민족적 기원과 이에 반향되는 해방적 본질로 되돌려 놓음으로써, 내가 바라는 바는 메시아에 대한 최초의 지지자들이 듣거나 읽었을 방식을 어느 정도 회복하는 것이다.

여호수아는 지명된 메시아, 즉 이스라엘 사람들을 제국적 지배로부터 해방하기 바라는 이스라엘의 희망을 짊어진 메시아다. 적어도 바울에게, "지역적인"(영토 또는 민족의 해방에 한정된) 것으로 이해되었던 메시

6 앞의 각주에서 밝힌 바와 같이 예슈아는 예호슈아 또는 여호수아의 히브리어식 약칭이며, 예수(Iesu, Jesus)라는 이름은 이에 대한 그리스어식 전차이다.

아 자격은 오히려 보편적인 범위와 근본적인 깊이를 지닌 어떤 것으로 간주될 것이다.

우리가 보는 텍스트는 주인(*kyrios*)을 말하지만, 이는 그 자체로 오해를 일으킨다. 중요한 것은 주인으로 지명된 이의 "지상권"(주권, sovereignty)이 아니라 오히려 우리가 충성을 바치는 이의 지명으로 보인다. 이 충성에 대한 연관맥락을 선취하기 위해, 나는 주인이라는 호칭 대신에 "지도자"(leader)라는 호칭을 사용한다. 바울이 대리인, 사절, 특사(*apostolos*(아포스톨로스)라는 용어가 의미하는 바를 해명하는 모든 방식들)가 되는 선물과 과업을 받게 된 것은 바로 이 지도자, 즉 처형되었다가 부활한 여호수아라는 이름을 지닌 자로 인해서 혹은 그를 위해서인 것이다.

그렇다면 기쁨을 일으키는 선포는 신에게 적대하는 자들에 의해 처형되었지만 신적인 영의 권능에 의해 삶으로 되돌려진 바로 그이에 관한 것이다. 이 선포는 누구를 향하며 어떤 효과를 의도하게 되는가?

그의 이름에 힘입어 모든 민족들 가운데 충성의 지지[7]를 일으키도록

무엇보다 강조할 필요가 있는 것은 일반적으로 "믿음"(faith)으로 그리고 흔히 신앙(belief) 또는 심지어 "신뢰"(trust)로 표현되는 말을, 그보다는 "충실함"(faithfulness)으로 표현할 필요가 있다는 점이다. 오로지 이런 방식에 따를 때 이 편지와 바울의 다른 텍스트들에서 나타나는 *pistis*(믿음, 신실함, 신뢰)와 *hypakoen*(경청, 복종)의 결합을 이해할 수 있다. 종교개혁 이후(post-Reformation)의 표준적인 견해는 "믿음"과 "행위"〔또는 공로, works〕(즉, 복종) 사이에서 상정되는 대립에 상당하는 방식으로 믿음과 복종을 대립시켰다. 그러나 바울에게 그러한 대립의 여

7 저자가 '지지'(adherence)로 번역하는 말은 hypakoen으로 원래 '말을 들음', '순종', '복종'을 의미하지만, 이 텍스트를 보다 정치적인 맥락에서 읽어내기 위해 '주인'을 '지도자'로 바꿔 읽는 저자의 의도와 관련지어 읽을 수 있다.

지는 없다. 바로 충실함 또는 충성으로서의 믿음이 관건이며, 이는 상식적으로 우리가 충성하는 또는 충실하게 신뢰하는 이를 따르는 행동을 유발한다. 실제로 그리스-로마 세계에서 *pistis*는 통상 후견자(patron)와 피후견자(client)를 함께 연결하는 상호 책임의 유대와 관련한 것이었다. 이러한 유대는 인민을 함께 묶는 충성에 확고함을 부여하는 특정한 행위 양식에서 드러난다(호슬리 88~125).

아감벤이 정확하게 언급했던 것처럼, 바울의 *pistis*는 상호 혜택을 주는 행위 양식으로 개인들을 함께 묶는 신실함을 의미한다. 이런 맥락에서 아감벤은 에밀 벵베니스트(Emile Benveniste)를 참조한다. 벵베니스트는 인도-유럽어족 언어들을 주의 깊게 조사했으며, 그의 작업은 정치적 제도에 관한 여러 유럽 언어의 반영에 결정적으로 기여한다. 아감벤이 기술하는 바로는, 벵베니스트의 공헌들 중 가장 큰 공헌으로 인해 "이 가장 오래된 인도-유럽적 제도, 다시 말해 그리스인들은 *pistis*라고 라틴인들은 *fides*라고 불렀으며, 그가 *fidelité personnelle*, 즉 개인적 충성이라 정의했던 그 제도의 기원적인 특성들을 재구축할 순수하게 언어학적인 자료를 사용하게"되었다(『시간』 114). 아감벤은 바울의 *pistis* 라는 용어 사용에 바로 이러한 성격을 귀속시킨다. 장뤽 낭시(Jean-Luc Nancy) — "기독교의 해체"라는 용어와 연결되는 프랑스 철학자 — 가 언급하는 바에 따르면, "믿음(faith)은 충실함이며, 더 나아가 이 충실함은 어떠한 종교적 신앙(belief) 관념과도 엄격하게 구별되어야 한다"(『나를 만지지 마라』(*Noli me tangere*) 83). 실제로, 바울이 신앙이 아니라 충성 또는 충실함에 관심을 가진다는 점에 대한 인식은 신학자들보다는 철학자들에게 더 쉽게 인식된다. 이미 20세기 초, 조사이어 로이스(Josiah Royce)는 『기독교의 문제』(*The Problem of Christianity*)에서 바울을 이런 방식으로 이해했다(119). 로이스는 이 충성의 대상이 "사랑받는 공동체"로 지칭되는 무엇이라고 파악했는데, 이 명칭은 내가 메시아적 기획에 대해 선호하는 명칭과 전혀 양립 불가능하다고 할 수는 없을 것이다.

그렇다면, 이 처형된 이후 다시 살아난 아들과 관련된 포고는 청자들의 편에서 볼 때 메시아에 대한 흔들림 없는 충성의 생산을 목표로 한다. 그들은 이 메시아적 기획의 목표와 과정에 대한 지지를 통해 메시아적 기획 안으로, 이후에 "정의"라고 명명될 어떤 것 안으로 포섭되는 것이다. 그러나 이러한 선포의 의도된 수신인들은 누구인가? 누가 즐거워하며 충성하게 된다는 말인가? 대답은 "모든 민족들"이다.

야코프 타우베스는 바울의 텍스트들에서 가장 기본적인 용어들 중 하나인 "모든"에 주목한다(26, cf. 아감벤, 『시간』 55). 우리는 이 용어가 지속적으로 반복 사용된다는 점을 알게 될 것이다. 그 선포가 목표로 하는 것은 보편적인 들음(hearing)이며, 이는 모든 사람들 가운데 즐거움을 생산하고 이에 따라 참된 정의의 메시아적 대의에 대한 충성을 유발할 것이라 간주된다.

여호수아 메시아에게 부르심을 받은 여러분 자신을 포함하여

바울은 부름을 받았으며, 그의 독자들 역시 그렇다. 우리는 〔이들에 관해〕 어쩌면 그 실존이 소명이라고 말할 수 있을지도 모른다. 정체성은 어떤 기존의 조건(민족성, 젠더, 노예나 자유인 신분 등)에 의해서가 아니라, 부름(call) 혹은 소환명령(summons)에 의해 결정된다. 소명(vocation)으로 향하는 촉발(provocation)에 의해, 바로 메시아적 소명의 맥락으로 들어가도록 이끄는 발동(being set in motion)에 의해서 말이다. 편지의 독자들은, 바울과 같이, 그러한 메시아적 사명 안으로 포섭된다. 이러한 소명이 구체적으로 표현되는 방식은 다양하다. 독자들은 이미 메시아에 의해 또는 그를 향해 부름받았으며, 따라서 메시아적 현실에 속해 있다. 그들의 정체성은, 바울의 정체성과 같이, 메시아적 기획에 포괄된다.

마르크스주의 및 구조주의 계열의 중요한 철학자인 (또한 자크 데리다의 친구이자 멘토이기도 했던) 루이 알튀세르(Louis Althusser)는 부름을 "호명"(interpellation)으로 기술한 바 있는데, 이 호명이라는 것에 의해 주체는 부름 혹은 소환명령에 종속됨으로써 주체로 실존하게 된다. 그가 염두에 두었던 것은 국가와 사회의 이데올로기적 장치(종교, 학교, 문화)가 구성원들에게 사회적 질서 내에 확정된 자리와 그것에 일치하는 자기 의식이나 자각을 지정하기 위해, 그리고 또한 철저하게 그러한 호명 혹은 부름을 통해 드러나는 역할과 기대에 대한 순종을 지정하기 위해 기능하는 방식이었다. 그러나 바울이 관심을 가지는 것은 누군가를 급진적으로 파괴적인 실존에 대한 충실함에, 그리고 따라서 새로운 종류의 주체성에 대한 충실함에 종속시킴으로써 기존의 사회·정치적 질서로부터 그를 빼내는 부름이다. 그의 주체성은, 또한 그의 (의도된) 독자들의 주체성은 이러한 파괴적인 호명으로, 즉 메시아적 부름에 의해 구성된다. 알튀세르가 호명이라는 개념을 논하는 과정에서 바울을 참조하기는 하지만(116), 그는 바울의 관점에 따른 호명이 지닌 근본적으로 파괴적인 성격을 인식하지 못하는 듯 보인다. 이러한 인식은 그의 후계자 알랭 바디우(Alain Badiou)의 공헌이 될 것으로, 바디우는 십자가에 달린 자의 부활이라는 "사건"에 간직된 파괴적인[8] 성격을, 바울과 그의 독자들을 주체들로 구성하게 될 충실함을 인식하게 된다. 이 논점은 이후에 다시 검토하게 될 것이다.

하나님의 사랑받는, "성도들"이라 불리는 로마의 모든 사람들에게

이 편지는 "관련 있을지도 모르는 사람들"에게 보내진 편지가 아니다. 이 편지는 어떤 특정한 집단을 시야에 두고 있다. 즉, 로마 거주자들, 그들이 충성을 바치는 이(여호수아 메시아)를 로마와 로마의 지배의적으로 간주해 처형해버린 제국의 중심에 사는 사람들에게 보낸 것이다. 야코프 타우베스는 로마서 주석서들이 거의 중시하지 않는 다음과 같은 사실을 중요하게 다룬다. 바로 바울이 "여느 오래된 회중이 아니

8 바디우 자신의 용어로 보다 정확히 말하자면 '감산적인'(subtractive)이다. 바디우는 '파괴'와 '감산'(혹은 '빠져나감')을 구별하여 사용한다. 기존의 체제를 완전히 부정하는 '파괴'가 전기 바디우의 입장이었다면, 후기 바디우는 기존의 상황을 파괴하기보다 그로부터 벗어나는 '감산'의 입장에 선다.

라, 로마에 있는, 세계적 제국의 중심지에 있는 회중에게" 편지를 썼다는 사실을 말이다(16). 실제로, "로마"는 심지어 신적인 존재로 인격화되기도 하는데, 제국 전역에 걸친 신전 숭배의 중심지이며, 로마 신민들(subjects)의 충성을 요구했다. 그런데 로마에 충성하는 자들에 의해 십자가에 달렸던 이에게 충성을 바치는 자들에 관해 생각해보자면, 그들은 로마라는 도시 안에서 어떻게 간주되었을까?

모든(*all*)이라는 말이 다시 등장한다. 이 "모든"이라는 말은 다른 도시에 있는 메시아 운동의 세포조직에 대해 전하는 말에는, 심지어 암시적인 방식으로조차 사용되지 않는 듯 보인다. 아마도 로마에는 이 "모든"이라는 단어를 포함할 수밖에 없는 무엇인가가 있을 것이다. 이를 어떻게 이해해야 할까? 이 편지는 로마에 거주하는 모든 사람들을 향한 것인가, 아니면 "하나님의 사랑받는 자들"이라는 문구는 로마에 있는 소규모 메시아주의 세포조직에 국한되는 의미를 지닌 것인가? 내 생각에 양쪽 모두 일정 이상의 진실을 가진다. 메시아의 메시지는 사적인 것이 아니다. 그것은 모두를 향한 것이다. 모든 사람이 메시아와 그의 사명에, 혹은 보다 정확히 말해서 — 로마에 의해 처형된 — 메시아 여호수아를 통한 신의 사명에 부름받게 되는 것이다. 그 목표는 모든 이들이 충성의 대상을 제국으로부터 메시아에게로 전환하도록 설득하는 것이다. 알랭 바디우 — 아마도 바울에 대한 마르크스주의적 해석자들 중 가장 잘 알려진 사람일 것이라 생각되는 — 는 한 도시 안에 사는 소규모 메시아 추종자 무리와 그들이 한 부분으로 포함된 전체 지역 사이의 기묘한 관계에 주목한다. 그가 언급하는 바로는, "그들과 진리의 공존가능성(commensurability)을 통해, 익명적인 개인들은 인류 전체의 〔방향을 지정하는〕 매개자로 전환"되는 것이다(『사도 바울』, 20). 제국의 수도 자체 안에 위치한 사람들에 대한 언급으로 이보다 더 적확한 표현이 있겠는가! 여기에서 바울이 전체와 부분 사이에 배치하는 복합적인 관계들 중 첫 번째 사례가 주어진다. 메시아 여호수아에 충성하는 로마 민초들로 이루어진 부분이 그 도시와 사실상 제국 전체에 앞서 나가는 일종의 선도적인 위치에 서거나 또는 전위대가 되는 것이다. 바울의 텍스트에서 환유적 치환이나 이런 종류의 제유적[9] 표상들의 다른 여러 사례를 대하게 될 것이다.

그러나 로마에 사는 메시아 운동 세포조직(혹은 세포조직들)의 구성원은 그 사명의 시작이자 첫 열매이며 따라서 그들은 거룩하다.[10] 그들은 이미 그들이 신의 사랑받는 자들이라는 말을 듣고 이에 귀 기울인 자들인 데 반해, 나머지 다른 사람들은 신의 아들에 관한 소식의 공적인 선포를 전해야 할 목표가 되는 사람들이다. 그리고 그것은 단지 로마라는 도시 자체 안에 사는 사람들에 그치지 않는다. 왜냐하면 로마라는 도시가 많은 나라들 또는 민족들 — 그들 또한 기쁨을 일으키는 선포를 전달받아야 할 사람들이라는 점을 알아야만 할 — 을 포괄하는 거대한 제국의 본거지이기 때문이다. 말하자면 이는 지난한 일이다. 어떻게 로마에 사는 모든 주민이 그런 대담한 주장에 설득될 수 있겠는가? 그것이 바로 바울이 독자들을 돕고, 그런 다음 독자들이 바울을 돕게 될 문제인 것이다.

여러분에게 하나님 우리 아버지와 지도자 여호수아 메시아로부터 오는 관대함과 평화가 있기를

제국의 이데올로기는 그때나 지금이나 제국이 평화를 말한다는 것이다. 여기에는 어느 정도 타당성이 있다. 결국 제국으로서의 제국은 제국 경계 내부에서 벌어지는 전쟁을 막으려 한다. 제국은 전쟁을 벌이는 민

---

9 제유법(提喩法, synecdoche)은 전체로 부분을, 혹은 부분으로 전체를 대신하여 나타내는 표현 방식이다. 로마서에서 제유법의 사용은 바울의 논변에서 매우 중요한 방식으로 사용된다. 바로 앞에서 언급되는 '환유법'(metonymie)은 어떤 단어를 그 단어를 연상시키는 다른 단어로 대체하여 말하는 방식을 일컫는다.

10 holy, 즉 '거룩한', '성스러운'이란 말의 의미는 '구별된다'는 것. 유대 율법에서 첫 번째 수확물은 따로 떼어 신에게 봉헌하도록 규정되어 있다(신명기 26장).

족들을 제국의 법과 보호의 품 안에 포섭한다. 이러한 이데올로기는 카이사르 아우구스투스에게서만이 아니라, 특히 젊은 황제 네로에게서 현저하게 부각되었던 것이다. 그러나 로마와 관련한 타키투스의 기록에서 아그리콜라(Agricola)[11]가 언급되는 부분에 따르면, "로마인들은 강도질하고 도륙하며 노략질하면서 이를 제국이라 말하며, 그들이 폐허로 만든 곳에서 이를 평화라 말한다"(호슬리, 10). 바울은 다른 종류의 평화를 염두에 두고 있었다. 물론 이 평화 또한 모든 나라를 포괄하겠지만 말이다. 이 평화는 군대로 강요되는 평화가 아니라 제국에 의해 처형된 이에 관한 선포를 통해 퍼져나갈 평화였다. 그리고 이 평화는 사형으로 강요되는 것이 아니라 생명의 영에 의해 가능해질 평화로 간주된다.

그 영은 관대함(*charis*)의 영이며, 이 영을 통한 신적인 포고는 모든 이들을 이른바 유앙겔리온 즉 좋은 소식으로 유발될 기쁨 안에 포함하기 위한 것이다. 그 포고가 좋은 소식인 이유는 바로 신의 무조건적이거나 또는 넘치는 관대함에서 기원하여 모든 이들을 신적인 선함 속으로 환영할 목표를 지니기 때문이다. (통상적인 로마서 번역에서 사용되는 "은혜"(grace)라는 용어는 바울의 포고에서 핵심이 되는 넘치는 관대함과 무제한적인 환영을 망각하게 할 수도 있다.)

첫 번째로 나는 여러분 모두에 관해, 여호수아 메시아를 통해 하나님께 감사드립니다. 여러분의 충실함이 모든 세계에서 이야기되고 있기 때문입니다.

다시 "모든"(all)이라는 말이 등장한다. 여러분 모두와 모든 세계라는 문구에서 말이다. 실제로 로마라는 도시 자체 안에 메시아에 충성하는 자들의 세포조직이 또는 세포조직들의 집합이 있었다는 점이 바로 "모

11 그나이우스 율리우스 아그리콜라(Gnaeus Julius Agricola). 로마화된 갈리아 출신의 장군. 로마의 브리타니아 지역 정복에 공로를 세웠다. 타키투스의 장인이며, 여기에서 저자가 언급하는 타키투스의 기록이란 『율리우스 아그리콜라의 삶과 죽음에 관하여』(*De vita et moribus Iulii Agricolae*)를 말하는 것으로 보인다.

든 세계"가 듣고 이야기하는 주제이다. 제국의 중심부에서 메시아 운동에 가담한 지지자들의 전적인 대담함이 바로 신에 대한 놀라운 찬양과 감사를 유발하는 무엇이라는 말이다.

나는 언제나 기도 중에 여러분에 대해 이야기하는데, 그 증인은 내가 내 영을 다해 그분의 아들에 대한 좋은 소식을 위해 섬기고 있는 하나님이십니다. 바울의 바람(그의 기도)은 어떤 의미에서 보자면 정확하게 그에게 맡겨진 사명(신의 아들에 대한 좋은 소식)으로 인해 그들에게로 향한다. 이 간절한 바람은 어떤 것인가? 그것은 바로 **하나님의 뜻으로 내가 마침내 여러분에게 갈 수 있도록 해달라는 간청**이다. 바울은 그들을 만날 수 있기를 간절히 바라며 이 간절한 바람을 신에게 말한다. 여기에서 바울은 〔바로〕 갈 수 없도록 막혀 있는 자신의 처지에 대해 이야기할 것이며, 편지 끝부분에서 이에 관해 추가로 설명하게 될 것이다. 그러나 우리가 주목해야 할 것은 바울이 의도된 편지 수신자들과 맺는 관계가 전형적으로 그들과 함께 있기를 깊이 열망하는 관계라는 점이다. 물론, 우리가 편지라는 것을 주고받게 되는 동기는 바로 이런 간절한 바람의 좌절이다. 편지쓰기를 필요하게 하는 동시에 가능하게 하는 것은 바로 독자와 저자의 상호적인 부재인 것이다. 그러나 바울의 편지들이 소위 "공동 서신들(catholic epistles)[12]"과 대비되는 특징은 바로 이 간절한 바람, 편지를 받는 사람들과 함께 있고자 하는 깊은 열망이다. 바울은 바로 부재의 극복을 향한 기대로 임박한 방문에 대한 편지를 쓰고 있는 것이다.

이 시점에서 가장 흥미로운 것은 이 방문의 목적이다. **왜냐하면 내가 여러분을 만나 여러분을 굳세게 할 영에 의한**(spirited) **선물을 약간 나눌 수 있기를 바라기 때문입니다.** 바울이 염두에 두는 것은 의심의 여지 없이 그들 자신이 처해 있는 매우 어려운 정황에서 무언가 그들이 굳세게

12 바울의 편지 이외에 야고보, 베드로, 유다, 요한이 썼다고 간주되는 편지들.

견딜 수 있도록 도울 방법이 있으리라는 점이다. 내가 생각하기에는 이 편지가 그 자체로 약속된 조력에 대해 치르는 계약금과 같은 성격이 있다고 말하는 편이 온당할 것이다. 그 편지 자체는 로마의 이름으로 처형된 메시아에 충실하고자 하는 로마 거주자들에게 영에 의한 모종의 도움을 제공할 것이다.

동지들〔*adelphoi*〕**이여, 나는 여러분이 이것을 알아주기 바랍니다. 나는 여러 차례 여러분에게 가려고 마음 먹었으나 지금까지 지체되었습니다.** 알랭 바디우가 — 내 의견으로는 정당하게 — 말하는 바로, "형제"(brother)는 단적으로 "우리의 '동지들'(comrades)이라는 말에 대한 고어 형태이다"(『사도 바울』, 20). 바울은 아직 이 공동체를(또는 공동체들을) 방문하겠다는 (아마도 더욱 증대된) 자신의 바람을 이루지 못하도록 가로막는 장애가 무엇인지 이야기하지 않는다. 그러나 그의 방문 목적은 바로 이런 것이다. **내가 다른 남아 있는 여러 민족들 가운데 분명히 그랬듯이 여러분 가운데서도 얼마간 열매를 거두려는 것입니다.** 여기에서 다시 우리는 바울의 독자들이 이방인들 가운데 있다는 점을 상기하게 된다. 그들은 유대 민족이 아니라 이방 민족인 것이다.

나는 그리스인들과 야만인들에게, 지혜 있는 자들과 또한 어리석은 자들에게 빚진 사람입니다. 그러므로 나는 할 수 있는 한 여러분 로마에 있는 자들에게도 그 기쁜 소식을 고지하기 바라는 것입니다. 그 빚(의무, 책임, obligation)은 신에 대한 선포를 고지함으로써 기쁨을 일으키는 과업과 관련된 것이다. 이것이 바로 바울이 사도로서 해야 할 무엇이며 그의 과업이다. 그러나 왜 로마에서? 그 이유는 바울이 말하는 바에 따를 때 자신의 부름 또는 소환명령으로 인해 자신이 그리스인들과 야만인, 지혜 있는 자들과 어리석은 자들에 대한 빚을 지고 있기 때문이다. 고린도서(코린토스 사람들에게 보내는 편지)에서 바울이 사용했던 지혜-어리석음의 이분법은 완전히 다른 방식이었다. 여기 로마서에서 그는 이 이분법을 분명한 헬레니즘적(Hellenistic) 선전에 부합하는 방식으로 사용하고 있다. 제국 내의 그리스어 생활권에서, 그리스 문화는 문명화된(civilized) 것으로 간주될 수 있는 모든 것의 기초였다. 그리스어 사용자 외에 나머지 사람은 "야만인"(barbarian)이었고, 여전히 헬레니즘 문화의 범위 안으로 끌어들여야 할 자들이었다. 그러나 로마는 그리스인과 야만인 양자 모두를 끌어안는 제국의 중심이다. 바울이 그때까지 우선적으로 사역했던 지역은 시리아로부터 그리스, 아나톨리아 반도[13]를 거쳐 발칸 반도에 이르는, 제국 내 그리스어 생활권이었다. 그러나 그는 신의 좋은 소식을 제국 내 그리스어 생활권만이 아니라 또한 (우리가 알고 있는 프랑스와 스페인을 포함하는) 야만인 지역에도 알려야 할 의무가 있다. 로마는 이러한 다양한 문화적 흐름이 모이는 합류점이다. 따라서 바울의 사도적 소명의 실천에 있어 로마는 매우 중요한 곳이다. 바울의 여정을 언급하면서, 가톨릭 철학자인 (그리고 루이 알튀세르의 친구인) 스타니슬라스 브르통(Stanislas Breton)이 말하는 바로는 "복음에 대한 관여는 그에게 영속적인 이동이라는 저주를 내린다"(52).

로마는 또한 로마에 의해 처형된 그 "아들"과 관련한 신의 메시지의 고지에 있어 가장 큰 긴장이 집중되는 지점이다. 바로 이것이 로마의 중요성이자 난점이며, 도전이자 기회인 것이다. **따라서 나는 간절하게 로마에 있는 여러분에게도 좋은 소식을 알리기 바랍니다.** 물론, 이 말은 바울이 로마에 있는 사람들에게 메시아의 좋은 소식을 처음으로 고지하게 될 것이라는 의미는 아닌데, 말하자면 그들은 이미 다른 사람들이 전한 이 선포에 충실성으로 응답했던 것이다. 오히려 그들의 기쁨이 더해질 것이라는 말은 이 고지에 그들이 아직 이해하지 못했거나 받지 못한 차원이 있다는 의미인 것이다. 로마라는 도시 안에서 포위되어 있는 이 메시아 운동 세포조직에 아직 전해지지 않은 소식이 될 복음의 새로운

13 Anatolian peninsula, 현재 터키가 위치한, 보통 소아시아(Asia minor)로 통칭되던 지역.

차원은 무엇인가? 그것은 바로 정의에 관한 소식이다.

나는 복음을 부끄러워하지 않습니다. 이 복음은, 유대인을 비롯하여 그리스인에 이르기까지, 모든 믿는 사람의 구원〔완전함〕**을 위한 하나님의 능력입니다. 복음 안에서 하나님의 정의가 충실함으로부터 충실함에 이르기까지**[14] **드러나는데, 이것은 성서에 기록된 바 정의로운 자는 충실함을 통해 살 것이라 한 것과 같습니다.** 이는 적어도 이 텍스트에 나타난 바울의 논증 주제에 대한 예비적 진술로 간주될 수 있을 것이다. 이 논제를 설명함으로써 그가 표명할 것은 자신의 독자들과 공유하기 바라는 영에 따른 선물(gift)이다.

그 선물이 영에 따른 것인 이유는 우선 그 선물이 대담한 것이기 때문이다. 바울은 그 메시지에 대해 창피해하지도 부끄러워하지도 않고, 의심스러워하지도 두려워하지도 않으며, 양가적이거나 조심스러운 태도를 취하지도 않는다. 오히려 그는 대담한 태도를 취하여, 다른 사람들 또한 조롱, 반대, 박해 등에 직면하여 대담한 태도를 취할 수 있게 한다. 콜레주 드 프랑스에서 진행된 마지막 강좌에서, 미셸 푸코(Michel Foucault)가 착수한 작업은 이러한 솔직한 혹은 대담한 고대의 담화—그가 "진리의 용기"로 정의하는 *파레시아*(*parrhesia*)[15]의 역능(virtue) 또는 실천과 관련된—의 중요성에 대한 장시간에 걸친 검토였다. 그것은 누군가를 위험한 상황에 처하게 하는 진리 진술(truth telling)의 한 형식인데, 이는 그가 말하는 것이 어떤 권력을 행사하는 자들의 이해관계

14 '전적으로 충실함(믿음)에 의해'라는 의미.

15 푸코가 *파레시아*에 관해 이야기하는 콜레주 드 프랑스 강의는 1983~84년에 진행된 '진리의 용기'(La courage de la vérité)라는 제목의 강의이다. *parrhesia*란 말은 어원적으로 pan-(모두)와 -rhesis(말하기)의 합성어이며, 다시 말해 '모두 말하기', '자유롭게 말하기', '참된 말을 하기', 그리고 이에 따라 '대담하게 말하기'의 의미이며, 이런 의미는 저자가 언급하는 바울의 대담한 태도 또는 뻔뻔한 태도와 관련하여 생각해볼 수 있다. 또 이후에 다루게 될 verediction(진실 진술) 개념과 연관지어 생각할 수 있다.

나 의견을 거스르게 되기 때문이다. 이런 의미에서, 그러한 담화의 주제가 정의인 이상, 그것은 하나의 정치적 역능, 아니 어쩌면 *하나뿐인* 정치적 역능일 것이다. 소크라테스의 예를 들어, 푸코는 민주주의의 정치적 공간 안에서 대담하게 진리를 말하는 것이 정말로 가능한지 묻는다(78~79). 마치 시라쿠사이에 간 플라톤의 예가 참주정(전제정, tyranny)의 공간 안에서의 진리 진술에 관한 경고로 기능하게 된 것처럼 말이다(62).[16] 바울은 로마의 통치라는 전제정으로부터 드리워진 정치적 공간의 그늘 아래에서도 면면히 존재하는 메시아적 사회의 민주적 공간 안에서 진리에 관해 대담하게 말할 것을 주장한다(데살로니가전서, 2:2). 그러나 그는 또한 이런 능력을 그의 독자들 가운데 발현시키려 한다.

바울의 주장에 따를 때, 신적인 선포는 다른 사람들에게 어떻게 보일지 모르나 그것은 분명한 능력(power)이다. 고린도전서에서 그리고 여기 로마서에서도, 바울은 (십자가에 달린 메시아를 말하는) 이러한 선포가 다른 사람들에게는 약함과 어리석음으로 보일 수밖에 없지만, 진실로 지혜와 능력임을 인식했던 바 있다. 어떤 종류의 능력인가? 그것은 본질적으로 정치적인 능력, 사람들을 구원하고 해악을 압도하며 이를 막는 능력, 생명 — 즉, 인간 사회 전체의 생명 — 을 부여하고 유지하며 보호하는 능력이다. 여기에서 한 가지 난점은 구원이 기본적으로 정치적 개념이라는 사실이 망각된다는 것이다. 구원이라는 개념은 공동선[17](common good)을 확립하고, 이를 적의 약탈로부터 보호하는 것, 혹은 사회의 존속을 위협하는 그런 종류의 사회적 갈등(civil strife)을 극복하는 것과 관련된다. 이런 이유로 인해 로마 황제가 *소테르*(*soter*), 즉 구원자로 불릴 수 있는 것이다.

16 플라톤은 현재 지명으로 시칠리아 섬에 위치한 고대 도시 시라쿠사이에서 자신의 이상국가적 정치를 실현해보고자 했으나, 당시의 참주 디오니시오스 1세의 방탕한 생활에 실망하여 공개적으로 비판한 이후 붙잡혀 노예로 팔리게 된다.

17 혹은 '공유재산'.

이러한 완전함은 충실함 혹은 충성과 연관된다. 신적인 포고에 대한 충성을 통해, 세계는 위험으로부터 보호되며 인간의 안녕(well-being)이 확립된다. 신적인 포고와 활동에 부응하는, 그리고 모두를 위한 완전함으로 이끄는 이러한 충실함 혹은 충성은 먼저 유대인들에게서 그리고 다음으로 그리스인들에게서 (그리고 아마도 그 이후에는 야만인들에게서도) 발견된다. 결국 그 메시지는 먼저 유대 민족에게 오게 되며, 그리고 그들로부터 바깥으로 퍼져나가게 될 것이다. 왜냐하면 신에 대한 새로운 소식은 무엇보다도 이스라엘의 신에 대한 소식이기 때문이다. 그 소식은 오로지 유대인들 가운데, 즉 이스라엘에 뿌리내리고 있기에, 이후 외부를 향해 그리스인들과 그 너머로 확장된다. 이는 이 논변에서 반복되는 주제(motif)가 될 것이며, 이 주제의 완전한 의미는 9~11장에 이르러서야 명백해질 것이다.

정의는 바로 충성으로부터 생산되는 것이다. 고대 세계에서, 정의라는 주제는 확고하게 정치적인 것의 공간에 연결되어 있었다. 플라톤이 『국가』에서 *폴리스*(*polis*)에 대한 논의로 방향을 전환할 때, 그런 전환을 하는 이유는 바로 정의에 대한 논의를 전개하기 위한 것이다. 이는 그에게 전혀 새로운 주제가 아니다. 실제로 대화편들에서 플라톤이 재삼 반복하여 다루는 것은 바로 인간 존재들의 공동 생활을 이해하기 위한 주요한 방편으로 제시되는 정의라는 주제이다.

아리스토텔레스에게서도 상당히 유사한 현상이 발견된다. 그가 확언하는 바에 따를 때, "정의는 국가 안에 있는 인간들을 묶는 유대인데, 왜냐하면 정의의 집행은, 무엇이 정의로운지에 대한 결정으로서, 정치적 사회의 질서이기 때문이다"(『정치학』 1253a.37~39). 그는 정의가 가장 큰 선이며 정의의 문제가 공통적인 것으로 제시된 선의 문제라고 단언할 것이다(1282b.17~18). 그의 주장에 따르면, 정의는 사회적 역능(virtue)[18]이며, 다른 모든 역능들은 정의라는 역능에 내포된다(1283a.39~40). 〔이로부터〕 정의가 다른 개인들과 함께하는 사회 생활이 어떤 방식으로 형성되어야만 하는지에 관한, 근본적으로 사회적인 개념이라는 점을 이해하기는 쉬운 일이다.

이러한 정의와 사회적인 것의 정치적 배열 사이의 긴밀한 상호관계는 키케로에 의해 개진된 바 있는데, 그는 바울 당대의 스토아 학파나 에피쿠로스 학파와 달리 정의가 사회 안에 있는 인간 상호관계들의 배열에 관련된다는 점을 망각하지 않았다. 예를 들어, 스키피오의 꿈을 이야기하면서, 키케로는 "국가라고 불리는, 정의에 의해 함께 연결된 사람들의 공동체"에 대해 기술한다(『국가론』 6.13). 이에 앞서 키케로는 다음과 같이 질문했다. "국가가 정의 안에서 평등한 연합이 아니라면 대체 무엇이란 말인가?"(1. 49)

정의는 사회적 안녕을 위한, 도시 또는 정치체(body politic)의 안녕을 가능케 하는 오직 하나뿐인 기초다. 하지만 정의로운 자는 충실성으로 살 것이라는 말이 있으며, 분명히 정의는 오로지 신이 세계 내에서 행하는 일에 대한 충실함 혹은 충성으로서 존재하게 될 뿐이다. 이 하박국 2:4에 대한 70인역 인용문[19]은 바울이 설명하는 핵심적인 주제들이 수 세기 전에 이스라엘의 문서들에서 이미 고지되었다는 것을 생생히 일깨워준다. 누군가 충실함을 실현한다면, 그는 정의롭게 될 것이다. 그러나 이것이 명확하게 드러날 수 있으려면, 사회질서가 구성되는 기존의 방식에서 부정의를 드러내는 작업을 수행할 필요가 있다.

---

18 virtue는 보통 '미덕', '덕성' 등으로 번역되지만, 원래 이 말의 의미는 '능력', '힘' 등이었다. 이 부분에서는 후자의 의미를 살려 '역능'으로 번역한다.

19 로마서 1:17의 이 인용구는 일반적인 성서에서 "의인은 믿음으로 살 것이다"로 번역된다.

첫 번째 전개부

부정의한 사회질서(1:18~3:20)

바울은 정의 곧 신적인 정의의 요구에 관심을 가지기에, 먼저 정의로운 사회질서에 대한 추구가 어떤 방식으로 실패했는지 지적한다. 사회적 부정의와 관련된 가장 심각한 혐의는 그리스-로마 세계를 향하는데(1:18~2:6), 그 중심은 로마라는 도시이며 그가 보낸 편지의 독자들로 구성된 메시아주의 세포조직 혹은 전위대가 있는 곳이다. 그러나 그는 또한 모세의 헌정(Mosaic constitution)에 기초한 유대적 정치체는 해결책이 아니라고 주장하는데, 왜냐하면 이 정치체 또한 정의가 아니라 부정의를 낳고 있기 때문이다(2:17~3:20). 이 기소는 신적인 공평함에 기초하는데(2:6~16), 이러한 공평함은 정의가 발견되는 곳이라면 어디에서든 정의를 추구하고 환영하며 부정의가 발견되는 곳이라면 어디에서든 부정의를 거부하고 반대하는 것이다. 이에 따라 정의가 명백히 불가능하지만 그럼에도 반드시 필요하다는 일종의 막다른 길 혹은 아포리아에 이르는 것처럼 보인다. 이러한 아포리아야말로 법에 기초하지 않은 정의, 즉 법 밖의 정의, 다시 말해 무법적 정의를 검토할 배경이 될 것이다.

2. 이방인의 부정의에 대한 비판(1 : 18~2 : 5)

바울은 그의 관심이 정의 곧 신적인 정의에 있다는 점을 보여준다. 이런 측면에서 신의 복음은 이러한 정의 혹은 그 도래이며, 어떤 방식으로든 정의의 실현이나 달성을 갈망한다고 표상되는 세계가 기뻐할 선포이다. 그는 또한 이러한 정의의 도래가 수치스러운 죽음으로부터 되돌려진 메시아에 관한 소식과 관련된다고 지적했다. 그러한 선포는 수행적 특성을 지니며, 전쟁, 평화, 세금감면 또는 결혼의 선포가 그런 것처럼 어떤 방식으로든 선포하는 바를 달성하거나 달성하기 시작한다. 여기에서 그 선포는 기쁨을 생산하거나, 또는 기쁨의 생산을 목표한다.

신의 정의가 장차 중요한 사안들에 대해 도래할 것이라는 말의 의미는 정의의 실현과 이를 지탱할 장치들이 실패했다는 것이다. 다음 몇 단락에서 이어질 바울의 논증에는 정의가 달성되지 않았음을 보여야 할 책임이 부과된다. 이 논의에서 그는 우선 이방인의 정의에 대한 기소로, 다시 말해 로마법에 의해 구현되고 관리되는 정의에 대한 기소로 〔논의의 방향을〕 전환할 것이다. 그런 이후에 그는 그들 스스로 우월한 정치체나 법에 자긍심을 느끼지만 그럼에도 정의를 완성하지 못했거나 그럴 능력이 없는 이스라엘 또는 유대 민족의 정의에 대한 기소로 방향을 돌릴 것이다.

편지 전체를 관통하는 바울의 기본적인 전제는 신이 정의를 요구한다는 것이다. 사실 신의 이름과 정의의 이름은 실질적으로 상호 교환가능하며, 그런 만큼 신으로부터 돌아서는 것은 부정의에 빠지는 행위다. 무엇보다 바울은, 단지 개인에게 국한된 것이 아니라 모든 사회에 적용된다는 차원에서, 정의가 정치적 개념이라고 주장할 것이다. 이 기소는 개인들이 아니라, 한편으로는 그리스인이나 이방 민족으로 명명된 사회적 실체에, 그리고 다른 한편으로는 유대 민족으로 명명된 사회적 실체에 적용된다. 우리가 살피게 될 사안은, 설령 개인들이 — 그가 어떤 사회에 속하든 — 개인으로서 고려될 때 정의롭더라도, 심대하게 부정의한 사회질서에 뿌리내리고 있다고 여겨질 수 있으며, 그러한 한에서 앞으로 전개할 기소장에 포함된다는 점이다.

그런데 왜 이러한 사회적 실체들 — 사회들 또는 정치체들 — 의 기소가 요청되는가? 내가 생각하기로, 이러한 요청은 신의 메시아가 이스라엘의 책임 있는 대표자들에 의해 거부되었으며, 이방 민족의 사회 — 로마 제국의 질서 — 의 책임 있는 대표자들에 의해 처형되었다는 사실에 기인한다. 관건은 법과 신을 높이는 정치체들 간의 충돌, 또는 데리다가 말하는 해체 불가능한 정의의 요구와 요청이 될 것이다. 이 충돌은 메시아의 죽음 즉 법에 의한 죽음으로 표현되었으며, 그 죽음으로 법 집행을 통해 표현된 정의를 향한 뿌리깊은 반대가 드러나게 되었다. 니체가 인식했던 것처럼, 메시아를 처형한 것은 법이며, 따라서 이 충돌은 메시아와 법 사이의 선택에 관한 것이다. "그 시점에 이르기까지 그 수치스러운 죽음은 그에게 새로운 교의의 추종자들에 의해 선포된 '메시아 자격'에 반대하는 주된 논거로 여겨졌다. 그러나 법을 폐지해야 한다면 … 그 이후로 법은 죽은 것이다"(『아침놀』 §68). 바울을 순전히 루터교인으로 만들며 다분히 공상적인 방식으로 제시되는 니체의 원한감정(resentment)이라는 관념을 차치하면, 내 생각에는 여기에 제시된 기본적인 충돌의 의미는 절대적으로 옳은 것이다. 어쨌든 이런 의미에서 나는 데리다가 말하는 니체의 "바울에 관한 명석함"이라는 의견에 동의할 수 있다(「누에」 325). 야코프 타우베스는 바울과 관련하여 니체에 대해 보다 상세하게 평가하고 있다(80~85).

이 기본적인 논변의 방향을 미리 내다보는 것은 바울의 기소장의 세부사항 속에 빠져 길을 잃지 않으려면 필수적으로 거쳐야 할 일이다. 이제 우리는 먼저 제시된 그리스-로마 문명의 기소에 대한 논의로 방향을 돌린다. 이 기소장은 삼중적 구조를 지니는데, 오리게네스는 이미 3세기가 시작될 무렵에 이를 기본적인 평행 구조로, 즉 같은 상황을 세

가지 방식으로 묘사하는 구조로 간주하고 있었다.

이 기소장의 전반적인 표현은 다음과 같다.

하늘로부터 신적인 진노가 부당하게 진리를 감금하는 모든 인간적 불경건과 부정의에 대해 나타납니다.

이 기소장은 감히 판단하는 자들—즉, 법의 이름으로 정의를 실행한다고 주장하는 자들—자신이 유죄판결[1] 아래 있다는 점에 대한 증명을 목적으로 한다. 진리에 대한 억압, 즉 진리를 의도적으로 가두거나 침묵하게 하는 행위는 구체적인 불경건과 부정의의 표현이다. "불경건"(impiety)과 "부정의"(injustice)는 로마의 정치 용어이며 상당 부분 서로 의미가 겹친다. 불경건은 신들을 무시하는 행위이자 고대의 보편적인 관습 또는 인간적 올바름에 위배되는 행위이다. 일반적으로, 그런 행위는 신성모독으로 간주되는 것이다. 자신의 논변을 작동시키기 위해, 바울은 이방인들의 영역에서 일해야 하며, 이방인 사회에 대한 그의 기소는 이방인들의 용어로 말해져야만 한다. 따라서 이방인들이 정의롭지 않다 또는 경건하지 않다고 말하는 이유는 그들이 이방인이라서가 아니라, 그들이 진정한 경건함이나 진정한 정의와 일치한다고 알고 있는 것을 스스로 행하지 않기 때문이다. 그 문제의 해결책은 이방인들이 그들 자신의 이방적 종교(혹은 인본주의)를 버리고 유대교인이 되거나 또는 유대인들이 유대교를 버리고 선량한 이교도가 되는 것이 아니며, 심지어 기독교라 불리는 새로운 대체적 종교를 발명하는 것도 아닐 것이다. 이 논점에는 상당히 면밀한 주의가 요구된다.

한편, 중요하게 언급해야 할 사항은 바울이 로마의 정치적 담론에서 완벽하게 인식될 수 있는 용어들을 사용한다는 것이다. 예를 들어, 타

1 condemnation, 이 용어는 그리스도를 믿는 종교 일반에서 '정죄'(죄로 정해짐)라는 말로 옮겨진다. 하지만 이 번역에서는 이 용어의 정치·사회적 의미를 살리기 위해 주로 '유죄판결'이라는 말로 옮긴다.

키투스(Tacitus)는 다음과 같이 말하기도 한다. "정의로움에도 불구하고 중상(中傷)당하고 자살로 내몰리는 우리 시민들의 우울과 이들에 대한 지속적인 파괴, 그런 것이 바로 로마 국가에 대한 하늘의 진노이다"(16.16). 즉, 바울의 기소장은 타키투스의 진술과 일치한다. 이는 단지 (정의로운 자들을 중상하고 자살로 내몬다고 주장하는) 기소장의 내용으로 그치는 것이 아니라, 사회적 광기가 그 자체로 신의 진노를 보여주는 것이며, 또한 아마도 그 원인이라고 하는 방식으로까지 확장된다.

하나님을 알 만한 일이 사람에게 환히 드러나 있습니다. 하나님께서 그것을 환히 드러내주셨기 때문입니다. 이 세상의 창조 때로부터, 심지어 신성에서 가장 알기 어려운 부분도 그 지으신 피조물들의 세계를 통해 분명해집니다. 곧 그분의 영원하신 권능과 신성이 말입니다.

나치에 의해 초래된 사회적 혼란이라는 악몽에서 이해할 수 있는 이유를 찾기 위해 카를 바르트와 몇몇 신학자들은 소위 자연 신학을 배척하는 주장을 펼치기도 했지만, 위대한 유대인 철학자 바뤼흐 스피노자를 비롯한 계몽시대의 철학자들은 타당하게도 바울이 그들의 확신을 공유하여 모든 문화에서 각각의 문화에 고유한 피조물들의 세계(world of things) 곧 실존하는 것들의 세계에 관한 지식을 통해 가장 근본적인 신학적 지식을 얻을 수 있다는 견해를 가졌다고 보았다. 스피노자는 1670년에 출간된 『신학정치학 논고』에서 "여기에서 〔바울은〕 자연적인 이성의 빛에 의해 모든 사람이 신의 권능과 신성을 명확하게 이해할 수 있으며, 그로부터 그들이 구해야 할 것과 피해야 할 것을 알고 추측할 수 있음을 아주 명료하게 밝힌다"(57). 〔여기서〕 분명히 알게 되는 것은 실존하는 것들로 이루어진 세계의 실존에서 명백히 드러나는 신적인 권능이다. 어쨌든 피조물들의 존재는 그 자체로 "세계"로 제시되며, 그런 방식으로 신성이라는 신비로우면서도 유효한 권능의 증거를 제공한다.

여기에서 관건은 이러저러한 형이상학이나 존재론 자체가 아니라 형이상학과 존재론이 사유하려 하는 대상이다. 아무것도 없는 것이 아니라 무엇인가 있는지, 사물들은 그 자체로 있는 것인지, 혹은 상호 간의 관계 안에 있거나 우리와의 관계 안에 있는지 등의 문제와는 관계없이, 경험이 시작되는 지점은 거기에서 어떤 방식으로든 사물 자체의 상호 관계나 사물과 우리의 관계를 통해 우리 앞에 놓이는 다양한 실존들에 대한 경험이다. 여기에서 바울은 그리스-로마 세계에 사는 성찰적 개인이 이미 인식했을 어떤 문제에 관해 지적한다. 세계의 구조에서 작동하고 있는 이 신적인 권능에 대한 인식은 어떠한 특정 종교나 문화에도 제한되지 않는다는 점을 말이다.

게다가, 그 기본적인 논점이 정의의 요구와 관련될 것이므로, 다른 사람에게 대접받기를 기대하거나 요구하는 그대로 다른 사람을 대접하라는 정의에 대한 가장 기본적인 정식이 모든 문화의 공통적인 속성으로 간주된다는 점을 상기해야 한다. 바울은 이 논점에 관해 이후의 논변에서 다시 다루게 될 것이다.

그러므로 사람들은 핑계를 댈 수가 없는데, 왜냐하면 그들이 신성을 알면서도 하나님께 맞는 영광을 돌리거나 감사를 드리기는커녕, 오히려 생각이 허망해지고 고집스러운 마음으로 분별을 잃게 되었기 때문입니다.

아마도 여기에서 가장 중요한 문구는 "감사를 드리다"일 것인데, 이는 존재의 완전한 신비에 직면하여 감사한 마음을 가지고 이를 표현한다는 뜻이다. 이 문구의 중요성은 감사하는 태도와 고집스러운 태도로 시작되는 자기 미혹 사이의 대비로부터 명확히 드러난다.(바울은 고집스럽고 분별 없는 마음(심장, heart, kardia)이라는 표현을 사용하지만, 그리스어에서 마음은 정서가 아니라 의지를 지칭하는 말이다.) 바로 경이가 고집스러움에 꺾일 때, 감사가 모든 것을 도구화하는 탐욕스러움에 무너질 때, 혼돈으로 가는 문이 열리는 것이다. 이로 인해 경이에 기초한 이해를 바라기보다는 자기 이익과 권력을 향한 눈먼 의지를 섬기기 위해 모든 것을 착취하게 된다. 놀라움을 일으키는 과학이 아니라 교묘하게 조작하는 유사과학이 발생한다는 것이다. 이것이 바로 과학을 인간의 자연 지배를 위한 도구로 간주했던 프랜시스 베이컨(Francis Bacon)의 꿈이자 악몽이다. 원자의 신비에 대한 해명을 시도하는 모든 참된 과학자의 대척점에 우주의 신비를 무기로 만들려 하는 권력의 종이 있으며, 유전암호의 경이를 밝히려 노력하는 모든 참된 과학자의 대척점에 유전자에 관한 특허권으로 이익을 얻으려 하는 기업이 자리하게 된다.

그들의 지혜는 어리석음이 되고, 〔합리성은 불합리가 되고, 지성은 우둔함이 되었습니다. 그리고〕 **그들은 썩지 않는 신성을, 썩어 없어질 인간이나 새, 네 발 짐승이나 기어 다니는 동물의 조상으로 바꾸어놓았습니다.**

여기에서 우리는 흔히 이 구절이 우상 숭배에 관한 것이라 말하지만, 바울은 제국의 지성인들 또한 순전히 우둔한 자들로 드러날 것이라고 독설을 퍼붓는다. 네로가 어렸던 시절에, 세네카는 클라우디우스의 신격화를 조롱했으며, 그 이전에 자신뿐만 아니라 자기 누이는 물론 심지어 타고 다니던 말까지 신격화했던 칼리굴라의 불경함에 모든 로마인들이 충격을 받았던 일이 있었다. 군단기 위에 자리한 제국의 독수리는 로마 제국의 신성을 표상하는 것이었다. 혹자는 이 구절을 이집트의 관습에 관한 공격으로 보지만(이를테면 새나 하마나 악어로 표상된 신들에 관한), 내가 생각하기에 중요한 것은 신을 썩어 없어질 것들의 조상(彫像, images)으로 포착하는 행위에 대한 지적이며, 이것이 보다 정곡을 찌르는 비판이다.

이런 점에서, 바울은 우상 숭배에 관한 특정한 유대적 비판에 혹은 심지어 예언자적 비판에 의존하지 않는다. 그는 미신적인 관습에 대해 그리스-로마 세계의 철학에서 다소간 공통적으로 인정되던 비판의 언어를 그대로 사용하고 있는 것이다. 이 비판의 요지는 외경과 경이를 눈에 보이지 않는 것으로부터 보이는 것으로 너무나 손쉽게 전이시켰다는 점이다. 즉, 가톨릭 철학자이자 이전에 데리다의 학생이었던 장뤽 마리옹(Jean Luc Marion)의 통찰에 따를 때, 그 요지는 상(像, icon)으로부터 우상(偶像, idol)으로 전이된다는 점이다(7~24). 어쨌든 여기에서 우상은 제국의 권력과 무절제를 예시화하거나 또는 재현〔표상〕하는 모든 것을 말한다. 우리 시대에 관해 생각해볼 수 있는 것은 복잡하게 얽힌 인간적 상호작용에 관한 경이가 시장의 우상에, 그리고 탐욕이 스스로 만들어낸 벼랑 끝에서 떨어지는 순간 사라져버릴 가상의 "부"를 향한 놀랍도록 경솔한 믿음에 굴복하는 양상이다.

하나님은 그들을 스스로 선택한 광기에 내버려두시고[2] 온갖 종류의 불결함과 서로의 몸을 수치스럽게 하는 행위로 빠져들게 하셨습니다.

여기에서 우리는 바울이 일종의 성적인 결벽증을 가진 사람이라고 생각하기 쉬운데, 우리에게 수치와 "불결함"이란 어떤 의미에서든 성 문제에 초점이 맞추어지기 때문이다. 하지만 그런 의미는 바울이나 그의 독자들이 이해했던 의미가 아닐 공산이 크다. 오히려 이 두 가지 말이 의미하는 것은 인간 존재가 스스로에 대한 가장 심각한 적이 되도록 하는 사회적 광기로의 전락이며, 그러므로 그들이 빠지게 된 매우 수치스러운 행태에 대한 혐오를 불러일으키게 된다. 우리는 서로의 (육체적인) 고결함을 존중하지 않고, 오히려 상대를 수치스럽게 만들며 또한 스스로를 수치스럽게 한다. 게다가 특히 이러한 행실의 본을 가장 높은 사회적 계층에서 보일 경우 사회적 타락과 사망이라는 악순환으로 향하는 경향이 있다.

당시 그리스-로마적 사고방식으로는 수치스러운 열정이란 "성적인" 측면보다는 불합리한 분노, 화, 잔인한 행위를 즐기는 태도, 부를 축적하거나 과시하고자 하는 어리석은 욕구, 사치에 경도된 생활방식 등과

2 원래는 '마음의 욕망대로 내버려두시고'이다. 저자가 이 부분의 번역을 '마음의 욕망(lusts of their hearts, epithymiais ton kardion)'보다는 '광기(madness)'로 번역하는 근거는 이어지는 논증에서 확인할 수 있다.

같은 사회적 측면을 지칭하는 것이었다. 이러한 "열정들"은 스토아학파, 에피쿠로스학파, 견유학파 모두가 수치스럽다고 비난했던 것이었다. 이것이 또한 바울의 생각이었다.

이를 분명히 밝히기 위해, 나는 우선 바울의 세 부분으로 이루어진 기소장에서 세 번째이자 가장 상세하게 진술된 부분으로 향할 것이다. **사람들이 하나님을 인정하기 싫어하므로**(이 말이 이 기소장의 시작 부분에 나오는 바울의 논변에서 직접적으로 도출된다는 측면에 주목하자), **하나님은 사람들을 타락한 마음과 해서는 안 될 일에 넘기셨습니다. 그들은 온갖 부정의**(결국 이 말이 요지이며, 이어지는 이야기를 모두 요약한다. 원래 바울이 사용한 고대 그리스어에는 구두점이 없으며, 따라서 구두점은 번역자들에 의해 표시된 것이라는 점을 상기하자), **곧 악행과 탐욕과 악의로 가득 차 있습니다.**(그런 다음 그는 이 기본적인 목록을 확장한다.) **그들은 시기와 살의와 분쟁과 기만과 적의로 가득 차 있으며, 수군거리는 자요, 중상하는 자요, 하나님을 미워하는 자요, 불손한 자요, 오만한 자요, 자랑하는 자요, 악을 꾸미는 모략꾼이요, 부모를 거역하는 자요, 우매한 자요, 신의가 없는 자요, 무정한 자요, 무자비한 자입니다.**

이는 사회적 광기다. 그리고 거의 정확하게 이것이 바로 로마 역사가들이 로마 역사의 해당 시기, 즉 (아마도 이전에 있었을) 아우구스투스의 죽음으로부터 그 세기 말엽까지에 관해 말하는 것이기도 하다. 그 시기는 모든 경쟁자를 편집광적으로 파괴하려 하는 악당들이 지배하던 시기였다. 이웃에 대한 거짓말을 지어내어 이에 성공하고, 정보원들과 중상모략을 일삼는 자들이 부와 권력을 누리던 시기였던 것이다. 미덕으로 이름난 평판을 가진 누구라도 파괴되어야만 했는데, 그러지 않으면 민중이 나서서 그 사람을 독재관으로 추대하고 지금 권력을 장악하고 있거나 이를 추구하는 자를 교체하려 할 것이기 때문이었다. 이에 따라 우선 진리가 희생되었으며, 그 결과로 들어선 것은 사회적 광기, 다시 말해 권력자들의 서로에 대한 그리고 약자들에 대한 전쟁이었다.

예를 들어, CE[3] 120년경에 활동했던 저술가 타키투스가 상기하는 바에 따르면, "티베리우스, 가이우스(칼리굴라), 클라우디우스 그리고 네로에 관한 역사는 그들이 권력을 잡고 있을 당시에 공포를 통해 날조되었다"(1.1). 타키투스는 티베리우스 치세에 관한 서술에서 이렇게 언급하는데, 이것은 그 후임자들의 경우에도 마찬가지이다. "나는 이어서 폭군의 무자비한 명령, 그치지 않는 고발, 믿음 없는 우정, 순결함의 타락 또는 동일한 원인에 따른 동일한 결과들을 제시해야 할 것인데, 어디에서든 내가 다루는 주제의 지루한 단조로움에 마주하게 된다"(4:33). 그리고 또한 역사가들이 말하게 될 것처럼, 통상 지배자들의 예에는 전염성이 있다.

그들은 이와 같은 일을 하는 자들은 죽어 마땅하다는 하나님의 명령을 압니다. 여기에서 문제는 어떤 사람이 사형을 당할 수 있다는 구체적인 법률이 아니라, 오히려 그 사회 자체에 멸망을 초래하는 사회적인 광기 또는 집단적인 어리석음이다. 신이 있다면, 신성한 힘이 있다면, 이러한 사회적 혼돈은 그 자체로 사형감인 것이다. 사회들은 일반적으로 이런 점을 잘 알고 있으며, 이를 다양한 방식으로 표현할 것이다. 예를 들어, 중국에서라면 지배자들이 천명(mandate of heaven)을 잃었다고 말할 것이다. 그러나 이로부터 알 수 있는 것은 진정으로 악한 사회질서는 붕괴 혹은 자멸의 시점에 있다는 것이다. 로마나 이스라엘 혹은 심지어 오늘날의 세계에서도, 이를 알기 위해 법전을 들춰볼 필요는 없다.

자기들만 이런 일을 하는 것이 아니라, 이런 일을 저지르는 사람을 찬양하고 명예를 돌리기까지 합니다. 이것이 바로 바울보다 불과 몇십 년쯤 뒤에 저술활동을 하던 이 시기의 역사가들이 실제로 좌절했던 이유

3 CE는 'Common Era'의 약어로 역사학계에서 AD(Anno Domini)를 대체하여 사용하는 말이다. 참고로 BC(Before Christ)는 BCE(Before Common Era)로 대체하여 사용한다.

들 중 하나로 보인다. 바로 모든 사람이 사악하고 무도하다고 인식하는 행동이 그럼에도 원로원이나 사람들이 모이는 거리에서 찬사를 받았다는 점 말이다. 한 가지 예를 들자면, 네로가 몇 차례 시도 끝에 자기 어머니〔아그리피나〕를 암살하는 데 성공했을 때, 그는 도시에서 마치 전쟁에서 승리하기라도 한 것 같은 환영을 받는다. 수에토니우스(Suetonius)가 기술하는 바에 따르면, 축하한다는 말이 "군, 원로원 그리고 사람들로부터 쏟아져 들어왔다"(네로 §34). 사회가 이런 만큼이나 깊은 타락에 빠져 있었던 것이다.

바울이 제기했던 기소는 로마의 사회정치적 엘리트 집단의 (풍문으로 떠돌던) 행실을 향한 고발이며, 이 엘리트 집단은 소위 정의의 집행에 책임을 지는 자들이었으나, 그들 자신의 부정의는 모든 지각 있는 개인에게 명백히 드러나 있었다. 이런 정황은 바울의 저술 이후 수십 년이 지나 로마의 이교도 역사가들에 의해 저술된 이 시기에 관한 역사에서 명백히 밝혀지게 된다. 이 역사가들 자신은 바울이 저술하던 당시에는 티베리우스로부터 칼리굴라를 거쳐 네로와 그 이후 황제들의 치세에까지 공통적으로 나타나던 공포의 통치로 인해 제국에 관한 이런 종류의 진실이 글로 기록될 수 없었다고 주장할 것이다. 따라서 바울은 여기에서 매우 위험한 영역을 걷고 있는 셈이 되는데, 이는 그가 수십 년 후에나 나타날 일종의 로마 제국의 계몽기[4]가 발단할 무렵이 아니라 로마인들 자신이 어리석은 부정의의 시대라고 주장했던 시기 가운데 저술활동을 했기 때문이다.

바울이 여기에서 말하는 바를 이해한 이후에야, 바울의 두 번째 기소 항목을 구성하는 구절들로 되돌아갈 수 있다. 세 가지 기소 항목을 기소

---

4 오현제 시대를 말하는 것으로 보인다. 네르바로부터 트라야누스, 하드리아누스, 안토니누스 피우스를 거쳐 마르쿠스 아우렐리우스에 이르는 다섯 황제의 치세에 로마는 영토 확장과 행정 및 문화 면에서 발전을 거듭하여 최전성기에 이른다.

장 전반의 맥락 안에 위치시키는 작업은 이 항목들의 이해 방식에 대한 심한 오해를 극복할 수 있도록 도울 것이다. 내가 시도할 것은 다소간 글자 그대로의 번역이다.

이런 까닭에, 하나님은 사람들을 수치스러운 정념에 넘기셔서, 그들의 여자들은 본성적인〔*phusikein*〕 **사용**〔*chreisin*〕**을 본성에 반하는 것**〔*para phusin*〕**으로 바꾸었고, 이와 같이 또한 남자들도 여자들의 본성적인**〔*phusikein*〕 **사용**〔*chreisin*〕**을 떠나 서로에 대한 욕망으로 불타올라, 남자들이 남자들과 부적합한 일을 행하였고 그들의 잘못에 마땅한 대가를 받았습니다.**

이 텍스트는 닐 엘리엇의 저작(『바울의 해방』(*Liberating Paul*))에 수록된 로마사에 관한 서술에서, 그리고 나 자신의 저작 『플라톤인가 바울인가』(*Plato or Paul*)에서 보다 자세하게 설명되었으므로, 여기에서는 간략한 논의로 충분할 것이다.

"수치스러운 정념"(dishonorable passions)이라는 말은 오로지 성행위와 관련된다고 말할 수 없으며, 바울과 지각 있는 로마인들이 비난했던 사회적 광기의 특징들을 의미하지 않는다고 볼 수 없다. "그들의 여자들"에 대한 언급은 즉각 우리의 관심을 제국적 지배의 정점에 있는 여자들로 향하게 한다. 후대의 로마사에서 우리는 제국의 지배자들과 가장 밀접하게 관련된 여자들의 행실에 관한 상당히 명확한 시각을 얻게 된다. 타키투스나 디오 카시우스(Dio Cassius) 또는 수에토니우스의 기록이 거기에서 언급된 개인들에 관한 역사적인 신빙성을 담보하는지는 중요하지 않다. 중요한 것은 그런 정보가 로마에서 일어나고 있다고 폭넓게 여겨지던 일들을 암시하고 있다는 점이다.

로마의 권력층에 속한 여자들이 본성에 반하는 행위를 한다는 말의 의미는 무엇인가? 여기에서 중요한 것은 "본성에 반하는"이라는 말이 바울의 논변에서 문명화된 관습에 반하는 것을 지칭하는 경향이 있다는 점이다. 예를 들어, 그는 고린도전서에서 여자들이 긴 머리를 그리고 남자들이 짧은 머리를 하는 것이 본성에 따르는 것이라 말한다(11 : 14~15). 그는 남자의 긴 머리를 본성에 반할 뿐 아니라 또한, 어쩌면 본성에 반한다는 이유로, 수치스러운 일이라 말한다. 분명히 여기에서 말하는 것은 생물학적인 본성이 아니다. 우리는 이후에 이 텍스트에서 본성에 반하는 것이라는 개념을 사용하는 다른 예를 대하게 될 것인데, 여기에서 신은 원예술(園藝術, horticultural practice)이라는 의미에서 본성(즉, 관습)에 반하는 행위를 실행할 것이다(로마서 11 : 24).

그들의 여자들이 행하는, 보편적인 관습에 위배되는 행실은 무엇인가? 그들이 남편을 암살하려고 한다는 소문이 돌았다. 이를테면 리비아에 관해서는 아들인 티베리우스의 왕좌를 확보하고 그와 함께 공동황제로 통치하기 위해 남편인 아우구스투스의 죽음을 앞당겼다는 소문이 돌았다(디오 56.30.1). 클라우디우스의 세 번째 부인인 아그리피나는 남편을 살해했다는 이야기가 있었다(타키투스 12.64~67). 황실의 여러 여자들은 두 명의 율리아(Julia)와 같이 간통으로 악명 높다. 이들 중 하나는 아우구스투스의 아내였고(리비아 이전에), 다른 하나는 같은 이름을 가진 그녀의 딸이었다. 클라우디우스의 두 번째 부인 메살리나에 대해 디오가 전하는 이야기에 의하면, 그녀는 "여자들 중에 가장 호색하고 방탕한 여자"였다(60.14.3). 디오에 따를 때, 메살리나는 다른 로마 부녀자들이 궁전에서 자기 남편들 앞에서 간통하도록 부추겼고, 이 남편들은 이후에 제국의 공직을 얻게 되었으며, 다시 그녀는 궁전에 창녀로 들어앉아 다른 로마 부녀자들이 같은 행위를 하도록 강제하거나 설득했다고 전해진다. 황실에서 클라우디우스의 어머니와 네로의 어머니는 자신의 입지를 왕좌 배후의 권력으로 공고히 하기 위해 심지어 자식과의 근친상간을 꾸며내기도 했다. 그들은 제국의 권력을 상당 부분 부정한 애인들에게 넘긴다. 그들은 어머니와 부인의 역할을 버리고 창녀와 암살자의 역할을 택하게 된 것이다. 이는 로마의 어떠한 설명에 따르더라도 "본성에 반하는" 것이다. 한편, 조심스럽게 피해야 할 것은 수에토니우스, 디오, 타키투스 같은 역사가들이 이 시기 황실 여자들 사이에서 일어나고 있던 모든 일에 관해 정확한 기록을 남겼다는 가정이다. 이들이 남긴 텍스트들이 바울과 로마에 있던 그의 독자들이 알고 있던 "일반적인 지식"으로 간주되는 정보를 내포한다는 점을 아는 정도로 충분하다.

바울이 레즈비언 관계를 지시하고 있다는 생각(로마 황실 여성들에 대한 고대의 고발에서 증언되지 않는 어떤 것)은 내가 보기에 그저 완전한 공상일 뿐이다. 로마 황실에 속한 여자들이 취한 "정치적" 행동은 불경건, 부정의, 혹은 본성에 반하는 행위라는 묘사에 충분히 부합한다.

이와 같이 또한 남자들도 여자들의 본성적인〔*phusikein*〕 사용〔*chreisin*〕을 떠나 서로에 대한 욕망으로 불타올라, 남자들이 남자들과

같은 맥락에서, 같은 종류의 강제적인 잔인성과 사악함을 말할 수 있다. 우리는 또한 사람들이 지닌 공통적인 감각과 예의범절이라 생각할 수 있는 것과 황실 집안에서 일어난 일로 인식되는 것에 집중하게 될 것이다. 네로나 티베리우스의 엽기적인 행동은 접어두고, 간단히 칼리굴라에 관한 사례를 요약할 수 있겠다.

칼리굴라는 잔인한 행위와 고문에서 얻는 즐거움으로, 그리고 머리를 자를 수 있는 권력을 사용하여, 그와 가까운 모든 사람들에게 위협을 가했던 것으로 악명 높은 인물이다. 그는 특히 사람을 서서히 죽이거나 혹은 여러 차례 베어서 스스로 죽어가고 있다는 것을 알면서 죽어가기를 원했다. 카프리 섬에서 양육되면서 그는 엄청난 수준의 방탕으로 향했다. 칼리굴라는 동성의 사랑하는 자(lover)이자 사랑받는 자(beloved)로 공개적으로 알려졌던 최초의 인물인데, 이는 로마인들의 감수성으로 볼 때 충격적인 일이었다.[5] 여러 사람과의 성적인 행위 — 적극적인 또는

5 고대에는 오늘날과 같은 개념의 동성애는 없었다. 유사한 것으로 고대 그리스 문명의 소년애(pederasty, pederastia)라는 관계가 있었을 뿐이다. 이는 연장자인 사랑

소극적인 — 에 대한 소문은 널리 유포되어 있었다. 그러나 그는 특히 다른 사람의 신부를 강간하는 행태를 습관적으로 자행하고 있었다. 실제로 자신의 누이[6]와의 근친상간은 제외하고, 그가 여성과 성관계를 취하는 경우는 주로 강간이라는 상황을 전제한 것이었다. "여자들의 본성적인 사용"을 로마인들의 "결혼과 가족가치"에 상당하는 어떤 것(한편으로 바울이 상당히 양가적으로 말하는 어떤 것)에 대한 관심이라는 측면에서 이해할 경우, 이 제도를 버리고 근친상간과 강간을 택하는 행동은 분명히 바울의 기술과 일치한다. 칼리굴라의 젊은 신부나 신랑 양자 모두에 대한 강간이 나타내는 기능은 다른 사람들에 대한 그의 절대적인 권력을 보여주는 것이었다. 그는 자신에게 적합한 방식의 최후를 맞게 된다. 그에게 적합한 방식이란 바로 일군의 젊은 기사들에 의한 암살인데, 이들 중에는 칼리굴라에게 강간당했거나 자기 부인이 강간당했던 사람들이 포함되어 있었다. 그는 "생식기를 뚫고 지나간 상처를 포함하여" 삼십여 차례나 칼에 찔리는 상처를 입었다(수에토니우스, 『가이우스』 58). 바울이 **그들의 잘못에 마땅한 대가를 받았습니다**라고 서술하는 것은 바로 이런 종류의 죽음일지도 모른다.

바울이 관습적이거나 또는 비관습적인 성 윤리에 관한 의견을 제시하기 위해 사회적 광기의 분석에서 잠시 "휴식"을 취했다고 가정할 필요는 없다. 여기에 동성애적 행동 양식에 대한 전반적인 정죄를 집어넣는다면, 바울의 기소는 치명적인 손상을 입게 된다. 문제는 지각 있는

하는 자(lover, erastes)와 연소한 소년(pais), 즉 사랑받는 자(beloved) 사이의 관계이다. 칼리굴라의 행태가 로마인들에게 충격적이었다고 말하는 이유는 로마가 그리스와 달리 관습적으로 소년애 혹은 동성애를 인정하지 않았던 탓도 있겠지만, 저자에 따를 때 이보다 더 중요한 이유는 칼리굴라가 여성이나 남성을 가리지 않고 아랫사람들을 대상으로 한 엽기행각을 비롯하여 제국 지도층의 권력과 위계를 바탕으로 한 강간과 과도한 잔혹행위를 자행했기 때문이다.

6 칼리굴라의 누이란 앞에서도 언급된 바 있는 네로의 어머니 아그리피나이다.

로마인들이 동의할 법한 논지를 통해 로마 사회의 부정의를 드러내는 것이다. 그런데 로마인들의 혐오가 향했던 대상은 동성애적 풍습 자체가 아니라 오히려 역사가들이 바울 시기의 권력자들에게 돌렸던 과도한 잔혹행위와 강간이었다. 다시 한 번 말하지만, 고대의 역사가들이 모든 경우에 이 시기에 실제로 일어난 일들을 정확하게 기록했다고 가정할 것이 아니라, 로마 제국을, 그리고 당연히 도시 로마를 지배하는 자들의 품행에 관한 당시 대다수의 사람들의 생각을 반영한다고 가정해야 한다. 그런 이유로 이러한 설명들은 바울이 로마에 사는 사람들에게 로마의 기풍에 관해 쓰는 데 사용했을 법한 준거틀이라고 여겨진다.

바울이 보기에 그 자체로 신적인 분노의 표현이며 로마 문화의 가장 훌륭한 통찰들에 대한 거부의 결과인 사악한 잔혹성에 대한 고발은 전반적인 부정의로, 즉 정의를 대변한다고 주장하며 법의 통치에 관해 자랑하는 사회질서의 부정의로 요약할 수 있을 것이다. 이 고발의 요점은 로마법이나 혹은 그 법에 기초한 판결, 메시아를 처형하는 결과를 낳은 판결을 불법화하는 것이다. 그것은 또한 정의를 위한 다른 기초 — 법, 심지어 로마법과도 결부되지 않은 — 를 숙고할 길을 열어줄 것이다.

바울 즉, **여호수아 메시아에 관한 하나님의 기쁜 소식을 부끄러워하지 않으며** 오히려 그 소식 또는 선포가 **충실함으로부터 충실함에 이르기까지 하나님의 정의가 나타납니다**〔*apokalyptetai*〕라는 소식을 선포하는 자는 이제 자신이 **진리를 부정의 안에 억류하거나 감금하려는 인간의 시도에 대하여 신적인 분노**〔*orge*〕**가 하늘로부터 나타납니다**〔*apokalyptetai*〕라고 말할 때 무엇을 의도하는지 보인 것이다.

그는 이를 이교도의 말을 사용하여 이교적인 사회와 제국적 사회질서가 정의로운 사회가 아니라 신적인 정의의 본성과 요구에 관한 그 사회 자체의 통찰에서 등을 돌린 부정의의 (무)질서라는 점을 보이고 있다. 제국의 사회는 모든 방식의 부정의로, 이를테면 모든 형태의 폭력으로 나타나는 상호적 학대로 가득 차 있다. 이 기소장에서 바울은 이교도라 하더라도 분별 있는 사람이라면 이 사회에 대한 진실로 인정하리라고 생각하는 바를 말하는 것이다. 특히 로마에 살고 있는 사람이라면 말이다.

그는 이야기를 이어간다. **그러므로, 당신에게는 어떠한 변명도 있을 수 없습니다, 주제넘게 판단하는 인간이여. 당신이 누구이건** 〔판단하는 과정에서 당신의 "법"에 따라〕 **남을 판단하는 이상 당신은 사실상 당신 자신에게 유죄판결을 내리고 있는 것입니다.** 어떠한 판단(심판, judge)도 그 자체의 토대 또는 기초로서 정의에 호소한다. 그러나 만일 당신이 정의의 이름으로 이런 부정의한 사회질서를 대변하여 다른 사람을 판단한다면, 당신은 오로지 정의를 일깨워 당신 스스로에 대한 유죄판결을 초래하는 데 성공할 뿐이다. 판단이 의미하는 것은 타자로 어떤 가정된 정의의 요건에 책임을 지게 하는 것이며, 따라서 당신 자신 또한 정의의 요구에 책임을 지게 된다. 이러한 판단은 타자를 판단하려 하는 자에게로 되돌아오는 것이다.

판단하는 자 당신〔여기에서 판단하는 자란 사적인 자격으로 행위하는 자가 아니라 공적인 자격으로, 즉 사회질서의 이름으로 그 질서의 대리자로서 판단하는 자를 말하는 것〕**이 바로 같은 방식으로 행위하기에**, 즉 공직자의 권한으로 그 사회와 사회적 정의를 주장하는 대리자로서 행위하기에, 당신은 또한 실제적인 사회적 부정의를 대리하는 자인 것이다.

우리는 하나님의 심판이 정확히 그러한 일을 행하는 자들에게 떨어진다는 것을 알고 있습니다. 여기에서 우리는 바울의 기소장에서 부정의를 향한 신적인 분노에 대한 최초의 언급, 즉 제국의 사회질서에 대한 기소를 마무리하는 대목(1:28~31)과 세 부분으로 이루어진 기소장의 결론부로 되돌아간다. **그들은 이와 같은 일을 하는 자들은 죽어야 마땅하다는 하나님의 명령을 압니다.**

인간이여, 당신이 주제넘게 그런 일을 하는 자들을 판단할 때, 당신은 동시에 당신 스스로를 고발하지 않는다고 상상하는 것입니까? 반복하여 강조되고 있는 판단하다(*krinein*)라는 말에 주목할 필요가 있는데, 이 말은 정의의 이러저러한 기준을 적용하는 것을 뜻한다. 정의의 이름으로 정의를 "집행하는"(즉, 판단하는) 것 자체가 부정의하다면, 어떠한 판단의 가능성도 남지 않게 된다. 잊지 말아야 할 것은, 법의 폭력이 이전에 메시아를 심판했으며 따라서 그 자체를 심판했기에, 여기에서 근본적인 문제는 법의 폭력과 관련되어 있다는 점이다. 데리다가 벤야민의 "폭력 비판"에 대한 고찰에서 말하는 그대로 정의와 대립되는 것은 법과 법 집행자들의 혹은 법 보존자들의 폭력이다(「법의 힘」 231~233).

이 지점에서 우리는 바울의 논변이 겨냥하는 목표가 법의 회복 같은 무엇은 아닌지에 대한 의문을 가질 수 있다. 이를테면 바울의 논변은 사회적 엘리트들의 무사안일로 침해되었던 법의 집행을, 혹은 법의 개혁을, 보다 나은 "정체"(政體 또는 헌정(憲政), constitution)에 따른 더 나은 법의 공표를 겨냥하고 있는 것은 아닐까? 그게 아니라면 훨씬 더 근본적인 어떤 것을 관건으로 삼는 것일까? 여기에서 법의 힘에 대한 훨씬 더 근본적인 비판이 관건이라는 점이 드러나게 될 것이다. 정의에 법이 아닌 어떤 다른 기초를 제공하게 될 그러한 비판이 말이다.

주목해야 할 사안은 여기에서 바울이 또다시 인간에게 말을 건다는 점이다. 바울은 우선 이렇게 말하는데, **인간이여, 당신은 변명할 수 없습니다.** 그런 다음 이어서 묻기를, **당신은** 〔변명할 수 있다고〕 **생각하는 것입니까, 인간이여?** 그 인간 혹은 *anthropos*는 판단하는 자이자 부정의한 사회질서의 이름으로, 정의를 집행한다고 참칭하는 질서의 이름으로 그러한 정의의 판단을 내리는 자이다. 주목할 만한 것은 바울이 말 건네는 자가 특별히 "성도들"의 공동체에 속한 구성원은 아니라는 점이다. 바울이 전개하는 논변은 로마에 있는 공동체에 자신이 이 공동체 바깥에 있는 로마인들에게 말 건네는 방법을, 혹은 법과 정의의 대리자라고 주장하는 자들의 비난으로부터 메시아 추종자들의 공동체를 방어할 방법을 알고 있다는 점을 증명하는 것이다. 그러나 그 인간에 대한 말 건넴은 법에 기초한 판단의 불가능성을 이해하는 길을 열게 되며, 이러한 불가능성은 심지어 로마의 법체계라는 특수한 사례 너머로까지 나아가게 된다. 그의 논변은 사법적 심판 자체에 대한 문제를 겨냥하는 것이다.

우리는 이미 사회질서의 판단과 신의 심판, 즉 참되거나 신적인 정의에 따른 판단 사이에서 어떤 공간이 열리는 것을 보고 있다. 그 "인간"의 판단은 이어서 신의 심판을 초래하게 되는데, 이는 정의가 신 또는 신들의 이름으로 행사되기 때문이다. 그러나 만일 신이 정의를 요구함에도 그 자신이 부정의한 자들이 또는 부정의한 사회 정의를 대리하는 자들이 정의를 언급한다면, 심판하는 자들은 그들 자신에게 심판을 초래하는 것이다. 이 논변의 상당히 뒷부분에서 우리는 바울이 로마의 공동체 자체에도 이 문제에 관해 이야기하는 장면에 맞닥뜨리게 될 것이다. 거기에서 바울은 공동체 안에서도 서로를 판단하거나 정죄하지 말아야 한다고 주장할 것이다. 심지어 바울이 로마의 부정의한 사회질서를 향해 퍼붓는 고발에 대해 무고할지도 모르는 자들에 의해 그 심판이 정당화될 수 있을 법한 경우에도 말이다.

우리는 사형과 파괴의 선고가 부정의한 사회질서를 완전한 파괴에 넘긴다는 이야기를 들었다. 그러한 사회질서는 참된 정의의 드러남을 견뎌낼 수 없으며, 이미 그 자체에 대한 사망과 파괴를 선고한 것이다. 하지만 그 선고는 아직 집행되지 않았다. 로마 사회는 전쟁에 승리하고 있었으며, 군사·경제적 힘의 측면에서 도전할 상대가 없었다. 로마는 마치 거대한 석상(colossus)처럼 세계를 향해 두 다리를 벌리고 서 있었으며, 경쟁 상대가 없는 패권자이자, 알려진 세계에서 선망의 대상이었다.

바울은 이러한 상황을 사형 선고를 무효화하는 것으로 이해하기보다는 신의 관용, 인내심, 심지어 인자함으로 이해한다. 그는 이렇게 쓰고 있다. **아니면 당신은 하나님의 풍성하신 인자하심과 너그러우심과 오래 참으심을 업신여기는 것입니까?** 이는 신적인 심판이 아직 이러한 오만하고 폭력적인 사회질서에 내려지지 않았다는 사실에 대한 바울의 이

해방식이다. 이는 신의 인내심 때문인 것이다. 그러나 왜 이러한 인내심을 품는가? **하나님의 인자하심이 당신을 뉘우침으로 이끌기 위함임을 알지 못합니까?** 이러한 인내심은 **뉘우침**(repentance)을 위한, 즉 부정의로부터 방향을 돌려 정의로 향하게 할 시간과 공간을 만들고자 하는 것이다. 그러나 여기에서 우리가 사회적 맥락을 제대로 파악하고 있다면, 이는 한 사회 전체가 그 자체의 부정의를 폐기하고 정의를 향해 방향을 돌려야 함을 의미할 것이다.

우리는 모든 사회들 혹은 집단들이 잘못된 행동 양식에 대해 뉘우치는 예를 생각할 수 있을까? 데리다가 지적했던 바에 따르면 현재 지정학적 상황에서 놀라운 일이 있는데, 이를테면 사회들이 실제로 그들 자신이 자행한 인간성에 반하는 범죄를 고백하고 이러한 행위를 거부하는 현상을 목도하고 있다는 점이다(『협상들』 382~383). 북한은 단지 간첩이 될 자들에게 일본어를 가르치겠다는 목적으로 일본인들을 납치했다는 점을 인정한다. 일본은 1910년부터 1945년까지 조선 강점기 중에 저질렀던 전쟁 범죄들을 〔일부〕 인정했다. 이런 일은 드물지 않게 일어나고 있다. 자크 시라크(Jacques Chirac)는 프랑스 대통령 자격으로 비시(Vichy) 정부의 범죄[7]에 대한 프랑스 국가의 책임을 인정했으며, 바티칸은 이단 심문(the Inquisition)의 목적이 양심의 검열이었다고 말하고, 미국의 남부 침례교도들은 비록 보상에 대한 지지로까지는 이어지지 않았다 하더라도 자신들이 노예제를 지지했다는 점에 대한 일종의 사과를 했으며, 미국의 신행정부[8]는 바로 직전 정부의 전쟁 범죄를 유죄로

---

7 비시 정부는 2차 대전 중에 독일의 프랑스 북부 및 대서양 연안 지역 점령 이후 1차 대전의 영웅 필리프 페탱을 수반으로 프랑스 남부의 비시를 수도로 수립된 정권이다. 전쟁에 관해 중립을 선언했으나 실질적으로 나치의 괴뢰 정권이었으며, 이들에 의한 유대인, 집시, 공산주의자, 동성애자 등의 색출과 집단 수용소 이송 행위가 밝혀졌다.

8 여기에서 미국의 '신행정부'란 오바마 정부를 지칭한다.

판단하라는 압력 아래 놓이게 되었다(아직까지는 저항하고 있지만). 게다가 "진실과 화해"(truth and reconciliation)의 과정이라는 놀라운 현상이 남아프리카 지역에서 시작하여 라틴아메리카 특정 지역으로 확산되고 있다. 그러므로 심지어 오늘날에도, 아마도 바울이 로마서에서 다루는 사안의 먼 메아리로서, 일련의 공적인, 국가적인, 사회적인 자기 고발, 고백이, 그리고 어쩌면 심지어 인간성에 반하는 범죄에 대한 참회가 일어나고 있는 것이다. 비록 세계적인 패권국은 여전히 자국 시민들의 전쟁 범죄에 대한 기소를 거부하고 있다 하더라도 말이다.

정의를 향한 근본적인 전환을 위한 시간과 공간을 혐오하는 것은 **의지**〔마음〕**의 완고함**이다. 완고함은 부정의를 향해 더욱 깊이 빠져들어가게 하며, 이에 따라 사형 선고를 그만큼 더 파괴적인 것으로 만든다. 이를테면, **하나님의 정의로운 심판이 나타날**〔*apokalypseos*〕 **진노**〔*orgen*〕**의 날에 자신이 받을 진노를 쌓아 올리고** 있는 것이다. 최종적인 결산의 날이 바라는 효과를 이끌어내지 못하고 더 길게 연기될수록, 오만하게도 자기가 누리는 시간이 신의 벌하기를 자제하는 인내심이 아니라 신으로부터 허용된 결과라고 생각하는 자들에게 떨어질 진노는 더욱 커진다.

오늘날에도 (미국이라는) 제국이 성공한 원인은 신이 방향을 전환할 시간을 허용하기 때문이 아니라 오히려 신이 미국의 편에 있기 때문이라고 생각하는 자들이 있다. 그리고 이러한 전환의 시간이 연기될수록 임박한 붕괴의 여파는 더욱 심각해질 것이다.

신적인 분노에 대한 바울의 언급은 또한 로마 문명에 대한 그의 기소장의 시작 부분을 반향하며, 그러므로 다시 한 번 이 기소장의 요지가 로마의 법률과 사법적 판단의 무효화이며, 따라서 로마의 정의에 대한 무효화임을 보여준다. 하지만 그렇다면 무엇이 신적인 정의에 따른 인간적 정의로 간주될 수 있을까?

3. 이행부: 신적인 정의의 공평함(2:6~16)

아마도 앞서 논의한 기소 내용이 로마에 대한 편파적인 공격으로 간주되지 않는다는 점을 분명히 하기 위해, 그리고 따라서 바울 자신이 우선시하는 정치체 곧 유대인들의 정치체에 대한 기소를 준비하기 위해, 바울은 신적인 정의의 공평함에 대해 주장하게 될 것이다. 이를테면, 이방인이나 유대인이나 관계없이 정의에 대한 어떠한 이해에서도 중심적인 사안으로 인식할 그러한 공명정대함 말이다. 정의롭거나 혹은 참된 심판, 즉 신적인(신에게 속한) 심판이라 불릴 수 있을 그러한 심판을 특징짓는 것은 무엇인가? 바울은 이교도가 알아들을 수 있는 방식으로, 이교도가 분명하게 인정하고 심지어 당연하다고 말하게 될 그러한 방식으로, 자기 이야기를 이어간다.

그는 모든 사람에게 행위에 따라 갚아주실 것입니다. 선한 행위를 견뎌냄〔굳게 붙듦〕**을 통해 영광과 명예와 타락하지 않음을 추구하는 자에게는 영원한 생명으로, 그러나 이기적이고 진리를 거스르며 부정의에 복종하는 자들에게는 진노와 분노로 갚으실 것입니다. 악**〔*kakon*〕**을 행하는 모든 인간 영혼에게는, 유대 사람에게 먼저 그리고 다음으로 그리스 사람에게, 환난과 곤궁을, 그러나 선**〔*agathon*〕**을 행하는 모든 이들에게는, 유대 사람에게 먼저 그리고 그리스 사람에게, 영광과 명예와 평화를 주실 것입니다. 하나님께서는 사람을 차별하시는 분이 아니기 때문입니다.**

말하자면, 신은 정의에 관해서라면 결코 누군가를 편애하지 않는다는 것이다. 얼마나 많은 기독교인들이 자신이 어떤 의미에서 기독교인이라는 이유로 "감옥에서 자유롭게 풀려날 수 있는" 권리를 가진다고 상상하는가? 18세기 말에 칸트는 모종의 마술적 신앙에 과도하게 의존하는 데서 비롯한 도덕적 효과에 관한 논평을 남겼다. "선한 삶의 행동 이외에, 인간이 신을 만족스럽게 하기 위해 할 수 있다고 공상하는 것은 무엇이든 단적인 종교적 환상이며 신에 대한 거짓 봉사인 것이다"(『종교』

158). 에마뉘엘 레비나스(Emmanuel Levinas)는 바울에 뿌리를 둔다고 추측되는, 정의의 요구가 결여된 관용이라는 개념이 실제로 "기독교적" 유럽에서 자행된 정신이 멍해질 정도로 충격적인 악을 묵인하고 이를 가능케 했다고 지적한다. 두 차례 세계대전과 쇼아(Shoah)[9]에 의해 제시된 끔찍한 시각으로, 레비나스는 다음과 같이 쓰고 있다. "공로의 유효성은 신앙의 마술에 의해 교체되었고, 선을 행할 수 있는 인간성에 호소하는 엄격한 신은 무한하게 방종한 신성으로 덧씌워지게 되었으며, 그 결과 이러한 신성은 인간을 자신의 사악함 속에 고착시켜 이 사악하지만 구원받은 인간을 무장해제된 인간성으로 향하도록 풀어놓는다"(『어려운 자유』 104).

바울은 다시 **먼저 유대 사람에게 그리고 그리스 사람에게**라고 말하기는 하지만, 그는 말의 순서를 반대로 사용하고 있다. 어쨌든 바울은 유대 사람의 정의와 정치체의 문제로 되돌아갈 것이라는 신호를 보낸다. 그는 또한 9~11장에서 제시되는 이스라엘의 선택에 대한 긴 논의를 위한 토대를 닦고 있는 셈이다. 이 책의 전반에 걸친 바울 서신에 관한 독해와 고찰에서 나는 "Judean"(유대 사람)이라는 용어로 "Jew"(유대인)라는 보다 일반적인 용어를 교체할 것인데, 그 이유는 "Judean"이라는 번역어가 바울 서신에서 나타나는 그리스어 *Ioudaios*에 보다 가깝기 때문이다. 또한 셰이 J. D. 코언(Shaye J. D. Cohen)이 보였던 것처럼(69~106), "Judean"이라는 용어가 이 *Ioudaios*라는 용어가 구성했던 관계의 범위에 보다 밀접하게 부합하며, 특히 이 용어를 *ethnoi*(민족들 또는 종족들)라는 용어와 짝을 이루게 할 경우에 더욱 그렇다.

우리는 바울이 이교도들에게 말할 때 신적인 정의를 포함하는 정의

9 2차 대전 시기의 유대인 대학살을 말함. 보통 홀로코스트(Holocaust)라고도 하는데, 이 말은 원래 '번제', 즉 '불로 태워서 바치는 제사'를 지칭하며, 이보다 앞서 쓰이기 시작했던 쇼아(Shoah)라는 말은 히브리어로 '재앙', '파국' 등을 의미한다.

가 작동하는 방식에 관한 이교적인 의미를 사용하고 있다는 점을 고려해야 한다. 여기에서 정의의 관념은 "각자에게 각자가 받아야 할 것을" 준다는 것이며, "받아야 할 것"이라는 말은 행위(또는 공로)에 따라 이해된다. 즉 바울 논변의 출발점은 행위에 의해 또는 행위에 따라 결정되는 구원이며, 이는 정의에 관한 그리스적 관념과 일치한다. 이후에 우리는 이러한 정의관이 신적인 정의에 대한 정확한 그림을 제공하지는 않지만 정의를 논하기 위한 필수적인 출발점이 된다는 점을 알게 될 것이다. 여기에서 신중한 접근이 요구된다. 이는 신적인 정의가 작동하는 방식에 관한 바울의 최종적인 결론이 아니다. 그는 논증을 계속하면서 이에 관해 해명할 것이다. 어쨌든 정의에 관한 이교적 관념과 "접점"이 있다는 것이 중요하다. "영광과 명예", "지속되는 평판", "영속적인 명성", "불멸성" 등과 같은 주요 용어들은 이교적 문화와 관련한 접점을 명확히 드러낸다. 이 용어들은 "유대인들의" 용어가 아니다. 이것들은 이교도들의 용어이며, 바울은 이교도들에게 건네는 이야기에서 이 용어들을 사용한다. 바울이 이러한 용어를 사용하는 경우는 로마서에만 국한되지 않으며, 빌립보서 4:8에서도 관련한 예를 찾을 수 있다. "무엇이든지 참되고, 무엇이든지 명예롭고, 무엇이든지 정의롭고, 무엇이든지 순결하고, 무엇이든지 즐겁고, 무엇이든지 권장할 만하고, 무엇이든지 훌륭하고, 어떠한 것이라도 탁월함이 있으며, 어떠한 칭찬받을 만한 것이라도 있다면, 이 모든 것을 생각하십시오."

또한 알아야 할 사항은 바울이 지나치게 서둘러서 전적인 타락과 같은 것을 말할 사람이 아니라는 점이다. 이방 민족 또는 로마 사회에 대한 바울의 기소는 상당히 엄격하고 가차 없는 것이었다. 그러나 이는 그가 그 사회 안에 "정의로운 사람들"이 없다고 가정한다는 의미는 아니다. 그는 이러저러한 사회 안에 자신이 선을 이해하는 한도 안에서 선을 실행하는, 인내를 통해 영광과 명예와 불멸성을 추구하는 자들이 있다는 점을 매우 잘 알고 있다.

하지만 한 사회의 전적인 부패에 대한 바울의 인식과 다른 한편으로 여전히 선한 일을 하고자 노력하며 따라서 "영원한 삶"을 받게 될 사람들이 있다는 점에 대한 바울의 인식을 어떤 방식으로 종합해야 할 것인가? 내 생각에, 그 대답은 그들을 감싸고 있는 사회질서가 어떠하건 그들이 옳다고 알고 있는 것을 행하기 위해 꾸준히 노력하는 남자들과 여자들이 있다고 보는 이방적 인식에 놓여 있을 것이다.

만일 로마인들에게 보내는 이 편지가 여기에서 끝난다면, 우리는 아마도 바울이 단순히 부정의한 사회와 정의로운 사람들을 구별해야 한다는 생각에 동의하고 있다고 가정했을 것이다. 이런 가정은 특정한 형태의 스토아주의에 의해 제시되었다고 여겨지는 해법이다. 이러한 해법에서 우리는 사회질서가 절망적으로 타락해 있다는 점에 동의할 수는 있으나, 시야를 개인으로 좁힐 경우에는 여전히 정의를 발견할 수 있다고 가정할 것이다.

만일 이러한 관점을 우리 자신의 사회질서에 적용한다면, 우리는 폭력과 탐욕을 영속화하고 음흉한 형태의 백인 우월주의를 조장하며 무력한 자들에게 망각을 가르치는 사회에 살고 있다고 말할 수 있을 것이다. 이러한 사실을 부정할 수는 없겠지만, 우리는 어쨌든 상대적으로 선한 사람들이 있다는 점을 인정할 수 있다. 그들은 그들의 상급(reward)을 받게 될 것이다. 이러한 다소간 상식적인 견해가 라인홀드 니부어(Reinhold Niebuhr)가 쓴 『도덕적 인간과 비도덕적 사회』(*Moral Man and Immoral Society*)라는 책 제목에서 표현된다.

하지만 바울이 보기에 그러한 해법은 너무 단순한 것이다. 바울은 자신이 쓴 편지의 독자들이 보다 정련된 해법을 찾을 수 있도록 할 것이다. 이를테면, 심지어 이 선한 자들마저 그들이 속한 사회질서에 공모하고 있으며, 따라서 결코 결백을 주장할 수 없다는 점을 이해할 수 있도록 하는 해법을 말이다. 우리 자신의 사회질서 안에서, 미국 사회에서 상대적으로 특권을 얻은 구성원으로서, 나는 "시장"의 온갖 술책을 통해 빈곤에 빠진 수백만의 사람들에 대해 통탄하지만, 내 삶의 형식은 전적으로 기업형 농업의 실행이나, 공장노동 착취, 혹은 심지어 카카오를 수확하도록 하는 강제 노역에 의존하는 것이다. 나는 결국 아프가니스탄이나 예멘에서 민간인들을 살해하는 〔국가적〕 실천에 세금을 바침으로써 〔미국의 제국적 사회질서에〕 공모하고 있는 것이다. 이런 장황한 설명은 끝없이 이어질 것이다. 나를 붙들고 있는 사회의 질서가 부정의한 이상, 나는 내 손이 깨끗하다고 상상해서는 안 된다. 비록, 혹은 어쩌면 특히, 이 경제·사회·정치적 질서 안에서 그리고 이를 통해서 반복적으로 가해진 해악을 경감하기 위한 방식으로 행위하려 한다고 해도 말이다. 이렇기 때문에, "선"은 보다 포괄적인 정의의 도래를 열망할 수밖에 없다.

로마의 정치체에 대한 기소장은 진리를 부정의에 감금하는 행위에 대한 고발로 시작되었다. 이 기소는 진리와 부정의의 대립을 틀 짓는 다른 방식을 통해 잠정적인 결론에 이르게 된다. 사람들은 진리를 따르거나 아니면 부정의를 따르게 되는 것이다. 따라서 부정의는 기만과 밀접하게 연결되는 데 반해 참(됨)은 정의와 동일시된다. 진리는 여기에서 그저 추상적인 관념이 아니라 윤리적인 것과 정치적인 것의 영역으로 들어오게 된다. 나의 로마서 독해에도 영향을 미친 동시대의 정치적인 것의 사상가들과 진지하게 관여해왔던 사이먼 크리츨리(Simon Critchley)는 영어의 truth(진리, 진실, 참됨)라는 단어와 "troth"(진실, 성실, 충실)라는 단어 사이의 연결이 가능하다는 점을 지적했는데, 여기에서 참됨(truthfulness)은 충성(loyalty)이라는 단어와 관련되며 따라서 윤리적인 것의 영역에 기입된다(164~165). 그렇다면 진리는 단순히 명제와 관련된 문제가 아니라 누군가를 그가 말 건네는 타자에 대한 충성에 연루시키는 것이다. 그래서 이 말은 정의와 관련된다. 자크 데리다는 모든 말하기가 어떤 방식으로든 듣거나 읽는 사람에게 진실을 말하며, 거짓을 말하지 않고, 따라서 그를 오도하거나 배신하지 않을 약속을 암시함을 보였던 바 있다(『정신에 대하여』 93~94, 134~135). 그러므로 참됨, 충실함, 정의는 함께 묶이게 된다.

유대 사람에게 그리고 그리스 사람에게라는 표어는 우리를 바울 논증의 이행적 전개부로 이끈다. 우리는 비교의 상황으로 향하기 시작한다. 이러한 논의들을 연결하는 핵심 용어는 바로 "법"이다.[10]

율법 없이 범죄한 모든 이는 율법 없이 망할 것이요, 율법 안에서 범죄한 사람은 율법에 의해 심판을 받을 것입니다.

바울은 "토라"(Torah)라는 유대 사람의 법 이해를 향해 움직이고 있는 듯 보인다. 이교도들의 측면에서 신적인 공명정대함에 대해 말한 이후, 그는 이제 유대 민족의 측면에서 이를 이야기한다. 이러한 법을 결여한 채로 죄 짓는(말하자면 정의에 반하는) 자들은 어떤 특정한 법이 그들에게 유죄판결을 내리기 때문에 멸망하는 것이 아니라, 그들이 그 법이 지적하는 바를 — 즉, 정의를 — 위반하기 때문에 멸망하게 될 것이다. 그리고 법은 있으나 정의가 없는 자들은 그 법에 의한 유죄판결을 받게 될 것이다. 이러한 의견은 우리가 바울과 함께 그의 논변이 제시하는 경로를 따라 움직여 나갈 때 상당한 해명을 요구하게 될 것이다.

하나님 앞에서는 율법을 듣는(혹은 받는) **자가 의로운 자가 아니라, 율법을 행하는 사람이라야 정의롭게 될 것이기 때문입니다.** 이런 말은 한편으로 상식적이지만 또한 충격적인 것이며, 심지어 우리에게도 그렇다. 이를테면 정의롭게 될, 혹은 정의로움을 인정받게 될 사람은 율법을 행하는, 혹은 율법에 따라 행위하는 자라는 말이 그렇다는 것이다. 이는 심지어 바리새인들의 관점으로 간주된다. 이스라엘과 신의 관계는 단

10 이 책을 예비하는 작업이었던 제닝스의 『데리다를 읽는다/바울을 생각한다』의 번역에서는 바울의 법 비판이 단지 유대 율법이나 종교법만이 아니라 로마법 혹은 세속법에 대한 비판이 됨을 말하기 위해 법이라는 단어에 대해 '(율)법'이라는 표기 방식을 선택했다. 그러나 이 번역에서는 필요에 따라 율법이라 표기하는 경우를 제외하고는 유대 율법이나 로마법 모두 '법'으로 표기한다.

지 (모세의) 율법의 소유만이 아니라 실제로 율법이 요구하는 바의 실행에 달려 있다.(기독교인이라면, 이에 대해 신의 눈에 중요하다고 여겨지는 것은 단지 예수를 주라고 말하는 것이 아니라, 실제로 그를 따르는 것이라고 말할 것이다.) 바울의 논변은 이후에 이를 다시 무르는 것처럼 보이겠지만, 정말로 그럴까? 우리가 주의 깊게 살펴야 할 점은 정의로움을 인정받는 자들이 어떤 의미에서 율법이 요구하는 바를 실행하는 자들인지에 (그리고 어떤 의미에서 그렇지 않은지에) 관한 것이다. 하지만 우리는 율법이 요구하거나 목표하는 혹은 의도하는 바가 정의라고 앞서 말할 수 있다. 이 목표 혹은 의도가 아무리 왜곡될 수 있다 하더라도 말이다. 정의를 구성하게 될 것은 율법이 목표하는 바의 실행이다. 지금이 바로 정의의 기초가 충성 또는 충실함이라고 말했다는 점을 상기하기에 좋은 시점이다. 우리는 바울에게서 어떤 추가적인 해명을 기다려야 한다.

율법을 가지지 않은 이방 민족이〔또는 이방 사람이, 또는 이교도가〕**, 본성적으로**〔*physei*〕 **율법이 명하는 바를 행하면, 율법이 없는 이 사람들은 자기 자신에 대한 율법인 것입니다. 그들에게 율법이 없다고 하더라도 말입니다.** 이러한 주장은 바울이 앞에서 말했던 바, 모든 사람에게 열려 있는 신을 아는 지식에 관한 이야기에 기초하여 이를 확장하는 것으로 보인다. 여기에서 분명해지는 것은 이러한 지식에 기본적인 법의 성향이 포함된다는 점이다. 이 주장은 토마스 아퀴나스(Thomas Aquinas)를 통해 가장 정교하게 표현될 일종의 "자연법"(natural law) 담론의 기초가 될 것이다. 그러나 바울은 보다 온건하면서도 동시에 보다 급진적인 어떤 것을 염두에 두고 있다. 이를테면, 그가 자연법 이론을 발전시키지 않는다는 점에서 보다 온건하며, 결코 자연법을 언급하지 않음에도 모든 특정한 법으로부터 독립적인 관습적 행위(그리고 그런 의미에서, 본성적(natural) 행위)에 대해 언급하기에 〔이 발언은〕 보다 급진적이다.

예를 들어, 살인하지 말라는 명령은 이러저러한 율법에 달린 것이 아니라, 레비나스가 말하는 그대로, 타자의 얼굴과의 대면에, 곧 모든 타자와의 단적인 대면에 달린 것이다(『전체성과 무한성』 199). 분명히, 그러한 제안은 윤리적인 것 자체를 사유하고 이를 철학의 가장 기본적인 특성으로 사유하고자 하는 레비나스의 시도에 있어 핵심이 되는 것이다. 복잡하고 "부자연스러운"(unnatural) 것은 살인의 금지가 아니라, 우리 자신에게 (전쟁에서, 또는 사법적 심판 등의 귀결로 인해) 살인이 허용되어 있다고 설득해야만 하는 고통스러운 방식이다.

신에게 속한 것들 — 신적인 능력을 포함한 — 이 모든 사람에게 드러나 있다는 점을 상기하면서(1 : 19~20), 스피노자를 비롯한 다른 사상가들은 바울이 여기에서 이성의 권리를 끝까지 요구하는 진정한 철학자로 행동한다고 간주한다(『스피노자』 144). 내 생각에 이는 완전히 틀렸다고는 할 수 없는 이야기다. 바울은 인간이 선을 행하고, 정의에 따라 행위할 능력이 있다고 주장하고 싶어 하는 듯 보인다. 하지만 그런 이야기가 아무리 이 그림을 복잡하게 만든다 해도, 그것이 바울의 논변을 이해하기 위해 폐기해야 할 무엇은 아니다.

그들은 **율법의 행위가 그들의 의지**(마음)**에 쓰여 있음을 드러내 보입니다.** 예레미야서 31 : 33에 따를 때, 율법은 의지(마음)에 쓰여진다는 점을 상기하도록 하자. 바울은 글로 쓰인 율법(예를 들어, 토라)을 부인하는 것이 아니라, 예언서의 전승과 궤를 같이하여, 근본적인 문제는 율법이 목표하는 정의의 실행이라고 주장하는 것이다. 그러므로 스피노자는 신의 "말씀"이 인류에게 "온 마음을 다하여 정의와 자비를 실천함으로써 신에게 순종"하기를 요청한다고 주장했다(6).

그들의 양심도 이 사실을 증언하는데, 그들의 갈등하는 생각들이 서로 고발하기도 하고 변호하기도 합니다. 양심(분별력, conscience)을 가진 개인이 지닌 생각들의 갈등은 나중에 다시 다루게 될 주제이다. 어떻게 우리는 부정의한 사회질서의 참여자로서 진정으로 투명한 양심을 지닐 수 있을까? 그리고 심지어 이러한 양심을 가지기를 희망해야만 하는 것인가? 어쩌면 데리다가 말하는 것처럼 선한 양심[11]을 지닌다는 것은 바로 우리가 정의의 요청과 요구를 시야에서 놓치고 있다는 점을 보여주는 표징은 아닐까?(『선물』 67, 85). 예를 들어, 이러저러한 사람에게 혹은 이러저러한 원칙에 성실하겠다는 결정에서, 나는 필연적으로 나의 성실함과 사랑을 요구하는 다른 사람들이나 원칙을 배신하거나 등지게 된다. 데리다는 결정과 책임의 구조, 즉 상충하는 규범들 또는 원리들 사이에서 선택을 촉진하는 구조가 필연적으로 선한 양심을 배제할 수밖에 없다는 주장을 펼치게 될 것이다(데리다와 루디네스코(Roudinesco), 『어떤 내일을 위해서』 132). 이런 주장은 특히 신의 판단에서 볼 때, 눈에서 — 단지 타자들만이 아니라 어쩌면 심지어 나 자신으로부터도 — 감춰진 것을 드러내는 신의 관점에서 볼 때 참일 것이다. 우리는 여기에서 무의식적인 의도에 대해 생각하기보다는 내 행위의 좋은 결과 또는 나쁜 결과에 대해 생각할 필요가 있다.

내가 전하는 선포/복음대로, 하나님께서 메시아 여호수아를 통해 모든 사람의 비밀스러운 생각을 판단하실 그날에. 바울 논증의 이 지점에서, 신적인 판단에 대한 기대는 위협적으로 보일지도 모른다. 심지어, 메시아가 판단의 규범이자 도구라는 점을 상기한다면, 우리는 이러한 판단이 메시아를 처형했던 사회질서와 세계에 "좋지 않은 소식"임을 짐작할 수 있다. 그러나 바울은 이미 메시아가 도구가 되는 판단에서 매우 다른 결과를 예견하고 있다. 바울은 첫 번째 결과를 "좋은 소식"과 조합하여, 메시아를 통해 실행된 신적인 행위의 대상인 "모든 사람"을 사전에 선취하는 것이다. 명백히 드러나게 될 것처럼, "모든 사람"은 정죄가 아니라 자비의 대상이며, 죽음이 아니라 삶의 대상이다. 그러나 메시아적 정의와 관련하여 그런 결론에 도달하기 이전에, 바울은 먼저 몇 가지 놀랍고도 어려운 조치를 취해야만 한다.

---

11 good conscience는 이런 맥락에서 '건전한 분별력' 또는 '판단력'으로 읽을 수도 있다.

4. 이스라엘의 정치체에 대한 비판(2 : 17~3 : 20)

이제 바울은 유대 사람들에게로 논의의 방향을 트는데, 어쩌면 이방 사람들에게 자기 이야기가 들리기를 원하고 있는지도 모른다. 어쨌든, 바울이 말하는 바로, 그의 편지를 받게 될 로마에 있는 사람들은 민족들, 이방인들 또는 이교도들인 것이다. 이어지는 기소장은 모든 유대 사람이나 혹은 우리가 유대교라 부르는 어떤 종교를 고발하기 위한 것이 아니다. 그리고 나는 바울이 여기에서 단지 상상적인 유대인 대화상대를 구성하고 있다는 스탠리 K. 스토워스(Stanley K. Stowers)의 가정에 대해 확신할 수 없다(144). 바울이 말하고자 하는 요지는 심지어 율법과 예언자들의 유산조차 정의로운 사람들과 정의로운 사회를 만들어내기에 충분치 않다는 것이다.

당신이 유대 사람을 자처하여 율법을 의지하며〔여러 민족들 가운데 우리 유대 사람들을 구별하는 율법을 소유한다 주장하며〕, **하나님을 자랑하고**〔우리는 이방의 우상 숭배자들과 다신교 주창자들과 달리 하나님에 대한 진정한 지식을 가지고 있다고 자랑하고〕, **율법의 가르침을 받았기에 그**〔신성한〕 **뜻을 알고 진정하게 탁월한 것을 분간한다면, 그리고 당신이 눈먼 자들의 길잡이요 어둠 속에 있는 자들의 빛이며, 어리석은 자들의 스승이자 어린 아이들의 교사이며**〔이 모든 것은 바리새인들의 자기 이해, 즉 유대교가 유대인들의 것만이 아니라 모든 민족들에 대한 빛이며, 따라서 어둠 속에 있는 자들에 대한 가르침이라는 사명을 지녔음을 아는 자들의 자기 이해이다〕 **율법 안에서 지식과 진리의 형상을 지닌다고 확신한다면, 다른 사람들에 대한 선생인 당신 자신도 가르쳐야 합니다.**

여기에 하나의 기소 내용이 이어진다. **도둑질하지 말라고 설교하면서, 왜 도둑질합니까? 간음하지 말라고 하면서, 왜 간음합니까? 우상을 미워하면서, 왜 신전의 물건을 훔칩니까?** 이러한 기소 내용을 이해하기 위해서는, 예를 들어, 고발의 대상이 훔치거나, 간음하거나, 율법을 범하거나 하는 등등의 행위를 실행하는 개인이 아니라는 점을 명확히 해야만 한다. 오히려 그 대상은 심지어 이스라엘이라는 보다 나은 정치체, 다시 말해 정의가 표명되는 율법에 토대를 둔 구조 아래 있는 사람들과 사회질서 자체인 것이다. 그러므로 그 증거는 성서에서 제시하게 된다(이방 사람들에 대한 기소에서는 그렇지 않다). 이방인들의 규범으로 이방인의 관습(paganism)을 시험한 이후, 이어지는 유대인의 관습(Judaism)에 대한 시험은 유대 민족의 규범을 사용하여 실행되어야 할 문제인 것이다. 우리는 바울이 고린도전서 9 : 19~23에서 유대 민족에게는 유대 사람으로서 그리고 이방인들에게는 이방인으로서 말한다고 했던 것을 상기한다. 로마인들에게 보내는 편지를 여는 이런 논변의 수순은 그러한 방침을 잘 보여주는 예시라 할 수 있다.

여기에서 절도, 간음, 신전털이 등에 관한 주장은 〔논변의 진행을 고려할 때〕 상당히 이상하다. 나는 이러한 주장과 관련하여, 이 간음이라는 행위가, 예를 들어, 이스라엘이 야훼(YHWH)로부터 안전을 구하기보다는 다른 민족들이나 제국들로부터 안전을 구했다는 예언자들의 주장과 관련된다는 점을 기억할 경우에야 논의에 대한 이해를 진척시킬 수 있다고 생각한다. 신전에서의 강도질에 대한 언급에서도 유사한 어떤 것이 진행되고 있을 수 있다. 관건이 되는 것은 우상을 혐오하는 자가 그럼에도 다른 신전으로부터 우상을 가져온다는 점이다. 이스라엘의 역사에서 이런 일은 어떤 방식으로 일어나는가? 잘 알려진 것처럼 이스라엘은 다른 신들의 조상(彫像)을 획득하여 (첫 번째) 성전에 전시했으며, 이러한 관습은 이미 솔로몬 시절부터 시작된 것이다(열왕기상 11 : 1~8). 이는 또한 예언서가 탄핵하는 주제였다(에스겔 16 : 1~63).

우리는 21세기 초 미국에서 십계명을 〔공개적으로〕 전시하는 문제와 관련해 있었던 열광적 반응을 상기할 수 있을 것이다.[12] 십계명이 "새

12 2002년부터 미국 전역에서 각 주의 대법원을 위시한 공공건물에 설치된 십계명

겨진 상"을 금지함에도, 이는 분명히 자신을 기독교인이라 생각하는 사람들이 결연히 전시하고자 했던 하나의 새겨진 상이었다. 연방 보안관들이 십계명이 새겨진 상을 철거하는 동안, 혹자는 심지어 "그들은 나의 하나님을 치울 수 없다"고 말하기도 했다. 그러나 우리는 또한 이렇게 물을 수도 있을 것이다. 아메리카 원주민들의 땅을 강탈한 자들에게 어떻게 다른 사람의 소유를 탐하지 말라는 계명이 존중될 수 있겠는가? 서부로 가는 길목에서 인종 학살을 자행했고 아메리카 원주민들을 박해했던 자들에게 살인하지 말라는 계명이 존중될 수 있겠는가? 다른 나라의 석유를 마치 우리 자신의 것인 양 전유하면서 도둑질을 금하는 계명을 어떻게 이해해야 할 것인가? 우리의 돈에 새겨진 "우리는 신을 신뢰한다"(In God we trust)라는 주장에 의해, 신과 맘몬(mammon)[13]의 혼동에 의해 다른 신을 두지 말라는 계명이 존중될 수 있겠는가? 어떻게 이 계명이 "신 아래 하나의 나라"라는 〔국가에 대한〕 충성 서약이나, 심지어 우리의 성소에 국기를 게양하는 데서 볼 수 있는 신과 애국심의 혼동에 의해 존중될 수 있다는 말인가? 이에 관한 여러 예들이 있다. 실제로 기독교권 서방의 (그리고 기독교권 서방의 새로운 중심지의) 역사는 십계명에 대한 체계적인 위반의 역사가 아니라면 도대체 무엇이라는 말인가?

여기에서 중요한 사안은 바울 논변의 특성을, 그리고 따라서 그 논변의 힘을 이해하는 것이다. **율법을 자랑하는 당신은 율법을 어김으로써 하나님을 욕되게 하는 것입니까?** 이러한 질문에 이어 이사야서 52:5의 인용구가 뒤따른다. 이 텍스트는 (예언자들에 따른) 이스라엘의 역사에

석판 기념물에 관한 논란이 있었고, 연방법원은 이를 받아들여 그 석판들을 철거하라는 명령을 내린다. 하지만 여러 주에서 이에 불복하는 기관장의 항소(예를 들어 앨라배마주 대법원)와 기독교인들의 반발 및 집회가 이어졌던 바 있다.

13 성서에서 신격으로 의인화되어 나타나는 재물, 돈. 때로 지옥의 일곱 군주에 포함되기도 한다.

대한 것으로 읽힐 수도 있고, 디아스포라를 향한 바리새파 선전의 일환으로 읽힐 수도 있다. 바리새파가 CE 1세기 무렵 팔레스타인에서뿐만 아니라 〔유대 민족의〕 디아스포라 내내 활성화되었던 개혁 운동이었다는 점을 감안한다면, 이러한 관점들의 조합이 가능해질 것이다.

여기에서 바울의 유대교 비판 — 디아스포라 유대교를 포함한 — 이 바리새파 수사법의 한 부분이라는 점에 대한 이해가 중요하다. 바울은 이스라엘에 대한 모종의 기독교적 비판 같은 것을 제기하는 것이 아니라 오히려 유대교적(혹은 바리새파 시각에 따른) 비판을 제기하는 것이다. 이는 정확하게 그가 제기했던 이방의 사회질서에 대한 이방의 사유에 의한 비판(혹은 그리스-로마 질서에 대한 그리스 철학적 비판)과 동형을 이룬다.

바울이 이방의 지성인들이 유대 민족을 비판하기 위해 사용했던 비판의 논거를 사용하고 있다고 볼 수도 있다. 바울은 로마에 사는 편지 독자들에게, 추정컨대 메시아주의 세포조직이 클라우디우스 황제 치하에서 유대 사람들이 로마로부터 추방된 이후 다시 돌아올 것이라고 예상하며 유대인 반대자들에게 대답하는 방식을 보여주고 있다. 유대 민족과 바리새파의 수사적 관행에 익숙한 내부자로서, 그는 로마에 사는 이방인 메시아 추종자들이 그의 동료 바리새인들로부터 오는 반대를 견뎌낼 수 있도록 하는 문제를 다루기에 충분한 입장에 서 있었다.

이제 할례(circumcision)에 대한 언급이 이어지는데(25~29절), 이는 바울이 갈라디아서에서 상당히 격한 어조로 이야기했던 주제다. 그러나 〔바울이 제기하는〕 문제는 특정한 유대 지역 출신의 기독교인들이 이방인들에게 (어쩌면 갈라디아서에서 그런 것처럼) 할례를 강요하고자 한다는 점이 아니라, 할례 자체의 본질에 관한 것이다. 바울은 예언자의 전통에 따르는, 그리고 어쩌면 바리새파의 논리에 따르는 형식의 논변을 제시할 것이다.

바울의 논변은 유대 민족의 감수성을 해칠 수 있는 것이기는 하지만 어쨌든 예언서의 토대 위에 단단히 구축된 것이다. 중요한 것은 율법과 예언자들이 말하는 "마음의 할례"다. 우리는 이를 신명기 10 : 16, 예레미야서 4 : 4 및 9 : 26, 그리고 에스겔서 44 : 9에서 찾을 수 있다. 데리다는 어떤 이유에서인지 바울이 이러한 전통에 무지했고 특수하게 기독교적인 관점으로부터 논변하고 있다고 가정하지만(「누에」 344), 그런 주장은 잘못된 이해로 보인다. 오히려, 바울은 율법과 예언서들에 따른 근본적으로 유대교적인 시각에서 유대교 자체에 대한 비판을 내놓고 있다.

바울은 특별한 방향에서 이러한 견해를 취한다. **당신이 율법에 순종한다면**〔혹은 귀 기울인다면〕 **할례는 중요합니다. 그러나 율법에 귀 기울이지 않는다면**〔혹은 불순종한다면〕 **할례는 아무 소용이 없습니다.** 반대로 말해서, 할례받지 않은 사람들이 실제로 율법이 요구하는 바를 실행한다면 어떨 것인가?(바울은 "율법에 순종하라"고 말하지 않는데, 그 이유는 그들이 글자 그대로 율법을 모르기 때문이며, 우리는 이미 2 : 12~14에서 이들에 관한 이야기를 대했던 적이 있다.) **그들은 하나님의 약속에 관한 한 마치 할례를 받은 것처럼 여겨질 것이나, 할례받은 자들이 율법을 어긴다면 마치 할례받지 않은 것처럼 여겨질 것입니다…. 정의로우면서 할례받지 않은 자가 부정의하면서 할례받은 자를 심판하게 될 것입니다.** 여기에서 바울은 예언자-바리새인적 관점을 넘어서 그 논변에 대응하는 논리를 제시하는 것으로 보인다. 만일 할례가 그 자체로 당신을 구하는 것이 아니라 어떤 특정한 정의가 요구된다면, 할례 없이 그 정의만으로도 구원에 이르기에 충분할 것이라는 주장을 펼치고 있다는 말이다. 실제로, 이러한 주장은 정의로운 이방인들이 부정의한 유대인들을 심판하게 될 것이라고 말하기에 이른다.

그러므로 **참된 할례는 마음**〔즉, 의지〕**에 의한 것이고, 따라서 육신이 아니라 "영"에 따른 것입니다.** 바리새파에 속한 바울의 동료라면 누구라도 이 논변의 힘을 알 것이다. 요컨대, 그의 논변은 예언서들과 신명기로부터 인용한 문구들을 잘 배열한 혼성곡인 것이다. 그러나 바울이 보기에 이방인으로서의 이방인은 메시아에게 충실할 수 있다. 여기에서 이방인들을 향한 그의 사명은 이전에 그가 바리새인으로서 이해했을 사명에서 철저하게 분리된다.

여기에서, 이러한 논의를 전유함에 있어 바르트의 권고를 따라, 바울의 유대 사람들을 향한 이야기를 마치 기독교라는 종교에 대한 입회의 특권에 관한 이야기인 것처럼 본다면 이해하는 데 도움이 될 것이다. 가령, 할례에 관한 언급을 세례나 교회 구성원 자격, 또는 무언가 다른 방식의 "기독교인" 됨의 특권으로 대체한다면 말이다. 그렇게 바꿔놓고 볼 때 그 주장은 이런 방식으로 말할 수 있을 것이다. 이를테면, 당신이 세례를 받았는지가 중요한 것이 아니라 당신이 이웃을 사랑하는지가 중요한 것입니다. 정의로운 비기독교인이, 세례 받았으나 부정의한 자를 심판하게 될 것입니다. 무엇보다, 메시아에게 충실하기 위해 반드시 기독교인이 되어야 하는 것은 아닙니다. 이렇게 바울의 논변을 바꿔 말하는 방식으로 적어도 바울이 제시한 논변의 급진성을 시사할 수 있다. 이런 방식은 또한 "기독교인"이 될 생각이 없는 동시대 지성인들에 의한 바울 텍스트 독해가 무언가 중요한 시사점을 제공할 수 있는 방식을 보여준다. 자크 라캉(Jacques Lacan)은 프로이트 정신분석 이론가이자 바울을 논한 여러 급진적 사상가들에게 영향을 미쳤던 사람으로, 예전에 우리가 믿음과 상관 없이 바울 읽기에서 큰 이익을 얻을 수 있다고 주장했던 바 있다. 그가 청중에게 바울을 읽으라고 권장하면서 말하는 바에 따르면, 분석가들은 "그러한 신앙(belief)이 믿음(faith)이라 불리는 것으로까지 연장될 수 있다는 점을 감안할 때, 이러한 종교적 진리를 반드시 믿지 않더라도 종교적 경험에 관해 〔종교〕 자체의 말로 표명된 것에 관심을 가질 수 있다"(『정신분석의 윤리』 171). 알랭 바디우는 중요한 마르크스주의 지성인으로서 자신의 훌륭한 바울 연구서에서 이렇게 서술한다. "나는 바울이 선언하는 좋은 소식이나, 혹은 그에게 헌정된 컬트(신흥 종교, cult)에는 아무런 관심도 없다. 그러나 그는 우선적인 중요성을 지닌 주체의 형상이다"(『사도 바울』 1). 바디우의 경우에 바울에게 주어진 "우선적인 중요성"은 오늘날 신자유주의적 경제 질서에 대항하는 혁명에 착수하고, 이에 따라 언제나 난해하다고 받아들여지던 공산주의의 이념에 현실성을 부여하기 위한 어떤 한 예시를 제공할 정치적 투사의 형상에 할당된 중요성이다. 라캉과 바디우의 차이는 후자가, 앞에서 언급했던 다른 여러 사상가들처럼, 바울이 목표했던 바가 정치적인 것에 대한 급진적인 재사유라고 이해한다는 점이다. 내가 말하고자 하는 것은 그러한 비기독교적 읽기 방식이 바울을 어떤 종교 제도 혹은 해당 종교의 교의를 만든 창설자로 만드는 읽기 방식보다 바울 자신의 논지에 가까울 수 있다는 점이다.

그러면 유대 사람 됨의 특권은 무엇이며, 할례의 유용성은 무엇입니까? 우리는 이렇게 물을 수 있을 것이다. 정작 중요한 것이 어떤 한 사람이 정의로운지 아닌지에 관한 문제라면, 기독교인 됨 혹은 세례의 가치는 무엇인가? 유대 민족에 대한 귀속에서 얻을 유용성(value)에 관한 질문이 바울의 논변으로부터 바로 따라 나올 수 있다. 물론, 바울은 유리한 점 같은 것은 없다고 말할 것이다. 갈라디아서에서 그는 실제로 그러한 입장에 위험할 정도로 가깝게 근접해 있는 듯 보인다.[14]

그러나 다음과 같은 말을 하는 것을 고려하면, 그가 여기에서 취하는 입장은 명확히 그런 것이 아니다. **모든 면에서 많이 있습니다. 첫째 그들은 하나님의 말씀을 맡았기 때문입니다.** (바울은 "당신들"이 아니라 "그들"이라고 말한다. 청자가 여전히 이방인인 것이다.) 이는 무엇을 의미하는가? 유대 사람들은 신의 의지, 약속, 목표를 지시하거나 증언하는 기록을 담당하는 사람들이다. 비록 신과 신의 약속 그리고 정의에 대한 의지로서 제시된 신의 율법을 주장하는 자들이 이러한 선물에 따라 살지 않는다 하더라도, 이 선물은 여전히 그들에게 그리고 그들을 통해 타자들에게 도래할 선물인 것이다.

14 갈라디아서 5:2~5

그렇다면 어떻게 할 것입니까? 몇몇 사람의 신실하지 못함이 하나님의 신실하심을 무효로 만듭니까? 그럴 수 없습니다. 오히려 모든 사람이 거짓말쟁이가 된다 하더라도 하나님은 참되십니다. 그렇다면 유대 사람 됨의 이점은 신이 신 자신의 말씀〔언약〕(word)에 충실하다는 것이다. 이러한 논점은 이후에 전개될 바울 논변에서 훨씬 더 자세하게 탐색될 것이다. 하지만 이 논점은 이 지점에서 결정적인데, 왜냐하면 그의 주장 전반에서 신의 충실함, 다시 말해 신의 약속을 믿을 수 있다는 점이 관건이기 때문이다. 실제로, 이러한 논지는 메시아에 관한 선포를 향한 충성이 성립할 수 있는 기초로 기능한다.

이 주장은 인간의 불충실함과 신의 충실함 사이의 대비가 단지 후자를 보다 극명하게 드러낼 뿐이라는 점을 시사하는 데 있어 지나치게 많이 나간 것은 아닌가? 바울은 시편 51 : 4을 인용하여 자신의 논점을 강조한다. 어쩌면 여기에서 바울은 자신의 논변이 상당히 전개될 지점을 내다보고 미리 한 단계 건너뛴 것일지도 모른다. 실제로 우리는 곧 부정의가 불충실함의 진정한 의미라고 말하는 부분으로 돌아가게 된다.

그런데 우리의 사악함이 하나님의 정의를 드러나게 한다면, 무엇이라고 말하겠습니까? 하나님이 부정의하시기에 우리에게 진노를 내리신다는 말입니까? (사람들이 말하는 방식으로 하자면 말입니다.) 이러한 논변은 다시 한 번 취해져 9~11장에서 상당히 열정적으로 전개될 것이다. 여기에서 바울은 문제에 대답하기보다는 이를 강조하고자 한다. **절대로 그럴 수 없습니다! 그렇다면 하나님께서 어떻게 세상을 심판하실 수 있겠습니까?** 바울은 이미 부정의한 제국이 바로 그 자체의 부정의로 인해 심판할 권한이 없다는 주장을 펼친 바 있다. 따라서, 심판의 주체가 신이라 하더라도 정의와 심판 사이의 연결관계의 중요성은 계속되는 것이다. 바울이 생각하기에, 신은 지상권을 가진다 해도 정의의 요구에서 면제되지 않는다.

그러나 나의 거짓됨을 통해 하나님의 참되심이 더욱 넘쳐나 그의 영광

으로 이어진다면, 왜 나는 여전히 죄인으로 판정받습니까? 이 질문은 첫 번째 질문을 반복한다. 단 이번에는 진리가 정의로 바뀐 점이 다를 뿐이다. 우리는 다시 한 번 바울에게 있어 이 두 단어가 긴밀하게 연결되어 있음을 알게 된다. **그리고 혹자가 그런 말을 한다고 우리를 비방하는 것처럼, 왜 선을 이루기 위하여 악을 행하자 하지 않는 것입니까?** 바울의 견해를 이런 방식으로 묘사할 수 있는가? 누가 그렇다는 말인가? 어쨌든, 그는 다음과 같이 말함으로써, 우리가 그러한 견해에 저항해야 한다는 점에 동의한다. **그들이 받은 유죄판결은 정당합니다.**

이러한 수사학적 질문들은 바울에게 있어 일종의 의제 설정 방식으로 기능한다. 이를테면 그의 이어지는 논변이 다루게 될 주제들을 설정한다는 것이다. 스토워스는 이 부분에서 전개되는 바울의 논변을 그가 설정한 유대 민족 출신의 대화상대자에 대한 통렬한 비난에 비유한다는 점에 있어서는 정확할 수 있겠으나(165~175), 그러한 접근법을 취할 경우 실제로 이 부분에서 바울이 편지가 끝날 때까지 자신의 논증을 이끌어나갈 몇 가지 주제들을 설정한다는 점을 놓칠 수 있다. 제기되는 질문들과 이에 대한 잠정적인 대답들은, 자신이 수행하는 선포에 반하여 제기되는 공격들에 대해 그가 충분히 잘 알고 있었으며, 따라서 그러한 선포에 대한 오해에 맞서 설득력 있는 대답을 제시해야만 하는 입장에 있었음을 시사하는 것으로 여겨진다. 이어지는 논의에서는 이러한 주제들을 포착하고, 이 주제들에 관한 오해에 맞서 대응하는 논변을 전개한다.

그러나 바울은 우선 유대 민족의 정치체에 대한 기소 내용을 이어갈 것이다. **그래서 어떻다는 말입니까? 우리 유대 사람이 더 낫다는 말입니까? 전혀 그렇지 않습니다. 왜냐하면 내가 이미 유대 사람이나 그리스 사람이나 죄**[의 기소] **아래 있음을 고발했기 때문입니다.** "더 낫다"는 문구는 또한 "더 못하다"는 뜻으로도 이해될 수 있을 것이다. 관련된 주제는 한 민족이 정의의 문제와 관련하여 [다른 민족에 비해] 근본적으로 더 낫거나 더 못한 상태에 있는가 하는 것이다. 유대 사람들에게 신의 말씀을 소유한다는 이점이 있지만, 이 동일한 말씀을 통해 그들에게 어떠한 유리한 입장도 주어지지 않는다는 점이 분명해진다. 당연히, 바울은 유대 민족이 죄의 영향력 아래 있다고 비난받는 (그리고 그들 자신을 비난하는) 일종의 관주(貫註, catena), 즉 일련의 이어지는 구절들을 인용하고 있다. 이 구절들은 시편과 이사야서로부터 인용된 것이며, 정의 실행에서의 실패라는 문제와 관련한 집단적 고백으로 간주하기에 적합해 보인다. 따라서 이 구절들은 속죄일(Day of Atonement)[15]에 적합한 자기 비난의 전례로부터 유래한 것으로 보인다. 로마서에 내재하는 바울의 "정치 신학"을 고찰함에 있어, 야코프 타우베스는 욤 키푸르(Yom Kippur, 속죄일) 전례에 대한 설명에 상당한 시간을 쏟는다(28~38).

바울은 이미 이방인 혹은 이교도의 논거를 사용하여 그들의 부정의를 확증했기에, 유대 민족의 부정의를 증명하는 데 유일하게 적합한 방식인 성서 인용이라는 방법을 사용하는 것이다. 각각의 경우에 그는 일종의 내재적 비판을 사용하여 이 두 가지 형태의 인류, 정치체, 민족을 붙들고 있는 부정의에 관해 논증한다.

이제 우리가 아는 것처럼, 율법이 말하는 무엇이든 그것은 율법 아래 있는 자들에게 말하는 것이며, 따라서 모든 입이 멈춰지고 온 세상이 하나님의 심판 아래 놓이게 됩니다.

시편 인용구들의 끝에서 나타나는 것처럼, 바울은 유대 민족들에게

15 속죄일, 즉 욤 키푸르는 유대교 달력에서 티쉬레이월(7월) 10일에 해당하는 날이며, 구전 전승에 따를 때 모세가 이스라엘의 우상숭배로 인해 첫 번째 십계명 돌판을 깨뜨리고 다시 산으로 올라가 두 번째 돌판을 받아온 날에서 유래한다. 이 날은 유대교에서 일년 중 가장 거룩한 날, 안식일 중의 안식일로 받아들여지며, 유대교인들은 약 25시간 동안 금식하며 한 해 동안의 죄에 대한 속죄와 회개를 위해 주로 회당에 모여 기도로 시간을 보낸다(레위기 16장, 23:26~32, 민수기 29:7~11).

전해지는 유대 "율법"을 염두에 두고 있다. 그런데 그의 인용구들은 토라로 이해되는 율법에서 유래한 것이 아니라 시편으로부터 온 것이다.[16] 이 기소는 좁은 의미의 법적인 것이 아니라 오히려 정의—(좁은 의미의) 법은 기껏해야 그것의 지시물로 기능할 뿐이다—를 구현하려는 시도의 실패와 관련한 것이다. 바울의 논지는 모든 사람이 정의의 요청을 실현하도록 요구된다는 것인데, 이방 민족의 법 또한 유대 민족의 율법과 같이 이 요청을 표명한다고 주장하지만, 이는 어느 민족이나 정치체에 의해서도 충족되지 않는 요청이다. 이런 측면에서, (유대 민족과 이방 민족으로 이루어진 것으로 간주되는) 전 세계는 신적인 심판 아래 놓이게 된다.

이제 정의를 실현하고자 하는 사법 질서를 제공한다고 주장하는 정치체들에 대한 기소를 완성하는 이 논의를 뒤로 하기 전에, 우리가 질문해야 할 것은 할례 여부에 관계없이 율법이 명하는 바를 실제로 실행한다고 서술될 수 있는 사람들이 있다는, 앞에서 제시된 바울의 인정과 관련하여 이 전체적인 기소를 어떤 방식으로 이해할 수 있는가 하는 문제일 것이다.

내 생각에, 바울이 사회적 배경에서 유리된 개인들의 모임이 아니라 사회적 집단들 자체를 고발했다고 보는 것이 그 문제를 이해할 수 있는 유일한 방식일 것이다. 보편적인 "죄"는 있는 그대로의 개인의 특성이 아니라 기본적으로 "부정의한" 사회적 총체들의 특성에 대한 설명이다. 그리스인이나 유대인에 관계없이 개인으로 간주되는 개별자들은, 바울

---

16 바울이 토라(모세 오경)가 아니라 시편을 인용한다는 사실은 바울의 바리새인으로서의 정체성을 나타내는 다른 부분이다. 그 이유는 성전중심주의의 사두개파(Sadducees, 사독파, 당시 제사장들과 사회 지배층을 중심으로 구성된 분파)는 율법서인 모세 오경의 권위만을 인정했던 데 반해, 바울이 속한 바리새파는 모세 오경 이외에도 시편 같은 시가서, 지혜서, 역사서, 예언서 등의 권위 역시 동등하게 인정했기 때문이다.

이 말했던 그대로, 정의롭고 올바른 일을 행한다. 그러나 부정의한 사회질서에 대한 참여자로 간주될 때, 이들은 어쨌든 사회질서가 판단되는 방식 그대로 판단될 수밖에 없다.

이는 또한 사람들 전체를 "대표"하는 부분으로 파악될 수 있는 지도층 엘리트 집단의 부정의에 관해 이 사람들 전체를 고발하는 것이 사리에 맞는 이유다. 이는 이미 이러한 엘리트 집단 자체를 비롯한 민족 전체의 파멸을 말하는 예언서의 고지로부터 확연히 드러나는 어떤 것이다. 권력과 번영을 누리는 자들의 부정의가 전체 사회의 파멸을 불러온다는 사실 말이다. 그리고 이는 이방 민족의 사회 엘리트 집단에 있어서도 동일하게 적용된다. 그러므로 바울의 전망은 이방인들이나 유대인들을 막론하고 그가 말 건네는 사람들의 전망과 함께한다. 우리 시대에는 이전보다 더욱 고립된 개인들의 편에서 사고하게 된다. 그러나 심지어 이런 상황에서도 — 비록 어느 정도의 어려움은 있지만 — 이를테면 인종차별과 같은 사회 구조가 서로를 보는 방식 그리고 서로 상호 작용하는 방식에 스며들어 있어 누구도 그 오점에서 빠져나갈 수 없다는 점을 이해할 수 있다. 그들이 아무리 인격적으로 훌륭한 사람들이라 하더라도 말이다.

로마서를 사회 전체보다는 우선적으로 개인들과 관련될 수밖에 없다고 읽는 경향은 바울이 무엇에 관심을 기울이는지에 대한 이해로 향하는 길을 막는 큰 장애물이다. 하지만 로마서에 대한 "정치적 독해"는 바울의 논증에서 나타나는 기본적 구조와 그 논증의 지속적인 중요성을 이해할 수 있도록 도움을 준다.

두 번째 전개부

메시아적 정의의 도래(3:21~5:21)

우리는 신이 정의를 요구하며, 정의 없이는 오로지 〔신의〕 심판과 죽음 그리고 진노가 있을 뿐이라는 이야기를 들었다. 나아가 현실적으로 실존하는 모든 법의 구조는 정의를 생산하지 못했으며, 무엇보다 어떠한 법도 정의롭지 못하거나 혹은 정의를 생산해내지 못한다. 이에 대해, 그 무엇도 법을 통해 정의롭게 되지 못한다고, 바울은 말할 것이다. 이는 더 이상 나아갈 수 없는 막다른 길로 보인다. 이어지는 논의에서, 바울이 이러한 아포리아를 말하는 이유는 단적으로 이 난국을 돌파할 길이, 앞으로 나갈 길이 결여된 상태(아포리아(aporia)의 의미[1])에서 치고 나갈 유일한 길이 법 바깥의 정의(justice outside the law)라는 언뜻 보기에 불가능한 가능성을 통하는 길밖에 없다는 이야기를 하기 위한 것이다. 그리고 나는 이러한 (불)가능성을 "무법적 정의"(outlaw justice)라 명명

1 aporia는 형용사 aporos의 명사형인데, 이 단어를 어원적으로 분석하면 a-(없음) + -poros(통로)의 조합어가 되며, "통과할 수 없는, 실행할 수 없는, 매우 어려운, 당황스러운" 등의 의미를 지닌다.

한 바 있다.

이 지점에서 바울은 고전적인 정치철학의 개념들과 결별하게 되는데, 이는 실제로 그러한 정치적 사유가 언제나 정의와 법 사이의 긴밀한, 아니 보다 정확히 말해서 떼어낼 수 없는 관계를 통해 진행됐기 때문이다. 플라톤의 대화편들 중 가장 길고, 마지막으로 쓰였으며, 내 생각에 가장 지루한 대화편인 『법률』에서, 우리가 대하게 되는 것은 법률이 어떤 형태를 취해야 사회를 정의롭게 하고 이 사회에 사는 사람들의 덕성을 고양할 수 있는지에 관해 세 사람의 등장인물들이 나누는 대화였다. 대화의 발단부에서 그들은 크레테의 미노스, 아테네의 솔론, 스파르타의 리쿠르고스 같은 위대한 법 제정자들이 등장하는 사회·정치적 질서의 역사에서 핵심적인 장소를 점하는 어떤 것에 대해 언급한다. 이 대화 참여자들은 바로 앞에서 언급한 이 도시들의 "헌정"(정체, constitution)을 논하면서 한 사회에 이상적인 정체 또는 법 체계는 어떤 것인가를 규명하려 한다.

아리스토텔레스의 『정치학』에서, 논의의 상당 부분은 공동선(common good)에 도움이 되면서도 궁극적으로는 파괴적인 것으로 볼 수 있는 정체들 혹은 법 질서들의 대조에 바쳐진다. 아리스토텔레스의 이러한 논의는 플라톤의 『정치가』에서 제시된, 가능한 국체들에 대한 논의와 밀접하게 비교될 수 있다. 현명한 입법가는 가능한 정체들 각각에서 최상의 부분들을 조합하여 도시에 유익할 법한 모종의 혼합된 정체를 만들고자 한다는 이야기가 나오는 논의 말이다.

그러나 법의 문제를 정의의 문제와 결부하고자 하는 가장 완전한 시도를 보여주는 사람은 바울보다 한 세기 앞선 시기에 저술 활동을 펼쳤던 키케로이다. 『국가론』에서, 키케로는 사회질서에 도움이 되는 법 제정으로 이해되는 정치에 대한 관여가 의무라는 점을 자신의 친구들에게 설득하려 한다. 그가 주장하는 바에 따르면, "왜냐하면 철학자들이 원칙을 세운 것 — 정의와 명예에 관한 모든 것 — 치고 국가를 위한 법을 제정한 자들에 의해 존재하게 되고 제도화되지 않은 것은 없기 때문이다"(1.2). 여기에서 정치적인 것은 무엇보다 시민들 공동의 삶을 위한 틀로 기능할 법 제정과 관련된다고 여겨진다. 이런 관점에서 법률은 정의에 대한 성찰(철학자에 의해 원칙이 정해진 것)에서 기원한다고 간주되며, 이에 따라 법 제정자 또는 입법자의 작업을 통해 실제적이며 구체적인 것이 된다.

정치적인 것에 대한 가장 중요한 사상가들의 관점으로 볼 때, 정의는 법과 일치된다. 바로 법을 통해 인간 사회들은, 그리고 사회의 인간 구성원들은 정의롭게 되는 것이다. 그러나 바울이 이르는 결론은 법이 정의를 생산할 수 없고, 정의와 법 사이에 화해할 수 없는 불화가 있으며, 정의가 〔실제로〕 있으려면 그것은 법으로부터 떨어져 나가야 한다는 것이다. 바로 무법적 정의로서 말이다.

이것이 바로 자신의 선포가 유발하는 결과라는 점을 확인한 이후, 바울은 이를 우선 이방 사람과 유대 사람의 아브라함적 접합에 기초한다. 아브라함이 율법의 실존 이전에 〔이미〕 "정의롭다"는 의미에서 말이다. 그는 이어서 아담의 형상을 사용하여 이러한 법 바깥의 정의가 인류 자체에 필수적인 것임을, 다시 말해 메시아적인 것을 통해 실체가 되는 필수성임을 주장한다.

5. 법 바깥의 정의(3 : 21~31)

바울은 결코 이방 민족과 유대 민족의 부정의를 폭로하는 정도로 그치지 않는다. 그렇게 함으로써 그가 메시아로 간주하는 이에게 유죄판결을 내리는 데 사용되었던 두 법과 〔심지어〕 메시아에게 충성하고자 하는 자들마저도 부정의하다는 점을 보이게 된다 해도 말이다. 그는 훨씬 더 대담한 논변을 염두에 두고 있다. 바로 법 자체가 정의를 생산할 수 없기에, 정의를 위한 또 다른 기초를 추구해야만 한다는 주장 말이다. 이에 더해, 바울은 정의를 위한 참된 기초, 다시 말해 정의로운 사회와 세계를 위한 참된 기초가 자신과 독자들이 충실하고자 하는 메시아적 선포 안에서 발견되어야 한다고 주장할 것이다.

이제 우리는 바울의 논증에서 중추적인 부분에 이르게 되는데, 아무리 난해해 보인다 해도 이 부분을 이전에 진행된 논의에서 분리해서는 안 된다. 논증의 거의 시작부터 우리는 정의에 대한 이야기를 들었으며, 이는 율법이나 심지어 할례에 관한 고찰과 관련지어진다. 바울은 이미 독자들에게 율법 없이 죄 지은 자들은 멸망할 것이며, 율법이 있으면서도 죄 지은 자들은 "율법에 의해 심판 받을" 것이라고 분명히 말한 바 있다. 어떤 의미에서 이는 법을 무의미하게 만드는 것으로 읽힐 수 있을 터인데, 특히 실정법(positive law) 체계에서 보자면 그렇다. 실정법에서 관건은 누군가가 "범죄"하는지 아닌지에 관한 것이기 때문이다. 그리고 이는 다소간 명시적으로 이방 민족들과 관련하여 말해진다. **율법이 명하는 바를 행하면**이라는 이야기나, 이후에 **율법을 듣는 자가 아니라 오히려 율법을 행하는 자라야 정의롭게 될 것**이라는 이야기에서 말이다. 바울은 유대 민족 출신 대화상대자와의 논의에서 이 논점으로 되돌아간다. 거기에서 그는 율법에 순종하거나 이를 "실행"하거나(*prassas*) 지키는 것에 대해 이야기한다. 지금까지 바울은 자신의 (또한 심지어 우리의) 시대의 지배적인 정치적 사유에 상당히 동의하는 것처럼 보일 수 있다. 그러나 이제 우리는 어떤 전환점에 이르게 된다.

왜냐하면 모든 육신이〔모두가 절대적으로〕 **율법의 행위**〔*ergon nomou*〕**로 의롭게 되는 것은 아니기 때문입니다.**

"모든 육신(flesh)"은 글자 그대로 〔죽어야 할 운명을 지닌〕 모든 인간을 나타낸다고 여겨진다. 훨씬 이후에, 바울은 인간적 필멸성과 연약함이라는 의미에서의 육신이 어떤 측면에서 신에 대한 적대성으로서의 육신과 연관되는지를 보여줄 것이다. 그러나 여기에서 가장 눈에 띄는 말은 대립이나 심지어 약함도 아니다. 그것은 바로 "모든"이라는 말이다. 인류를 유대 민족과 이방 민족들로 분리한 이후, 바울은 급진적인 보편성을 향해 몸짓한다. 알랭 바디우는 바울에게서 전지구적인 신자유주의 자본에 맞서 싸우기 위한 새로운 종류의 투사적 형상을 위한 패러다임을 발견하며, 이러한 보편성이 정치적인 것의 사유에 대한 바울 특유의 기여를 나타낸다고 주장한다(『사도 바울』 7, 11).

하지만, "모든 육신"은 심지어 바디우가 지적했던 것보다 훨씬 더 넓은 보편성을 지시한다. 이를테면 이 표현은 모든 인류와 모든 생물 둘 다를 포함하는 것이다. 노아와의 계약에서, "모든 육신"이라는 문구는 뚜렷하게 "너희와 함께 있는 살아 숨 쉬는 모든 생물, 곧 너와 함께 있는 새와 집짐승과 땅의 모든 짐승들"을 지시하고 있다(창세기 9:10). 다시는 〔홍수로〕 파멸을 일으키지 않겠다는 약속은 "모든 육신"을 땅 자체와 연결하는데(9:11), 실제로 이 계약은 신과 "땅" 사이에 맺어진 계약으로 명명된다(9:13). 요컨대, 이 계약을 표명하는 10개 구절 안에서 "모든 육신"이라는 문구는 땅과 땅 위에 사는 모든 생물들과 연결되며, 이 문구는 적어도 8회 이상 반복적으로 사용되고 있다! 우리가 앞으로 보게 될 것은 바울이 이러한 힌트에 기초하여 그의 보편적인 정의에 대한 관심이 단지 모든 인류만이 아니라 "모든 살아 있는 생물"을 그리고 실로 땅 자체를 포괄한다는 논점의 입증과 더불어 이 논점을 입증하는 방식에 관한 것이다. 어떤 종류의 정치체 혹은 정치가 땅 자체를 위한 정의를 불러올 수 있을 것인가?

여기에서 문제되는 것이 정치라는 점은 정의에 대한 언급에 의해 명확히 드러난다. 그러나 여기에서 우리는 절대적으로 중요한 지점에 이른 것인데, 실제로 이에 관한 주석들은 일반적으로 정당화, 즉 칭의를 해석하는 다양한 방식들, 결국 칭의와 정의를 연결하는 데 기여하는 해석들을 통해 바울의 견해를 탈정치화하는 길을 열어왔기 때문이다. 그리하여 이른바 법정적 칭의[2]라는 개념은 신이 명백하게 정의롭지 않은 자들을 의롭다고 선언하고, 이에 따라 정의의 요구 자체를 훼손하게 되는 것이다. 무엇인가 다른 것이 정의를 대체한다고 말해지는데, 이것은 단순한 신앙이건 혹은 교회 제도에 대한 명목상의 참여이건 상관이 없다. 정의에 대한 이러저러한 대체물 덕분에, 개인들은 용서를 받아 실제로는 그렇지 않더라도 정의롭다고 간주될 것이라고 한다.

바울의 전체적인 관심사와 논변을 깎아내리기에 이보다 더 효과적인 방식을 상상하기는 어려울 것인데, 왜냐하면 바울의 주제가 바로 정의에 관한 것, 즉 정의가 부정의로 변질되어온 방식과 정의가 확립될 방식에 관한 것이기 때문이다. 그렇다면 바울의 문제는 어떻게 "모든 육신"의 "모든"—우선적으로 전체 또는 전체성으로서의 모든 인류를 의미하는—이 정의롭게 될 수 있을 것인가 하는 것이다. 그 최종 결과는 정의에 대한 공허한 언사가 아니라(이러한 언사는 이미 그가 비판했던 정치체들 내부에 현존하고 있기 때문에) 모든 부정의를 향한 신적인 진노를 피할 수 있는 진정한 종류의 정의여야만 할 것이다.

문제는 이런 것이다. 정의는 어떻게 존재할 수 있을 것인가, 다시 말해 어떻게 존재하게 되고 정립될 수 있을 것인가? 그리고 이에 대한 정치 이론의 대답은 정의가 법을 통해 이루어지며 더 나은 법률이나 보다 보편적인 법의 준수를 유발한다는 것이다. 여하간 정의는 법을 통해, 혹은 바울이 여기에서 율법의 행위(*erga*)라고 말하는 것을 통해 이루어진다. 그것은 플라톤, 아리스토텔레스, 키케로에 의해 지시된 방향이다. 그러나 바울이 펼치게 될 주장은 이러한 접근법이 제대로 작동할 수 없으며 신적인 정의가 그 자체의 목표를 완수하기 위한 근본적으로 새로운 다른 길을 제시했다는 것이다. 따라서 칭의의 의미는 정의를 피하거나

2 법정적 칭의(forensic justification)란 신이 마치 재판관처럼 법정에 자리하여 죄가 있지만 그리스도를 믿는 자에게 무죄 선고를 내리는 방식으로 죄를 사해준다는 루터파 신학의 개념이다.

혹은 정의에 대한 대체물을 제공하는 것이 아니다. 그것은 진정으로 정의롭게 되는 것을, 말하자면 진정으로 신의, 하나님의 요구 또는 요청으로서의 정의를 구현하는 것을 의미한다.

율법 바깥의 정의를 통해 정의롭게 된다는 것은, 율법을 가지고 있거나 율법의 영향 아래 있는지 아닌지에 관계없이, 반드시 준수되어야 할 어떤 것으로서의 율법에 관해 우리가 앞에서 읽었던 것에 대한 완전한 반대항으로 정립되는 듯 보인다. 왜 우리는 지금 율법과 관련이 없는 정의로 향하게 되는가? 왜냐하면 바울이 말한 바와 같이 **율법을 듣는 자가 아니라 오히려 율법을 행하는 자라야 정의롭기** 때문이다. 이를 어떻게 이해해야 할 것인가? 다음 몇 문장에서 말하는 주제는 율법이 정의를 생산하지 않으며 그럴 능력도 없다는 것이다. 즉 율법의 행위는 우리를 정의롭게 만들 수 없다.(그런데 이는 율법이 요구하는 바에 대한 순종이나 준수 또는 실천과 어떻게 다른가?)

우리는 또한 여기에서 "모든"(all)이라는 말이 강조되며, 이에 따라 "몇몇"(some)이라는 말과 대비될 수도 있다는 가정을 고려하게 될 것이다. 그럴 경우에 특정한 측면에서 몇몇 또는 소수의 사람들이 율법을 실행함을 통해 "정의롭다"는 것은 참이다. 그러나 〔앞에서〕 율법의 행위를 실행하는 것으로는 정의로운 전체(totality) 또는 사회체(sociality)를 만들 수 없음이 판명되었다. 율법의 유효성은 정의의 생산이라는 문제에 있어 심각한 제약을 맞게 된다. 율법은 단지 충분한 수의 정의로운 사람들을 만들어내어 인류가 어떠한 변명의 여지도 없이 율법의 요구에 연루된다는 점을 보여주는 것이다. 결코 그 누구도 정의롭지 않다면, 우리는 율법이 아무런 소용도 없다고 말할 수 있을 것이다. 〔하지만〕 이는 불가능하다. 따라서 정의로운 혹은 정의롭다 여겨지는 자들이 거의 없다고 해도 어쨌든 이들의 현존은 전체의 죄를 드러내게 되는데, 그 이유는 그리스-로마적 전체로든 유대 민족적 전체로든 전체는 정의롭지 않기 때문이다. 오히려, 이러한 전체들은 그 자체의 부정의로 점철되어 있다.

몇 사람의 정의로운 개인들과 부정의한 전체를 그려내는 이러한 구도를 복잡하게 만드는 것은 정의로운 개인으로서의 그녀 혹은 그가 이러한 전체의 부정의에 오염되어 있다는 점이다. 이런 점이 전면에 두드러져 나타날 때, 우리는 정의로운 전체 또는 사회체가 존재하지 않는 이상 어떠한 정의로운 개인도 있을 수 없다는 것을 이해하게 될 것이다. 하지만, 이는 여전히 인류가 전적인 부패와 같은 어떤 것 또는 "저주의 덩어리"(lump of damnation)라고 말한 아우구스티누스나 칼뱅의 견해와는 거리가 멀다. (상대적으로) 정의로운 자들과 정의롭지 않은 자들 사이의 구별은 〔여전히〕 힘을 가진다. 게다가 이러한 구분을 실행하는 바울 메시지의 목적은 여기저기의 몇 사람에 관한 것이 아니라 "모든 육신"이 정의롭게 되는 것으로 나타난다.

왜냐하면 율법을 통해 죄에 대한 인식이 생기기 때문입니다. 이는 그가 이후에 설명해야만 할 논제가 될 것이다(7:7~12). 그러나 당장은 설명이 유보된다. (따라서 우리는 여기에서 지식이 이해나 각성을 의미하는지, 혹은 보다 히브리어에 가까운 내밀한 지식(intimate acquaintance)을 의미하는지에 관한 질문을 열린 채로 남겨둔다.) 상기하는 바와 같이, 이스라엘의 기록에서 바울은 이미 죄에 대한, 특히 이스라엘 민족 자체의 죄에 대한 지식과 죄의 인정을 발견했던 것이다.

여기에서 우리는 주된 논제로 되돌아가게 된다. **그러나 이제, 하나님의 정의가 드러납니다.** 논증의 발단부에서 논제의 형식으로 다음과 같은 이야기를 들은 바 있다. **그 안에서**〔아들과 관련된 기쁜 소식을 전하는 하나님의 선포 안에서〕 **충실함으로부터 충실함에 이르기까지 하나님의 정의가 드러납니다**〔*apokalyptetai*〕(1:17).

그 지점에서, 우선은 〔이방〕 민족들에 관해 그리고 다음으로 이스라엘 사람들에 관해 드러난 신의 진노를 대하게 된다. 그 진노의 근거는 정의의 부재다. 그러나 이제 이러한 신적인 정의가 다시 한 번 표명되며, **율법과 상관없이 혹은 율법 바깥에서** 표명된다. 하지만 이 정의는 율법과 완전하게 관련이 없는 것도 아니다. 바울이 말하는 대로, **율법과 예언자들이 이를 증거하기** 때문이다. 율법이 그리고 예언자들이 증거하는 것은 무엇인가? 율법과 상관없는 혹은 율법 바깥에 있는 신적인 정의다. 여기에서 우리는 다음과 같은 입장에 놓이게 된다. 말하자면, 율법이 율법 바깥에 있거나 혹은 율법과 별개인 정의를 증거한다는(지시하며 단언한다는) 입장 말이다. 율법은 정의와 동일하지 않으며 오히려 그 자체 너머에 있는 정의를 가리키는 것이다. 여기에서 우리는 다시 한 번 이스라엘의 특권을 대하게 된다. 이스라엘에는 신의 계시, 즉 율법 바깥의 정의의 도래를 지시하는 바로 그 계시(율법과 예언자들이 말하는)가 있다. 율법이 율법 자체의 너머로 지시하는, 율법을 초과하는 것은 율법에 의해 파악되거나 억제될 수 없는 무엇, 즉 정의인 것이다.

게다가, 그것은 **충성스러운** (또는 충실한) **모든 자들에게 여호수아 메시아의 충실성** (또는 충성에 의해 증거된) **정의 혹은 신적인 정의**다. 기쁜 소식에 관한 바울의 진술은 충성으로부터 충성에 이르기까지 혹은 충성을 통해 충성으로 명시된 정의임을 나타낸다. 여기에서 이 문구는 충성스러운 행위주체들을 명시한다. 여호수아의 (신적인 정의를 증거하거나 이를 드러내는) 충성으로부터 혹은 이러한 충성을 통해, 또한 충실한 모든 자들의 충성에 이르기까지 혹은 이러한 충성으로 행위하는 자들에 이르기까지라고 말이다. 말하자면, 메시아의 충실함은 같은 방식으로 다른 사람들의 충실함을, 충실한 자들 또는 충실하게 될 자들의 충실함을 초래하거나, 촉발하거나 또는 의도한다.

더 오래된 번역에서는 여호수아*에 대한* 믿음(faith *in* Joshua)이란 문구로 항상 여호수아*의* 충실함(faithfulness *of* Joshua)을 대체하고 있다.[3] 이

---

3 이 문구는 헬라어 원문으로 dia pisteos Iesou Christou. 일반적으로 pisteos(믿음, 충실성) 뒤에 오는 문구를 목적격 속격(objective genetive)로 간주하여 '예수 그리스도에 대한 믿음'으로 번역하거나, 단순히 속격(genetive)으로 간주하여 '예수 그리스도의 믿음'으로 번역한다. 이 문구는 그리스도가 믿음 혹은 충실성의 대상이 되

와 관련한 받아들이기 어려운 그리스어 문법의 문제는 별개로 하더라도, 이러한 오역은 바울 논변의 방향을 약화시켜 그의 정의에 대한 관심의 힘을 제거하는 결과를 낳는다.

여호수아 메시아에 대한 언급은 더 나아가 이 정의가 법과 별개일 수밖에 없는 이유를, 혹은 법 바깥에 있는 정의일 수밖에 없는 이유를 상기시킨다. 왜냐하면 유대 율법이나 이방인 혹은 로마의 법에 따를 때 여호수아는 유대 율법의 견지에서 신성모독을 저지른 자이며, 로마 혹은 이방인들의 법의 견지에서 반역자가 된다는 의미에서 무법자였고 그에 맞게 처형되었기 때문이다. 그가 정의롭다면, 이에 관련된 정의는 어떤 의미로든 법 외부적인 것이다. 그리고 엄밀하게 정의에 대한 그의 충성, 혹은 정의로서의 신에 대한 충성은 그를 법 바깥에 위치시키며 이에 따라 근본적으로 법과 정의 사이의 연관에 파열을 가한다.

거기에는 아무 차별이 없습니다라는 주장에 관해서, 우리는 이미 이 주장을 율법이 요구하는 무언가의 실행과 관련하여 살폈다. 그러나 지금 그 주장은 중요한 변화를 맞게 된다. 왜냐하면 **모든 사람이 죄를 범했기** 때문에, 즉 이방 민족이나 유대 민족을 막론하고 모든 정치체가, 모든 사람이 정의를 침해했기 때문이다. 우리가 들었던 바, 이방 민족들이라고 명명된 사회적 실체가 심판 아래 놓임에도, 이스라엘이 그런 것처럼 율법이 요구하는 바를 행하는 개인으로서의 이방인들이 있기에, 모든 각각의 개인은 심판 아래 놓이지 않을지도 모른다. 바울은 독자에게 이방 민족과 유대 민족의 부정의에 관한 논증의 내용을 상기시킨다. 결과적으로, **그들은 하나님의 광휘**(영광)**에 미치지 못하게 되었습니다**. 이 "영광"은 정의의 다른 이름인가? 정의가 그 자체로 신적인 광휘

는지 아니면 주체가 되는지에 따라 큰 의미차를 보이기에 해석상의 논란이 상당하다. 어쨌든 이 책에서는 메시아의 믿음 혹은 충실성을 본받는 충실한 자들의 공동체에 방점을 찍어 후자의 해석을 지지한다.

혹은 빛남, 신의 다른 이름 자체, 혹은 "현존하는" 이로서의 신이라는 것만이 정의의 논점일 뿐인가? 그렇다면 정의는 신에 대한 부연(敷衍, afterthought)이 아니라 신의 광휘 또는 빛남 그 자체, 신의 "존재"인 것이다. 존 D. 카푸토(John D. Caputo)는 자신의 데리다 독해를 펼치는 책의 몇몇 지점에서 정의가 신의 다른 이름인지 아니면 신이 정의의 다른 이름인지에 대해 자문한다(68, 116, 338~339).

그들이 신적인 광휘에 미치지 못하게 되었기에, 그들 모두가 유죄판결을 받아 멸망하게 될 것이라는 결론이 나오지 않을까? 그것은 신적인 진노 혹은 분노가 하늘로부터 나타나는 이유를 보여주는 기소장에서 예상했던 결론이다. 하지만 그렇지 않다. **그들은 메시아 여호수아 안에서 얻는 구원을 통한 하나님의 관대함에 의해 선물로서**〔값없이, 거저〕 **정의롭게 됩니다. 하나님은 이 메시아를 그의 피에 의한 충성을 통해 속죄제물로, 지금의 시간**〔*nun kairou*〕**에** 〔하나님의〕 **정의를 보이기 위해 이전에 지은 죄들을 눈감아주는 관용을 통해** 〔하나님의〕 **정의의 증명으로 세우신 바 있으며, 이로써 하나님이 정의로우시며 여호수아에 대해 충성하는 자를 정의롭게 하신다는 것을 나타내기 위함입니다.**

이 구절의 전개는 매우 밀도가 높기에, 논의의 경로에서 옆길로 새어 나가기는 어려워 보인다. 논의는 명백한 지점에서 시작된다. 우리가 정의에, 신적인 정의에 관심을 가진다는 지점 말이다. 우리는 충성 또는 충실함, 다시 말해 메시아 여호수아의 충실함을 향하도록, 그리고 그와 동일한 방식으로 충성하게 된 혹은 그 충실함에 참여하게 된 자들의 충실함을 향하도록 지시된다. 신의 정의는 진노를 참고 다른 경로를 택한 신적인 친절과 인내, 다시 말해 값없는 선물, 값없는 호의, 혹은 엄청난 관대함(*charis*)과 관련된 어떤 것이다. 따라서, 그것은 강제된 것이 아니라 새롭고 놀라운 대답으로 자유롭게 주어진 무엇이며, 예상하거나 계획할 수 있는 것이 아니라 — 충분히 증명되었듯이 〔신의〕 진노와 분노가 그런 것이기에 — 파괴의 예상을 뒤집어 분노를 인내로 진노를 관대함으로 바꿔놓는 사건이다. 이 무조건적인 관대함은 어쨌든 정의의 근거에, 당연히 법 너머에 위치한 정의의 근거에 놓이게 된다. 그리고 무엇보다 이러한 관대함은 정의로울 뿐만 아니라 현실적으로 정의를 생산하게 될 것이다.

우리는 선물과 은혜로 또는 선물과 호의로 이루어진 연대(togetherness)나 관계의 문제로 되돌아갈 것이다. 이 지점에서 선물은 다른 무언가와 대비되는데, 이는 아마도 법이라고 여겨진다. 선물은 법 바깥에 있다. 〔그렇다면〕 어떤 법인가? 교환의 법, 보복과 분배의 법이다.

여기에서 피와 속죄제물에 대한 언급이 우리의 주의를 빗나가게 할 수 있다. 무엇이든 다른 어떤 것이 진행되고 있다 하더라도, 우리에게는 십자가라는, 신적인 정의에 대해 메시아가 보내는 충성의 대가 혹은 대상(代償)이 상기된다. 따라서, 나는 "믿음에 의해 받아들여진"(to be received by faith)이라는 일반적으로 통용되는 번역을 변경하는데, 왜냐하면 해당 텍스트에는 "받아들여진"(received)이라는 문구가 없기 때문이다. 오히려 해당 텍스트는 충성을 피와 연관 짓는다. 그리고 이것이 바로 바울의 글을 읽던 독자가 기대했을 법한 어떤 것인데, 다른 곳에서 바울은 메시아가 "자기를 낮추시고 죽기까지 순종하셨으며, 심지어 십자가에 죽기까지 하셨습니다"라고 말하기 때문이다(빌립보서 2:8). 순종과 충실함은, 이미 본 것처럼, 바울 서신에서 서로 상당히 강하게 연결되어 있다. 로마서 1:5에서 표명된 바울의 목적이 **충실함의 순종**을 불러일으키는 것이라는 점을 상기하도록 하자. 그러므로 메시아의 충성은 그의 죽음으로 그리고 따라서 피흘림으로 이어지는 것이다. 그러나 이는 이 지점에서 준(準)종교적 용어(**속죄제물**)로, 즉 여전히 베일에 싸여 암호화된 용어(terminology)로 표현된다. 바울은 준(準)제의적 외피로 정치적 다이너마이트를 둘러싸는 것처럼 보인다. 우리는 논의를 진행해 나가는 과정에서 이 암호를 그 자체의 방식으로 보다 심각하게 받아들일 필요가 있는지 살펴보게 될 것이다.

죽음(피)에 대한 메시아의 이러한 충실성이 낳게 될 것은 구속(救贖, redemption), 즉 포로나 죄수 혹은 노예의 해방이다. 메시아 안에서 그리고 그를 통해 일어나는 귀결은 부정의한 것으로부터 그리고 어쩌면 부정의의 도구로 간주되는 법으로부터 이들을 풀어주는 해방이다. 그러나 이는 현실에서 메시아를 정죄(定罪)하고 그의 피를 요구했던 법을 지칭할 것이다. 이 법은 부정의의 도구로서의 법, 다시 말해 필연적으로 부정의에 오염된 것으로서의 법이다. 말하자면, 법은 정의의 이름으로 그 자체를 합법화(legitimating)하고자 하지만 그 자체의 부정의함이 드러났으며, (어쩌면) 이러저러한 특정한 측면에 국한되지 않은 근본적으로 전체적인 부정의함이 드러난 것이다.

신이 여호수아의 충성 안에서, 또는 그의 충성을 통해서, 또는 그의 충성으로 인해 실행한 일은 신 자신의 정의를 드러내는 것인데, 신은 인내하고 진노를 참을 뿐만 아니라(2:4), 또한 법의 폭력에 기초하지 않으며 어쩌면 심지어 법의 폭력을 드러내고 그 폭력을 다른 길 — 충성의 길 — 과 대비시키는 정의의 구축을 예비하는 방식으로 자신의 정의를 드러낸다.

그러므로 **자랑할 것이 없습니다.** 다시 말해, 상대적으로 서로에 대한 어떠한 특권도 주장할 수 없으며, "나는 포함되어 있고 당신은 배제되었다"거나 "나는 호의를 얻었고 당신은 그렇지 않다"고 말할 근거가 없는 것이다. 이 지점에서 그가 여러 민족 간의 상대적인 정의에 관한 자랑을, 신 앞에서의 상대적인 입지를 다루고 있다는 점은 바울의 논변에서 결정적이다. 바울은 (개인들의 모임이 아니라) 민족들에 관심을 두고 있는데, 이는 이방 민족들과 유대 민족에 대한 지속적인 언급에서 상당히 명확하게 드러난다. 바울은 이 논점을 9~11장에서 상당히 길게 펼칠 것이다.

이렇게 특권 없는 자들을 깔보는 특권의 주장은 어떤 방식으로 제거되는가? **어느 법에 의해서 그렇습니까? 행위의 법이 아니라 충성의 법**

〔원칙〕**에 의해서입니다.** 주의해야 할 것은 "법"(Law)이라는 단어가 여러 의미로 사용되고 있다는 점이다. 이것은 이미 불안정한 상황이다. 법이 "해체"되고—그 자체로 흔들리며, 기반이 되어야 할 것을 흔들고—있는 중인 것이다.

여기에는 두 가지 법이 있는 것으로 보인다. 하나는 행위의 법, 법의 준수와 관련된 법으로, 이는 자랑과 함께할 수 있다. 우리에게는 법이 있고 너희에게는 법이 없다든지, 혹은 우리는 법이 요구하는 바를 행하지만 너희는 아니라는 식으로 말이다. 그리고 다른 하나는 이러한 자랑을 배제하는 "충실함의 법"이다.

우리 모두가 아는 것처럼 법의 특정한 기능, 또는 법 준수의 기능은, 특히 "종교적인 법"의 경우, 단적으로 자랑을 위해 실행된다. 예를 들어, 나는 담배를 피우지도 술을 마시지도 춤을 추지도 않으니, 나는 이러한 규칙, 규정, 계명을 잘 지키지 않는 자들과는 다른 사람이라는 식으로 말이다. 지정학적 무대에서, 우리는 법과 관련한 일종의 자랑에 너무나 익숙하다. 서구 민주주의의 편에서 이는 인권이나 정교분리 혹은 입헌 민주주의에 관한 자랑의 형식을 취한다. 이슬람교가 우세한 나라에서는 샤리아[4]의 우월성과 도덕 및 경제적 측면에서의 타락을 거부하는 이 법의 단호한 태도에 관한 자랑이 있을 것이다. 법으로서의 법이 자랑에 굴복하는 측면이 있으나, 바울에 따를 때, 충성은 그렇지 않다. 왜 그렇지 않은가? 아마도 그 이유는 선물과 관련될 수밖에 없을 듯 하다.

우리는 사람이 율법의 행위〔erga〕와 상관없이 믿음으로 의롭게 된다고 주장합니다. 혹은 하나님(God)은 유대 사람만의 신(god)이십니까? 이방 민족들의 신도 되시지 않습니까? 그렇습니다. 이방 민족들의 신이시기도 합니다. 왜냐하면 한 분이신 하나님이 충성을 통해 할례받은 자를 정의

4 Sharia, 쿠란에 기초한 이슬람 종교법. 이슬람권 국가들의 경우 샤리아는 국가를 운영하는 법으로 활용된다.

롭게 하시고, 그 〔동일한〕 충성을 통해 할례받지 않은 자도 정의롭게 하실 것이기 때문입니다.

이에 대한 반대 의견은 "율법의 행위(works)"라는 문구가, 율법의 실행(doing)과는 달리, 예컨대 유대 사람들과 율법의 특유한 관계를 설명한다고 생각하도록 이끄는 방식으로 개진된다. 따라서, 율법의 행위가 아니라 이른바 충실성이라는 것이 유대 민족과 이방 민족들 양자 모두를 위해 제시되는 것이다.

이는 정의로 향하는 것으로서의 율법의 실행에 관한 바울의 고찰을 어떤 새로운 기초 위에 놓는 것으로 보인다. 이 기초는 율법의 실행이 아닌 충성이다. 바울은 여전히 어떤 측면에서 충실함이 "행위"가 아닌 율법(혹은 율법의 의도)의 완성으로 이어지는지를 설명해야만 할 것이다. 충성스러운 자들은, 할례 여부와 상관없이, 정의롭다 인정된다(혹은 정의롭게 된다).

신의 유일성(oneness)(어쩌면 신명기 6:4[5]의 메아리일지도 모를)은 이론적 관점이 아니라 실제적인 것이다. 이 동일성은 모든 민족들과 신의 관계를 모든 사람에 대한 신의 호의와, 그리고 모든 사람에 대한 정의의 요구와 관련짓는다. 신의 "유일성"은 형이상학적 범주가 아니라 오히려 윤리적 범주에 가깝다. 바디우는 "근본적인 문제는 바로 단 하나의 신이 있다는 것이 무엇을 의미하는지 아는 것"이라고 기술하며, 바울의 "진정으로 혁명적인 신념은 일자의 표지가 〔보편을 나타내는〕 '모두를 위한'이라는 것이"라고 대답한다(『사도 바울』 76).

이것은 율법이 그러한 충성에 의해 파괴됨을 의미합니까? 결코 그렇지 않습니다. 도리어 우리는 율법을 굳게 세웁니다.

어떤 의미에서 율법은 전복된 듯 보인다. 하지만 다른 의미에서 율법

---

5 신명기 6:4, "이스라엘은 들으라. 주님은 우리 하나님이시요, 주님은 오직 한 분이시다."

은 확립되며 굳게 세워진다. 우리는 다시 법에 관한 골치 아픈 상황에 들어서게 된다. 법 바깥에 있으나 그럼에도 법을 확립하는 충실함이 제시된 것이다. 이 구절이 법 바깥의 (그리고 어떤 측면에서는 법에 반하는) 정의를 의미한다고 가정해보자. 어쨌든 이 정의는 그럼에도 여전히 정의이며, 따라서 법이 목표하는 것—즉, 그것의 이름으로 법이 설 수 있는 것—이며, 따라서 법의 목표나 내용 또는 목적은 바로 정의라고 말이다. 물론, 이는 정의가 흔들림 없이 그대로 있는 경우에만 할 수 있는 이야기다. 바로 신의 정의이자 따라서 우리의 정의, 다시 말해 충성 안에서 그리고 이를 통하여 염두에 두게 되는 정의의 경우에 한해서 말이다.

법과 정의 사이의 상당히 복잡하고 골치 아픈 이 관계는 데리다가 몰두했던 문제이다. 비록 그가 이 관계를 특별히 바울과 관련하여 추적하지는 않는다 해도 말이다. 내가 『데리다를 읽는다/바울을 생각한다』에서 보이려 했던 그대로, 데리다는 이 관계를 벤야민의 「폭력 비판을 위하여」에 관한 고찰에서 끄집어내며, 『환대에 대하여』에서 추가적으로 전개한다. 데리다의 이름은 "해체"(deconstruction)와 관련되며, 흔히 명백한 확실성에 대한 끊임없는 질문이나 심지어 의미의 확실성에 대한 탐색 때문에 그는 상대주의자나 허무주의자로 여겨지곤 했다. 어떤 발견할 수 있는 토대나 또는 확연한 구별(문학 또는 철학, 수행적인(performative) 또는 사실확인적인(constative) 진술, 현존 또는 부재 등등)의 현존에 뿌리내린 안정적인 확실성 대신에 데리다는 철학적 전통에서 유래한 개념들과 범주들의 환원 불가능한 불안정성을 지적했다. 이러한 불안정성을 다루는 것이 해체라고 불리게 된 것이다. 그러나 1989년 카르도조 법학대학원(Cardozo School of Law)에서 했던 강연에서, 데리다는 처음부터 자신의 작업이 정의의 문제에 의해 움직이고 있었다는 점을 명확히 드러낸다. 그의 기술에서, 그는 "사람들이 지금 해체라고 부르는 것이, 왜 그리고 어떻게, 비록 정의의 문제를 '다루지' 않는 듯 보이지만, 〔정의의 문제 이외에〕 다른 무엇과도 무관한지를 보이"는 데 관심을 가진다(「법의 힘」 237). 이를 명확히 해두기 위해, 데리다는 정의와 법의 근본적인 긴장관계를 제시하는데, 이에 따를 때 법은 언제나 해체할 수 있는 것이지만 정의는 해체할 수 없는 무엇이다. "해체는 정의의 해체 불가능성을 법의 해체 가능성과 갈라놓는 틈새에서 일어난다. … 정의 자체는, 만일 그런 것이 존재한다면, 법 바깥에 혹은 법 너머에 있으며 해체 불가능하다"(243). 이후, 1996년에 환대의 문제를 다루는 텍스트에서, 데리다는 법을 넘어서며 심지어 법에 반하는 — 그럼에도 법으로서 유효성을 가져야 한다고 단언하는 — 하나의 특정한 법에 대해, 혹은 정확히 말해서, 무조건적인 환대(hospitality)의 요구(이방인을 향한 환영의 요구)에 대해 기술한다(데리다와 뒤푸르망텔(Dufourmantelle) 77~79).

바울 이후 거의 2,000년이나 지난 오늘날, 그것도 바울의 이름이나 그의 텍스트를 말하지 않으면서도, 데리다는 바울이 로마서에서 씨름하는 바로 그 주제를 인지하고 있는 듯 보인다. 그 주제란 정의의 굽힐 수 없는 요청 또는 요구이며, 이는 정의와 가능한 모든 법 또는 법에 기초한 정치체 사이의 환원 불가능한 긴장을 드러내는 것이다.

데리다에 대한 언급이 상기시키는 것은 또한 바울이 정확하게 정의와 관련한 문제로서의 정치 문제에 관심을 가진다는 점이다. 정치철학의 기본적인 질문은 이런 것이었는데, 이를테면 어떻게 사회 전체를 위한 정의를 정립할 수 있을 것인가? 그러므로, 여기에서 중요한 것은 바울이 단지 개인들이 정의로워야 한다고 주장하는 데 그치지 않으며(이런 주장 자체는 특정한 종교개혁(Reformation)의 관점과 상당한 거리를 보이는 것이다), 더 나아가 사회 또한 정의로워야 한다는 주장을 펼친다는 점이다. 바울이 이러한 차원을 지적하는 방식은 유대 사람들과 이방 사람들(민족들)을 되풀이하여 언급하는 것이다.

그렇다면, 〔메시아에 대한 충실함이 법을 파괴하는 것이 아니라 오히려 굳게 세운다는〕 그 주장은 이런 의미가 될 것이다. 즉 사회를 정의롭게 하는 것은 충성 또는 충실함이다. 또한 한 가지 유념해야 할 사항은 "충실함"의 우위에 관한 언급이 로마 세계의 부정의에 대해 말하는 한 가지 방식이라는 점이다. 그러나 어떻게 충실함이 정의를 생산하는지에 대해 바울은 아직 이야기하지 않고 있다. 만일 진정으로 바울을 정치적인 것의 사상가로 읽으려 한다면, 우리는 사회적인 혹은 보편적인 정의에 관해 계속해서 질문해야 할 것이다.

6. 아브라함의 정의(4 : 1~25)

여기까지 바울은 민족들(혹은 이방인들)과 유대 민족이라는 두 가지 부류의 민족에 대해 이야기한다. 그가 주장한 바는 기본적인 정의의 문제에 관해 어느 쪽도 결정적인 우위를 갖지 않는다는 것이다. 두 종류의 민족 혹은 사회 모두 정의로운 신의 심판에 의해 유죄선고를 받게 되는데, 말하자면 한쪽은 자기 자신의 율법과 예언자들을 통해, 그리고 다른 한쪽은 부정의한 자들에 대해 하늘로부터 나타나는 진노로 유죄판결을 받게 되는 것이다. 더욱이 양측 모두에 대해 할례받은 자와 할례받지 않은 자를 차별하지 않을 진정으로 정의롭게 하는 길이 주어진다. 이 길은 법 바깥에 있기는 하지만 동시에 법에 의해 증언된 정의로 향하는 어떤 특정한 충실함과 관련된다. 이 충성은 어떤 의미에서 여호수아 메시아 안에서 명백하게 나타나는 것으로, 유대 민족과 이방 민족 둘 다에게 마찬가지로 충실함의 생산을 통해 퍼져나가는 것이다.

중요하게 눈여겨봐야 할 사항은 바울에게는 오로지 두 종류의 사람들밖에 없다는 점이다. 즉 유대 민족과 이방 민족, 혹은 지금 그가 말하는 대로 할례받은 자와 할례받지 않은 자의 구분밖에 없다. 물론 유대인이라면 세계를 이런 방식으로 구분할 수도 있다. 마치 그리스인이 세계는 그리스인과 야만인(barbarians)[6]으로 구별된다고 주장하는 것처럼 말이다. (이와 비슷하게 유럽 중심적 근대성의 어떤 형태에서 세계는 백인과 유색인으로 구별되기도 했다.) 바울이 유대인과 이방인이라는 이러한 이원항(binary)에 의지하는 방식은 정확히 그가 한 사람의 유대인으로서, 하지만 비유대인들을 향한 사역을 담당하는 자로서 사유하고 있다는 점을 명확히 드러낸다. 그는 단지 이방인들에 대한 사도라는 이유로 한 사람의 유대인이기를 그만두지 않는다. 그의 본질은 무언가 다른 것으로 바뀌지 않았다. 예를 들어, 평범한 일상인이 되거나, 혹은 이 사안과 관련하여 말하자면 "기독교인"이 된 것이 아니다. 그는 이스라엘의 하나님이 "아들", 즉 이스라엘의 메시아 안에서 그리고 그를 통해 어떤 일을 행하셨다고 고지하고 있으며, 그것은 (비밀스러운 혹은 유대인과 유사한 방식으로 사는 이방인들이 아니라) 이방인으로서의 이방인들에게 엄청난 중요성을 띠는 일이다. 이 어떤 일이라는 것은 정의의 확립을 요청하며 이를 가능하게 만들 신의 계획과 관련된다.

바울이 유대인들과 이방인들에 관해 쓴 글에서 착수하고 있는 바를 이해하는 데 있어 훨씬 더 중요한 사항은 그가 개인들이 아니라 사회에 관심을 가진다는 점이다. 신의 진노로부터 예상할 수 있는 정죄는 사회적 전체로부터 분리된 개인을 겨냥하는 것이 아니라 엄밀하게 사회적 존재로서, 즉 사회적 전체의 부분이자 참여자로서 개인과 관련한 유죄 판결이다. 그러므로, 이로부터 얻을 수 있는 결론은 이방 민족들이 그들의 타락한 지도층에 의해 재현〔대표〕되며(represented), 유대인들 또한 예언자들을 따라서 동일한 방식으로 재현〔대표〕된다고 간주하는 것이다. 바울과 함께 우리가 되짚어야 할 문제는 이러한 사회적 전체를 "재현할" 다른 방식이 나타나 모든 사람이 신의 의도에 따라 정의롭게 될 방법을 예견할 수 있을 것인지에 관한 사안이다.

---

6 야만인들 혹은 barbaroi라는 말은 원래 그리스인들이 헬라어를 하지 못하는 사람을 지칭하는 말이었다.

한편으로, 바울은 유대인과 이방인의 이분법(binarism)을 통해 자신의 주제에 접근하고 있다. 그는 이분법을 사용하는 동시에 이를 붕괴시키며 이에 관한 문제를 제기한다. 이런 태도는 이미 법이 요구하는 것의 실행, 심판 아래 떨어짐, 그리고 — "율법의 행위"가 아닌 충실함을 통해 — 정의롭게 될 다른 길의 제시라는 문제와 관련하여 나타났던 바 있다.

이 문제를 더 깊숙이 탐색하기 위해서, 바울은 이전에 자신의 다른 편지들에서도 거론한 바 있는 아브라함이라는 인물로 논의의 방향을 돌린다. 이는 이미 할례/무할례 이원항의 사용에서 예표된 것인데, 실제로 할례의 명령을 받는 사람은 바로 아브라함 자신이기 때문이다. 아브라함은 유대 민족의 "아버지"(혹은 조상)이자 할례받은 자와 할례받지 않은 자 간의 구별에 선행하는 사람이다. 바울은 아브라함의 이러한 양가적인 입장을 두고 자신의 사유를 펼칠 것이다.

바울이 여기에서 전개하는 논변은 그가 갈라디아서에서 아브라함에 관해 펼쳤던 논변과는 사뭇 다를 뿐 아니라 심지어 그에 반대된다. 물론 로마서 4장에는 갈라디아서 3:6~9의 요소들이 그대로 옮겨져 있기는 하지만, 갈라디아서 3:10~14에서 개진된 율법에 반대하는 논변과 갈라디아서 3:19~4:7에서 개진된 율법의 목적에 관한 논변은 지금부터 펼쳐질 로마서 4장의 논변에서 완전히 달라진다. 사라와 하갈의 유비(갈라디아서 4:21~5:1) 또한 사라지는데, 이 유비는 갈라티아(갈라디아, Galatia) 지역의 특정한 맥락에 따라 언급되었거나, 혹은 바울 자신이 로마서에서는 빼는 편이 낫다고 생각했던 것으로 보인다. 어떤 경우에도, 우리는 바울이 모든 논변에서 취하는 입장이 "최종적"이기보다는 잠정적인 성격임을 감안해야 한다. 바울은 코린토스(고린도, Corinth)로 보낸 첫 번째 편지에서 "지금은 우리가 거울로 보는 듯이 어둡다"(13:12)고 말하는데, 이는 바울 서신을 읽을 때 염두에 둬야 할 사항이다. 수 세기 동안 이어진 이 텍스트에 대한 "규범적"(canonical) 독해 방식은 바울의 논변과 표현에서 나타나는 맥락의 성격을 덮을 뿐만 아니라 "실험적"이라 말할 수 있는 성격 또한 흐릿하게 만든다. 바울에게 다양한 정황들에서 사용할 수 있는 이미 만들어진 체계가 있다고 추정하기보다는, 이 편지들이 이전에는 인지되지 않았거나 혹은 미숙하게 표현되었던 메시아적 메시지 안에 포함된 함의나 잠재성을 드러내기 위해 〔상황적으로〕 고안된 글이라고 생각하는 편이 정확하며 더 유익한 독해를 이끌어낼 것이다.

이런 측면이 드러나는 한 가지 예는 갈라디아서에서 약속과 관련하여 제시된 율법에 따른 시대 구분으로, 여기에서 율법은 아브라함과의 약속 이후 수 세기가 지난 이후에 도래한다. 그러나 로마서에서 그는 아브라함과 모세 사이에 위치한 수 세기의 간격을 사용하지 않는다. 그 대신 율법의 시작을 아브라함에게 주어진 할례의 명령에 위치시키며 이로써 할례를 율법과 융합하는데, 이러한 융합은 이 논점에 대한 그의 논변에서 이미 예상되었던 것이다(로마서 3 : 27 ~ 31, 2 : 25 ~ 29).

육신에 따른 우리의 조상 아브라함이 무엇을 얻었습니까? 육신에 따른 "우리의"라는 이 표현은 바울이 유대인임을 나타내지만, 그러나 이후에 "우리의"라는 말은 또 다른 집합적 실체를 지시하게 될 것이다. 바로, 할례를 받았건 또는 받지 않았건, 아브라함의 충실함 또는 충성을 공유하는 자들을 말이다.

아브라함이 〔율법의〕 **행위로 의롭게 되었더라면, 그에게는 자랑할 것이 있었을 것입니다**〔이를테면 다른 사람들과의 경쟁이라는 측면에서〕**. 그러나 하나님 앞에서는 자랑할 것이 없습니다. 성서가 뭐라고 말합니까? 아브라함은 하나님을 신뢰하였고, 하나님께서 이를 정의로 여기셨다는 것입니다.**(창세기 15 : 6)

창세기에서, 이 구절은 아도나이(주님, Adonai)[7]의 아브람(Abram)[8]에

---

7 이 말의 의미는 '주인' 혹은 '주님'이다. 유대인들에게 구약성서에서 신의 이름인

대한 첫 번째 언약에 이어진다. 즉 아브람을 자신의 고향으로부터 불러냈던 언약(12 : 1 이하)에, 아브람이 귀를 기울여 고향을 떠나는 길로 나서게 했던 약속과 지시에 첨부된 말씀인 것이다. 장황한 서사 이후에, 다시 한 번 주님과의 기이한 만남이 기술되는데, 여기에서 주님은 아브람에게 "하늘을 쳐다보고 셀 수 있다면 별들의 수를 세어볼지니 … 너의 자손들 또한 그렇게 많을 것이다"라고 말하며, 이 구절에 이어 "아브람은 주님을 신뢰하였고, 주님은 이를 정의로 여기셨다"라는 말이 이어진다(15 : 6). 바울은 바로 이 이야기에 자기 논변의 줄거리를 이어나가는 것이다.

여기에서 일어나는 일의 의미를 정확히 새기기 위해서, 나는 "믿었다"(believed)나 "충실했다"(was faithful to) 대신 "신뢰하였다"(relied on)라는 말을 사용한다. 아브라함이 신의 약속을 신용하고(credits), 신은 아브라함을 정의롭다고 혹은 정의롭게 될 것이라고 인정한다(credits). 두 경우 모두, 미래와 현재가 "신용"(credit)이라는 경제 용어에 의해 제시되는 방식으로 함께 묶이는 것이 눈에 띈다. 아브라함이 신의 약속을 신용한다는 말은 그가 그 약속에 미래의 완성이 수반된다고 간주한다는 말이다. 회사에 신용을 공여하는 은행은 앞으로 상환될 것이라는 기대를 가지고 일정 금액의 돈을 제공한다. 이 경우 "믿는다"(라틴어로 *credere*)라는 말은 유사한 구조를 가질 것이다. 아브라함은 신적인 약속에 관해 신의 충실함을 기대한다. 신은 아브라함의 충실함이 원칙적으로 정의에 이르거나 혹은 정의를 포함할 것이라고 기대한다. 여기에

YHWH(야훼 혹은 여호와)는 함부로 입에 올릴 수 없는 이름이며, 아도나이는 유대인들이 신의 이름을 말하지 않기 위해 돌려 읽는 명칭이다. 이 명칭마저 함부로 말하지 않기 위해 기도 중에는 다시 하셈(HaShem, 그 이름)이라고 돌려 말한다고 한다.

8 아브라함의 원래 이름. 아브라함의 부인 사래 역시 신이 나타나 이름을 바꾸라고 명령한 이후 이름을 사라로 개명했다.

는 어떤 확실한 상호적 신용 혹은 셈하기가 작동하고 있는 것으로 보인다. 어쩌면 이는 충실성이 충실성을 낳는다는 점에 대한 추가적인 예시가 될 터인데, 여기에서 (아브라함에 의해 신용된 혹은 신용이 공여된) 신의 충실성은 (정의에 관하여 신에 의해 신용되거나 셈해지거나 혹은 신용이 공여된) 아브라함의 충실성을 낳는다. 우리는 이제 이 행위가 바울의 논변을 명확히 하는지 확인할 것이다.

우리는 여기에서 또 다른 운명적 구분을 대하게 된다. **일하는**〔*ergon*〕 **사람에게, 보상은 호의가 아니라 부채로**〔즉, 빚진 것으로〕 **셈해집니다. 그러나 일하지 않지만, 불경한 자를 정의롭게 하시는 분을 신뢰하는**〔지지하는, 충성하는〕 **사람에게, 그의 충실함은 정의로** 〔혹은 정의를 향한 것으로〕 **셈해집니다.** 여기에서 바울은 두 가지 종류의 경제로 여겨질 수 있는 것들을 대립시킨다. 호의의 경제와 부채의 경제를 말이다. 만일 아브라함이 율법의 행위를 실행한다면, 그가 정의롭다고 셈해지는 것 혹은 그에게 정의가 주어지는 것은 호의나 관대함이 아니라 부채의 변제라고 여겨진다. 즉, 신은 아브라함을 정의로운 자로 셈해야 할 빚을 지는 것이다. 여기에는 어떠한 신용이나, 어떠한 타자에 대한 신뢰, 혹은 어떠한 "은혜"도 관련되지 않는다. 그러나 지금 아브라함은 신적인 명령이 아니라 신적인 약속에 따르는 것이다. 그 약속이란 불경한 자, 즉 "경건"하게 될 길을 놓는 어떤 특정한 법 외부에 있는 자(다시 말해 모든 특정한 법에 선행하는 자)가 정의로움을 인정받는다는 약속이다.

그래서 다윗도 하나님께서 행위 없이 정의를 인정하시는 사람의 복〔*makarismon*〕**에 대해 말합니다.** 시편 32 : 1~2의 인용구는 부정의로 고발당하지 않는 사람의 행복을 나타낸다. 이 인용구는 일련의 고발의 형식을 띠는 3 : 10~18의 시편 인용구에 대한 대구로 보인다. 그러므로 시편 32 : 1~2의 인용구는, 타우베스 또한 지적했던 것처럼(28~38), 이른 시기에 유대인 회당에서 진행되던 욤 키푸르 전례와 관련될 것이다.

이 시편 인용구에서 우리는 바울의 문헌에서 용서를 나타내는 표준적인 용어 *aphethesan*이 유일하게 사용되는 사례를 발견하게 된다. 이는 상당히 놀라운 사안인데, 그 이유는 루터 시대 이후로 〔개인적인〕 죄의 용서가 바울 신학의 모든 것이라는 가정이 관습적으로 이어져왔기 때문이다. 이러한 가정에는 명확히 서양 중세의 참회적 신앙심에 의한 영향이 드러나는데, 여기에서 특기할 사항은 이러한 참회적 신앙심이 신을 진노와 복수심으로 가득한 자로, 그리고 이 분노를 피하기 위해 〔인간이〕 일종의 피난처(예컨대 속죄 행위에서)를 구해야만 하는 자로 재현한다는 측면에서 위기와 관련된다는 점이다. 루터 시대에 신이 분노로 가득하다는 가정은 자명하다고 받아들여졌을 것이다. 루터가 사랑했던 교회가 교만과 탐욕으로 전락했던 것을 다른 어떤 방식으로 설명할 수 있겠는가? 흑사병과 같이 유럽 전역을 휩쓸었던 섬뜩한 죽음을 다른 어떤 방식으로 설명한다는 말인가? 시편을 열심히 읽었던 루터가 바울이 시편에서 인용했던 이 구절을 로마서 이해를 위한 열쇠로 여겼다고 해도 충분히 납득할 만한 일이다.

바울이 용서를 대체하여 특징적으로 사용하는 용어는 *charis*(선물, 은혜, 관대함)의 파생어이며 정확하게 번역할 때 타자에 대해 아무런 조건 없이 제시되는 환영과 관련된다. 앞에서 이미 살펴본 것처럼, 이 무조건적인 환영은 불경한 자를 정의롭게 되도록 하는 신적인 목적을 암시한다고 여겨진다. 이 주제는 이후에 다시 등장하겠지만, 우리는 먼저 바울의 직접적인 사유의 흐름을 따라갈 것이며, 이는 할례자/무할례자 이원항의 전복에 의해 결정된다.

이러한 복은 할례받은 사람만을 위한 것입니까 아니면 할례받지 않은 사람을 위한 것이기도 합니까? 우리는 그 충실함이 아브라함에게 정의로 인정되었다고 말합니다. 그렇다면 이 정의는 어떻게 셈해집니까? 그가 할례받았을 때 그렇게 되었습니까 아니면 할례받지 않았을 때 그렇게 되었습니까? 그것은 할례받은 후에 된 일이 아니라 할례받지 않았을 때입

니다. 아브라함이 할례라는 표시를 받았는데, 그것은 그가 할례받지 않은 상태에서 이미 받았던 충실함의 정의에 대해 확인하는 인장이었습니다. 그래서 그는 할례받지 않은 채로 충실한 모든 사람의 조상이 되었으니, 이것은 할례받지 않은 사람들도 정의롭다는 인정을 받게 하려는 것이었습니다. 또 우리 아버지 아브라함은 할례받은 자들의 조상일 뿐만 아니라 그가 할례받지 않은 채로 걸어간 충실함의 발자취를 따라가는 자들의 조상이기도 합니다.

따라서, 아브라함은 처음에는 유대 사람들의 조상일 뿐이라 여겨졌으나 이제 비(非)유대인들 즉 이방인들 혹은 이교도들의 아버지이기도 하다. 다시 말해 율법 바깥에 있으나 그들의 충실함이 정의로 인정받는(혹은 셈해지는) 이방 민족들의 아버지이기도 한 것이다. 유대인/이방인의 대립을 대체하게 된 할례/무할례의 대립은 이 같은 방식으로 아브라함의 예에서 선행적으로 전복된다. 동시에 아브라함은 그의 할례받지 않은 상태에서의 충실함을 모방하는 할례받은 자들의 아버지이기도 하기 때문이다.

그럼에도, 알랭 바디우의 몇몇 정식이 바울을 유대 민족과 이방 민족 사이의 구별을 단적으로 무시하는 어떤 보편주의의 아버지로 만드는 것처럼 보인다면, 내 생각에 이는 지나친 해석이다. 내가 보기에 이에 대해서는 아감벤의 비판이 옳은데, 말하자면 "어떠한 보편적인 인간도, 어떠한 기독교인도 유대인 혹은 그리스인들에게서 발견될 수 없다"(『시간』 52). 확실히, 아감벤의 이런 주장은 정당하다. "바울과 관련하여, 적어도 보편적인 것을 단절과 구분을 넘어서는 원칙으로 그리고 개인을 각각의 구분의 궁극적인 한계로 사유할 경우, 보편주의를 말하는 것은 이치에 닿지 않는다"(53). 오히려 바울은 이 구별이 결코 절대적인 것이나 혹은 최종적으로 확정된 것이 아님을 보이고 있다. 이 구별은 폐기되지 않고, 오히려 어떤 목적들을 위해 중단되는 것이다. 혹은, 아마도 바디우가 의도했던 것처럼, 이러저러한 정체성(남자/여자, 노예/자유인 등)

은 "그들을 가로지르는 진리를 환영할 수 있는" 구체적인 장소가 될 것이다(『사도 바울』 106).

주지해야 할 점은, 바울에게 있어, 아브라함의 사례에서 할례가 충실하거나 또는 정의롭다고 인식되도록 하는 행위에 대한 대체물이 아니라, 오히려 충실함의 시작에 뒤따르는 표시나 확인의 인장과 같은 것으로 인식된다는 점이다. 기독교적 측면에서 세례에 관해 유사한 이야기를 할 수 있을 것인데, 말하자면 세례는 신을 통해 누군가를 올바르게 만드는 제례적 행위가 아니라 비록 완전하지는 않다 하더라도 이미 존재하는 충실함의 표시이다. 그러므로, 예컨대, 카를 바르트는 세례가 유아세례의 경우와 같이 선행하는 믿음(혹은 충실함)으로 이해되기 보다는 이미 드러난 충실함을 확인하는 것이라는 결론을 내릴 수밖에 없었던 것이다. 바울은 이 비종교적인 충실함이 정의의 편에 속한다고 셈해지거나 또는 정의를 생산한다고 가정한다.

아브라함이나 그 자손에게 주신 약속, 곧 그들이 세상〔*kosmos*〕을 물려받으리라는 것은 율법으로 말미암은 것이 아니라, 충실함의 정의로 말미암은 것입니다.

이 구절이 말하는 바는 그 약속이 특정한 의무의 준수(여기서는 할례, 혹은 일반적으로 계명의 준수)에 대한 보상이 아니라 정의로서의 충실함과 관련된다는 점이다. 여기에서 이런 논리가 작동하는 방식이 분명치 않다고 생각할 수도 있다. 그 약속은 인간의 충실함에 선행하는 것인가 아니면 그 이후에 뒤따르는 것인가? 그리고 뒤따르는 것이라면, 어떻게 그 약속은 보상이나 대가가 아닐 수 있는가? 혹은 그 약속은 약속하는 자의 충실함을 전제로 하며, 따라서 약속하는 자에게 주어지는 신용에 뿌리를 둔 인간적 충실함을 수반하는 것인가? 이런 문제가 해명되어야 할 것이다.

율법에 속한 사람들이 〔세상의〕 **상속자가 된다면, 충실함은 무의미한 것이 되고, 약속은 파기된 것입니다. 율법은 진노를 일으키며, 율법이 없**

는 곳에는 위반도 없습니다.

바울에 따를 때, 법은 충성이 아니라 오로지 대가를 얻는 행위를 생산한다. 어떤 방식으로든 오직 약속만이 충실함을 일으킨다. 그리고 약속은 법 또는 계명에 반하기에, 법은 약속을 파기하며 이에 따라 믿음(혹은 충실함)을 헛되이 만든다. 여기에서 〔법의〕 행위 또는 위반과 관련하여 약속과 법에 반하는 충실함 사이에 긴밀한 관계가 정립되는 것이다.

그렇다면 율법은 복종(행위) 또는 불복종(위반)과 상관이 있을 것이다. 그리고 위반에 대한 응보(진노)는 복종을 위한 동기로 기능한다. 그런 의미에서 복종(행위) 혹은 불복종(위반)의 문제는 진노에 달린 것이다. 진노는 법의 숨겨진 (혹은 그렇게 많이 숨겨지지는 않은) 의미이다. 그것은 법을 법이 되도록 하는 "그러지 않으면"(or else)의 구조인 것이다. 칸트가 인지했던 그대로, 힘이 없는 법은 법이 아니며, 그러한 법은 법의 힘을 가지지 못한 것이다(『윤리형이상학』 6.231, 331~337). 데리다는 「법의 힘」에서 펼친 논의에서 칸트의 입장을 인용하며 이것이 법을 정의로부터 구별하게 될 요소들 중 하나라고 말한다(233). 평생에 걸쳐 사형폐지론 주창자였던 데리다는 사형의 폐지가 형사법의 가능 조건에 대한 폐지를 의미한다고 말한다(데리다와 루디네스코 142).

다시 한 번 바울은 정의를 위한 다른 토대를, 즉 진노를 그 의미로 삼는 법의 "그러지 않으면"의 성격과 관련 없는 정의의 토대를 지시하고 있다. 이 토대는 **그러므로 충실함에 근거하기에 관대함에서 유래하며, 그 약속을 모든 후손에게, 곧 율법에 속한 자들에게만이 아니라 우리 모두의 아버지 아브라함이 지닌 충실함에 속한 자들에게도 확고히 보장하기 위한 것입니다.** 이 경우 진노와 대비된다고 여겨지는 것은 "관대함"(generosity)이다. 이 지점에서 이 주장의 자리를 지정해야 한다면, 우리는 약속이 법의 자리를 취하는 것처럼 (그리고 충실함이 "행위"의 자리를 취하게 될 것처럼) 관대함이 진노의 자리를 취한다고 말할 것이다. 즉, 관대함은 약속을 "지지"하거나 혹은 정립한다. 진노가 법을 떠받치거나 정립하는 것처럼 말이다.

아마 지금이 이러한 관대함 또는 호의의 성격에 관해 더 명확한 해명을 구할 시점일 것이다. **하나님 앞에서 그는 믿었습니다. 죽은 자를 살리시며 존재하지 않는 것을 존재로 불러내시는 분 앞에서 말입니다.** 만일 여기에서 신을 위한 이름이 있다면, 그 이름은 "불가능성"일 것이다. 죽은 자에게는 삶의 가능성이 없으며 죽은 자란 오히려 그 가능성의 소멸을 나타낸다. 존재하지 않는 것은 존재의 가능성이 아니라 그 부재 혹은 불가능성이다. 하지만 신의 이름은 무기력한 불가능성(죽음, 비존재)이 아니라 불가능성의 극복이다. 그것은 능동적이거나 효과적인 불가능성, 혹은 바르트가 (그리고 또한 데리다가) 불가능한 가능성이라 지칭할 법한 것이다.

그러므로 호의는 그 자체의 불가능성을 극복하는 성격을 지닌다. 이는 데리다가 선물 혹은 환대 혹은 용서라고 말했던 것과 동일한 종류의 어떤 것이다. 이런 방식으로 데리다는 (또한 '기독교적 의미에서'라고 말하게 될 것처럼) 선물에 대해 "〔선물 자체의〕 불가능성의 경험을 통해 그것의 가능성은 불가능한 것으로서 가능하다"고 말한다(『신, 선물, 그리고 포스트모더니즘』 60). 이는 그의 철학적 관심사에 속한 여러 주제들 — 사건, 용서, 우정, 약속, 심지어 "불가능한 것의 가능성, 가능한 것의 불가능성"(『협상들』 359)으로서의 죽음 — 을 포함하기까지 확장된다. 바르트가 은혜에 관한 담화에서 말하는 바에 따르면, "인간들의 관찰 불가능한 진리는 그들의 불가능성인데, 이는 그들의 행위 혹은 행위 없음의 가능성 자체를 구성하는 것이다"(『로마서』 215). 유사한 의미에서, 그는 영(spirit)에 관해 다음과 같이 서술한다. "실체를 감지할 수 없는 불가능한 것이 … 구체적이고 가능하게 된다"(274). 바르트의 표현과 데리다의 표현이 드러내는 차이는 현저하며, 하나는 일종의 초월성을 그리고 다른 하나는 일종의 내재성을 주장하지만 그럼에도 이 둘 사이에는 놀라운 친화성이 있다.

충실함, 즉 정의와 관련된 충실함의 성격은 그러한 충실함이 불가능성의 근거 없음에 근거한다는 점이다. 충실성과 불가능성의 이러한 관계를 나타내는 구체적인 기표는 바로 아브라함(과 사라)에게 주어진 불가능한 약속이다. **희망이 사라진 때에도 충실하게 희망했던** 그에 대한 불가능한 약속 말이다. 가능성이 있을 때 희망하는 것(여기에서 우리는 어느 정도의 예측을 수반한 낙관론을 말한다)과 가능성이 없을 때, 희망하는 것이 불가능할 때 희망하는 것(예를 들어, 죽은 자의 부활)은 완전히 다른 일이다. 여기에서 바울이 저변에 깔아놓는 것은 "희망"의 양가성이다. 한편으로 희망이란 가능한 것과의 관계를 지시하지만(있음직한지 혹은 그렇지 않은지), 다른 한편으로 불가능한 것과의 관계를, 다시 말해 원래 그렇게 있는 방식에 반하는 것과의 관계를 지시하는 용도에 사용될 수도 있다.

바울은 이러한 희망의 대상을 약속이라 말하며, 아브라함의 경우에 이는 구체적으로 **많은 민족들의 아버지가 될 것**이라는 약속을 의미한다. 이 약속은 어떤 측면에서 불가능한가? **그는 거의 백 세가 되었기에 자기 몸이 죽은 것이나 다름없고, 또한 사라의 태**(胎, womb)**가 죽은 것을 알면서도, 믿음이 약해지지 않았습니다.** 아브라함은 자신이 나이로 인해 불임(불가능성) 상태이고 사라 역시 출산 능력을 상실했음을 잘 알고 있었지만 그럼에도 자신이 받은 약속에 대한 믿음을 꺾지 않는다. 게다가, 아브라함과 사라 두 사람 모두에 관해 이러한 불가능성을 이름하기 위해 바울이 사용하는 형상은 바로 "죽음"이다. 즉, 아브라함의 죽은 몸/남근, 그리고 사라의 죽은 태에 대해 언급할 때 말이다. 왜 죽음인가? 왜 죽음으로부터 〔되돌려진〕 삶이 근본적인 불가능성의 구체적인 의미인가? 약속의 대상으로서의, 따라서 충실함의 근저에 위치한 저항적 희망의 대상으로서의 불가능성 때문인가? 앞으로 보게 될 것이다.

그는 하나님의 약속에 반하여 결정하지 〔혹은 판단하지〕 **않고 오히려 충실함에 의해 힘을 얻어 하나님께 영광을 돌리며 하나님께서 약속하신**

바를 능히 이루실 것이라고 확신하였습니다. 충실함은 여기에서 신적인 약속의 신뢰성에 의지하는 태도를 일컫는 이름이다. 아브라함에게 주어진 약속이 신적인 약속인 이유는 바로 그 약속이 불가능하기 때문이다. 신의 표시는 불가능성인 것이다. 달리 말하자면, 가능한 것은 내재적이며, 불가능한 것은 초월적이다. 따라서 아브라함은 그 자신의 약함이 아니라 내재적으로 불가능한 것의 약속을 셈하거나 고려한다. 신뢰는 그가 불가능한 것을 굳게 붙들도록 힘을 주며, 불가능한 것을 굳게 붙드는 태도는 충실함이라는 이름을 갖는다. 이미 여기에서 우리는 충실함이라 불리는 이 불가능한 것에 대한 신뢰가 어떤 방식으로 정의에 연관되는지 알게 된다. 실제로 우리는 앞에서 부정의의 기원이 신에게 걸맞은 영광을 돌리지 않는 것이라 확인했던 점을 상기한다(로마서 1 : 21, 1 : 28).

그것이 바로 충실함이 그에게 정의로 셈해진 이유인데, 왜냐하면 신을 신뢰하고 그에게 영광을 돌리는 태도가 바로 정의의 근거이기 때문이다. 여기에서 주목할 만한 사항을 짚어보자면 부정의는 정의가 "불가능하다"고 가정함으로써 "정당화"될 수 있다는 점을 꼽을 수 있다. "셈하는" 것 혹은 셈해지는 것은 정의의 약속이라기보다는 정의를 위한 (내재적) 무능력이다. 이러한 평가는 부정의에 대한 변명 혹은 부정의의 묵인을 용이하게 한다. 말하자면 누구도 완벽하지는 않은 것이다. 기독교 현실주의자는 원죄를 무시하지 말라고 말한다. 그리고 이러한 태도는—부정의를 위한—순응의 정치를 생산한다. 이에 반해 불가능한 것 혹은 불가능하다고 여겨지는 것(예를 들어, 정의)의 약속에 자신을 내맡기는 태도는 칭의를(혹은 정의롭게 됨을) 생산한다.

그러나 그의 약속에 대한 확신이 〔정의를 향한다고〕 **셈해진 것은 그의 평가만이 아니라** 〔혹은 그를 위해서만이 아니라〕 **또한 우리를 위한 것이기도 합니다.** 아브라함의 이 기이한 이야기는 율법 바깥에 있는 자들, 즉 율법이 없는 자들과 관련된다. **그 약속에 대한 확신은 또한 우리 지도자 여호수아를 죽은 자들로부터 일으키신 분에게 충실한 우리에게도 셈해**

질 것이며, 우리 지도자 여호수아는 우리의 범죄로 인해 (죽음에) **넘겨졌으나 우리를 정의롭게 하기 위해 일으켜지셨습니다.** 바울이 아브라함과 사라의 죽은 육신에 대한 이야기를 하는 것은 우리의 죽은 지도자의 부활과 연결하기 위한 것이었다. 제국의 권력에 의해 처형된 그분의 부활은 구체적인 불가능성이며, 바울은 이 불가능성이 자기 독자들이 충실하거나 혹은 충실하고자 하는 그 약속으로 기능한다고 생각한다.

중요하게 주목해야 할 사항은 여기에서 칭의가 (혹은 정의롭게 됨이) 죽음으로부터의 부활이나 또는 존재하지 않는 것을 존재로 불러냄과 같은 차원에 놓인다는 점이다. 바울은 "명목상의" 정의를 말하지도 "상상적인" 부활을 말하지도 않는다. 즉, 창조나 부활 혹은 칭의의 경우, 관건은 실재적이며 실효적인 전환인 것이다. 우리의 논점과 관련하여 강조해야 할 것은 여기에서 드러나는 바울의 관심이 그저 "법정적" 칭의에, 즉 공허한 무죄선고나 그런 종류의 무엇에 놓이지 않는다는 점이다. 바울은 이삭이 정말로 아브라함과 사라에게서 태어났다거나 혹은 지도자 여호수아가 실제로 죽은 자들로부터 일으켜졌다고 생각하는 것처럼, 또한 그의 독자들이 단지 명목상 정의롭게 되는 것이 아니라 진정으로 정의롭게 된다고 생각한다.

게다가, 바울이 보기에 처형된 지도자의 부활과 우리의 정의롭게 됨 사이에는 어떤 인과적 연관이 있다. 여호수아의 부활은 부정할 수 없는 사실에 그치는 것이 아니라 정의에 대한 도발과 같은 어떤 것이며, 다시 말해 의도된 효과로서의 정의를 생산하게 될 메시지인 것이다. 지금까지 우리가 고찰했던 것으로 미루어 짐작할 때, 이런 이야기는 부활과 관련한 메시지가 약속과 같은 차원에, 그 메시지에 대한 지지나 충실함이 정의를 낳게 될 약속과 같은 차원에 있다는 의미가 될 것이다. 이는 바울의 논변이 진행됨에 따라 차차 명확해질 것이다.

여기에서 우리는 이 지도자가 "우리의 범죄"로 인해 넘겨졌다는 말의 의미가 무엇인지 생각해볼 수 있을 것이다. 누구의 범죄 때문에, 그리고 어떤 "법"의 위반으로 인해서? 내 생각으로는 여기에서, 바울이 유대인들이나 이방인들(민족들)을 막론하고 우리 모두 해결할 수 없을 정도로 부정의에 연루되어 있다고 말한다는 점을 상기할 경우 논의를 진척시킬 수 있다. 이러한 (유대 민족이나 이방 민족이라는) 이름으로 불리는 부정의한 사회체들은 신에 대한 범죄에, 즉 신 자신이 보낸 메시아의 처형에 연루된다. 여호수아는 우리의 폭력을 통해, 유대인 사회나 이방인 사회를 막론하고 우리 사회들을 지배하는 법들의 폭력을 통해 사형에 처해진다.(그리고 우리는 바울이 이방인들에게 편지를 쓰고 있는 유대인이라는 점을 상기한다.)

그렇다면 메시아적 사건은 가장 근본적으로 부정의한 (그리고 따라서 폭력적인) 사회적 총체들의 문제 및 이들의 정의로운 사회체로의 (불가능한) 전환에 관련된 사건이다. 따라서, 부정의는 메시아의 사형으로 절정에 이르며, 이에 반해 (합법적으로) 처형되었던 여호수아의 부활은 우리와 모든 이를 위한 정의의 정립을 향해, 정의를 실현하기 위한 방향으로 겨누어진다. (우리의) 권력당국에 의해 사형에 처해진 자의 부활은 현재의 잣대로 이 사안의 정황을 고려할 때 단순히 사적이거나 종교적인 문제에 그칠 수 없다. 그 부활은 피할 수 없는 정치적 사건이며, 다시 말해 전적으로 정의와 관련된, 법 바깥의 정의 — 메시아적 정의 — 와 관련된 사건인 것이다.

7. 메시아적 정의(4 : 25~5 : 11)

로마서 4장을 마무리하는 최종 진술을 통해, 바울은 아브라함의 정의에 대한 논의로부터 메시아의 정의에 대한 논의로 방향을 튼다. 아브라함에 대한 논의의 기능은 몇 가지 목적을 서로 연결하는 것이었다. 이 논의는 할례와 무할례 사이의 접점을 확인하고, 이에 따라 추가적으로 유대 민족과 이방 민족 사이의 구별을 불안정하게 하지만 그럼에도 그 구별을 폐지하지는 않는다. 이 논의는 정의의 논의를 위해 율법에 "앞선" 지점을 확인하며, 이에 따라 율법 바깥의 정의의 가능성 또는 율법과 관계없는 정의의 가능성을 지시한다. 이를 통해 충실함, 약속, 그리고 관대함이라는 주제들을 한데 묶고, 이 주제들과 행위(혹은 공로), 법, 그리고 진노라는 주제들을 대립시킨다. 그리고 아브라함에 대한 약속을 죽은 몸(혹은 실질적으로 아브라함 자신과 사라 두 사람의 죽은 몸)으로부터 소생하는 생명으로 재정식화함으로써, 처형당한 메시아의 부활로 건너가기 위한 다리를 제공한다. 그런 귀결은 한 페이지 남짓한 지면을 들여서 다루기에는 매우 많은 양의 작업을 필요로 하며, 따라서 여러 질문이 대답되지 않은 채로 남는 것은 당연한 일이다. 이 편지의 목적은 모든 질문과 주제에 대답하는 것이 아니라, 메시아를 처형했던 사회의 중심인 로마에 사는 사람들에게 바울이 메시아에 대한 그들의 충성을 지키는 데 모종의 도움이 될 수 있다고 생각할 충분한 이유를 제시하는 것임을 기억하도록 하자. 비록 바울은 복음의 핵심적 의미라고 믿는 이신의 정의와 관련한 몇 가지 주제들을 해명하려 할 것이나, 모든 주제가 해명될 것이라는 기대는 접어두는 편이 좋다.

바로 앞 부분의 마지막 문장은 5장에서 시작될 논의에 대한 일종의 표제로 기능하게 된다. 따라서, 우리는 그 문구를 새로운 논의에 다시 연결할 것이다. **그 약속에 대한 확신은 또한 우리 지도자 여호수아를 죽은 자들로부터 일으키신 분에게 충실한 우리에게도 있다고 셈해질 것이며, 우리 지도자 여호수아는 우리의 범죄로 인해**(*dia*) 〔죽음에〕 **넘겨졌으나 우리를 정의롭게 하기 위해**(*dia*) 〔죽음으로부터〕 **일으켜지셨습니다.** 우리는 전치사 *dia*의 이중적 의미에 주목해야 한다. 이 전치사는 어떤 분명한 인과성을 지시하는데, 말하자면 우리의 범죄는 메시아의 〔죽음에〕 넘겨짐을 유발하며, 그의 부활은 우리의 정의롭게 됨 또는 정의의 인정을 생산한다. 그러나 이러한 인과성은 반대로 뒤집힌다. 그리고 그 결과 우리는 원인으로 시작하여 효과로 끝맺게 된다. "우리"는 부정의의 효과를 생산하지만, 그의 일으켜짐은 반대 효과를 생산하는 것이다. 바로 우리의 정의로움의 인정이라는 효과 말이다. 우리의 부정의와 정의로움의 인정 사이에 위치하는 것은 바로 하나의 사건이다. 그것은 처형된 자의 부활이라는 사건이다.

어떤 의미에서 우리는 이것이 메시아적 사건이라 말할 수 있을 것이다. 메시아적 사건은 분명히 이미 일어난 일이다. 다른 의미에서 이 사건은 여전히 일어나고 있으며(정의롭게 되고 있으며) 앞으로도 지속적으로 일어날 것이다. 이러한 두 가지 시제의 기이한 공함축(co-implication)은 바울이 해야 할 이야기에서 복잡하게 꼬일 것이다. 그러나 이는 무엇보다 메시아적인 것에 대한 그의 구상과 관련될 수밖에 없다고 여겨진다. 바울이 바리새인 시절부터 메시아적 희망을 품고 있었다는 추정은 가능하다. 그러나 이 희망은 아마도 완전하게 미래적인 방향으로 치우쳐 있었을 것이다. 그런 경우 바울의 현재적 관점과 이전의〔바리새적〕 관점 사이의 구별은 어떤 의미에서 메시아적 사건이 이미 일어났다는 혹은 결정적으로 일어나기 시작했다는 가정에 따른 것이다. 메시아는 여기에서 우리 지도자라고 불리고 있는 여호수아다. 사건은 이미 일어났다. 그러나 바울은 과거에 있었던 이 사건 자체에 관심을 갖지 않는다. 그는 "우리"(바울과 그의 독자들)가 이 메시아적 사건에 사로잡히게 되는 방식에 관심을 가진다. 과거에 있었던 그 사건은 현재와 미래를 의미한다. 달리 말해서, 바울은 과거에 있었던 믿음의 대상으로서의 메시아적 사건 자체가 아니라, 그 사건의 메시아적 효과에 관심을 기울이는 것이다. 우리의 정의롭게 됨에 또는 더 나아가 피조물 전체(모든 육신)를 위한 신적인 정의의 도래라는 효과에 말이다. 십자가에 달린 자의 부활이라는 메시아적 사건은 모든 필멸의 존재를 향해, 즉 모든 육신을 향해 주어진 약속의 성격을 지닌다.

그러므로 충실함으로 인해 우리는 정의롭게 되었으니, 우리 지도자 여

호수아 메시아로 말미암아 하나님과 더불어 평화를 누립니다. 여기에서 목표는 신과의 적대가 아니라 "평화"이다. 이 평화는 정의를, 우리의 정의롭게 됨을 그 기초로 삼는다. 그리고 다음으로 이 정의는 충실함 또는 충성에 기초하거나 그로부터 파생되는 것이다. 그리고 이 충실함은 어떤 방식으로든 여호수아 메시아 — 우리 지도자 — 에 관한 메시지에 의해 촉발된다.

그로 말미암아 우리는 우리가 서 있는 이 관대함의 자리에 〔(그의?) 충실함(faithfulness)에 의해〕 **들어오게 되었고 하나님의 빛나심에 대한 희망으로 기뻐합니다.** 메시아로 인해 그곳에 서서 신적인 영광, 광휘, 혹은 빛남에 대해 기뻐할 장소를 부여하는 호의가 우리에게 열리는 것이다. 이레니우스(Irenaeus)가 서술한 바에 따르면, 신의 영광은 완전하게 살아 있는 인간성이다(『이단논박』 4.20.7). 여기에서 신의 영광 또는 광휘 또는 빛남이란 완전한 정의와 신과의 평화로 가득 찬 창조라고 생각할 수 있다. "믿음에 의해"(by faith) 혹은 내가 선호하는 표현인 "충실함에 의해"(by faithfulness)라는 문구는 여기에서 직접적인 관련성이 있는지 의심스러우며, 이후에 덧붙여진 것으로 보인다. 〔하지만〕 이 문구를 인정한다면, 나는 이 문구에서 메시아의 충실함을 강조하는 편을 선호한다. 주장의 요지가 메시아의 사명/사건을 통해 신적인 호의에 대한 접근이 일어난다는 것이기 때문이다. 이 사명/사건으로 인해 신적인 호의 또는 관대함은 율법으로부터 분리된다.

"설 장소"(standing)에 대한 언급은 메시아적 사명의 현재적 효과를 향한 전환을 가능케 하며, 바울이 메시아적 사명과 관련하여 생각하는 효과는 이 언급에 의해 그의 독자들에게 쉽게 인식될 수 있었을 것이다. 이러한 현재적 경험은 처형된 자의 부활이라는 메시아적 사건의 표시를 나타낸다.

그리고 〔하나님의 영광에 대한 희망을 기뻐할〕 **뿐만 아니라, 고난을 기뻐합니다. 우리가 알기로, 고난은 인내를**〔또는 견뎌냄을〕 **낳고, 인내는**

증거[9]를〔또는 성격을〕, **증거는**〔또는 성격은〕 **희망을 낳기 때문입니다.**

『존재와 시간』으로 유명해지기 직전, 마르틴 하이데거는 『종교적 경험의 현상학』에 관한 세미나에서 선보인 바울에 관한 이른 시기의 고찰에서, 바울의 데살로니가전후서 및 갈라디아서에서 드러나는 기독교적 태도 또는 처신을 특징짓는 "완고한 기다림"에 대해 서술했다(79). 기독교적 처신의 완고함은 로마서의 이 부분에서도 나타난다. "고난"(afflictions)이라는 용어는 묵시적(혹은 메시아적) 용어다. 이 용어가 말하는 것은 새로운 것과 오래된 것이 대립하게 되는 세대들 간의, 힘들 간의 장구한 갈등이다. 이러한 고난은 다소 그럴싸해 보이는 낙관주의라는 대체적 형태로 희망을 부정하는 듯 보인다. 그러나 철저하게 새로운 것의 출현에 대한 오래된 것의 저항으로 인해 야기된 갈등의 표시로 볼 때, 이러한 고난은 다른 성격을 띠게 된다. 실제로, 메시아적인 것으로 들어감으로써, 우리는 필연적으로 이런 문제에 처하게 되기에, 충실함은 그 자체로 고난으로 들어가는 태도가 된다(67). 고난은 또한 철저하게 새로운 것의 도래를 지시하는 메시아적 표시이다. 고난은 견뎌냄(endurance)을 낳는데, 이는 수동적인 인내(patience)와는 다른 확실한 정신적 강인함이다. 여기에서 볼 수 있는 것은 무시무시한 위험에 직면하여 굳게 버티는 힘이며, 다시 말해 메시아적인 것의 도래 반대편에 진을 친 큰 군대의 세력에 겁먹지 않는 정신적 강인함인 것이다. 라틴아메리카에서는 체 게바라(Che Guevara)가 했다고 전해지는 "우리는 스스로 강해져야 하지만 결코 부드러움을 잃어서는 안 된다"라는 말이 새겨진 티셔츠나 깃발을 빈번히 보게 된다. 그런 말이 바로 로마서의 이 구절과 맞닿아 있다고 생각한다. 이러한 견뎌냄은 동요하지 않는 굳건한

9 저자가 증거(proof)로 옮긴 헬라어 단어 dokimé는 '시험', '고난', '(시험을 통과한 이후의) 인정', '증거(증명)', '인정된 성격(특성)' 등을 의미하는 말이다. 일반적인 우리말 성서 번역에서는 '단련'이나 '연단'으로 옮기고 있다.

성격의 "증거"를 낳는다. 아브라함이 자신과 사라의 육신에서 드러나는 약함과 생기 없음에 비추어 볼 때 신이 자신에게 준 약속이 불가능함을 알고 있음에도 불구하고, 그 약속을 굳게 붙들고 동요하지 않았다는 이야기에서 그런 것처럼 말이다.

이 동요하지 않는 정신의 윤리적 강인함, 즉 하이데거가 "완고함" 또는 "완고한 기다림"이라 명명했던 것은 여기에서 희망을 낳는다(혹은 희망에 의해 생산된다)고 한다. 이러한 반대, 이러한 고통, 그리고 확고한 견뎌냄의 요구를 벗어나는 희망은 여기 로마서에서 말해진 것과 아무런 관계도 없다. 이러한 희망은 프롤레타리아를 위한 아편이 아니라 불가능한 확률에 반하는 입장을 굳게 지킬 수 있도록 하는 바로 그런 종류의 담대한 결단인 것이다.

바로 그러한 치열한 용기의 실존이 그 자체로 희망과 같은 것을 만든다. 적어도 처음 3세기 혹은 4세기까지 스스로 기독교인이라 불렀던 사람들의 경험은 이런 것이었던 듯하다. 실제로 박해의 "고난"에 직면하여 나타난 기독교인들의 두려움 없는 태도는 복음의 진리에 대한 "증거"로 기능했고 이에 따라 다른 사람들이 스스로 그 순교자들의 운동에 동조하도록 설득하는 중요한 역할을 하기도 했다.

이제 우리는 이러한 태도가 정확하게 충실함이라는 말이 의미하는 바라고 생각해야 한다. 복음서에 기록된 대로 예수/여호수아가 "네 믿음이 너를 낫게 하였다"[10]고 말할 때, 이 말은 보통 "현실주의"(realism)가 자신의 행동에 미치는 지배력을 거부하는 어떤 분명한 완고함이나 집요함에 대한 대답이다. 마비된 친구를 구하기 위해 예수의 집 지붕을 뜯고 들어가는 자들의 무모한 행동이나(마가복음 2:4~5), 혹은 피로 더럽혀진 몸을 군중 사이로 밀어 넣기를 꺼리지 않았던 여자(5:34), 혹은 사랑하는 젊은 애인을 구하기 위해 무모하게도 유대인 마술사를 찾

10 우리말 번역본에서는 보통 "네 믿음이 너를 구원하였다"라는 말로 옮긴다.

아 나선 로마군 백부장(마태복음 8:10) 등의 이야기에 등장하는 모든 인물들이 위험에 신경 쓰지 않는 어떤 완강함을 가지고 있다. 후기 근대적 자본주의에 대한 혁명적 대안을 찾기 위한 시도의 일환으로, 알랭 바디우는 이 구절에 제시된 바울의 희망〔소망〕에 대한 이야기를 두고, "희망은 승리하는 충실성(fidelity)의 주체성, 충실성에 대한 충실성이며, 앞으로 다가올 결과의 재현이 아니"라고 언급한다. 따라서 희망은 시련을 견디는 충실성인 것이다(『사도 바울』 95).

그리고 희망은 우리를 부끄럽게 하지 않습니다. 하나님께서 우리에게 주신 영을 통하여 그의 사랑을 우리 마음속에 부어주셨기 때문입니다.

바울은 앞서, "**나는 복음을 부끄러워하지 않습니다**"라고 말한 바 있다. 그리고 신적인 약속 또는 메시아적 약속에 의지하여 이를 굳게 붙드는 자들 또한 부끄러워하지 않으며, 그들 앞에 펼쳐진 적대적 힘의 위세에 눌리거나, 그들이 지닌 희망의 외견상의 어리석음에 꺾이지 않는다. 어떤 의미에서 이러한 부끄러움의 결여는 영에 의한 선물로 오는 사랑의 경험과 관련되며, 그런 방식으로 그 경험에 사로잡힌 자들의, 다시 말해 그 경험에 의해 해방된 자들의 의지(마음)를 재정향시킨다. 우리는 바울의 다른 편지들로부터 그의 사유에서 사랑이 중요하다는 점을 알게 된다. 당분간 우리는 이 부끄러움 없는 태도를 지지자들 사이의 흔들리지 않는 결속으로, 즉 그 자체로 그들의 희망이 헛된 것이 아니라는 표징이자 증거로 읽을 수 있을 것이다. 다시 말해 정의가 깃드는 세계에 대한 희망을 알리는 증거로 말이다. 앞으로 로마서에서 이런 태도를 더 많이 보게 될 것이다. 지금 바울은 그가 향하고 있는, 장차 도래할 정의가 사랑의 형태로 도래한다는 생각을 잠시 드러낼 뿐이다. 우리는 이미 사랑과 같은 어떤 것을 신에게 귀착시키는 적어도 두 가지 가능한 방식에 대해 들은 바 있다. 파괴를 막는 신적인 인내와 법 바깥에서 정의를 구성할 방식을 제공하는 신적인 관대함에 대해서 말이다.

바울은 앞에서 메시아적 정체에 대한 참여자인 자신의 독자들의 경험을 향한 몸짓을 보였으나, 이제 그는 메시아적인 것에 의해 형성된 이러한 경험으로부터 터져 나오는 메시아적인 것 자체의 분출로 방향을 돌린다. 그리고 이러한 분출은 고난의 의미를 전면에 가져오며 이에 따라 고난과 관계되지 않은 기쁨에 대한 해독제로 기능할 것이다.

바울은 다시 그가 방금 지적했던 경험을 기초하는 것에 대해 논한다. 이런 방식의 논의를 통해 그는 메시아의 죽음이 이어서 우리의 충실함을 유발하고 — 우리와 모든 이들에게 있어 — 정의로 이끌게 될 충실함을 표명한다는 점에 대해 강조할 것이다. 여기에서 우리가 관심을 갖는 주제는 처형된 자의 부활이 아니라 장차 〔죽음에서〕 일으켜질 자의 죽음이다. 이어지는 구절은 상당히 밀도가 높다. 따라서, 나는 먼저 이 구절의 전체를 제시한 이후 어느 정도 이에 관한 주제별 재구성을 시도할 것이다.

우리가 아직 약할 때에 메시아는 때맞춰 하나님을 두려워하지 않는 자들을 위하여 죽으셨습니다. 분명히 의인을 위해 죽을 사람은 거의 없습니다. 하지만 선한 사람을 위해서라면 감히 죽을 사람이 있을지도 모릅니다. 그러나 우리가 아직 죄인이었을 때 메시아는 우리를 위하여 죽으셨고, 이런 점에서 하나님께서는 우리에 대한 하나님의 사랑을 실증하셨습니다. 그러므로 지금 우리가 메시아의 피로 정의롭게 되었으니, 그로 말미암아 더욱더 확실하게 진노로부터 구원될 것입니다. 우리가 아직 적들일 때에도 하나님의 아들의 죽음으로 말미암아 하나님과 화해하게 되었다면, 화해한 우리가 그분의 생명으로 구원되리라는 것은 더욱더 확실한 일입니다.

이것이 우리와 관련되어 있다고 말했던 바 있다. 바울의 독자들인 우리와 관련된다고 말이다. 따라서, 첫 번째 병행구들의 집합은 우리가 앞에서 제시한 조건 — 근거로 기능하는, 혹은 보다 정확하게 말해서, 신적인 행위의 근거 없음으로 기능하는 조건 — 과 관련지어져야 한다.

우리가 약할 때〔6절〕, **불경한**〔6절〕, **아직 죄인**〔8절〕, **적이었을 때**〔10절〕

이러한 무능력(incapacity)의 형식들은, 혹은 심지어 반(反)능력(anticapacity)이라고 말할 수도 있을 형식들은 은혜의 완전한 대가 없음(gratuity)에 대한 강조로, 즉 그 때문에 어떠한 종류의 "보상", 상환, 혹은 부채와도 완전하게 구별되는 "선물"의 근거 없음에 대한 강조로 기능한다. 메시아를 통한 신의 관대함 혹은 은혜는 아무런 자격도 없는 자들, 혹은 보다 정확히 말해서, 죽어 마땅한 자들, 파괴되어 마땅한 사회 전체를 향한다. 여기에서 문제는 죽음에도 불구하고 그 이후에 이어진 부활이 아니며, 오히려 그러한 행위를 추동할 만한 근거가 전혀 없음에도 불구하고 실행되는 (타인을 위한) 죽음이다. 바울이 사유하는 방향이 바로 이런 것이라는 점은 다음과 같은 발언으로 분명해진다. **분명히 의인을 위해 죽을 사람은 거의 없습니다. 하지만 선한 사람을 위해서라면 혹시 감히 죽을 사람이 있을지도 모릅니다.** 만일 이것이 하나의 병행적 진술이라면, 정의로움과 선함은 기본적으로 같은 의미이다. 누가 정의로운 사람을 대신하여 죽겠는가? 그런 일은 드물다. 그러나 간혹 그런 일이 일어난다.

데리다는, 하이데거를 따라서, 누군가 영구적으로 타자의 죽음을 자신의 죽음으로 대체한다는 의미에서 타자를 위해 죽는다는 것은 불가능함을 지적했던 바 있다. 누구든 할 수 있는 최대의 행위는 자기 자신의 죽음을 재촉하여 타자의 죽음을 늦추는 것이다. 그러나 모든 사람은 죽는다. 모든 사람은 자기 자신의 죽음을 맞이한다. 그 누구도 나의 죽음을 막을 수는 없다. 심지어 나 대신에 죽는다 하더라도. 데리다가 말하는 바에 따르면, "나는 절대적인 근거 위에 서서 그리고 절대적으로 확실한 방식으로 결코 타자를 그의 죽음으로부터, 그의 전적인 존재에 영향을 미치는 죽음으로부터 구해내지 못할 것임을 알고 있다"(『선물』 43). 그렇다면 메시아의 죽음에 관한 단언에는 무슨 의미가 있다는 말인가?

메시아는 불경한 자들(신을 두려워하지 않는 자들)**을 위해 죽으셨습니**

다. 메시아는 우리를 위해 죽으셨던 것입니다.

메시아의 죽음이 나 자신의 죽음을 위한 대체물로 고려되지 않는다면, 이 죽음은 내게 어떤 방식으로 다가오는가? 이 죽음은 어떤 방식으로 "말"하거나 증언하는가? 부활과 관련하여 고려된 메시아의 죽음은 우리의 실존에, 세계의 실존 혹은 우리가 사는 사회에 우리를 위한 유사한 반전을 제시할 것이다. 바울은 우리의 죄 때문에 메시아가 죽었다고 말했는데, 나는 모든 인류가 연루된 부정의로 인해 메시아의 죽음이 야기되었다는 과감한 해석을 제시했다. 하지만 이는 바울이 이 죽음에 대해 말하려 하는 전부는 아니라고 여겨진다. 어떤 의미로든 이 죽음은 우리에게 우리 자신을 대신하는 무엇인가를 실행하거나 확인하는 방식으로 제시된다. 그것은 무엇인가?

우리는 상당히 다른 방식으로 접근할 수 있다. 바울은 우리에게 메시아적 행위를 추동할 수 있는 것이 아무것도 없지만, 신에게는 메시아의 죽음에 대한 충실함 또는 충성을 추동할 무엇이 있다고 말한다. 그 무엇이란 다름 아닌 **우리를 향한 하나님의 사랑**이다. 이러한 사랑은 — (안셀무스의 의견과는 달리) 신의 영광 혹은 정의를 보존하기 위한 욕망이 아니라 — 메시아적 죽음의 궁극적인 근거인데, 이는 법 바깥에서 법의 폭력을 노출시키기에 우리를 법으로부터, 혹은 보다 정확히 말해서, 법의 유죄판결로부터 우리를 구원할 죽음이다. 이에 따라 우리는 "무법적 정의"로서의 정의가 의미하는 것이 무엇인지에 대한 이해에 보다 가깝게 다가가게 된다.

이러한 행동의 효과는 여러 방식으로 표현된다. 첫째, **우리는 메시아의 피로 정의롭게 됩니다**(we are now made just by his blood). 우리는 앞에서 우리가 충실함으로 인해 정의롭게 되었으며 이 충실함이 어떤 의미로든 신적인 호의에 기반한다는 이야기를 들었다. 그리고 지금 이러한 신적인 호의가 어떤 의미로든 메시아의 죽음에서 증언되거나 증명된다는 이야기를 듣는다. 덧붙여, **우리는 하나님의 아들의 죽음으로 말미암**

아 하나님과 화해하게 되었습니다(were reconciled). 우리는 적어도 이 이야기들의 두 가지 시제에 의문을 가지고 이러한 시제 변화가 무엇을 암시하는지 자문해야 한다. 화해는 이미 일어난 일이며, 정의롭게 되는 것은 그 결과로 지금 일어나고 있는 일이다. 아들의 죽음을 통한 신적인 사랑의 증명은 우리를 신과 화해하게 한다. 즉, 신에게 등졌던 우리가 이 사건으로 신을 향해 돌아서게 된 것이다. 신을 향한 우리의 비통함(혹은 한국어로 한이라 말할 수 있을 어떤 감정)은 극복되었다. 분명히, 이는 앞에서 이야기된 어떤 것에 기초하여 기대할 법한 무엇의 정반대에 위치한다. 앞에서 이야기된 바로, 신의 진노는 신이 우리에게 내미는 화해의 몸짓에 문제가 된다고 여겨진다. 그리고 그런 것이 바로, 적어도 서구에서, 고전적인 속죄론이 작동하는 방식이었다. 우리는 화내는 신으로부터 구원된 것이다. 바울은 확실하게 진노로부터의 구원을 지시한다. 그러나 화해를 말할 때, 그는 우리를 향한 신의 화해가 아니라 신을 향한 우리의 화해를 말한다. 따라서, 아들의 죽음은 단적으로 무한한 신의 사랑을 증명함으로써 신을 향한 우리의 적개심을 극복한다. 그렇다면 이 화해는 우리가 정의롭게 될 수 있도록 하는 기능을 지닌다. 만일 우리가 신과 화해한다면 또는 화해했다면, 우리는 이미 정의롭게 된 것이다. 추정할 수 있는 바, 우리가 정의롭게 되는 것은 이 화해가 정의로 혹은 정의를 향하는 것으로 셈해지는 충실함을 일깨우기 때문이다.

그리고 이러한 지나간 화해와 현재의 정의롭게 됨 혹은 칭의는 장차 기대할 수 있는 **더욱더 확실하게 진노로부터 구원될 것**이라는 효과와 통합된다. 주목해야 할 사항은 바울이, 번역자들이 의도하는 것처럼, "신의 진노"를 말하지 않고 단순히 "진노"를 말한다는 점이다.[11] 내 생각으로는, 진노를 신에게 귀속시키지 않는 방식의 진술은 그저 우연이

---

11 여기에서 제시된 논의는 이 책의 21장에 제시된 로마서 12 : 19~20에 해당하는 부분에서 다시 거론된다.

아니다. 진노는 여기에서 신으로부터 절연된 비인격적인 힘이 된 것이다. 어떻게? 메시아의 죽음을 통해, 혹은 보다 정확히 말해서, 여기에서 진노를 대신하여 나타나는 진정한 "신의" 사랑으로 인해서. 이에 관한 해명은 8장에서 추가적으로 제시될 것이다. 우리는 지금 당장에는 진노가 완전한 파괴를, 부정의 위에 떨어지는 파괴를 의미한다고 추정할 수 있을 뿐이다. 신은 이 진노와 절연함으로써 우리를 파괴로부터 구원할 그러한 정의를 생산한다. 이러한 부정의가 그 자체에 초래할 완전한 파괴로부터의 구원은 포괄적인 범위를 지니기에 단지 몇몇 사람이 아니라 모두에게 적용될 것이라는 점이 분명히 드러날 것이다.

우리는 〔화해하여 정의롭게 되었기에〕 **그분**〔하나님의 아들〕**의 생명으로 구원되리라는 것은 더욱더 확실한 일입니다.** 죽음으로부터의 생명은 포괄적인 "구원"을 연다. 여기에서 처형된 메시아의 부활은 또한 우리를 위한 생명을 가리킨다. 우리는 곧 그러한 약속 또는 구원의 현실, 즉 생명과 온전함의 현실이 얼마나 포괄적인지 알게 될 것이다.

그뿐 아니라, 우리는 우리 지도자 여호수아 메시아로 말미암아 하나님 안에서 기뻐합니다〔자랑합니다〕.[12] **우리는 지금 그로 말미암아 화해를 얻은 것입니다.** 이에 따라, 우리는 이 논의에 착수했던 지점으로 되돌아가게 된 것처럼 보인다. 우리는 "**하나님과 더불어 평화를 누립니다**"(5:1), "**희망 가운데 자랑합니다**"(5:2), 그리고 "**고난 가운데 자랑합니다**"(5:3)라는 표현으로 논의를 시작했다. 이 논변의 방향은 이러한 기뻐함(혹은 자랑함)을 고난 가운데 위치시키며, 어떤 의미에서 이를 메시아의 죽음에 기초 짓는 것이다. 바울은 고린도전서에서 전개한 자신의 선포에 중심적이라 여겨지는 용어를 아직 언급하지 않고 있다. 바로 "십자가"라는 용어 말이다. 메시아를 정치·군사적 목적에 따라 처형한 제국의 수

12 여기에서 '기뻐하다' 혹은 '자랑하다'로 옮기는 말은 원전에서 *kauchaomai*라는 동사인데, 이 말은 '영광스럽게 여기다', '자랑하다', '기뻐하다'를 의미한다.

도에 사는 사람들에게 편지를 쓸 때 이러한 잠재적인 폭발성을 지닌 처형에 대한 언급을 피해야 할 필요성은 바울의 수사에서 작동하는 기이한 완곡어법을 설명하는 데 도움이 됨 직하다. 아마도 바울은 당연히 그의 독자들이 (혹은 그들 가운데 있는 충실한 자들이) 이해하리라고 간주했을 것이다. 어쩌면 그는 이런 상황에서 본인이 직접 대면하여 설명하는 편이 가장 좋다고 생각했을지도 모른다. 하지만 내가 보기에 십자가 또는 십자가에 달린 메시아에 관한 메시지는 바울의 담론을 이루는 행성들이 주위를 도는 일종의 보이지 않는 태양이다.

바울은 여기에서 자랑함에 대해 혹은, 때로 성서 번역자들이 번역하는 방식대로, 기뻐함에 대해 말했다. 그는 엄격한 "견뎌냄"이 아니라 오히려 공동체 가운데 있는 어떤 확실히 불합리한 열광(exuberance)을 염두에 두고 있다. 그것은 단지 메시아적 운동의 태도를 특징짓는 (하이데거가 사유했던 것과 같은) 완고한 기다림일 뿐만 아니라, 고통 또는 고난의 상황 안에 있는 삶의 사실들에 의해 보증되는 것처럼 보이지 않는 열광이다. 빌립보서에서 바울은 심지어 자신의 고통과 죽음의 전망을 기뻐함과 연결하며 다음과 같이 서술한다. "나는 기뻐하고, 여러분과 함께 기뻐하겠습니다. 이와 같이 여러분도 기뻐하고, 나와 함께 기뻐하십시오"(2:17~18). 그렇다면 왜 이러한 열광, 이러한 기뻐함인가? 이에 대한 바울의 설명을 들으려면 잠깐의 기다림이 필요하다.

8. 얼마나 더 많이: 아담적인 것과 메시아적인 것 (5:12~21)

갈라디아서에서, 바울은 메시아를 자손에 대한 약속의 성취로서 아브라함과 관련 짓는 시도를 보였다. 로마서에서, 그는 그러한 전략을 버리고, 대신 우리의 메시아의 믿음과 아브라함의 믿음 사이에 부분적인 유비를 설정한다. 그러나 죽음과 삶에 관한 강조는 이 논변을 보다 근본적인 층위로 옮겨간다.

우리는 아브라함이 유대 민족과 여러 다른 민족들 사이의 구분에 선행하며, 이에 따라 하나의 포괄적인 형상이 된다는 점에 대해 살펴보았다. 그러나 그런 사안은 실제로 단지 (바울이 아직 완전히 논의를 끝내지 않은) 특정한 주제인 유대 민족과 이방 민족의 서로에 대한 상대적 우위에 적용될 뿐이다. 이제 우리는 훨씬 더 기본적인 차원으로 옮아갈 것인데, 이에 부여된 이름은 아담, 즉 흙에서 나온 자이다(earthling).

아담은 인류 자체를 지칭하는 데 사용되는 이름이다. 그리고 아담의 이름은 새롭게 등장할 다른 이름과 대조될 것이며, 이 새롭게 등장할 이름 또한 인류 자체의 재명명(rename)을 위해 사용될 것이다.(이레니우스의 말로 하자면, 인류의 "새로운 머리 되기(re-head)" 또는 다시 총괄하기(recapitulate)를 위해 사용될 것이다.) 관건이 되는 것은 두 가지 대조적인 관점으로부터 유래한 인류이겠지만, 여기에 제시된 인류는 여전히 "동일한" 인류다. 이 인류는 마르크스가 포이어바흐(Feuerbach)를 따라서 흔히 "종적 존재"(species being)라고 말했던 것이다. 아마도 근대적 관점에서, 바울이 사용하는 개념들 중 가장 난해한 것은 단일한 실체로서의 인류라는 개념일 것이다. 근대적 개인주의는 유대 민족 혹은 이방 민족 같은 사회·역사적 전체를 구상해내기 어렵다. 여기에서 이미 인간 존재들(human beings)에 대해 각각의 개인이 그들이 (혹은 그보다는 우리가) 일부를 이루는 사회의 타락에 감염되는 방식으로 민족 전체 혹은 사회 전체 안에 배태되어 있는 특성에 의해 결정된다고 생각할 필요가 있다. 인류가 하나의 실체로 사유될 수 있다는 관념은 훨씬 더 난해하지만, 어쨌든 바울은 우리에게 바로 그러한 관념을 사유하도록 청한다.

바울은 이전에도 이러한 비교와 대조를 사용했다. "죽음이 한 사람(human being)을 통해 왔으니, 죽은 사람의 부활 또한 한 사람을 통해 옵니다. 모든 사람이 아담 안에서 죽는 것과 같이, 모든 사람이 메시아 안에서 살아나게 될 것입니다"(고린도전서 15:21~22). 나쁜 일(죽음)이나 좋은 일(살아남)에 관계없이 "하나"가 "모두"를 수반한다는 주장은 여기에서 표현되는 관점에 있어 결정적이다. 이런 측면에서 볼 때, 모든 개인은 아담적 인류 혹은 메시아적 인류라 명명된 전체의 부분일 뿐이다. 인류 전체를 묘사하거나 또는 명명하는 이러한 방식들에는 근본적으로 정치적인 귀결이 따른다. 여기에서 정치적인 귀결을 말하는 이유는 그러한 귀결이 정의라는 근본적으로 정치적인 문제와의 관계를 통해 결정되기 때문이다.

이 논변 앞에 제시된 부분에서, 바울은 메시아의 죽음을 강조했다. 이제부터 이러한 강조가 죽음에 의해 결정되는 아담적 인류의 운명과 관련된다는 점이 명백히 드러나게 될 것이다.

그러므로 한 사람으로 말미암아 죄가 세상에 들어왔고, 또 그 죄로 말미암아 죽음이 들어온 것과 같이, 모든 사람이 죄를 지었기에 죽음은 모든 사람에게 이르게 되었습니다.

바울이 우리에게 제시한 것은 원죄(original sin)의 교설 같은 것이 아니라 보편적인 죄(universal sin)의 교설이다. 죽음은 한 인간을 통해 세계에 들어오는 데 반해, 죄를 짓는 것은 모든 사람이다. 실제로, 죄의 침입은 모든 사람이 죄를 짓는 방식으로 나타나며, 그 효과는 모든 사람의 죽음이다. 이는 또한 거꾸로 뒤집을 수 있다. 말하자면, 죽음 혹은 죽음에 대한 두려움은 우리로 하여금 죄 짓게 하며, 타자를 희생하여 삶의 보존을 추구하게 한다. 바울은 이후에 이 연관에 대해 다시 다루게 될 것이나, 그가 여기에서 사유의 도구로 사용하는 창세기 신화에 따라 이 연관이 어떻게 이해될 것인지 시사하는 편이 유익할 것이다.

흙에서 나온 자(earthling)가 지은 죄의 직접적인 귀결은 비난이며, 이를테면 죄의 전가, 누군가 다른 사람을 유죄로 선고하여 사형에 처해져야 할 사람으로 확인하는 손가락질, 자기 보존을 위해 강요되는 타자의 희생이다. 그러므로 아담은 하와(Eve)를 비난하고, 하와는 뱀을 비난하며, 실제로 이들 두 사람은 암시적으로 신을 비난한다.(아담을 위해 하와를 만들었고, 아담과 하와를 위해 만든 동산에 뱀을 둔 당사자는 바로 신이다.)

신은 아담에게 죽음이 죄의 귀결이라고 경고했다. 물론, 아담이나 하와가 죄를 지은 이후에 즉각적으로 현실적인 죽음이 뒤따르는 것은 아니다. 하지만 죽음은 이미 타자를 죽음의 손에 넘겨 자신으로부터 비난(과 죽음)이 빗나가도록 하는 비난 전가의 행위에 잠재되어 있을 것이다. 어쨌든 현실적인 죽음은 신의 행위가 아니라 너무나 인간적인 행위로서 이야기에 도입된다. 그것은 동족살해, 가인(Cain)에 의해 살해된 아벨(Abel), 즉 시기와 적대를 동기로 하는 살인이다. 따라서, 죽음은 정확하게 살인으로 유발된다. 이런 방식으로 폭력이 역사의 영역에 들어오는 것이다. 그리고 폭력은 보편적으로 만연한다. 역사는 폭력과 위반의 역사, 절멸과 지배의 역사다. 또한 이러한 폭력은 언제나 어떤 형식으로든 동족살해인 것이다.

여기에서 죽음은 "생물학적"인 만큼이나 "역사적인" 것이라는 점에 주목하자. 대부분의 죽음은 역사적인 측면에 더 치우친다. 대부분의 사람이 죽는 이유는 정치나 경제 어떤 면에서든 구조의 잠재적 폭력이다. 여기에서 매년 빈곤으로 인해 사망하는 수백만을 생각할 수 있을 것이다. 무시에 의한 혹은 우리의 탐욕이나 무관심으로 인한 부수적인 피해로서의 죽음 또한 여전히 동족살해다.(법적 용어로 이는 과실치사(negligent homicide)라고 명명될 수 있을 것이다.) 폭력과 대항폭력의 순환은 너무나 강하게 만연하며, 노아 이야기에서, 신은 세계에 폭력이 가득함을 발견한다. 너무나 심각한 폭력이 만연한 세계를 보며, 신이 땅을 만든 것을 후회했다는 이야기가 전해지기도 한다. 그래서 지구는 (노아를 통해 보존된 남은 것을 제외하고) 땅 위의 모든 생명을 청소하기 위한 홍수로 파괴된다. 여기에 또 다른 후회가 이어지며, 그래서 신은 다시는 세계를 파괴하지 않겠다고 약속한다.

창세기(즉 기원의 책)에 기록된 신화들을 향해 잠시 옆길로 새는 이러한 여담은 위반으로서의 죄와 폭력으로서의 죽음이 여기에서 바울이 개진하는 논변에서 어떤 방식으로 연결되는지 이해하는 데 도움이 될 것이다. 우리의 논점과 관련해, 신화는 바울에게서와는 다소 다른 지위에 있다고 여겨진다. 바로 보편적인 것을 사유하는 방식이 되는 것이다. 말하자면 이것이 바로 플라톤이 설정하는 신화의 기능이다.(『국가』 편에 제시된 동굴의 우화나 영혼 윤회를 이야기하는 에르 신화에 대해 생각해보자.) 바울은 자신이 사용할 신화를 만들어내지 않는다. 바울에게는 자기 민족의 이야기에서 "바로 사용할 수 있는" 신화가 있었던 것이다. 하지만 바울은 이러한 신화를 단지 문자 그대로의 진리로 반복하지 않는다. 결국 바울에게서 드러나는 신화 사용의 방식은 매우 유연하다. 그는 다만 보편적인 것을 사유하기 위한 방편으로 신화를 사용하는 것이다.

만일 바울을 따라서 이런 방향으로 가려 한다면, 죄와 폭력의 연결관계에 대해 강조할 필요가 있어 보인다. 왜냐하면 죄는 단지 법조문에 대한 위반(violation)일 뿐 아니라 타자에 대한 침해(violation)이며 따라서 폭력(violence)이라 할 수 있기 때문이다. 분명히, 그렇기 때문에, 바울은 율법의 완성이 율법조문에 대한 준수가 아니라 (이웃에게 그릇된 행위나 침해 행위를 하지 않는) 이웃 사랑으로 이루어진다는 결론을 제시한다. 이것이 바로 "무법적 정의"라 말하는 정의의 내용일 것이며, 이러한 정의는 중요한 의미에서 율법을 완성하게 된다. 그러나 이러한 측면이 분명히 드러나기까지 바울의 논변에는 아직 가야만 할 상당한 거리가 있다.

우리는 어떤 의미에서 "모든 사람이 죄를 짓는" 것인지 물을 수 있다. 분명히 모든 사람이 가인(Cain)은 아닌데 말이다. 혹은 모든 사람이 아담의 행위를 반복한다는 것이냐고 물을 수도 있다(바울이 지금 막 이야기하는 것처럼). 하지만 우리 모두가 피로 물든, 땅으로부터 하늘을 향해 울부짖는 피의 기억으로 가득한 사회적 질서의 일부라는 점을 상기해보자. "인류에 대한 범죄"에 기초하지 않은 사회질서나 민족국가는 없다(데리다, 『협상들』 383). 이런 의미에서 우리 모두는 단지 아담의 후예일 뿐 아니라 가인의 후예이기도 하다.

바울은 여기에서 주제에서 벗어난 이야기를 하는데, 이는 이후에 죄와 법에 관해 논해질 어떤 것을 선취한다는 점을 고려하지 않는다면 잘못된 자리에 놓인 것이 아닌가 여겨질 수도 있다. **죄는 율법이 있기 전에도 세상에 있었으나, 율법이 없을 때에는 죄가 측정되지 않았습니다.**[13] 이 말은 이후로 적용 범위가 확장될 것이다. 그러나 지금 당장은 폭력 또는 부정의가 심지어 법이 없을 때에도 세계 안에 있다는 점을 말하는 것으로 충분할 것이다. 법은 죄를 측정할(measuring) 방법을, 혹은 바울이 앞에서 말했던 것처럼, 죄를 알게 될 방법을 제공한다. 보통 이 문구는 〔죄로〕 "간주되지 않는다"(not counted)는 말로 번역되지만, 이런 방식의 영어 번역은 그 자체로 정확하지 않을 뿐 아니라, 바울의 말이 죄가 중요하지 않다(not mattering)는 의미라는 잘못된 인상을 줄 수 있다. 하지만 그것은 결코 바울이 말하고자 하는 논지가 아니다. 바울이 전달하고자 하는 바는, 죄가 있지만 죄를 측정할 수 있는 기준이 없다는 것이다.

그러나 죽음은 아담부터 모세에 이르기까지 군림했으며, 심지어 장차 오실 분의 모형이었던 아담에 비해 죄 짓지 않았던 사람들까지도 지배했습니다. 바울은 중요한 측면에서 법을 준수하는 정의로운 자들이, 다시 말해 유대 율법의 문자를 고수하는 자들(예를 들어, 바울 자신)과 또한 정의로운 이방인들이 있음을 인정했다. 따라서 모든 사람은 아담의 죄로 인해 (전형적으로 원죄라는 개념에서 주장하는 것처럼) 유죄가 아니라 보편적인 위반과 폭력의 역사에 연루되기에 유죄인 것이다.

아담부터 모세에 이르기까지라는 문구는 여기에서 죄를 측정하는 율법의 등장을 지시한다. 그러나 폭력과 위반과 죽음은 율법 이전에도 지배권을 행사한다. 그리고 여기에서 법의 존재는 죽음의 지배권에 종지

---

13 저자가 'measured' 즉 '측정되다'로 번역한 *ellogeitai*는 '돌려지다', '전가되다'의 의미이다. 이 부분은 일반적으로 '죄로 여겨지지 않았습니다'로 번역된다.

부를 찍거나 혹은 그렇지 않다 하더라도 적어도 거기에 한계를 정하게 된다. 이는 홉스가 정식화하게 될 국가에 관한 정치 이론이며, 홉스의 이론은 이후 칸트에게 이어진다. 그러나 법이 그런 방식으로 작동하는가? 법은 정치적인 것을 사유한 철학자들이 반복적으로 주장했던 대로 폭력에 한계를 정하는가? 앞으로 살펴볼 것이다.

그러나 선물〔*charisma*〕은 범죄와 같지 않습니다. 이 말을 통해 우리는 텍스트 안에 숨어 있던 선물(gift)이라는 주제로 향하게 된다. 이미 모든 민족이 ― 이방 민족들은 그들 스스로 사형에 처해 마땅하다고 인정하는 법에 의해, 그리고 유대 민족은 그들 자신의 신성한 법에 의해 ― 그들 자신의 부정의에 관해 유죄판결을 받는다는 점을 증명하는 기소장의 결론부에서, 바울은 **메시아 여호수아 안에서 얻는 구원을 통한 하나님의 관대함〔*chariti*〕에 의해 값없이〔*dorean*〕 정의롭게 됨**(3 : 24)이라는 표현으로 자신이 바랐던 사유의 방향을 알렸다. 게다가, 선물의 본성은 이미 "품삯"(보수, wages)과 대조된다. **일하는 사람에게, 보상은 선물〔*charin*〕이 아니라 부채로 셈해집니다**(4 : 4). 그리고 믿음 혹은 충실함은 선물과 연결되었다(4 : 16). **그것이 바로 선물이 충실함에 의지하여 약속을 지탱하는 이유입니다.** 따라서, 선물은 충성을 유발하거나 또는 일깨우는 약속의 성격을 정립한다.

아브라함에 대한 논의는 약속과 충성의 관계를 강조하는 것이었다. 이 부분에서 지금까지 진행된 논의는 다소간 다른 방향으로 전환하여 약속된 것의 기초가 되는 죽음을 이야기하며, 이런 방식으로 약속을 지탱하는 선물의 논의로 되돌아간다. 이 이야기를 간략하게 말하자면, 바울은 선물이 법 바깥에 위치한 정의의 기초가 된다는 점을 보이기 시작하는 것이다. 침해 또는 위반에 대한 논의는 이러한 위법적 행위를 죽음과 연결지었으나, 이제부터는 선물 혹은 무조건적인 관대함이 삶과 관계되고 이를 만들어내는 (그러나 정의가 삶에 필수적인 조건임을 망각하지 않는) 방식을 보이게 될 것이다.

한 사람의 범죄로〔위반으로〕 많은 사람이 죽었지만, 하나님의 관대하심〔*charis*〕과 메시아 여호수아 한 사람의 호의로 말미암은 선물〔*dorea*〕은 많은 사람에게 훨씬 더 많이[14] **넘쳐나게 되었습니다.**

여기에서 그리고 이 논의 전반에 걸쳐, 바울은 *charis*와 *dorea*를, 즉 호의 혹은 관대함과 선물을 여호수아 메시아 안에서의 그리고 그를 통한 신성한 메시아적 행위의 도래를 특징짓는 것으로 한데 묶는다. 이 두 용어는 한데 묶여 실질적으로 상호교환될 수 있는 것으로 여겨진다. 선물이 정의의 성격과 관련된다는 점은, 내가 저술한 『데리다를 읽는다/바울을 생각한다』에서 보이려 했던 것처럼, 데리다가 고찰했던 주제이다. 『마르크스의 유령들』에서, 데리다는 "선물에 기초하여 정의를 사유할 필요와 그 힘"에 주목한다(27). 비록 이 논의 및 관련된 다른 논의들에서 데리다가 바울을 직접 인용하지는 않으나, 그의 관점은 거의 정확하게 바울 논변의 구조를 반향하고 있다. 더욱이, 데리다는 선물이 교환경제를 넘어서야 하는 이상 선물 개념의 핵심은 초과 혹은 과잉이라고 인식한다. 그가 말하는 선물은 "앞서 초과적이다"(『선물』 38). 따라서, 지금 제시되는 로마서 구절이, 바울이 선물, 은혜, 또는 신의 관대함을 시야에 둘 때마다, "훨씬 더 많이"라는 문구에 의해 강조되는 것도 우연은 아니다(5 : 15, 17, 20). 나는 *charis*를 '관대함'으로 이해하는 편을 선택하여, 협소하게 종교적인 방향으로 치우쳐버린 '은혜'라는 개념을 넘어서려 한다. 그러나 관대함의 의미가 일종의 "동정심"이라는 사소한 의미로 약화될 위험이 있다는 점에 주의해야 한다. 이런 이유로 데리다의 "불가능한" 것으로서의 선물에 관한 고찰은 바울 독해에 매우 큰 도움이 될 수 있다. 선물 혹은 관대함을 이 "훨씬 더 많이(혹은 얼마나 더 많이)"라는 문구에 나타나는 엄청난 과잉과 연결하는 바울을 읽는 데 있

14 *pollō mallon*, 이 말은 '훨씬 더 많이'(much more)로 옮길 수도 있으나 보다 강조하기 위해 '얼마나 더 많이'(how much more)로 옮기기도 한다.

어서 말이다. 우리는 여기에서 "많은"이라는 단어가 죄의 영향을 받은 자들뿐 아니라 철저한 관대함이라는 선물의 영향을 받은 자들 또한 나타낸다는 점에 주목해야 한다. "많은"이라는 말은 두 경우 모두를 포괄한다. 두 경우의 차이는 이 대가 없는 선물과 관대함에 의해 포괄되는 자들을 지칭하는 "훨씬 더 많이"라는 문구에서 표현된다. 내 생각에, 이 구절의 "많은"은 그보다 앞에 나오거나 뒤에 나오는 "모든"과 구별될 가능성이 없다. 특정한 교의적 취지에서는 불편할 수 있겠으나, 바울이 드러내는 사유의 범위는 변함없이 "보편적"이다. 2세기 말에, 이레니우스와 오리게네스는 이를 독자적으로 인식했다. 하지만 보편적인 범위의 구원에 대해 가장 설득력 있는 주장을 펼쳤던 사람은 오리게네스의 영향을 받았으나 그의 사변적 비약에는 따르지 않았던 4세기 니사(Nyssa)의 그레고리우스(Gregorius)였으며, 그는 신의 구원이 심지어 "적대자"로 지칭되는 사탄에게도 혜택을 미친다고 주장한다(26장).

바울은 인간을 특징짓는 이 두 가지 방식이 동등한 가치를 지닌다고 주장하지 않는다. 그가 찍는 강조점은 선물 또는 관대함에 기초한 방식에 놓인다. 만일 위반, 폭력, 그리고 죽음이 인간을 포괄적으로 지시하는 방식에 있어 정당하다면, 신적인 관대함과 선물은 "훨씬 더 많이" 그러하다.

이러한 차이가 강조된다. **선물**〔*dorema*〕**은 한 사람의 범죄로 인해** 〔일어나는〕 **결과와 같지 않습니다.** 내가 보기에, 우리가 겨냥하는 것은 "훨씬 더 많이(얼마나 더 많이)"라는 문구다. **한 번의 범죄로부터 오는 심판은 유죄판결이지만, 값없는 선물**〔*charisma*〕**은** 〔많은 범죄와 관련하여〕 **정의롭게 됨**〔으로 이어집니다〕. 이 구절은 상당히 난해하게 여겨지기에, 이에 관해 여러 이야기를 더 해야만 한다. 우선 유죄판결과 다른 한편으로 정의롭게 됨(혹은 칭의)의 분열이 있다. 유죄판결에 대한 대안은 정의롭게 됨이다. 유죄판결의 근거는 단 한 번의 범죄이며(아담), 그 효과는 모든 사람 혹은 많은 사람을 아우르는 범위로 퍼져나가는 것이다. 그 효과는 유죄판결(죽음)로 이어질 "죄" 또는 폭력이다. 그러나 유죄판결의 근거가 위반이라면, 선물의 근거는 무엇이란 말인가? 우리가 메시아의 죽음에 대한 논의에서 봤던 근거는 바로 죄였다. 그러나 여기에서는 단 한 번의 죄가 아니라 많은 죄이다. 이는 선물의 (반(反))근거, 즉 선물의 근거 없는 근거다. 그렇다면 선물은 '~때문'이 아니라 '~에도 불구하고'의 구조를 지니며, *grund*가 아니라 *abgrund*,[15] 즉 심연이다(우리의 무력함, 적대, 불경건 등). 선물이 선물인 이유는 (그리고 상환, 즉 빚진 것이 아닌 이유는) 그 근거가 여러 차례의, 실제로는 셀 수 없이 많은 위반이라는 반(反)근거(antiground)이기 때문이다.

그러나 바울이 주장하길, 값없는 선물 또는 관대함의 결과는 정의다. 다시 말해, 선물의 결과는 인간 또는 인류가 정의롭게 되거나 또는 정의로울 수 있게 되는 것이다. 그러므로 선물은 정의로 이어지며, 이에 따라 정의의 기초가 되는 것이다. 그러나 바울이 계속 주장하게 될 것처럼, 그 목적은 정의로 남아 있다. 하지만 이러한 정의는 그 사이에 모두를 포괄하게 되었다. 그러한 정의는 단지 몇 사람에게, 혹은 특정한 폴리스*(polis)* 또는 민족에게만 적용되는 것이 아니라, 모두에게 적용된다. 그것이 바로 아담적인 것과 메시아적인 것의 관계에서 드러나는 요점이다.

한 사람의 범죄로 인해 그 한 사람을 통해 죽음이 지배하게 되었다면, 관대함과 정의의 선물을 받은 자들은 여호수아 메시아 한 사람을 통해 얼마나 더 많이 생명 안에서 지배하게 되겠습니까. 아담적 인류 위에 군림하는 것은 바로 죽음이다. 그러나 죽음이 아담적 인류라고 간주되는 모든 인류를 지배한다는 사실보다 더 확실한 것은 선물을 통해 유발된 정의의 결과인 생명이 모든 사람을, 이제 메시아적 인류 안에 포함되었

15 grund는 독일어로 '기초', '바탕', '근거', abgrund는 '심연', '파멸', '근거 없음'이다.

다고 간주되는 모든 사람을 지배하게 될 것이라는 점이다. 바울을 투사적 마르크스주의의 입장에 따라 전유하는 방식으로, 알랭 바디우는 "보편주의와 카리스마 사이에는, 즉 **일자**의 보편적인 말 건넴의 힘과 투사적 태도(militantism)의 절대적인 근거 없음 사이에는 근본적인 연결고리가 있다"고 언급한다(『사도 바울』 77). 이는 *dorean*, 즉 선물과 연결되며, 여기에서 바디우는 "바울에게 있어 보편적인 것의 '모두를 위한'과 '이유 없는' 사이에 본질적인 연결고리가 있다"고 언급한다(77). 따라서, 바디우가 지적하는 것은 은혜, 값없음, 또는 선물의 근거 없음이 그가 보기에 모든 정치적 기획의 진리를 위한 필수 조건인 "모두를 위한" — 즉, 보편성 — 과 확고하게 연결된다는 점이다.

바울이 제안하는 도식은 다음과 같다.

범죄 > 유죄판결 > 죽음〔모두에 대한〕
〔초과적〕 선물 > 정의 > 생명〔모두를 위한〕

선물의 수령(reception)은 하나의 과정을 나타내는 것으로 보인다. 선물이 (선물로서) 받아들여지기에, 이로부터 귀결되는 정의 또한 퍼져나간다. 그리고 이에 따른 생명이 죽음 대신 퍼져나간다. 바울의 어법이 다소 꼬여 있기는 하지만, 그 방향은 매우 분명해 보인다. 선물은 정확히 그것이 받아들여지는 한에서 효과를 지니는 것이다. 이는 중세적 성사의 의미에 따른 *ex opere operato*와 비견된다.[16] 선물은 선물 자체로 인

16 중세 교회에서 독직에 연루된 사제들에게 성사를 집전할 자격이 없다는 주장과 관련하여 진행된 논쟁에서 제기된 주장. 교회는 ex opere operato, 즉 교회의 성사가 성사를 집전하는 사제의 덕성과는 관계없이 "행위의 덕으로" 성사를 베푸는 행위 자체로 유효하다는 입장을 취하게 된다. 이에 반대되는 개념은 ex opere operantis, "행위자의 덕으로," 즉 성사를 집전하는 사제의 덕성으로 인하여 유효하다는 것. 이 단락의 논의에 비추어 볼 때, 이 말의 의미는 선물의 자동성, 즉 선

식되어야 한다. 선물의 수령은 선물의 주어짐의 조건이 아니라 선물의 유효성의 조건이다. 선물 자체에는 선행하는 조건이 없으며 이런 의미에서 선물에는 어떠한 이유도 없다. 우리가 앞에서 이해했던 대로, 선물은 근거 없는 것이다. 바울에게 있어 이러한 선물의 유효성은 원칙적으로 무제한적이다. 사실 이 선물이 모두를 위해 그리고 모두 안에서 정의를 생산하게 된다는 자신의 주장을 뒷받침하려면, 그는 모두가 선물을 받을 것이며, 선물을 그 자체로 인식할 것이며, 그에 마땅한 방식으로 반응할 것이라는 생각을 전제해야만 한다. 어쩌면 결국 이것이 메시아적 선포의 중요성일지도 모른다. 그 선포에는 선물을 알려야 할 책무가 수반되며, 이에 따라 "많은 사람"의 기꺼운 선물 수령을 가능하게 해야 할 책무가 뒤따르는 것이다. 바울은 이후에 말하기와 듣기 사이의 관계로 되돌아갈 것인데, 이 관계가 정의의 틈입과 관련되며 따라서 구원 혹은 완전함 혹은 번창함과 관련되기 때문이다.

많은 사람이란 누구를 말하는가? **그래서 하나의 범죄를 통해** 〔또는 한 사람의 범죄를 통해〕 **모든 인간에 대한 유죄판결**〔이 있게 된 것〕**같이, 또한 하나의 정의로운 행위를 통해 모든 인류에게 생명을 위한 정의롭게 됨**〔이 있게 됩니다〕. 우선 첨가된 것은 "많은 사람"이 "모두"를 의미한다는 해명이다. 그러나 우리는 또한 정의를 생산하며 따라서 모두를 위한 생명을 낳는 정의로운 혹은 충실한 행위의 확인을 향해 나아간다. 바로 한 인간의 불순종으로 인해 많은 사람이 죄인으로 선고된 것처럼, 한 사람의 순종을 통해 많은 사람이 정의롭게 될 것이다. 또한, 아담적 인류와 관련하여 많은 사람이 실제로 부정의한 자가 (또는 죄인이) 되지만, 메시아적 인류와 관련하여 많은 사람은 사실상 정의로운 자가 된다. 두 경우 모두, 전환은 한 사람(아담/메시아)을 통해 일어나며, 두 경우 모두 단 한 번의 행위를 통해 일어난다. 그러므로 아담을 인류의 이름으로 삼는

물은 교회의 성사와 마찬가지로 조건 없이 그 자체로 유효하다는 것이다.

방식으로 위반과 폭력이 퍼져나간다는 생각이 옳다면, 이와 같이 정의는 한 번의 충실한 행위로부터 많은 사람에게 두루 퍼져나가게 될 것이다. 정의 또는 부정의는 여기에서 명명됨(being named)이 아니라 구성됨(being constituted)과 관련된다. "이전"이 죄라면, "이후"는 정의이며 죄가 아니라 단적으로 정의라 *불리게* 될 무엇이다.

그러나 두 번째 사람의 행위는 **순종**이라 지칭된다. 그리고 우리는 바울이 믿음의 순종(1 : 5)과 메시아의 충실함에 대해 이야기했다는 점을 기억한다(1 : 17, 3 : 22, 26). 순종은 신의 의지, 약속, 그리고 요구에 응하는 것이다. 여기에서 바울이 생각하는 것은 무엇인가? 메시아의 순종이란 무엇을 말하는가? 바울은 지속적으로 논점을 피해 가지만, 메시아의 순종은 그의 처형으로 이어졌던 무엇과 관련된다고 생각하는 것이 타당해 보인다. 왜냐하면 메시아가 바로 자신의 충성으로 인해, 법 바깥에 위치한 그리고 심지어 법에 반하는 충성으로 인해 처형되었기 때문이다. 메시아는 이와 같이 충실함과 법 바깥에 있는 정의에 의해, 말하자면 유대 민족의 율법과 로마인들의 법에 비추어 그를 무법자로 만든 충실함에 의해 특징지어진다. 여기에는 바울이 우회적으로 이야기할 수밖에 없도록 강제하는 어떤 요인이 있다. 바울은 다른 곳에서 자신이 입으로 전하는 선포의 내용이 십자가라고 이야기하지만(고린도전서 1 : 23, 2 : 2, 갈라디아서 3 : 1), 여기에서는 독자들에게 자신이 십자가에 관해 이야기한다고 말하지 않는다. 여기에서 가장 중요한 것은 십자가가 어떤 확실한 순종으로 이해될 것이라는 점이다. 예를 들어, 빌립보서에서 그는 심지어 십자가에 이르기까지 순종하는 태도에 대해 서술했다(2 : 8). 이러한 (신에게) 순종하는 (법에 대한) 불순종은 정의에 응하는 행위 또는 태도, 즉 법을 넘어서는 그리고 법에 반하는 충성 또는 충실함으로서의, 그리고 이에 따라 무법적 정의로서의 정의에 응하는 행위 또는 태도이다. 그리고 어떤 의미에서 이는 메시아적인 것의 선물이며, 따라서 신의 선물이다(내가 이전에 말했던 것처럼, 언제나 "신"은 불가능한 것으로 이해될 수 있음을 상기한다면).

율법이 들어와 범죄가 넘치게 되었으나, 죄가 넘치는 곳에 은혜가 더욱 넘치게 되었고, 이와 같이 죄가 죽음을 통해 지배했듯이 은혜가 정의를 통해 지배하여 우리 지도자 여호수아 메시아로 인한 영원한 생명에 이르게 할 것입니다. 넘쳐남(abounding)과 더욱 넘쳐남(hyperabounding)의 대비가 제시된다. 초과는 선물의 표시이자 또한 은혜의 표시이다. 율법은 어떤 의미에서 부정의가 넘쳐나게 하지만(바울은 곧이어 어떻게 이렇게 되는지에 대해 설명할 것이다), 선물 또는 관대함은 정의가 넘쳐나게 하며 — 심지어 더욱 넘쳐나게 하며 — 줄어들지 않으며, 한정이 없고, 가득 차오른 생명의 넘쳐남에 이른다. 폭력은 폭력을 낳고 이에 따른 죽음을 퍼뜨리고 증식시킨다. 그러나 선물은 정의를 낳고 이 또한 무엇인가를 퍼뜨리며 증식시키지만, 폭력의 확산에 조력하는 법 — 선물은 그 폭력을 축소시키려 한다 — 과 달리, 더욱 넘쳐남으로, 더욱더 많은 죽음이 아니라 한정 없는 생명을 생산한다.

이것은 타당한가? 이것이 가능한가? 분명히 선물이 단순히 용서로 이해되거나 혹은 정의가 없거나 요구되는 곳에서 실행되는 정의의 선언으로 이해될 경우, 선물은 정의가 아니라 부정의로, 생명이 아니라 죽음으로 향한다고 간주되었다. 신앙이라 여겨지는 무언가에 기초하여 우리가 용서받을 수 있다는 보장이 죄, 위반, 폭력의 더욱 넘쳐남을 촉발하는 작용을 했던 사실이 있지 않은가? 어떤 다른 방식으로 기독교의 역사가 잔혹의 역사라는 점을, 십자군과 종교재판, 타자에 대한 증오, 노예상태와 홀로코스트, 식민주의와 정복, 암살대와 고문실의 역사라는 점을 설명할 수 있겠는가? 바울의 생각은 틀린 것인가? 혹은 그가 완전히 잘못 이해되어온 것인가? 바울에 대한 전통적인 해석의 결과가 어떤 특정한 복음으로 인해, 혹은 그 복음의 (잘못된) 이해로 인해 죽음과 부정의가 더욱 넘쳐나게 된 것이라면, 이에 대한 재해석 작업은 매우 긴급하게 요구될 것이다.

그러나 결국 우리가 바울의 생각에 동의할 수 있을지 묻는 질문과 관련하여, 중요한 것은 여기에서 지시되고 있는 기획의 대의를 포착하는 것이다. 그가 관심을 가지는 문제는 죽음의 지배를 전복하는 삶의 지배에 다름 아니다. 그리고 이는 그가 보편적 정의의 도래에 관심을 가진다는 의미이다. 그의 주장은 보편적 정의가 율법이나 이보다 더 나은 법 혹은 보편적인 법의 부과를 통해서 오지 않으며, 오히려 충실함과 정의를 생산하는 선물을 통해서 오게 된다는 것이다. 정의는 법의 힘이 아니라 가늠할 수 없는 관대함, 즉 무조건적인 환영으로부터 탄생한다. 이와 같이 발생한 정의가 없다면, 인류는 전체적인 효과를 발하는 죽음의 나선이라는 숙명에 처한다. 어쩌면 오늘날 우리는 적어도 폭력의 순환에 갇힌 인류의 자살이 일어날 개연성을 일별할 수 있을 것이다. 또한 그러한 전망이 어떤 방식으로 전복되어야 인류와 지구의 번영을 바랄 수 있는지에 관한 당혹스러운 난제에 직면하게 된다. 그러기에 우리는 바울이 이 페이지들에서 스케치하는 기획을 고찰하는 데 관심을 가지는 것이다.

세 번째 전개부 A

이전과 이후(6:1~7:6)

우리는 어떤 특정한 바울 신학이 (혹은 바울 텍스트의 오독이) 우리가 바라고 기다리던 정의가 아니라 오히려 부정의, 폭력, 죽음으로 이어지는 죽음의 나선에 기여했던 것은 아닌가라는 질문을 제기한 바 있다. 이 질문은 바울 자신의 기획과 무관한 것이 아니다. 이미 율법 바깥에 위치한 정의를 위해 아브라함적 토대를 논하는 방향으로 돌아서기에 앞서, 그리고 아담적 인류와 메시아적 인류의 대비에 앞서, 바울 자신은 '**왜 선을 이루기 위하여 악을 행하자 하지 않는 것입니까?**'라는 질문을 제기했다(3:8). 이때 그는 이런 문제제기가 자신이 표현하고자 하는 메시아적 메시지에 대한 (잘못된) 묘사임을 드러내며 '**혹자가 그런 말을 한다고 우리를 비방하는 것처럼**'이라는 말을 덧붙인다. 그런 다음 바울이 내놓는 대답은 이런 것이다. **그들이 받은 유죄판결은 정당합니다.** 분명히 이를 읽는 한 가지 방식은, 만일 이런 대답이 바울의 입장이었다면, 이 (상상적인?) 대화상대자들에게는 그의 입장을 비난할 권리가 있다는 것이다.

지금 우리 앞에 놓인 자료에서, 바울은 이러한 비난에 대한 대답을 내놓거나, 혹은 모든 그러한 오도된 관념에는 그와 그의 독자들이 통합되고자(한 몸을 이루고자, incorporated) 하는 메시아적 현실에 대한 결정적인 오해가 수반된다는 점을 밝히려 할 것이다. 그는 자신이 가장 심각하게 다루게 될 것이라고 3장에서 내비쳤던 질문을 반복하며 이 부분의 논의를 시작한다. **그러면 우리가 무엇을 말해야 하겠습니까? 은혜/호의가 넘쳐나게 하려고 계속 죄 가운데 있어야 하겠습니까? 결코 그럴 수 없습니다**(6:1). 그리고 그는 잠시 후에 같은 질문을 다른 형태로 반복하게 될 것이다. **그러면 어떻게 해야 하겠습니까? 우리가 율법 아래 있지 않고 은혜 아래에 있으니, 죄를 짓자는 말입니까? 결코 그럴 수 없습니다**(6:15).

이러한 질문들을 (혹은 하나의 질문을 여러 형태로) 매우 심각하게 제기함으로써, 바울은 메시아적 메시지의 진리가 정의롭거나 또는 정의롭게 될 실제 역량의 각성에 달려 있다는 점을 보인다. 아담적 인류의 메시아적 인류로의 전환은 명목상의 변화, 즉 이름뿐인 변화가 아니며, 또한 종교적 관계의 변화를 지시하는 것도 아니다. 이 전환은 메시아적인 것이 실제로 발생하기 시작했는지 아닌지에 달려 있다. 정의가 결과로 뒤따르지 않는다면, 메시아적인 것은 진정으로 일어나기 시작한 것이 아니거나 혹은 독자들이 아직 그 현실에 진입하지 않은 것이다.

이를 분명히 하기 위해, 바울은 세 가지 (또는 네 가지) 부분적 유비를 연속으로 제시하고, 이를 통해 우리가 철저하게 이러한 새로운 인류의 전위대 역할을 맡은 자들의 태도로 전환하도록 할 메시아적 현실로 끌려 들어간다는 점을 밝히려 할 것이다. 바울은 자신이 제시한 일련의 유비들을 통해 근본적인 상태의 변화를 지시한다. 이를테면, 죽음으로부터 죽음 이후의 삶을 향한 변화(6:2~11), 도구 또는 무기의 변화를 빗댄 유비(6:12~14), 이에 이어지는 노예들의 소유권 이전을 들어 제시된 유비(6:16~22), 그리고 과부가 되어 얻는 자유를 빗댄 유비(7:1~6)로 말이다. 이러한 일련의 유비들이 지시하는 바는 아담적인 것으로부터 메시아적인 것으로 옮아가는 중에 있는 자들의 삶에서 발생하는 급진적인 중단이며, 이러한 전이의 급진성은 오랜 부정의의 질서와 (율법 바깥에 혹은 너머에 위치한) 새로운 정의의 질서를 가르는 단절을 알린다.

이러한 부분적 유비들은 7장과 8장에 자리한 죽음으로부터 삶으로의 이행을 말하는 중요한 유비를 향한 길을 가리킬 것이다.

9. 죽음 이후의 삶(6 : 2~11)

첫 번째 유비는 아담적인 것과 메시아적인 것의 대조에 대한 논의를 주도했던 언어에, 이른바 죽음과 삶의 언어에 의지한다. 실제로 이는 두 가지 다른 방식으로 표현되어, 세례 의식에 대한 언급으로 그리고 (보다 본질적으로) 메시아의 죽음과 부활에 대한 언급으로 제시된다.

죄에 대해 죽은 우리가 어떻게 여전히 죄 가운데 살 수 있겠습니까? 그렇다면 여러분은 세례를 받아 메시아 여호수아와 한 몸이 된 우리 모두가, 세례를 받아 그의 죽음에 함께한다는 것을 알지 못합니까? 그러므로 우리는 세례를 통해 그와 함께 죽어 매장된 것이며, 메시아가 아버지의 빛나심을 위해〔혹은 빛나심으로 인해〕 **죽은 자들로부터 일으켜진 것처럼, 우리 또한 삶의 새로움 안에서 걷게 될 것입니다.**

이 구절은 흔히 제의적 행위 혹은 심지어 성사의 행위로 인식되는 세례의 중요성을 강조한다고 읽힌다. 바울에게 있어 세례의 제의적 성격을 강조한다는 것은 무언가 이상하다. 자신의 사역에 세례가 별로 중요하지 않기에 자신이 누구라도 세례를 준 사람이 있는지 바로 기억하지 못한다고 말했던 바로 그 바울에게 있어서 말이다(고린도전서 1 : 14~16). 여기에서 바울의 논지는 제의적 행위와는 거의 관련이 없으며, 전적으로 메시아적 사건에 동화되는 자들의 태도 변화와 관련될 뿐이다. 메시아주의자들(한참 뒤에 스스로 "기독교인들"이라 지칭하게 될)은 세례를 메시아적 현실로 진입한다는 상징의 용도로 사용했던 것으로 보인다. 바울은 이 명백히 일반적인 의식에 제의적 의미가 아닌 윤리적 의미를 덧씌운다. 그 요지는 메시아적 현실로 들어간 자들에게 어떤 방식으로든 죄 안에 계속 머무르는 것은 불가능하며, 심지어 생각할 수조차 없는 일이라는 것이다. 그들의 삶의 형식은 영원히 그리고 철저하게 변화된 것이다. 만일 메시아적 사건이 역사의 근본적인 전환을 의미한다면, 이는 또한 이 사건에 통합된(사건과 한 몸이 된, incorporated) 자들에 적용될 수밖에 없다.

로마서 바울 논변의 타당성은 적어도 어느 정도는 로마에 사는 독자들이 비교(秘教, mystery religions)라 불리는 종교들로부터 유래한 관념인 죽은 이후에 다시 살아나는 신의 운명에 대한 통합이라는 관념을 알고 있다는 데 달려 있을 것이다. 그러나 바울 논변의 요지는 신자가 어떤 방식으로든 죽음으로부터의 구원을 얻는다는 것이 아니라, 신의 운명에 통합된 자는 이미 신과 함께 죽었으며 지금 죽은 자로서, 죽음을 앞에 둔 자가 아니라 죽음을 뒤에 두고 지나간 자로서 살아야 한다는 것이다.

이 유비는 상당히 까다롭게 얽혀 있다. 우리의 이해가 요구되는 사항은, 죽음이 죄와 연관된다면, 죽음의 극복이란 동시에 죄의 극복, 즉 부정의의 극복이기도 하다는 점이다. 이런 주장이 타당성을 얻기 위해서는 율법과 관련하여 상기해야 할 사항이 있다. 이는 율법이 정확히 죽음으로 위협하는 힘 곧 법의 힘을 지니기에 이미 한 번 죽은 자들에 대해서는 더 이상 지배력을 행사하지 못한다는 점이다. 그리고 우리가 이미 죽었다면 율법은 더 이상 우리에게 힘을 행사할 수 없으며, 이러한 힘에는 죄가 넘쳐나도록 하는 힘 또한 포함된다. 우리가 죽었다면, 우리는 이미 율법의 범위 너머에 있는 것이다. 심지어 우리의 죽음이 죄 혹은 부정의에 대한 사형선고였다 하더라도 말이다(이 사형선고가 정의롭건 아니건 간에). 그래서 우리의 정의는 '무법적' 정의가 될 것이다.

바울은 우리가 죄와 부정의에 속한 이전의 (아담적) 삶으로부터 확실히 분리되었으며 이전의 삶으로의 회귀를 결코 생각할 수 없는 이유를 이야기하고 싶어 한다. 세례를 받아 메시아 여호수아와 "한 몸이" 되었기에, 우리는 세례를 받아 그의 죽음에 함께한다. 이 유비에는 결코 어떠한 제의적인 의미도 있을 수 없는데, 그 이유는 마가복음과 그 이후 수 세기 동안 메시아와 함께하는 세례에 순교라는 의미가 있었기 때문이다. 다시 말해, 세례는 모든 법의 담당관들에 의해 유죄판결을 받아 처형당한 이의 현실적 운명을 공유한다는 의미를 지닌 것이었다. 이는 분명히 바울이 일반적으로 메시아의 운명에 대한 공유 또는 참여에 관해 이야기할 때 염두에 두는 사안이다. 따라서 이러한 메시아의 운명에 대한 공유 또는 참여란 바울 자신이 유대 사람이나 이방인을 막론한 적대자들에 의해, 특히 사법적 임명을 받은 자들에 의해 고난을 당하게 되는 현실이다. 이후에, 우리가 물의 세례라고 생각하는 것은 피의 세례를 예비하는 의식이 되며, 그 피의 세례는 언제나 물의 세례의 적합한 대체물로 기능한다. 그러나 메시아의 죽음과의 동일시를 나타내는 이런 실재론적 의미 또는 역사적 의미는, 이 메시지를 정치적으로 폭발적인 내용이 아닌 안전한 내용으로 변질시키기 위해, 바로 제거되어야 할 무엇이다.

우리가 〔그와 함께〕 **그의 죽음과 같음으로 연합했다면**, 여기에서 우리가 물어야 할 것은 이것이다. 그의 죽음과 같은 죽음이란 무엇인가? 초기 기독교의 역사가 증언하듯이, 순교라 지칭되었던 것과 같은 차원에 있는 무엇이 아닌가? **우리는 분명히** 〔그와 함께〕 **부활에 연합하게 될 것입니다.** 이 확신의 근거는 메시아의 운명에 대한 공유와 관련되며, 이 운명은 바울이 메시아에게 고난과 죽음을 부과했던 부정의한 체계로부터 오는 현실적인 반대와 언제나 연관시킨 것이다. 그는 이미 환난 가운데 즐거워함에 대해 이야기한 바 있으며, 우리는 이 환난이 "그의 부활과 같은 부활"을 공유하게 될 것이라는 확신의 기초가 됨을 안다.

나는 바울이 하는 이야기에 나타나는 모종의 모호함을 반영하기 위해 번역을 수정했다. 괄호 안에 있는 말은 우리가 메시아와 연합하게 된다는 점을 밝히기 위해 성서 번역자들이 제시한 말이다. 이런 삽입구가 의미를 분명히 전달하기는 하지만, 우리는 또한 그리스어 원문에서 열려 있는 가능성을 그대로 유지해야 하는데, 여기에서 말하는 연합에 한 사람 한 사람과 메시아의 연합이 아니라 *서로에 대한* 연합과 관련된 의미의 가능성이 있기 때문이다. 즉, 우리의 "걸음" 혹은 태도의 새로움은 바로 공통적인 삶, 공유된 삶, 서로 관계를 맺는 삶 같은 어떤 것이다. 데살로니가전서에서, 바울은 그의 독자들이 공유하는 메시아적 사회체의 공통적인 삶 즉 *koinonia*를 특징짓는 "충실함의 행위(!), 사랑의 노역, 희망의 인내"에 대해 이야기한 바 있다(1:3). 이러한 공통적인 삶의 형식이 바로 정의가 굳건히 자리 잡게 될 장소이다.

우리는 우리의 옛 사람이 (혹은 인류가) **공동으로** (그와 함께) **십자가에 달려 죄의 몸이 효력을 잃게 되었고**(*katargethe*), **우리가 더 이상 죄의 노예가 되지 않게 되었음을 알고 있습니다.**

이상하게도 그동안 등장하지 않던 단어가 여기에서 등장한다. 바로 **십자가에 달려**(crucified)[1]라는 단어 말이다. 그러나 지금 이 용어는 메시아의 운명이 아니라 아담적 인류의 처형을 말하는 용도로 사용된다.

여러 성서 번역이 죄에 의해 지배되는 몸의 죽음 또는 파괴를 말하지만, 바울은 그런 것이 아니라 죄에 의해 지배되는 몸이 효력을 잃게 된다는 점을 지시한다. 율법과 마찬가지로, 죄의 권세 아래 있다고 간주되는 몸 또한 효력을 잃게 되는 것이다(*katargethe*). 이 "무효성"(inoperativity)은 아감벤의 법과 세계의 형식에 관한 성찰의 가장 중요한 특징들 중 하나이다. 그가 특별히 바울을 염두에 두고 있건 아니건 간에 말이다. 효력을 잃게 된다는 것은 (몸이 죄 혹은 율법 혹은 세계의 권력이나 구조 중 무엇에 의해 지배된다 하더라도) 단순히 무화되는 것이 아니라 불활성

1 헬라어 원문으로는 *synestaurothe*, '함께 십자가에 달려'라는 의미이다.

화된다는 것을 의미한다(아감벤, 『시간』 97). 아감벤은 또한 "메시아적 *katargesis*(효력 중지)는 단순히 폐지할 뿐 아니라, 보존하여 완성에 이르게 한다"(99)고 주장한다. 우리가 이 주장을 죄에 의해 지배되는 몸에 적용할 경우, 이 몸이 불활성화되거나 효력을 잃게 되어 정의의 몸으로, 또는 심지어 영광 혹은 광휘의 몸으로 완성되리라고 말해야 할 것이다.

죽은 사람은 이미 죄로부터 정의롭게[2] 된 것입니다.

죽음이 "죄"에 대한 벌이라는 점을 상기하자. 누군가 법의 힘에 의해 사형에 처해진다고 한다면, 법에는 더 이상 집행할 벌이 없다. 사형에 처해진 이후, 그는 법의 범위 바깥에, 고발하고 유죄판결을 내려 처벌할 힘 바깥에 놓인다. 이것은 메시아만이 아니라 그의 죽음을 공유한 모든 사람에게 해당한다. 따라서, 메시아와 함께 죽을 때, 우리는 고발하거나 유죄를 선고할 법의 권능을 벗어나게 된다. 사형이라는 형벌에는 더 이상 힘이 없으며, 법은 더 이상 힘을 쓰지 못한다. 즉 법은 불활성화된 것이다. 고발과 유죄판결을 내릴 법이 극복되었다는 점을, 우리는 8장에서 알게 될 것이다. 물론, 바울의 요지는 이것이 그저 유비일 뿐이라는 것이다. 죽은 자는 더 이상 고발당하지 않으며, 죄를 측정하고 이를 고발하며 벌하는 법의 범위 바깥에 놓인다. 죽은 자는, 이러한 최소한의 매우 잠정적인 의미에서, 법에 의해 고발될 수 없기에 정의롭게 되는 것이다.

그러나 우리가 그리스도와 함께 죽었다면, 우리는 또한 그와 함께 살게 될 것임을 확신합니다.

죽은 자들로부터의 부활은 이미 메시아의 부활을 통해 죽음을 극복한 것이다. 만약 그것이 메시아에게 사실이라면 그것은 또한 메시아와 결합한 모든 인류에게 사실이다. 이 메시아적 인류는 포괄적인 범위를

---

2 보통 '해방되다' 혹은 '풀려나다'라는 의미로 번역되는 *dedikaiotai*는 원래 '정의롭다고 선언되다 혹은 인정되다'라는 의미이다.

지닌다. 그러므로 이 논변은 메시아의 부활이 모든 죽은 자들의 부활에, 죽음의 운명에 포함된 모든 자들 혹은 하이데거가 말했던 죽음을-향한-존재(being-toward-death)에 포함된 모든 자들의 부활에 있어 가장 앞 줄에 있다고(바울이 할 법한 말로 하자면, 첫 열매가 된다고) 가정한다.

우리가 알기로, 메시아는 죽은 자들 가운데 살아나서 더 이상 죽지 않으시며, 죽음이 더 이상 그를 지배하지 못합니다.

즉, 부활은 (예를 들어, 나사로의 경우처럼) 일으켜진 사람이 여전히 죽음을 앞두고 있는 단순한 소생이 아니다. 부활의 경우 더 이상의 죽음이 없다. 여기에서 죽음은 앞이 아니라 뒤에 놓인다. 죽음은 삶에 대한 지배력을 박탈당한 것이다. 그리고 이 지배력은 법의 지배와 직접적으로 연관된다.

죄에 대해 죽었을 때 그는 한 번 죽으셨으며, 그리고 살아계실 때 하나님을 위해 사시는 것입니다.

메시아는 한번 죽었다. 죽음은 이미 종료되어 지나간 일이다. 부활을 통해 살아난 이후, 메시아는 죽음이 아니라 신을 목적으로 하는 삶을 산다.

그러므로 여러분 또한 스스로 죄에 대해 죽은 사람이며 메시아 안에서 하나님을 위해 사는 사람이라 생각해야 합니다.

의문의 여지 없이 바울의 언어와 은유가 당황스러울 정도로 복잡하다고는 하지만, 그가 제시하고자 하는 논지는 분명하다. 메시아와의 동일시를 통하여 메시아적 현실로 들어간 자들은 죄와 죽음으로 이루어진 아담적 현실을 떠나야만 한다. "죽음 이후에" 삶은 그것이 더 이상 법 아래의 삶이 아니라 하나님을 향한 삶인 것과 마찬가지로 또한 우리에게 실존이 더 이상 "죽음을-향한-존재"가 아님을 의미한다. 이는 우리가 통합되는(incorporated, 한 몸이 되는) 메시아적 현실이다.

이 직설법 문장은 동시에 명령법을 수반한다. 바울은 다음과 같이 기술한다. **죄가 여러분의 필멸의 몸을 지배하여 죄의 정념에 굴복시키도록**

하지 마십시오. 그것은 지배자로서의 죄, 즉 지배자로서 군림하여 몸이 그 자체의 정념에 봉사하도록 하는 죄의 문제다. 이 지배의 이미지는 우리가 지배의 문제에 의해 결정되는 정치적 상황 가운데 있다는 점을 상기시킨다. 지배자의 지배는 죽음의 위협에 의해 강요되며, 따라서 필멸의 몸에 대한, 즉 죽을 운명에 처한 몸에 대한 위협이다. 이러한 죽음의 위협을 통해, 지배자는 피지배자(subject)를 지배자의 욕망에 복종하게 만든다. 지배자는 공포를 일깨움으로써 지배를 실행한다. 우리 삶이 공격당하며, 우리 삶의 방식이, 우리 자유가, 그리고 우리 문명이 위협에 처해 있다고, 지배자는 말할 것이다. 이러한 공포와 분노에 휩쓸리지 않아서 지배자가 의도하는 위협에 영향을 받지 않는다면, 우리는 대의, 조국, 인민을 배신한 것이므로 사형이라는 형벌에 처해진다. 내가 이러한 유비들을 사용하는 이유는, 정념과 육신에 대한 바울의 언급을 해석하는 방식의 역사가 이 용어들을 너무나 성적 특성을 부각하는(sexualized) 방식으로 전개되었기에, 이 용어들이 바울에게 매우 다른 의미를 지닌다는 점을 인식하기가 극히 어렵다고 확신하기 때문이다. 그것은 바로 사회정치적 의미이다. 우리가 죄의 지배 아래 두는 정념은 공포, 분노, 탐욕, 혐오와 같은 정념이다. 이러한 정념은 사회적인, 혹은 보다 정확히 말해서 반사회적인 정념이다. 이는, 어느 신문에서나 입증될 그대로, 정치적인 것의 정념인 것이다.

10. 부분적 유비(6 : 12~7 : 6)

지배라는 주제에 의하여 촉발된 도구 또는 무기의 유비가 중간 단계로 이어진다. **여러분의 지체[3]를 부정의의 도구/무기로 내어주지 말고, 하**

3 *mele*라는 말의 번역어. 이는 팔다리와 같은 몸의 일부를 뜻하는 말로 영어로는

나님께 여러분 자신을 죽은 자로부터 살아난 자로 그리고 여러분의 지체를 정의의 도구/무기로 바치십시오. 공포와 분노라는 (반)사회적 정념들에 의해 지배당할 때, 우리는 부정의의 도구가 되며, 의식적으로든 무의식적으로든 폭력과 죽음의 지배에 조력하는 공범이 된다. 바울의 시대에, 이는 우리가 제국적 지배의 기획에 공범이 된다는 의미였을 것이다. 우리의 시대에, 우리는 우리 자신의 절대권(imperium)을 이루는 폭력적인 경제와 군사 구조에 연루된 공범이 된다. 예컨대, 최근의 미국 역사에서, 절대 다수의 시민들이 공포에 질려 예방적 전쟁, 고문 정책, 그리고 일반적으로 인류에 대한 범죄라는 말 외에 다른 말로는 지칭할 수 없는 어떤 것에 기꺼이 참여하는 공범이 되었다고 여겨진다. 공포, 탐욕, 분노 등을 부추기는 메시지에 자극되어, 그렇지 않았다면 훌륭한 사람들이 보다 평온한 상태에서 성찰할 때 혐오하게 될 그러한 정책의 도구가 되었다. 죽은 자들 가운데 일으켜진 자들이기에, 우리는 이제 우리 자신을 정의의 도구로 만들어야 한다고, 바울은 말한다.

여러분은 율법이 아니라 관대함 아래 있으므로, 죄가 여러분을 다스릴 수 없을 것입니다. 다시 한 번 정의와 호의의 연결관계가 주장된다. 신적인 호의는 우리를 죽은 자들로부터 일으키며, 정의를 생산하고, 우리를 부정의의 도구가 아닌 정의의 도구로 만든다(비록 이 정의가 법 바깥에 위치한 정의라 하더라도). **우리가 율법 아래 있지 않고 은혜 아래 있으니, 죄를 짓자는 말입니까? 결코 그럴 수 없습니다!** 우리의 논의는 이 주제로 시작되었고, 바울이 아직 스스로 만족할 만큼 충분히 이를 다루지 못했다는 점은 명백하다. 당연히, 그는 자신의 주장을 밀어붙이기 위해 단호히 추가적인 유비를 제시한다.

첫 번째 유비는 한 주인으로부터 다른 주인에게로 소유권이 옮겨진 노예에 관한 유비이다. 이 유비를 탐색함에 있어 우리가 기억해야 할 사

---

members, 우리말 성서에서는 '지체'(肢體)라는 말로 번역된다.

항은 바울이 자신을 **메시아의 노예**로 소개했다는 점이며, 그는 이제부터 이 명칭이 그의 독자들에게도 적용될 것이라는 논변을 펼칠 것이다. **여러분이 순종을 위한 노예로 자신을 내놓는다면, 여러분이 순종하는 이의 노예임을 알지 못합니까?** 바울이 가정하는 것은 누군가가 자발적으로 선택하여 노예가 되는 설정인데, 정상적인 상황에서 노예가 되는 방식은 전쟁에서 포로가 되거나 혹은 납치당하는 것이다. 아마도 살아남기 위해, 극심한 빈곤을 피하기 위해 노예가 되거나 혹은, 보다 그럴 법한 경우를 꼽자면, 전쟁에서 노예가 된다는 것을 알면서도 항복하여 절멸의 위협을 피하는 경우가 불가능하지는 않았을 것으로 보인다. 이 기이한 유비의 이유는 상당히 노골적인 양자택일을 제안하기 위함이다. **죽음을 향한 죄의 노예가 되거나, 아니면 정의에 이르는 순종의 노예가 되거나.** 한편의 순종은 죽음에 이르며, 반대로 다른 한편의 순종은 정의에 이른다. 바울이 제시하는 것은 우리가 어떤 경우에도 노예일 수밖에 없다고 말하는 사변적 인간론이 아니라, 정의에 의한 지배 아니면 부정의에 의한 지배를 결정하는 철저한 양자택일이다. 그에게 중요한 것은 우리가 한편(부정의)을 떠나면 온전하게 다른 한편(정의)으로 들어가게 된다는 점이다. 여기에 중간 지대는 없다. 우리는 또한 이것이 그 자체로 정의와 같다는 이야기가 아니라 **정의에 이르는** 것을 말한다고 지적할 수 있을 것이다. 이러한 이동에는 일종의 내적인 필요가 있으나, 어쨌든 이는 오로지 정의의 방향을 향한 이동이다. 만일 이것이 그저 자동적인 이동일 뿐이라면, 이를 권면할 필요는 없었을 것이다.

그러나 하나님 덕분에, 죄의 노예였던 여러분은 여러분에게 전해진 가르침에 마음으로부터 순종했습니다. 새로운 상황에서 **순종**은 **마음으로부터** 오는 것, 즉 부정의에 대한 마지못해 하는 복종과 대립되는 자발적인 순종이다.(7장 말미에서 이에 관한 이야기를 더 듣게 될 것이다.) 기꺼이 하는 태도는 일종의 이해에 기초한 가르침에, 즉 정보가 주어진 이후에 하는 동의에 대응한다. 교부시대의 신학자들은 신이 언제나 설득을 통해 행위하며, 결코 강요를 통해 행위하지 않는다고 주장할 것이다(예를 들어, 『디오그네투스에게 보낸 편지』 7 ; 이레니우스 5.1.1). 이는 부정의가 이용하는 정념의 유혹에 대립되는 것이다. **그리고 죄에서 해방되어 여러분은 정의의 노예가 되었습니다.(여러분의 육신이 약하므로 내가 인간적으로 이야기하는 것입니다.)** 여기에서 인간적인 이야기에 대한 언급은 그가 이야기하는 것 — 특히 **정의의 노예**라는 의도적으로 사용된 역설적인 문구 — 의 은유적 성격을 강조한다.(이는 또한 자신을 **메시아의 노예**로 소개하는 바울의 결정에 추가적인 해명을 제공할 수 있을 것이다.)

여러분이 전에는 자기 지체〔우리는 지체가 이전의 유비에서 무기 또는 도구로 제시되었다는 점을 기억한다〕**를 불결함과 불법**〔이전의 유비에서 부정의에 상당하는 것〕**의 노예로 내맡겼던 것처럼, 이제는 여러분의 지체를 정의의 노예로 바쳐서 거룩함에 이르도록 하십시오.** 그렇다면 정의는 거룩함에 이르는 것이다. 바울은 이미 그의 편지를 받는 사람들을 거룩하다고 불리는 자들로 규정했으며, 여기에서 그는 거룩하게 됨의 기초가 정의롭게 됨이라는 점을 명시하고 있다. 즉, 우리가 (거룩한) 신에게 속하는 길은 정의를 통하는 것이다. 법으로부터 혹은 법에 따라오는 것이 아니라 법의 외부로부터 오는 정의를 통하는 길 말이다.

죄의 노예였을 때, 여러분은 마치 정의의 요구로부터 자유로운 것 같았으나, 그로부터 수치 외에 무엇을 얻었습니까? 이러한 것들의 마지막은 죽음입니다. 여기에서 1장에 제시된 로마 문명에 대한 기소장을 상기할 수 있을 것인데, 그중에서도 특히 사회질서를 지배했던 믿음 없음과 죽음과 파괴라는 종말로 이르는 적의를 이야기한 내용을 상기할 수 있다. 거기에서 그는 또한 수치와 죽음에 대해 이야기했다. 바울은 여기에서 이미 메시아적 사회체의 일부가 된 자들만이 아니라 이 사회체의 증언이 미치는 범위 안에 있는 자들에게도 말 건네고 있는 듯 보인다. 그러나 메시아적 선포에 귀 기울이는 자들은 쇠퇴하고 있는 오래된 세계 질서를 특징짓는 수치와 파괴로부터 분리되기 시작한다.

그러나 이제 여러분은 죄로부터 해방되어 하나님의 노예가 되었으며, 이로부터 여러분이 얻은 열매는 거룩함과 그 완성인 영원한 생명입니다. 한편의 순종이 죽음에 이르게 한다면, 다른 한편의 순종은 생명에 이르게 한다. 이 생명은 영원한데, 그것이 이미 죽음을 거쳤으므로 죽음은 생명의 앞이 아니라 뒤에 있기 때문이다. 우리가 듣게 되는 이야기는 (우리가 이야기 들었던 충실함의) 순종은 정의에 이르며, 다음으로 정의는 신에게 속함(거룩함)에 이르고, 신에게 속함은 다시 한정 없는 삶에 이른다는 것이다. 이 한정 없는 삶, 즉 이 삶의 넘쳐나는 풍성함은 메시아를 통해, 메시아와 그의 길에 대한 우리의 지지를 통해 도래하는 선물의 목적이다.

죄의 삯은 죽음이지만, 하나님의 관대한 선물은 우리 주인 메시아 여호수아 안에서 누리는 끝없는 생명입니다. 당신이 죄에 대한 순종으로부터 얻는 것은 수치와 죽음이며, 같은 방식으로 신에 대한 순종으로부터 얻는 것은 거룩함과 생명이다. 그러나 여기에서 바울은 일어날 수 있는 오해를 교정하려 한다. 첫 번째 경우에 얻는 것은 삯(wages), 즉 받아야 할 무엇이다. 두 번째 경우에 얻는 것은 삯이 아니라 선물이다. 선물의 기초는 순전한 은혜, 호의, 혹은 무조건적인 신의 관대함임을 상기해야 한다.

지금까지 펼쳐진 유비들(죽음, 무기, 노예)에 내포된 "양자택일"(either/or)의 성격은 법의 문제를 뒤로 하는 듯 보였다. 이 유비들은 죄와 폭력과 부정의와 죽음으로 점철된 과거와의 철저한 단절을 강조했으며, 따라서 정의와 거룩함과 생명으로 이루어진 새로운 메시아적 현실로의 진입을 강조했다. 그러므로 죄 또는 부정의가 더 이상 메시아적 현실과 통합되는 자들을 위한 선택지가 아니라는 점이 강조된다. 이제부터 바울은 결혼의 유비를 통해 이 논의를 보다 명시적으로 법의 문제로 되돌린다.

동지〔형제〕 **여러분(나는 율법을 아는 사람들에게 말합니다), 율법은 사람이 살아 있는 동안에만 그 사람을 지배한다는 것을 알지 못합니까?** 이는 일반 원칙이며 단순해 보인다. 예를 들어, 법적 책무는 죽음으로 무효가 될 것이라는 식으로 말이다. 이 원칙을 통해 우리는 6장 첫 부분에 제시된 메시아의 죽음을 함께 나누는 사안에 대한 논의로 돌아가게 된다. 또한 이 원칙은 법의 기능이 죄와 죽음의 기능과 유사하게 지배 또는 통치임을 상기시키며, 이런 방식으로 정치적인 것의 영역이 계속 작동하게 한다.

결혼한 여자는 남자가 살아 있는 동안 법으로 남자〔*andros*〕**에게 매여 있습니다. 그러나 남자가 죽으면 그녀는 남편의 법**〔*nomou tou andros*〕**에서 풀려납니다.** 이는 대담한 유비인데, 우선 독자가 (방금 "형제"라고 불렸으나) 자신을 부인 혹은 과부로 생각하도록 요청한다는 점에서 그렇다. 이 요청은 성정체성 면에서 매우 이상하다고(queer) 말할 수 있을 것이다. 게다가, 이 유비는 결혼을 지배하는 것으로서의 남자의 법에 대해, 혹은 더 정확하게 말해서 남성의 법에 의해 지배되는 결혼한 여성에 대해 이야기한다. 물론, 이는 정확하게 사실이다. 결혼은, 게일 루빈[4]이 상기하는 것처럼, 남성의 여성 매매에 기초한 제도이다. 여성은 남성들 사이에서 거래된 재산, 무엇보다 첫 번째 재산이다. 그리고 여성들은 정확하게 재산으로, 즉 남성에 의해 소유되며 재산권으로서 법에 의해 보호되어야만 하는 재산으로 거래된다. 여성들이 이러한 가부장적인(patriarchal, 혹은 남성-중심적인(andri-archal)) 법으로부터 빠져나올 수 있는 길은 남성의 죽음밖에 없다!(바울의 언어에는 "남자(male)"와 구별되는 "남편(husband)"에 해당하는 용어가 없다.)

그러므로 남자가 살아 있는 동안에 그 여자가 다른 남자와 함께하면, 그 여자는 간음한 여자라는 말을 듣게 됩니다. 그러나 남편이 죽으면 그녀는 그 법에서 해방되어 다른 사람이 그녀의 남자가 되더라도 간음한

---

4 Gayle Rubin, 미국의 문화인류학자, 성 문제 및 젠더 정치 활동가이자 이론가로 잘 알려진 인물.

여자가 되지 않습니다. 이 구절은 간통법이 남성의 법이라는 점을 보여준다. 그것이야말로 남성이 스스로 재산권을 보장하는 방식이다. 여자는 첫 번째 남자가 죽으면 그 법으로부터 자유롭게 되어 다른 남자를 선택할 수 있다. 남성의 법은 더 이상 그녀가 원하는 다른 남자의 선택을 막지 못한다.

물론, 이는 "단지" 유비일 뿐이다. 우리가 아는 대로, 바울은 여성이 새로운 남자와 함께함으로써 그녀의 이익이 가장 잘 지켜진다고 생각하지 않았다. 고린도전서로부터 알 수 있는 대로, 바울은 일반적인 결혼 제도에 의구심을 가진다. 게다가, 이 결혼 제도에 대한 의심의 태도는 바울 이후 기독교 초기 수 세기에 나타나는 가장 매력적인 특징들 중 하나였다. 여성들은 (그리고 남성들은) 결혼의 강요로부터 자유롭게 풀려나는 것이 명백히 많은 사람(여성들로 국한되지는 않지만 특히 여성들)에게 매우 억압적이라고 여겨지는 사회 구조로부터의 위대한 해방이라고 생각했다. 하지만 바울이 사용하는 "이 남자 또는 저 남자"의 선택은 이 유비를 죄냐 정의냐 하는 엄격한 양자택일의 구조로 유지한다.

그러나 이 기묘한, 혹은 실제로 성정체성 면에서 이상한(queer) 유비를 적용할 때가 되었다.

이와 같이, 동지들이여(형제들이여), **여러분은 그리스도의 몸으로 말미암아 율법에 대해서는 죽었습니다. 그래서 여러분은 다른 이,[5] 곧 죽은 사람들 가운데서 살아나신 그분에게 속하게 되었으며, 이로써 우리는 하나님을 위하여 열매를 맺을 것입니다. 이전에 우리가 육신 안에 있을 때, 죄의 정념은 우리의 지체들 안에서 작용하여 죽음을 위한 열매를 맺었지만, 이제 우리는 율법으로부터 풀려나 우리를 포로로 잡고 있던 것에 대해 죽었습니다. 그래서 우리는 문자의 오래됨이 아니라 영의 새로움 안에서 노예가 됩니다.**

5 '다른 이'로 옮긴 *hetero*는 '다른 사람' 혹은 '다른 남자'를 뜻하는 단어이다.

이 구절은 상당히 난해해 보인다. 이 유비는 따라가기 어려울 정도로 너무 이상하고 과격하다고 생각될 수도 있겠지만, 어쨌든 유비일 뿐이다. 그러나 부인의 유비에는 아직 아이의 임신과 같은 것이 남아 있다(열매를 맺음, 즉 죽음을 위해 혹은 신을 위해 열매를 맺음). 우리는 우리의 정념을 자극하는 죽음에 의해 임신하거나, 혹은 신이나 영에 의해 임신하여 삶 또는 생기의 열매를 맺는다.

우리는 율법으로부터 풀려나지만(율법은 여자에 대한 남자의 법과 같은 것이다) 여기에서 이 해방은 남자의 죽음을 통해서가 아니라 메시아의 죽음에 참여함을 통해서 이루어지는 것이다. 이런 방식으로 바울은 결혼 유비의 방향을 돌려 이를 다시 메시아의 죽음과 연결한다. 그러나 그가 이 유비(그리고 아마도 어느 정도 그의 수사의 중심)에 들어가는 것은, "남성의 법"과 관련해서건 혹은 우리가 "풀려난" 율법과 관련해서건, 결국 법의 문제로 향하기 위한 것이다. 그러나 여기에서 그는 남자의 죽음이 아니라 우리 자신의 죽음에 의해 법의 문제를 다룬다.

이 논의에서, 바울이 강조하고자 했던 것은 메시아의 죽음과 부활에 통합된 이후 뒤따르는 새로운 삶이 무엇보다 정의의 삶이라는 점이다. 따라서 이 삶은 이전에 지속되던 방식의 삶 혹은 거짓된 삶(pseudolife)과 철저하게 구별된다. 법보다는 관대함 혹은 호의에 대해 말하는 것은 정의의 요구를 빠져나가기 위한 방식이 아니라 법의 행위로는 불가능한 방식으로 정의의 요구를 충족하는 방식이다. 따라서, 메시아적 인류는 아담적 인류로 되돌아갈 수 없다. 죄는 죽음과 마찬가지로 어떠한 미래도 없는, 이미 "죽어 지나가버린" 과거의 일이 된다. 바로 이러한 양자택일(either/or)로 인해, 교부시대의 기독교는 "세례 이후의 죄"가 있을 수 있다는 가능성에 대해 당황할 수밖에 없었는데, 이로 인해 바울이 제시한 철저한 이행에 의문이 제기된다고 여겼기 때문이다.

세 번째 전개부 B

중요한 전환부(7:7~8:39)

바울은 몇 가지 유비를 펼쳐놓는데, 이 유비들은 모두 메시아적 현실이 아담적 현실로부터 철저하게 구별된다는 의미를 지닌다. 이 구별은 새로운 메시아적 현실 가운데 죄 또는 위반의 장소에 관한 질문과 관련된다. 그의 주장은 메시아적인 것 안에는 죄를 위한 장소가 없으며, 그러므로 새로운 현실이란 법의 지배를 특징지었던 부정의를 대신하여 정의가 지배하는 현실이라는 것이다. 그는 지금부터 착수할 법과 영(spirit)에 관한 확장된 논변을 통해 이 같은 주제를 해명한다.

11. 죽음과 율법(7:7~25)

결혼과 관련한 유비는 아브라함의 믿음에 관한 논의에서 등장했던 주제로 논의를 되돌려놓는다. 즉, 아브라함의 신앙이 율법 이전에 혹은 율법 바깥에 있는 정의를 생산한다는 주제로 말이다. 바울은 새로운 정의가 **율법과 상관없이**(3:21) 드러났다고 말했으나, 율법이 전복되는 것이 아니라 오히려 떠받쳐진다고 말한다(3:31). 그는 '**율법이 들어와 범죄가 넘치게 되었으나**'(5:20)라고 말하며 죄와 법 사이의 기이한 관계를 암시했다. 그는 더 나아가 우리가 여기서 다룰 부분의 바로 직전에 다음과 같이 덧붙였다. **우리가 육신을 따라 살 동안, 율법으로 말미암아 일어난 죄의 정념이 우리 몸의 지체 안에서 작용하여 죽음에 이르는 열매를 맺었습니다**(7:5).

율법의 결과로 범죄가 넘쳐나거나 혹은 (우리가 "정치적 열정"으로 기억하는) 우리의 죄 많은 정념이 그 때문에 불붙게 될 경우, 어떤 의미에서 율법은 죄와 동일시된다고 여겨진다. 바울은 이제 메시아를 지지하는 자들에게 죄는 이미 지나간 일임을 보이고자 노력했으며, 그의 유비들은 이 메시아주의자들이 어떤 의미로든 율법의 영향권 너머에 있음을 시사한다.(이것은 분명히 "무법적(outlaw)"이라는 말의 한 가지 의미이다.) 그러나 여러 측면에서 아직 완전하게 결말이 맺어지지 않고 있기에, 어느 정도의 설명이 필요하다. 우리는 어떻게 율법을 폐기하거나 전복하지 않을 수 있는가? 어떤 의미에서 율법은 유지되어야 하는가?

이후 바울은 아직 해결되지 않은 다른 질문으로 나아간다. **율법이 죄라고 말해야 하겠습니까? 결코 아닙니다.** 앞에서 비슷한 대답과 함께 제기된 이런 종류의 질문들의 주제는 죄였으나, 여기에서 제기된 질문의 주제는 법이다. 우리는 법과 죄가 밀접하게 관련되어 있다는 점을 알고 있으나, 어쨌든 이 둘은 단순히 동일시될 수 없다. 이를 어떻게 생각해야 할까?

먼저, 법과 죄 또는 위반의 지식 — 혹은 앞에서 들었던 것처럼 죄 또는 범죄의 측정 — 사이의 연결관계가 있다. **죄는 율법이 있기 전에도 세상에 있었으나, 율법이 없을 때에는 죄가 측정**〔계산〕**되지 않았습니다**(5:13). 앞에서 그가 말했던 것처럼, **율법이 없는 곳에는 위반도 없습니다**(4:15). 따라서 바울은 앞서 이 주제가 해명되어야 한다는 신호를 보냈던 것이다. 그는 이제 그 과제로 돌아선다. 우리는 심지어 그의 사유가 진척되는 양상을 볼 수 있다. 4 : 15에서 그는 단순히, 율법이 없는 곳에는 위반도 없다고 말할 뿐이다. 그러나 5 : 13에서 그는 율법에 앞서 죄가 있었으나 율법이 있기 전에는 죄가 측정되지 않았다는 점을 명확히 했다.

지금 바울이 말하는 바는 이런 것이다. **율법에 의하지 않았다면, 나는 죄를**〔혹은 죄에 관해?〕 **알지 못하였을 것입니다. 율법에 "탐내지 말아라" 하지 않았다면, 나는 탐심이 무엇인지를 알지 못하였을 것입니다.** 여기에는 바울이 살았던 시대에 출현했던 유대교에서 이미 볼 수 있는 탐심과 관련한 율법의 요약이 제시된다(케제만(Käsemann), 『로마서 강해』 194). 이를테면, 다른 사람에게 속한 것을 가지고자 하는 욕망이 모든 죄의 요약으로 제시된다는 것이다. 이는 또한 어느 정도 스토아적 지혜와 공명하는 지점이 있는데, 스토아 철학에서 좋은 삶이란 자기 자신의 한계 안에 머무는 행동양식과 관련된다.

여기에서 도입되는 1인칭 단수를 어떻게 이해할 것인가? 우선 "법에 앞서" 있고, 다음으로 법 아래 있으며, 법을 통해 분별을 얻는 모습을 보이는 이 "나"는 누구란 말인가? 이는 아마도 우리 앞에 놓인 이 구절의 해석에서 가장 중요한 문제가 될 것이다. 그리고 여기에서 이 "나"는 우리가 이전에 (메시아적 인류와 대조적인 위치에 있는) 아담적 인류로 마주쳤던 자일 수밖에 없다는 점이 명확해 보인다. 중요하게 기억해야 할 사항은 아담적 인류가 5 : 12~21의 논변에서 율법에 앞서 있으며 또한 (다음으로) 율법 아래 있는 것으로 간주된다는 점이다. 실제로, 법이 있을 때와 법이 있기 이전 간에 드러나는 차이는 지식의 차이와 죄의 증가이다. 그러나 아담적 인류의 이러한 양상들이 (율법 이전에 그리고 율법 아래) 공유하는 것은 바로 죄와 죽음이다. 율법은 기본적인 문제를 해결하는 것이 아니라 오로지 이를 드러내고 악화시킬(과장할) 뿐이다.

이 논의에서 관건은 바로 율법이 아담적 인류 안에서 죄의 소거가 (그리고 정의의 생산이) 아니라 실제로는 죄가 보다 뚜렷하고 빠르게 전염되도록 만들게 되는 방식이다. 이와 관련하여 말하자면, "나"는 죄와 죽음에 속한 아담적 인류라는 점이 명백해 보이지만, 이 인류는 율법을 알고 있으며 (이후에 이야기될 그대로) 심지어 율법을 사랑하기도 한다.

바로 이 "나"에 다른 의미를 부여함으로써 — 말하자면, "나"를 메시아적 인간의 상황에, 즉 율법이 아니라 선물 아래 있는 자의 상황에 전이시킴으로써 — 해석의 역사와 신학 전체에 엄청난 피해가 일어났다. 그래서 기독교는 죄에 관한 "현실주의적" 견해의 지속에 알리바이를 제공했고, 이에 따라 "율법 아래" 사는 것이 지속되며 위반을 폐지하기보다는 그저 용서에 그치는 삶의 방식에 알리바이를 제공했다.

그렇다면 선결되어야 할 과제는 바울의 메시아적 기획에 최대한의 무게를 싣는 것이다. 메시아적인 것의 성격은 바로 알랭 바디우가 상황의 지식이라 말하는 것에 비추어 측정할 때 비현실적으로 보이는 것이다. 바디우가 기술하는 바에 따르면, "하나의 진리 과정은 기존에 확립된 상황의 지식에 이질적이다"(『윤리학』 43). 그것은 데리다가 말하는 "불가능한 것"의 범주와 관련하여 지식의 한계 혹은 그 너머에 위치한다. 데리다가 선물에 대해 말하는 바에 의하면, "선물을 그 자체로 알 수는 없지만, 그것을 사유할 수는 있다. 우리는 알 수 없는 것을 사유할 수 있다"(『신, 선물, 그리고 포스트모더니즘』 60).

비(非)메시아적 관점은, 율법 아래 있고 율법을 사랑하지만 그럼에도 율법이 요구하는 바를 실행하지 못하는 자에 대한 바울의 근본적으로 동정적인 묘사로 인해 타당해 보였다. 바울은 어떤 방식으로든 명백히 "타락한" 자의 최악의 예를 드는 것이 아니다. 그의 묘사는 어떤 의미에서 "율법이 요구하는 바를 실행하는" 정의로운 이방인의 묘사에 잘 들어맞는다. 이는 또한, 바울이 빌립보서에서 자신에 관해 이야기하는 대로, "율법에 관하여 흠 없는" 정의로운 유대인과 일치할 것이다. 그러나 바울의 기본적인 논변은 이 중 어느 경우도 "율법과 상관없이" 오는 정의와 무관하다는 것이다. 메시아적 정의는 더 이상 죄의 혼합과 정의로운 일을 행하지 못하는 무능력 등에 의해 타락하지 않는 정의다. 오히려, 메시아적인 것은 정의의 요청과 요구 — 즉, (진노의 위협이 아니라) 신적인 선물 또는 관대함에 기초한, 그리고 이에 따라 행위보다는 충실함에 기초한 요구 — 에 응답하는 방식으로 강화되거나 고무된다. 당연히 이러한 논변을 이해하는 올바른 방식은 이를 우리가 지금까지 마주쳤던 방식들과 같은 또 하나의 대조로 보는 것이다. 이 7:7에서 시작하는 논의는 다시 "이전"에 관한 것이며, 이에 대해 이어지는 장의 첫 부분(8:1~13)은 "이후"에 대한 묘사로 기능한다.

그러나 죄는 이 계명에서 기회를 잡아, 내 속에서 온갖 탐심을 일으켰습니다.

여기에서 말하는 것은 어떤 의미에서 죄가 율법을 지배하여 율법이 죄의 촉발로 향하도록 한다는 점이다.

율법과 상관이 없다면, 죄는 죽은 것입니다. 나는 한때 율법과 상관없이 〔혹은 율법 이전에〕 **살아 있었으나, 계명이 들어왔을 때, 죄는 살아나고 나는 죽었습니다. 내게 생명이었던** 〔혹은 생명이 되어야 했던〕 **계명은 죽음이 되었습니다. 죄는 계명에서 기회를 잡아 나를 속이고 그 계명으로 나를 죽였습니다.**

바울 논변의 해명을 위해서는 자크 라캉의 고찰로 눈을 돌리는 것이 도움이 될 듯한데, 그는 1959~1960년에 진행했던 정신분석 윤리에 관한 세미나에서 정신분석의 용어로 해명하고자 했던 메커니즘의 예로서 로마서 7:7~11을 해설한다(83). 라캉의 정신분석적 언어로 이야기하자면, 이는 '법'에 앞서 삶을 시작하지만, 이후에 "법"을 상징적 질서, 아버지의 "법", 욕망의 금지 등으로 마주하게 되는 모든 사람의 이야기가 된다. "법"은 금지된 것을 자제하도록 하기보다는 그저 그것을 보다 매력적인 것으로 혹은 거부할 수 없는 것으로 만들 뿐이다. 따라서 우리는 (금지로서 제시된) "법"의 변증법을 마주하게 된다. 그것은 욕망의 유발과 이에 따른 법의 위반이라는 두 항으로 구성된 변증법이다.

이러한 논점에 관한 라캉의 바울 독해가 이 텍스트에 관한 이후의 철학적 독자들(특히 바디우와 지젝)에게 현저한 영향을 미치기에, 이 논지에 좀 더 많은 관심을 기울일 가치가 있다. 이 구절에 관한 논평에서, 라캉은 이렇게 서술한다. "사물(Thing)과 "법"(Law)의 관계는 이런 말로 하는 것보다 더 훌륭하게 정의될 수는 없을 것이다. … 욕망과 "법"의 변증법적 관계는 우리의 욕망이 오직 "법"과의 관계 안에서 타오르게 하는데, 이를 통하여 그것은 죽음에 대한 욕망이 된다. 오직 "법"으로 인해 죄, 즉 *hamartia* — 그리스어로 결여와 "사물"에 대한 비(非)분유(non-participation)[1]를 의미하는 — 는 초과적이며 과장적인 성격을 취한다"(83~84). 이후에 라캉은 다음과 같이 말한다. "우리는 실제로 위반이 없다면 주이상스(향유, jouissance)[2]로 가는 접근로도 없다는 정식과, 사도 바울로 돌아가, 그것이 바로 "법"의 기능이라는 정식을 받아들이는 지점에 이르게 되었다. 위반은 주이상스의 방향에서 오로지 대립적인 원칙에 의해, 법의 형식들에 의해 지탱될 경우에 일어난다"(177).

슬라보예 지젝이 저술한 거의 모든 글에서 그가 라캉에게 빚지고 있다는 점이 명백히 드러나는데, 지젝은 바울이 이러한 명령, 촉발된 욕망, 위반의 변증법이라는 덫에 갇히지 않고, 오히려 사랑이라는 개념을 통해 이 덫에서 빠져나갈 탈출구를 제공할 것이라고 말한다. 그가 기술하는 바에 따르면, "만일 바울의 아가페(사랑, agape), 즉 "법"과 죄의 상호적 얽힘 너머로 가는 움직임이 죄의 특수성을 법의 보편적 영역에 상징적으로 통합하는 발걸음이 아니라 정확하게 그 반대라면, 법 자체의 영역을 떠나는, 바울이 말하는 그대로 '법에 대해 죽는'(로마서 7:5) 전

1 hamartia는 어원적으로 a-(아님)+-meros(부분, 분유, 나눔)로 분석된다. 따라서 이 말은 '죄', '실패', '과오'라는 의미 외에도 non-participation, 즉 '비(非)분유', '나누지 않음'의 의미도 지닌다.

2 jouissance는 프랑스어 동사 jouir('즐기다', '누리다', '육체관계를 갖다', '향유하다')의 명사형이다.

대미문의 몸짓이라면 어떻게 할 것인가?"(『무너지기 쉬운 절대성』 96). 그는 이후의 텍스트에서 이 논점으로 돌아가 로마서 7:7을 인용하며(『꼭두각시』 135), 라캉의 세미나 20권이 이러한 가능성을 정신분석적으로 추적한다고 말한다(114, 116). 우리는 앞으로 바울이 실제로 이러한 심리학적인 (혹은 정치적인) 교착을 뚫고 나가는 방식을 보게 될 것이다.

물론 라캉의 바울 독해가 정신분석적으로 훌륭하게 들어맞는 이야기를 한다는 점은 인정하지만, 나는 바울이 여기에서 훌륭한 심리학 이상의 무엇을 하고 있다고 주장한다. 바울의 이야기가 분명히 특정한 정신역학(psychodynamics)의 이해에 있어 시사하는 점이 있기는 하지만, 그는 훨씬 넓은 화폭 위에서 작업하고 있다. 이 더 넓은 화폭을 이해하기 위해서 (그리고 여기에서 작동 중인 정치적 사유를 다루기 위해서), 바울의 논변을 그가 시도했던 일반적인 주장에 연결할 수단에 관심을 기울여 보자.

우선 우리는 삶과 죽음이 다시 시야에 들어온다는 점에 주목한다. 물론 아담적인 것과 메시아적인 것에 대한 이전의 논의와는 매우 다른 방식으로이기는 하지만 말이다. 삶과 죽음은 재배치되어 이제 상당히 다른 효과로 이어진다.

법 이전에 = 나는 살아 있고, 죄는 죽었다.

법 아래에서 = 죄는 살아 있고, 나는 죽었다.

거기에서 우리가 다른 이행에 관여했다는 점에서, 말하자면 죽음에서 삶을 향한 이행에 관여했다는 점에서, 이러한 구도는 앞에서 제시된 것과 대조된다. 즉, 우리는 죽은 자로서의 메시아에게서 (또는 메시아적 인간에게서) 삶으로 되돌려진 자로의 이행에 초점을 맞추었다. 이제 우리는 어떤 방식으로 인간이 "죽은 자"가 되었는지 혹은 죽음에 지배되는 자가 되었는지 해명할 것이다. 이는 (다시) 법의 도래와 관련된다.

이 법 이전과 법 아래의 구도를 어떻게 이해할 것인가? 우리가 아는 것처럼 바울에게 있어 "법 없는" 자들도 옳은 일 혹은 정당한 일을 할 수 있을 정도로 충분히 신을 알고 있으며, 그런 이유로 그들은 "변명할 수 없다." 하지만 법 이전의 사람, 즉 살아 있으며 오히려 죄가 그에게 죽은 것으로 간주되는 이 사람은 누구인가?

바울은 명시적으로 말하지 않으며, 이에 의해 다양한 시사점으로 이르는 문을 열어놓는다. 이러한 시사점들 중 하나는 아우구스티누스나, 혹은 더욱이 루터가 제시하는 자전적(自傳的) "고백"이다(예를 들어, 브르통(Breton) 89). 실제로, 법에 관한 갈등이 드러나는 니체의 바울 읽기는 루터의 고뇌를 바울에게로 다시 되돌려 읽는 듯 보인다. "루터는 확실히 비슷한 감정을 경험했다 … 유사한 감정이 바울을 사로잡았다"(『아침놀』 §68). 그러나 이는 자신이 율법에 관해 흠 없는 자였다는 바울의 주장을 감안하면 그다지 개연성이 없어 보인다. 이런 측면에서 나는 "서구의 내향적 양심"이 바울보다는 오히려 아우구스티누스에 (그리고 루터에) 기인한다는 크리스터 스텐달의 견해에 동의한다(78~96).

우리는 이미 라캉이 이를 "모든 사람"의 기본적인 정신역학으로 읽었다는 점을 알게 되었다. 그러나 우리가 바울 자신의 논변을 따른다면, 우리에게는 두 사람의 후보가 있다. 아담과 아브라함이라는 후보 말이다. 아담에서부터 (적절하게) 시작해보자. 그는 살았고, 죄는 죽었다. 혹은 이 경우에 죄는 아직 존재하지도 않는다. 계명은 그 나무의 열매를 먹지 말라고 말한다. 이 명령은 이미 탐심의 금지, 즉 자신에게 속하지 않은 것에 대한 욕망의 금지인 것이다. 그래서 "죄"는 계명을 장악하고 그 계명으로 아담을 속인다. 어쨌든 이 이야기는 이런 방식으로 구성되며, 인간은 계명을 유인(誘因)으로 바꾸는 죄의 속임수에 넘어간다. 바울은 죄가 한 인간을 통해 들어왔고 그로부터 죽음이 들어왔다고 말했는데, 이 또한 여기에서 중요한 사안으로 여겨진다. 아담이 단번에 죽은 것은 아니지만, 그는 죽음의 지배 아래 있으며, 우리가 본 대로, 이는 이어서 살인으로 표출되었다.

우리는 이 유비를 율법 이전에 살았다고 전해지는 다른 사람인 아브라함에게로 연장할 수 있을 것이다. 할례의 명령은, 바울이 보기에, 분명히 할례에 특권이 주어지며, 따라서 할례받는 자가 이 특권을 자기 것으로 소유한다는 추측을 유발한다.(예를 들어, 기독교인의 경우 세례는—혹은 올바른 신앙조차도—신 앞에서의 특권을 부여한다고 생각할 수 있다.) 바울이 보이고자 노력하는 것은 이러한 거짓 안도감이 율법 자체에 관한, 혹은 율법이 목표하는 정의에 관한 일정 이상의 느슨한 태도로 이어진다는 점이다. 어쨌든, 그리고 여러 차례, 우리는 우리에게 삶을 주고자 하는 것이 죽음의 대리자가 된다는 터무니없는 아이러니를 발견한다. 율법이 죄에 의해 장악된다는 역설을 말이다.

우리는 또한 더 넓은 탐심의 문제와 소유의 수호자인 율법, 즉 내 것과 네 것을 나누며 소유의 정확한 몫을 "지키는" 것으로 드러나는 율법에 관해 다루게 될 것이다. 브르통은 "그리스도에게 속한다는 단적인 사실은 모든 다른 형태의 재산과 소유를 폐지하는 듯 보인다"고 말했다(63). 따라서 이런 사실은 심지어 소유의 욕망을 폐지하며, 이런 의미에서 탐심의 근저를 타격하는 것이다. 하지만 법은 내 것과 네 것을 구별함으로써 탐심을 한정하고자 한다. 그러나 우리 모두는 법이 이런 방식으로 부자들(가진 자들)을 가난한 자들(가지지 못한 자들)로부터 보호하고자 의도한다는 점을 알고 있다. 자본주의 이론의 아버지 애덤 스미스는 이와 비슷한 측면에서 법의 의미를 한탄하며, 상업에 종사하는 자들이 법안을 제안할 경우 대개 공중(公衆)을 속이려는 의도라고 말했다.

그러므로 율법은 거룩하며, 계명도 거룩하고 의롭고 선한 것입니다.

여기에서 분명히 해야 할 것은 율법이, 비록 정의를 생산하지 못한다 하더라도, 정의를 겨냥하거나 의도하며 따라서 거룩하고 선한 것이라는 점이다. 그렇다면 관건은 율법 또는 계명의 비극이다. 이것이 바로 데리다가 법과 정의의 관계에 관한 그의 복잡한 고찰에서 명확히 하고자 했던 사안인데, 거기에서 법은 정의를 의도하는 동시에 배신하며, 이에 따라 정의는 법과 분리되거나 떨어질 수 없지만 어쨌든 필연적으로 법 바깥에 있다는 점이 밝혀진다(제닝스, 『데리다를 읽는다』 22~38). 그의 마지막 글들 중 하나인 「정의들」에서, 데리다는 시인 제라드 맨리 홉킨스(Gerard Manley Hopkins)로부터 유래한 *정의*의 동사형을 사용하여 이 관계를 매우 강렬하게 표현한다. "그것은 우리에게 정의를 정의의 법으로의 환원 불가능성이나 법에 대한 저항과 이질성으로 사유하도록 할 뿐만 아니라 법과 정의의 본질적인 결합 속에서 사유하도록 제시하는 무엇이 아닌가? 이는 갑작스럽게 표면을 깨고 떠오르는 정의를 보게 되는 것으로, 즉 언제나 법을 초과하겠지만 그것이 없다면 법이 *사법권을 집행함으로써(by justicing)*[3] 결코 철저하게 정의를 추구하지 못할 그러한 정의를 보게 되는 것으로 귀착될 것인가?"(714) 분명히 바울에게 율법의 비극은 메시아로 밝혀지는 그리고 따라서 신(바울이 처음에 말했던 바에 따르면, 신의 아들)으로 밝혀지는 이의 유죄판결과 처형에서 가장 암울한 방식으로 표현된다.

여하튼 여기에서 보게 되는 것은 정의롭지만(정의의 요구와 요청을, 정의의 필연성을 표명하기에), 그럼에도 이러저러한 예에서 단지 우연이 아니라 일반적이고 필연적으로 부정의의 도구가 되는 율법이다. 이것이 바로 바울이 설명하려 노력하거나 혹은 적어도 뚜렷이 드러내려 노력하는 것이다.

선한 것이 나에게 죽음이 되었다는 말입니까? 결코 그렇지 않습니다! 죄는 죄로 드러나게 되려고 선한 것을 통해 나에게 죽음을 가져왔

---

3 '사법권을 집행함으로써(by justicing)'라는 말에서 사용된 justice의 동사형은 프랑스어에서 justicier라는 동사를 가져온 것으로 보이는데, 이 말은 '법에 따라 처벌하다'라는 의미를 가진다.

습니다.

죄는 바로 살인, 나 자신의 살인, 죽음에 대한 나 자신의 종속을 실행하는 행위자인 죄로 드러난다. 바울은 율법이 법의 힘을 가지는 이상 나에게 죽음을 선고하며, 바로 그런 의미에서 선한 것이 나의 죽음을 의도한다고 말할 수 있었다. 그러나 이런 전개 방식은 그가 향하는 방향이 아니다. 물론 그는 율법 자체가 유죄판결을 내리며 그런 방식으로 나의 죽음을 야기한다는 점을 부정하지 않는다. 그가 하는 이야기는 선한 것이 나의 죽음을 야기하지 않는다는 것이다. 율법은 생명을 목표로 한다는 의미에서 선하며, 따라서 죽음을 의도하지 않는다. 오히려, 죄 자체(즉, 거의 사탄처럼 인격화된 듯 보이는 죄)가 율법을 생명을 부여하는 것에서 죽음을 야기하는 것으로 바꾼다. 이런 의미에서 우리는 죄가 진정으로 얼마나 끔찍한 것인지 알게 된다. 즉, 죄는 죽음을 생산하고, 심지어 생명을 의도하는 어떤 것을 통해 죽음을 야기한다. 그러므로, **계명을 통해 죄는 과도하게 죄스러운 것이 됩니다.** 말하자면, 죄는 과급(過給)된다(supercharged). 율법은 죄를 억제하기는 고사하고 오히려 죄를 가속시키는 연료가 된다.[4] 같은 의미에서, 국가는 폭력의 억제를 약속하지만, 폭력의 독점을 통해 그 약속을 실현하기에, 폭력을 제도화하며, 이에 따라 폭력을 개인적인 행위가 아니라 사회질서의 토대로 삼고 이를 표명한다.

이런 현상을 어떻게 이해할 수 있는가? 어떻게 이런 일이 일어나는가? 우리가 듣게 될 이름은 "육신"(flesh)이다. 육신은 (히브리어로) *basar* 혹은 (그리스어로) *sarx*로 말해지며 인간의 약함을 나타낸다. 그것은 우리의 약함이 노출되는 방식이다. 우리의 삶은 접촉(touch)에, 즉 쾌락과

---

4 supercharge 또는 과급(過給)이란 엔진에 공기를 압축해서 과잉 공급하여 연료 연소의 효율을 증가시키는 방식인데, 여기에서 저자는 supercharger 엔진의 구동 방식에 빗대어 죄와 율법의 관계를 설명한다.

고통 그리고 향락을 주며 상처를 가능케 하는 어떤 것에 종속된다. 그리고 어떤 의미에서 이 약함은 죄가 어떻게 아담적 인류를, 특히 율법 아래 있는 아담적 인류를 이기는가에 대한 설명이 될 것이다.

육신 — 즉, 우리의 약함 — 에 대한 자각은 어떻게 정의로부터 돌아설 유인이 되는가? 이와 관련하여 지정학적 무대 위에서 펼쳐진 너무나 많은 예가 있다. 우리는 9·11에 의해 노출된 약함을 정치적으로 조작함으로써 불붙여진 공포가 어떤 방식으로 고문과 무차별적 전쟁에 대한 참여 의지를 일깨웠는지 목격한 바 있다. 그리고 다른 측면에서 보자면? 근대 서구의 침식에 대한 문화적인 취약함의 인식은 절박한 "테러 행위"의 실행과 적지 않은 관련이 있었다. 생명을 의도하는 것(예를 들어, 이슬람 또는 기독교 또는 계몽적 "자유"의 전통)을 장악하여 부정의를 가속시키며, 폭력과 위반의 과잉을 부추기는 약함 또는 약점의 인식에 관련한 예를 대기는 너무나 쉽다. 따라서, 육신은 또한 정의 혹은 신에 대한 적대를, 다윗의 자손인 메시아를 십자가에 달았던 적대를 명명하게 된다.

그러므로 율법은 신령하지만, 나는 육신에 매여 〔죄 아래 팔려 가〕 **있습니다.** 하지만 육신의 대립항은 비투과성(impermeability)이 아니라 숨결, 생기, 힘이다. 우리는 앞에서 이러한 대조를 살펴본 바 있는데, 거기에서 육신은 메시아의 죽음을 명명하는 것이었고 영은 메시아를 신의 아들로 일으키는 힘을 명명하는 것이었다. 지금까지, 우리는 율법이 생명을 의도하는 것이기에 신령하다는 점을 이해했다. 메시아의 부활이 생명을 생산하는 것처럼 말이다. 그리고 5장은 메시아적 삶과 아담적 죽음을 대조했다. 그것이 바로 이 논변이 향하는 방향이다. 여기에서 아담에 속한 "나"는 죄와 부정의의 노예로 죄에 "팔려" 가며, 바울이 기술했던 부정의의 도구 또는 무기로 쓰인다. 바울은 또한 죄와 결혼했다는 표현과 죄에 의해 소유되었다는 표현을 사용한다.

아담적 인류의 당혹은 이제 표출되기에 이른다. 우리는 이방 문명에 대한 기소장으로부터, 율법을 알거나 혹은 알지 못하는 채로, 율법이 의도하는 바를 실행하는 유대인들과 이방인들이 있다는 점을 상기한다. 여기에서 바울의 관심은 인간적 타락에 대한 교설 같은 것에 있지 않으며 오히려 그런 것과는 거리가 멀다. 그는 아담적 인류가 실제로 의로운 일을 하기 원하지만 그럴 수 없다고 추정하는데, 그 이유는 그들이 죄와 죽음의 함정에 붙들렸기 때문이다. 여기에 그로 인한 푸념이 있다.

나는 내가 하는 일을 알지 못합니다. 내가 의도하는 일은 하지 않고, 도리어 증오하는 일을 하고 있으니 말입니다. 나는 율법이 선하다는 사실에 동의합니다. 그렇다면 내가 그런 일을 하는 것이 아니라, 내 안에 거하는〔자리하고 있는〕 **죄가** 〔그런 일을 하는 것입니다〕. **나는 선한 것이 내 안에 곧 내 육신 속에 자리하지 않는다는 것을 압니다. 선을 향한 의지는 있으나, 선을 행하지 않으니 말입니다. 내가 행하는 것은 내가 의도하는 선이 아니라 내가 의도하지 않는 악입니다. 하지만 내가 의도하지 않는 것을 한다면, 그런 일을 하는 것은 "내"가 아니라 내 속에 자리한 죄입니다.**

이는 알리바이인가? 아니면 궁극적으로 아담적 인간의 상황에 관해 명석한 앎을 얻었던 이의 통곡인가? 어쨌든, 여기에서 죄는 (소유자나 남편처럼) 바깥에 있는 것이 아니라 깊숙한 내부에 거하는 어떤 것, 즉 내 가장 약한 곳(육신)을 붙들어 나를 좌지우지하는 것이다. 중요하게 강조해야 할 점은 죄가 내 안에 거하지만 그럼에도 나 자신이 아니라는 사실이다. 앞으로 보게 될 것처럼, 이는 또한 영에 대해서도 사실이다. 마찬가지로 이는 자율의 문제가 아니라 오히려 복종 혹은 예속의 문제다. 여기에서 우리는 다시 한 번, 루이 알튀세르의 견해에 기대어, 권력(바울의 용어로는 부정의)의 이데올로기적 장치는 주체(subject)를 호명하여 그러한 장치가 감시하는 사회, 경제 및 정치적 세계에 대한 일치에 "종속시킨다"(subject)는 점에 유의할 수 있다. (이후에 바울은 독자들에게 이 세계에 따르지 말라고 권면할 것이다.) 여기에서 중요한 것은 우리가 최악의 인간 존재들이 아니라 최선의 인간 존재들을 다룬다는 점이며, 이는 여기에서 진행되는 논의와 바울의 편지가 시작될 때 제시된 기소장을 구별한다. 아담의 명예와 치욕을 동시에 지닌다는 점이 바로 인류의 문제인 것이다.

그래서 나는 하나의 법칙을 발견합니다. 곧 내가 선을 의도할 때 악이 현존한다는 것입니다. 나는 속사람으로는 하나님의 법을 즐거워하나〔내 안에 있는 진정으로 가장 인간적인 것은 이 법을 신령한 것으로 즐거워하나〕**, 내 지체에는 다른 법**〔또는 규칙〕**이 있어서 내 마음의 법과 맞서 싸우며, 내 지체에 있는 죄의 법에 나를 포로로 만드는 것을 봅니다.**

나를 인간으로 만드는 것은 선한 것을 욕망하고 의도할 수 있는 능력이다. 그러나 다른 무엇이 내 지체 안에 있다. 내가 세계와 관여하는, 말하고 행동하고 걸어 다니며 세상이나 동료 인간과 상호작용하는 방식이 말이다. 이는 죄가 나의 지체에, 나의 타자들과의 관여에 자리하는 곳이다. 그리고 나는 전쟁포로, 전쟁무기, 노예 혹은 예속이나 결혼으로 팔려 가는 여자와 같이 사로잡힌 것이다. 이 아포리아(aporia) 즉 "나갈 길 없음"은 다음과 같이 절박한 표현으로 제시된다. **아 나는 비참한 사람입니다. 누가 나를 이 죽음의 몸에서 건져내겠습니까?**

두 경우 모두 "나"에 관해 말하며, 다른 누군가를 말하거나 알리바이를 대는 것이 아니다. 인간은, 곧 선하고 정의롭게 되기를 의도하는 인간은 단단히 붙들려 무력한 상태에 처해 있다. 적어도 이런 점에서 아우구스티누스는 옳았다. 그러나 어쩌면 루터는 그렇지 않을지도 모른다. 이런 이야기는 갑작스럽게 틈입한 메시아적 현실에 속한 인간에 대한 묘사가 아닌 것이다. **우리 지도자 여호수아 메시아를 통하여** 〔나를 건져 주신〕 **하나님께 감사 드립니다.** 기쁨의 탄성은 탄식 바로 다음에 그리고 요약 앞에 삽입되어 있는데, 인간의 상태에 관한 진단은 이 "대답"에 의해 결정되며 바울이 기쁨을 주는 선포이자 감사와 즐거움을 일으키는 소식이라고 생각하는 것은 바로 이 문제에 대한 대답이기 때문이다.

따라서 이 문제는 "해답"에 의해, 신의 정의와 관련한 메시지에 의해 형성되며, 이 메시지는 우리를 난관에 위치시키는 것이 아니라 현실적으로 "나갈 길 없음"(no way out)으로부터 뚫고 나가도록 하는 것이다. 이 아포리아는 좋은 파국(eucatastrophe)을 위한 무대를, 즉 죄와 죽음의 세계에 대한 파괴인 동시에 기쁜 소식을 전하는 단절을 위한 무대를 마련한다.

그러므로 나 자신은 마음으로는 하나님의 법을 섬기지만, 육신으로는 죄의 법을 섬기고 있습니다. 여기에서 바울이 다루고 있는 것은 바로 '이전', 다시 말해 죄의 노예가 되기 이전이다. 이는 단지 가장 악한 자들에게, 말하자면 이런 방식으로 기꺼이 계약을 맺어 예속된 자들에게만 적용되는 것이 아니라, 가장 선한 자들, 말하자면 선하고 정의롭고 거룩하기를 원하는 자들 — 율법이 "요구하는" 혹은 의도하는 바를 바라는 자들 — 에게도 적용된다. 요컨대, 이런 이유로 법이 있는 것이며, 이 법은 심지어 민주적인 방식으로 통과된다. 여기에서 비난받을 것은 단지 악한 자들이나 악한 계급이 아니다(예컨대, 때로 부유하고 힘 있는 자들 중에도 진정으로 올바른 일을 하기 바라는 훌륭한 사람들이 있기에). 우리가 선한 것을 바라거나 의도하는 계기는 바로 우리 자신이 법의 비극에 직면하게 될 때인 것이다.

여기에서 『죽음의 선물』에 제시된 데리다의 고찰이 어느 정도 도움이 될 수 있을 것이다. "나는 한 사람의 타자의 요청이나 청원에, 타자에 대한 책무에, 혹은 심지어 사랑에 대답하면서 다른 한 사람의 타자를, 다른 타자들을 희생시키지 않을 수 없다. … 결과적으로, 책임, 결정, 혹은 의무라는 개념들은 선험적인(a priori) 역설로, 추문과 아포리아로 선고되어 있는 것이다"(68). "나는 오직 한 사람(one)에게만(또는 "일자"(One)에게만) 책임질 수 있을 뿐이며, 타자(other)에게는 그 한 사람(one)을 다른 사람(other)에게 희생시킴으로써 책임을 진다. 나는 모든 타자들에 대한, 윤리나 정치의 일반성에 대한 책임에 실패함으로써만, 어떤 한 사람에게(즉 어떤 타자에게) 책임을 다할 수 있다"(70). 데리다는 거의 시적인 호소력을 동원하여 올바른 일 혹은 정의로운 일을 하기 위한 모든 시도에서 "희생된" 셀 수 없이 많은 타자들에 대한 이야기를, 그들 중 누군가에게 대답하기 위해 그들의 요구를 무시할 수밖에 없는 그러한 타자들에 대한 이야기를 쓴 것이다. 따라서, 데리다는 "선한 양심"에 대한 모든 시도를 단호하게 기각할 수 있다. 한 사람이 정의를 의도하는 것은 오로지 그 한 사람이 부정의에 빠져 있음을 명확히 드러낼 뿐이다.

12. 영과 삶(8 : 1~17)

우리는 바울로부터 아담적 인류에 대한 탄식을 들었다. 죄가 육신의 약함을 장악하여 몸의 지체들 안에 자리 잡고, 그 죄 아래 종속되는 처지에 빠진 인류에 대한 탄식 말이다. 그 결과 아담적 인류는 정의를 지향하는 율법을 통해 정의와 기쁨을 열망함에도, 죄에 붙들리고 넘어져 부정의 가운데 떨어져 있음을 알게 된다. 이 인류는, 우리가 본 대로, 부정의의 무기나 노예로 혹은 부정의와 결혼하도록 팔려 나간 것이다.

그러나 이 과거의 예속으로부터 건져내진 다른 인류, 즉 메시아적 인류란 무엇인가? 이 인류는 구원에 대한 감사의 탄성을 내지 않을 수 없다. **우리 지도자 여호수아 메시아를 통하여** 〔나를 건져주신〕 **하나님께 감사 드립니다.**

메시아 여호수아 안에 있는 사람들에게는 유죄판결이 없습니다. 다시 한 번 우리는 메시아적인 것에 대한 연대와 귀속 혹은 지지의 의미를 보게 되는데, 이 메시아적인 것은 죽음을, 따라서 법과 유죄판결을 뒤로 물린다.

유죄판결은 없다. 법은 무엇보다 유죄판결을 내리는 법이며, 이는 *orgai tou theou*를, 다시 말해 신적인 정의의 분노를 추동한다. 그리고 이는 법의 힘으로, 법을 강제하는 사형제로 표현된다. 바로 이 처벌이 메시아에게 내려진 것이며 처형된 메시아적 지도자의 몸 위에서 꺾인 것이다. 어떤 의미에서 메시아의 처형은 유죄판결의 힘이 꺾였다는 것을 의미한다. 법은 그 힘을 잃었다. 메시아적 사건에 장악된 어느 누구에게든 더 이상 유죄판결은 있을 수 없다.

메시아에게 (이스라엘과 이방인들의 법으로부터, 따라서 언제 어디에서나 법으로부터) 떨어진 유죄판결이 꺾인다는 점은, 이 유죄판결이 과거시제가 된다는 점은 어떤 방식으로 분명해지는가? 이는 부활에 의해, **거룩함의 영으로 말미암은 부활**에 의해 분명해지며, 생명의 영 혹은 힘은 법의 힘을 죽음의 도구로 사용하는 죽음과 그 위협을 극복한다. 이와 같이 우리는 바울이 편지의 도입부에서 알렸던 기본적인 대립과 마주하게 된다. 이를테면, 육신과 영 사이의 대립, 우리를 압도하는 약함으로 제시되는 육신과 우리에게 능력을 주는 *dunamis*(힘, 에너지)로 제시되는 영 사이의 대립 말이다.

생명의 영의 법이 메시아 여호수아 안에서 죄와 죽음의 법으로부터 당신을 해방시켰기 때문입니다.

두 경우 모두 각각의 법이 있지만, 두 법은 서로 완전히 다른 법이다. 한편은 생명의 법이며 다른 한편은 죽음의 법으로, 한편은 부정의의 종이 되게 하며 다른 한편은 (앞으로 듣게 될 것처럼) 정의의 종이 되게 한다. 법과 법 사이의 이러한 불화는 환대의 요구에 관한 데리다의 고찰에 반향된다. "그 법은 법들 위에 있다. 따라서 그 법은 불법적이고 위반적이며, 법 바깥에 있으며, 법 없는 법과 같은 것이다"(데리다와 뒤푸르망텔 『환대에 대하여』 79). 바울은 다른 곳에서 메시아의 법에 관해 이러한 생각을 보다 간결한 형태로 적용한다(갈라디아서 6 : 1, 고린도전서 9 : 21). 이 문구와 그 기능은 플라톤의 『정치가』라는 대화편에 제시된, 가장 훌륭한 정치가는 법 없이 다스리는 자라는 이야기를 반향한다(294a). 하지만 플라톤이 분명히 밝히는 바에 따르면, 그러한 정치가는 동의를 얻거나 혹은 얻지 않음에 관계없이 지배할 것이며 필요하다면 여전히 폭력에 의해 지배할 것이다(293d). 명확히 이 이상적인 정치가는 바울의 메시아적 법 개념에 부합하지 않는데, 이는 바울이 단지 글로 쓰인 법(성문법)으로서의 법의 경직성만이 아니라 법의 폭력 또한 기각했기 때문이다.

율법의 무능력으로 인해, 율법이 육신을 〔혹은 육신에 의해 제압됨을〕 **통해 약해졌기 때문에, 하나님은 자기 아들을 죄된 육신과 같은 모습으로 보내시고 그 육신 가운데 있는 죄에 유죄판결을 내리셔서, 육신이 아니라 영에 따라 걷는 우리 가운데 율법의 정의가 완수되도록 하실 것입니다.**

법의 폭력은 어렵기는 하지만 어쨌든 극복될 수 있다. 우리는 이미 율법이 육신에 의해 제압되었다는 점을 아는데, **우리가 육신 안에 있을 때 … 죄의 정념은 율법으로 일깨워져 죽음을 위한 열매를 맺었**기 때문이다. 율법은 우리의 육신으로서의 약함에 대한 우리 자신의 저항에 의해, 혹은 우리의 연약함에 대한 우리의 부인에 의해 극복되었다. 율법은 우리의 육신에 따른 약함의 보상으로서, 정의를 생산하는 것이 아니라 비극적이게도 부정의를 가속하는 것, 부정의의 n승, 과잉적인 죄악을 야기하게 된다. 하지만 이제 신적인 행동은 율법 바깥에서 작용한다. 신의 아들(육신/부정의에 의해 다윗의 자손으로 인정되는 이)로 도래함으로써, 신은 바로 죄와 같은 모습으로, 즉 아담적 인류의 모습으로 죄와 죽음에 의해 지배되는 인류의 부분으로 들어간다.

메시아적 인류는 아담적 인류 바깥에 위치하는 것이 아니라 정확히 이 아담적 현실의 부분, 곧 "죄된 육신"으로 이루어진 현실의 부분이다. 이 부분은 메시아적 인류가 존재하게 되는, 혹은 사건으로 일어나게 되는 바로 그 장소인 것이다. 이는 신과 아담적 인류의 극단적인 연대이며, 이에 따라 신은 바로 아담적 인류 내부에 죄된 본성을 지닌 인류로서 나타나게 된다. "죄가 된 자"(고린도후서 5 : 21), 저주가 된 자 혹은 "저주받은" 자(갈라디아서 3 : 13)로서 말이다.

메시아적 인류가 나타난 결과, 죄는 육신 가운데 유죄판결을 받는다. 어떻게 이런 이야기가 참일 수 있는가? 이 이야기가 참인 이유는 메시아가 범죄자로 지목되어 사형선고를 받았기 때문이다. 그러나 죄된 인류의 정죄를 위해 존재하는 법이 그에게 내린 판결은 그 자체로 전복된다(죽음으로부터의 부활에 의해).

그리고 이것은 아담적 인류를 이전과 이후로 나누는 구분선을 긋는다. 아담적 인류를 나타내는 이전과 메시아적 인류를 나타내는 이후로 말이다. "이전"의 삶을 육에 따라 걷는 것, 곧 우리를 〔자기가 살기 위해 타자를〕 살해하는 자기보존 〔본능의〕 포로로 만드는 불안에 따라 "걷는" 것이라 한다면, "이후"의 삶은 영에 따라 걷는 것, 결여가 아니라 넘쳐남에 따라, 죽음을 물리치지 않고 오히려 죽음 이후에, "생명의 새로움" 가운데 존재하는 것이라 할 수 있다. 여기에서 걷는다는 것은 삶의 양식, 몸의 지체를 움직이는 방식, 세계 내에 존재하는 방식이다.

영에 따라 걷기에 관해, 이 새로운 삶의 생기에 관해, 율법의 정의로운 요구는 이러한 삶의 양식을 통해 완수된다고 말해진다. 즉, 이 사건의 목표는 이전에 불가능했던 것을 이제는 현실이 되도록 하는 것이며, 다시 말해 율법이 의도하고 겨냥하며 추구했던 바 생명과 정의를 실행하는 것이다.(바울은 이 편지의 종결부에서 이러한 삶의 양식에 대해 다시 해명할 것이다. 이것이야말로 그의 편지, 즉 그의 논변이 목표로 하는 것이기 때문이다.) 이런 의미에서 영에 따라 걷기는 율법에, 신령한 법에, 죽음을 유포하는 법이 아니라 삶을 부여하는 법에 따른 삶의 양식이다.

약간 더 도식적으로 말해보자면, 바울은 여기에서 이전과 이후를 구별한다. 우선 이전의 삶을 살펴보자. **육신에 따라 걷는 것** 혹은 **육신에 따라 사는 것** 혹은 **육신에 맞춰진 정신 상태**는—즉 결핍, 약함, 결점에 의해 결정되는 삶은—**죽음**이다. 게다가, **육신에 따른 삶은 신에 대한 적대**이며, 곧 신을 향해 적의와 증오를 드러내는 것이다. 이러한 삶은 마땅히 유죄판결을 받게 될 것임을 자각하기에 분노를 드러내며 적개심으로 가득한데, 그러므로 **이런 삶은 하나님의 법**(정의의 요구와 요청)**에 따르지**〔혹은 복종하지〕 **않습니다**. 우리가 앞에서 살펴본 바, **육신에 따른 삶은 그럴 수 없으며**〔하나님의 법을 따를 수 없으며〕, 내면에서 신의 법을, 정의를, 선을 기뻐한다 해도, **하나님을 기쁘게 해드릴 수 없습니다**. 이것이 우리가 살펴본 덫이다. 나는 그저 신이 요구하는 바를 실행할 수 없으며, 그래서 그 요구에 분개하며 적의나 적대심을 품고 걸어간다. 이런 조건에서, 바울이 앞에서 메시아가 우리를 위해 죽었다고 말했다는 점을 기억하도록 하자. 우리가 약하고(육신에 따라), 우리가 죄인이며 〔신의〕 적일 때 말이다. 무엇보다, 메시아는 육신에 따라 "다윗의 자손"이라 단언되는데, 이 호칭은 메시아를 적대하여 사형에 이르도록 했던 자들의 증언에 따른 것이다.

그리고 이제 이후의 삶을 살펴보자. 만일 우리가 **영**(넘쳐남, 생기)**에 따라 걸으며** 그리고 **영에 따라 살며** 그리고 **영과 관련된, 넘쳐나는 생명과 관련된 정신 상태**를 가진다면, **죽음과 적대**를 경험하지 않고 오히려 **생명과 평화**를 누릴 것이다. 우리는 앞에서 평화에 대해 들었는데(5:1), 이 평화는 정의롭게 됨으로부터(혹은 칭의로부터) 유래하며 또한 적대가 아니라 **화해**라 불린다. 우리는 어떤 먼 미래의 상태에 대해 말하고 있는 것이 아니다. 바로 지금 **여러분은 육신 안에 있지 않고, 영 안에 있습니다.** 이 지금은 메시아에 귀속된 시간, 메시아적 사건에 사로잡혀 이에 포함된 시간으로서의 지금이다.

우리는/여러분은 영 안에 있으며〔혹은 영을 얻으며, 혹은 이 생기로 채워지며〕, **바로 이와 같이 메시아의 영은 우리/여러분 안에 거하십니다**〔앞에서 당신들 안에 거하는 것이 무엇이라 했는지 상기하자〕.

이러한 메시아의 영의 주입(infusion)은 바로 누군가가 메시아적 사건에 속함을 나타낸다. 이는 적어도 우리가 궁금해했던 다음과 같은 질문에 대한 부분적인 대답이다. 메시아적인 것에 대한 귀속은 어떻게 이해될 수 있는가? 여기에서 그것은 메시아의 영 혹은 생기와 관련된다.

여러분의 영과 **메시아의 영** 그리고 **하나님의 영** 사이에는 절대적인 구분이 없다. 메시아적인 것은 생기로 흘러 넘친다. 영(정신, spirit)/*ruah*(루아흐)/*pneuma*(프뉴마)은 숨결 곧 우리에게 생기를 주어 살아 있게 하고 이제 활기로 가득하게 하는 무엇이다. 하지만 우리에게는 아직 이 영의 의미가 무엇인지, 이 활기가 어떻게 표명되는지가 명확하지 않다. 바울은 아직 이 생기에 대해 설명하지 않았지만 곧 이에 대해 밝힐 것이다. 이 생기는 율법 바깥에 위치하겠지만, 그런 방식으로 정의에 가까운 무엇인가를 만들어내는 즉흥작업으로 이어진다.

또 다른 구분이 있다. **메시아께서 여러분 안에 계시면, 여러분의 몸은 죄 때문에 죽은 것이지만, 영은 정의 때문에 살아 있는 것입니다.** 이제 우리의 몸은 죽었다. 몸으로서의 우리의 미래에는 항상 죽음이 놓여 있지만, 영으로서의 우리에게는 그렇지 않아서 죽음은 과거에 놓인 것이 된다. 우리의 몸, 우리의 세계-내-존재는 여전히 "죄를 통해" 죽어 있으며, 어쩌면 우리가 생명 또는 영에 따라 걷고 살며 이에 따른 정신상태를 가지기 시작하는 지금까지도 그럴 것이다. 그러나 이때 이미 우리를 엄습하기 시작한 부활의 힘이 우리를 장악하여 우리 안에서 완전하게 존재하게 될 것이며, 이에 따라 **여호수아를 죽은 자들로부터 일으키신 분**〔신/영〕**이 여러분 안에 거주하시는 그의 영에 의해 여러분의 죽을 몸에 생명을 주실 것입니다.** 이전에 죄는 우리 안에 거주했으나, 이제는 더 이상 그렇지 않다. 그때는 그랬고, 지금은 그렇지 않다. 이러한 에너지 또는 생명력은 우리 안에 거주하며, 이에 따라 우리 자신의 죽을 몸 또한 죽은 메시아에게 삶을 부여한 동일한 생명력에 의해 삶을 얻을 것이다.

메시아의 부활이 우리의 부활을 예고한다는 점에 주목하자. 고린도전서에서 이야기된 대로, 그는 "죽은 자들로부터 … 〔일으켜진〕 첫 번째 열매"이다(15 : 20). 그리고 로마서에서 바울이 이야기했던 대로, **우리가 그와 같은 죽음으로 그와 연합했다면, 우리는 확실히 그와 같은 부활로 그**

와 연합할 것입니다(6:5). 중요하게 상기해야 할 것은 이 말이 "모든 사람"에게 말해졌다는 점이다. 한 사람을 통해 모두가 죽었던 것처럼, 한 사람을 통해 모든 사람이 얼마나 더 많은 생명을 누리겠는가(5:18).

그러므로 동지들〔형제들〕**이여, 우리는 빚진 사람들이지만, 육신에 빚지고 육신을 따라 살아야 하는 것은 아닙니다.** 빚이라는〔혹은 부채라는〕 말이 여기에서 육신과 관련하여 (그리고 이에 따라 죄와 육신을 통해 죄에 장악된 율법과 관련하여) 등장하지만, 이는 오로지 말소되도록 정해져 있다는 점에 유의하자. 바울은 우리가 영에 대해 빚진 자라고 말하지 않겠지만, 그 이전에 우리는 이러한 죄에 빚져 팔려 가거나 혹은 부채와 죽음의 경제에 사로잡힌 상태에 있었다. 바로 이런 상태가 죽음의 경제 가운데 걷는 것, 갇히는 것, 혹은 이에 빚지는 것이 의미하는 바이다. 즉 우리는 죽는다. 우리는 죽음을 판결받았다. 여기에서 죽음은 아담의 운명을 통해 모든 사람에게 도래한다. **여러분이 육신을 따라 살면, 죽을 것입니다. 그러나 영에 의해 몸의 행실을 죽이면, 여러분은 살 것입니다.** 다시 한 번 상당히 난해한 문구가 등장한다. 여기에서 죽여야 할 행실은 물론 죽음에 직면하는 불안으로부터 일어나는 행실, 즉 자발적으로든 비자발적으로든 우리가 가인(Cain)과 같이 되도록 만드는 행실이다. 사형 선고는 상당히 가혹하다. 앞에서 들었던 것처럼, 그러므로 **여러분은 스스로 죄에 대해 죽었다고 생각해야** 하거나(6:11), 또는 **우리는 우리의 오래된 자기가 그와 함께 십자가에 달렸다는 점을 알고** 있다(6:6). 하지만 이제 우리는 더 이상 소극적인 구경꾼이 아니라 이 죽음을 단언하며 그런 방식으로 몸의 행실을 **죽이는** 행위자들이다. 내 생각에는 표준적인 번역보다는 **부정의에 속한 몸의 행실을 죽인다**(putting to death the body practices of injustice)는 표현이 더 낫다. 이에 관한 가장 단순한 설명은 우리가 부정의에 속한 활동을 뒤로 하고 그로부터 방향을 돌려 그 활동이 진정으로 의미하는 바에 상응하는 것이 되도록, 즉 죽어서 땅에 묻히는 것이 되도록 한다는 것이다. 이것이 가능한 이유는 이제 부정의가 앞에서 들었던 "얼마나 더 많이"에 상응하는 훨씬 더 많은 것, 초과적인 것으로 교체되기 때문이다. 그리고 바울은 이제 곧 이에 관한 훨씬 더 확장적인 서술로 향할 것이다.

이러한 설명은 어떤 방식으로 "정치"와 관련되는가? 세상에 대해 죽는다는, 혹은 부정의를 구현하는 방식을 "죽인다"는 등의 서술은 몇 사람의 동시대 사상가들에 의해 고린도전서에서 세계의 구조 가운데 살아가는 일을 "마치 ~ 아닌 것처럼"(as if not, *hos me*)으로 사유하는 바울의 고찰과 연결되었다. 이 "마치 ~ 아닌 것처럼"이라는 말의 의미는 세계의 구조를 마치 그것이 더 이상 누군가에게 자신을 강제할, 즉 그의 정체성과 "태도"를 규정할 역량을 갖추지 못한 것처럼 대한다는 것이다. 슬라보예 지젝은 이러한 사회 생활의 구조로부터의 확실한 "떼어내기"(uncoupling)를 지적한다. 예를 들어, 지젝은 다음과 같이 쓴다. "분리는 실제로 상징적 죽음을 수반한다. 우리의 전통을, 우리 사회의 '본체(substance)'를 규제하는 "법"에 대해 죽어야 하는 그러한 죽음을 말이다"(『깨지기 쉬운 절대성』 127). 게다가, 사랑이란 우리가 태어나 그 안에서 살고 있는 특정한 질서에 동화되도록 강요하는 타성에서 몇 번이고 되풀이하여 자신을 떼어내야 하는 반복적인 '분리'의 힘들고 고된 작업이다"(128~129). 바디우에게 이는 특권적 입장을 점유한다고 여겨지는 특수성을 그가 "보편적인 것"이라 지칭하는 것에 따라 재편하는 것이다. 아브라함의 형상은 "유대적(Jewish) 장소의 보편성이라 불리는 어떤 것을 선취한다"(『사도 바울』 103). 혹은 달리 말해서, 바울은 오로지 남성적 특권을 폐지하여 남성과 여성의 평등을 추구하기 위해 그러한 특권을 지지한다고 여겨지는 논변을 시작한다(104). 따라서 바디우는 이렇게 주장한다. "양성 간의 차이를 가로지르고 증언하여 이 차이가 선언의 보편성 가운데 무관한 것이 되도록 해야 할 필요성은 우연적인 관습의 영역 안에서 제시되는 일방적이라기보다는 대칭적인 제약으로 정점에 이른다"(105).

이러한 뽑아내기(unplugging)는 세계로부터의 금욕적인 물러남이 아니라, 세계 안에서 살아가면서도 세계에 의해 혹은 세계의 분류나 구조에 의해 결정되지 않는 것을 의미한다. 아감벤은 이러한 연관맥락에서 "권력과 그 법률의 장악을 벗어나면서도, 법률과의 갈등을 일으키지 않으며 오히려 이를 무효하게 만"들고자 했던 프란체스코파의 시도에 대해 기술한다(『시간』 27). 그는 같은 의미에서 이러한 분리적 태도가, 주어진 조건들을 무효로 만들지만 사법적으로 그 조건들을 폐기하는 과제에는 몰두하지 않는 바울의 "마치 ~ 아닌 것처럼"의 결과라고 이해한다(26). 그리고 이러한 태도는 주어진 조건들을 자기 수양에 견주어 중요하지 않다고 간주하는 스토아학파의 내향적 무관심과는 단적으로 다른 것이다. 여기에서 관건은, 바울이 펼쳐나갈 논변에서 보게 될 것처럼, 우리가 서로에 대해 그리고 새벽을 맞이한 메시아적 현실에 대해 보다 밀접하게 연결되는 집합적인(corporate) 삶의 양식이다. 바울은 사랑, 상호 배려, 그리고 무관심이 아닌 관심에 대해 이야기할 것이다.

여기에서 어떤 특정한 허무주의를, 어떠한 사회적·정치적·경제적 삶의 구조에도 권위를 부여하기 거부하는 허무주의(타우베스, 72)를 이야기하는 것은 잘못된 의견이 아니다. 그러나 이는 〔이전과〕 다른 사회체의 형식을, 그리고 따라서 〔새로운〕 정치의 형식을 촉발하는 허무주의다. 이 모든 것은 바울이 곧 생성될 메시아적 사회체를 설명하는, 논변의 마지막 단계에서 보다 자세하게 다루어질 것이다. 이 지점에서, 결정적인 사항은 바울이 염두에 두고 있는 무엇인가가 법이 아니라 그가 말하는 영(정신, spirit)에 의해 결정되는 정치체라는 점이다. 영의 성격은 바로 그 생기, 즉 창조성이다. 영은 규칙을 서술하는 규정집(rule book)과는 아무런 관련이 없다. 영은 즉흥적으로, 따라서 놀라운 방식으로 작용한다.

바울은 메시아적 현실에서 인간이 어떤 방식으로 정의롭게 되는지에 대한 강조와 함께 인간의 이전-이후를 나타내는 일련의 그림들을 펼쳐냈다. 다음으로 이어지는 것은 메시아적 현실 안에 있는 이후, 즉 지금의 시간(now-time, *nun kairos*)에 대한 중요한 재천명(restatement)이다. 우리가 곧 읽게 될 구절은 바울이 갈라디아서에서 했던 주장과 상당히 유사해 보인다. "그래서 우리는 아들로서 입양될 자격을 얻게 될 것입니다. 그런데 여러분은 아들들이므로, 하나님께서 그 아들의 영을 우리의 마음에 보내주셔서 '*아바(abba)* 아버지!'라고 소리 높여 부를 수 있게 하셨습니다. 그러므로 여러분 각 사람은 이제 종이 아니라 아들이며, 아들이라면 상속자인 것입니다!"(4:5b~7)

여기 로마서에서도 영, 아들, 상속자라는 말들의 조합이 등장하여 "*아바* 아버지"라는 부름과 연결되어, 노예의 은유와 대별된다. 지금 바울이 서술하는 바는 이런 것이다.

하나님의 영에 의해 인도함을 받는 모든 사람은 하나님의 아들들〔*huioi*〕입니다. 여러분은 다시 두려움에 빠뜨리는 종의 영을 받은 것이 아니라, 양자로 입양됨〔아들-됨〕의 영을 받았으며, 우리는 그 영으로 *아바(abba)*! *아버지(Pater)*!라고 소리 높여 외칩니다. 그 영은 우리의 영과 함께 우리가 하나님의 자식들〔*tekna*〕임을 증언합니다. 그리고 우리가 자식들이라면 상속자들이며, 하나님의 상속자이자 메시아와 공동의 상속자들인데, 우리가 그와 함께 고난을 당하고 그와 함께 빛날 것이기 때문입니다.

*아바/아버지(abba/Pater)*라는 외침에 관한 고찰로 이야기를 시작해보자. 흔히 이 *아바*라는 외침이 예수에게만 나타나며 신과의 특유하게 친밀한 관계를 나타낸다고 추측하는 경향이 있다. 이 추측은 그리 타당해 보이지 않는다. 왜냐하면 이러한 용어법이 결코 예수에게 특징적인 것이 아니기 때문이다. 복음서 — 어쨌든 바울 서신들보다 후대에 쓰인 것이 분명한 — 에서 예수가 신을 *아바*라고 부르는 것은 단 한 곳에서뿐이다. 마가복음에서 예수가 겟세마네에서 죽음에 임박하여 처절한 고통의 심경을 드러내는 지점이다(14:36). 그 서사에서 예수 주위에는 그

의 말을 들을 청자가 없다. 제자들은 뒤에 남겨진다. 실상 예수는 그들을 뒤에 남겨둘 뿐만 아니라 즉각 그들이 잠에 빠져 있음을 알게 된다. 예수의 기도를 듣는 증인은 없다. 이 *아바*라는 호칭을 듣는 것은 오직 〔마가복음의〕 독자이며, 이 독자는 바울에게서 이 호칭이 입양의 표시라는 이야기를 들었던 바로 그 독자이다. 즉, 마가(Mark)는 우리가 경험하는 입양이 결코 처형과 죽음에 직면할 예수/여호수아의 운명으로부터의 빠져나감이 아니라는 점에 관심을 보인다. 여기에서, 마가에게는 바울로부터의 근본적인 이탈이 나타나지 않는다.

그렇다면 신을 *abba/Pater*로 소리 높여 부르는 외침은 바울의 편지에서 최초로 나타난 것이며, 우리는 여기에서 그 의의를 발견해야만 한다. 두 가지 언어로 신을 아버지라 부르는 외침의 중요성을 말이다. 왜 둘인가? 그리고 어느 둘인가? 바로 유대 민족 언어(아람어[5])와 이방 민족 언어(그리스어)의 둘이다. 바울은 "유대 사람에게 먼저 그리고 다음으로 그리스 사람에게"라고 말한 바 있다. 이 〔로마서라는〕 편지에서뿐만이 아니라, 바울의 관심사는 유대인 신자들과 이방인 신자들을 한데 뭉치는 것이다. 그러므로 그들 양자 모두 각자의 방식으로, 즉 각자의 고유한 전통/문화와 말로, 신에게 *abba/Pater*라 환호하는 것이다. 왜? 아마도 이것이 바로 누군가 자신이 입양되었음을 알게 될 때 당연히 보일 반응일 것이기 때문이다.

바울 당대의 역사가들은 우리에게 다음과 같은 그림을 제시한다. 로마인 "아버지"의 부인 혹은 첩에게서 자식이 태어난다. 이 아이가 가족으로 받아들여지기에 앞서 이 아버지는 아이를 인정해야만 한다. 아이는 아버지의 면전에서 바닥에 놓인다. 아버지가 아이를 들어 안는다면,

---

5 Aramaic, 고대 근동 지역에서 현대의 아랍어 비슷하게 공통 언어의 지위에 있던 고대 언어. 유대인들에게는 생활 언어와 종교 언어를 구분하는 관습이 있는데, 예수 생존 당시 유대인들은 아람어를 세속어로 사용했다.

아이는 가족의 일부가 된다. 만일 그러지 않는다면, 아이는 "유기되어 누군가 집어 가도록 집 바깥에 놓인다. 아마도 노예로 사용되도록 — 혹은 그대로 내버려져 죽도록 — 말이다. 초기 기독교는 영아 유기에 전적으로 반대하는 입장을 취했으며, 버려진 아이들은 새로운 믿음(혹은 충실함)의 가족에 입양되었다.

여기에서 이 은유는 더욱 급진화된다. 아이는 노예로 태어났으나 예기치 않게 한 가족에 입양되어 상속자가 된다. 즉, 이 아이는 다른 사람의 노예가 되는 속박에서 구출되고 이제는 생명을 부여하는 이의 아들이 된 것이다.

로마 사회에서, 아이의 입양과 사회적 지위의 결정에 대한 권한을 가진 것은 아버지다. 바울에게, "아들"은 물론 남성과 여성 모두를 의미한다. 이는 충실한 자를 나타내는 말이다. 하지만 그렇다면 왜 몇몇 번역이 말하는 대로 자식(혹은 아이(child))이 아니라 아들인가? 관건은 재산(property)으로서의 자식이 아니라 행위주체로서 상속자가 되는 것, 다시 말해 "고유하게" 아버지에게 귀속된 재산을 받아 이를 책임지도록 정해진 자가 되는 것이다. 우리가 사는 근대적 서구 사회에서는 *huios*를 딸로 번역한다 해도 별달리 문제가 없을 터인데, 어쨌든 그녀는 결정적으로 해방된 딸이며 이전 시대에는 완전히 아들에게만 귀속되던 권리를 동일하게 지닌 여성인 것이다.

우리가 입양되었다는 사실은 신에 대해 소리 높여 아버지라 부를 수 있도록 하며, 우리가 (죄 또는 법의) 노예가 아니라 자식들임을 알도록 한다. 바울이 앞에서 상당히 극적인 은유로 사용했던 노예 신분은 여기에서 "해체"된다. 바울은 자신을 메시아의 노예로 소개한 바 있으며, 6:16~17에는 두 가지 종류의 노예(죄의 노예와 신의 노예)가 제시되었다. 우리는 한쪽 또는 다른 한쪽의 노예였다. 그러나 여기에서는 그렇지 않다. 우리는 더 이상 노예가 아니라 아들인 것이다. (예수는 요한복음에서 제자들에게 그들이 더 이상 노예가 아니라 친구라고 말하는데,[6] 이는 바울의 논변에서 나타나는 것과 유사한 전환이다.) 노예의 은유에는 특정한 목적이 있으나, 우리는 여기에서 다른 상황에 있으며, 이 새로운 상황은 결코 오래된 상황과 비교될 수 없다. 따라서 우리는 오래된 상황의 노예나 새로운 상황의 노예가 아니라, 오래된 상황의 노예이거나 새로운 상황의 아들(혹은 딸) — 즉, 상속자 — 인 것이다.

우리가 신의 상속자들이라는 점은 우리가 신성을 물려받거나 혹은 적어도 신과의 화해와 평화를 얻은 자들임을 의미한다. 후세의 동방 정교회 신학에서 우리는 신성을 물려받는 자들로 그려지는데, 이는 그리 나쁘지 않은 바울 독해라 할 수 있다. 바로 그것이 "하나님의 아들들"이라는 말의 의미일 것이기 때문이다. 신의 상속자로서, 우리는 또한 아들이라 불리는 다른 이, 즉 메시아와 공동의 상속자가 된다. 공동 상속자들이 됨은 또한 메시아 안에서 또는 메시아적인 것을 통해 서로 연합함과 관련될 것이다.

바디우의 주장에 따를 때, 바울과 함께 모든 사람은 노예가 아니라 형제로서 자식들이 된다(be filiated). "부활한 아들은 모든 인류를 〔같은〕 자식들로 만든다"(『사도 바울』 59). 바디우가 바울에 있어서의 노예 은유의 지속적인 중요성에 대하여 무관심하고 특정한 프로이트적 은유의 전유로부터 과도한 영향을 받은 것일 수도 있지만, 그럼에도 바울이 여기에서 새로운 지위에 관해 역설하려 한 것은 사실이다. 바로 메시아적인 것에 의한 아들 됨(그리고 형제됨)이라는 상태에 관해서 말이다.

13. 환난과 연대(8 : 18~39)

이러한 아들들로서 함께하는 연대의 사업(8 : 12에서 바울이 말했던 것

---

6 요한복음 15 : 15.

처럼, 우리를 형제로 만드는 사업)에는 대가가 따르지 않을 수 없으며, 우리는 항상 다음과 같은 말을 들어왔다. **왜냐하면 우리가 그와 함께 고난을 당하여 그와 함께 영광을 얻을 것이기 때문입니다.** 현재는 여전히 우리에게 십자가의 시간이며 환난의 시간이다(5:2~5에서도 들었던 대로). 이어지는 담화의 상당 부분은 앞에서 다뤄진 내용에 대한 설명과 상술에 사용된다. 거기에도 "영광"을 나타내는 용어가 등장하는데, 이는 신의 영광 혹은 광휘 혹은 빛남에 대한 희망으로 제시된다. 그리고 여기에는 부활한 메시아와 함께 영광을 얻거나 함께 빛난다는 이야기가 더해진다. 앞에서 우리는 그와 같은 죽음을 얻어 그와 같은 부활을 나눈다는 이야기를 들었고, 여기에서는 그와 함께 고난을 당함으로써 그와 함께 빛나게 된다는 이야기를 듣는다. 세례에 대한 논의에서 이야기했던 것처럼, 여기에서 관건은 가상적인 제의적 죽음이나 고난이 아니라 처형된 메시아와 우리의 연대를 증명하거나 증언하는 환난에의 참여이다. 이후에 기독교인들은 이러한 증언을 순교(martyrdom)[7]라 부르게 될 것이다.

나는 현재의 고난을 우리에게(혹은 우리 안에서) **도래하여 밝혀질**(*apokalyphthenai*) **영광에 비교할 수 없다고 생각합니다.** 도래할 것은 전대미문의 빛이다. 모든 것이 밝혀질 것이다. 이는 묵시적 희망의 언어이다. 고난은 이전에 지시된 것들, 즉 죄와 죽음의 세계 안에서 일어난 메시아적인 것에 반대하는 것들과 이 현실을 지배하는 법이라고 추측할 수 있을 것이다. 앞에서 바울은 "훨씬 더 많이(혹은 얼마나 더 많이)"라는 말로 새로운 것을 나타냈다. 여기에서 그는 심지어, 고난이라는 특징으로 규정되는 메시아적 현실의 틈입이 일어날 지금의 시간에 비추어 보더라도, 우리가 희망하는 것은 진정으로 비교할 수 없을 정도로 크며 따라서 비길 데 없을 정도로 "훨씬 더 많은" 무엇이라고 말한다.

---

7 'martyr' 즉 '순교자'는 그리스어나 라틴어의 '증인'이라는 말에서 유래한 것이다.

앞에서 우리는 바울이 관심의 초점을 옮겨놓는 방식에 대해 살펴보았다. 우리는 이스라엘과 다른 민족들로 구별되는 현행적 정치체들에 대해, 그리고 다음으로 그 구분에 앞서는 아브라함에 대해 들었다. 그런 다음 아담의 약함에 대한 이야기가 전해지는데, 모든 인류는 아담 안에 포괄된다. 이제 이 틀은 다시 확장되며, 우리는 이 모든 것이 일어나는 묵시적 지평의 진정한 차원들을 보게 된다. 이 차원은 어떤 특정한 종류의 고난의 장소, 무엇보다 고난과 이에 따른 〔메시아적 미래에 대한〕 열망을 간직한 연대의 장소로 지각된다.

바울의 준거틀의 이러한 추가적인 확장은 거의 당연하게 아담적 인류라는 명칭에 뒤따른다. 히브리어에서 *adam*은 흙을, 흙에서 나온 인간을, 땅과 인간의 연대를 말하는 것이다. 그러므로 우리는 또한 창조에 관한 좋은 소식을 모든 피조물에 이르기까지 확장할 수 있다. 우리는 바울이 "모든 육신"에 대해 율법이 아니라 무조건적인 관대함을 통해 정의롭게 될 수 있는 것으로 이야기할 때 이런 확장을 향한 몸짓을 보였다는 점을 기억한다. 우리는 이제 이 몸짓이 예기치 않은 방식으로 펼쳐지는 양상을 보게 될 것이다.

그러나 우리는 또한 동시대의 철학이 바울을 "따라잡는" 한 가지 방식이 동물과 인간 사이의 구분을 교란하는 데 있다는 점에 주목해야 한다. 이 구분은 서구적 사유에서 매우 근본적인 것이다. 여기에서 하이데거에 대해 심문하는 아감벤의 『열림』에 제시된 고찰이나, 혹은 『동물, 고로 나는 존재한다』에서 정점에 이르는 데리다의 여러 시론 중 어느 쪽을 생각하든지 간에, 우리는 동물과 인간의 자명한 구별을 근본적으로 교란하는 사유에서 유익한 통찰을 얻게 된다. 이러한 사유에 관해, 교부 시대의 저자들은 구원을 지구 전체의 구원으로 사유했다는 점에서 바울과 더 가깝다고 말할 수 있다.

피조물 자체가 하나님의 자녀들이 나타나기를 간절히 기대하고〔혹은 초조하게 주시하고〕 **있습니다.** 수평선 위에 배가 나타나기를 기다리며 "지붕 위의 전망대"(widow's walk)[8]를 서성이는 사람처럼, 바라는 것을 싣고 올 배가 보이기만을 숨죽이고 지켜보는 사람처럼, 모든 피조물은 열망을 축제로 바꿔놓을 어떤 것의 출현을 기대하며 수평선을 살피고 있다. 이러한 열망 혹은 동경은 하이데거가 동물에게 할당했고, 아감벤과 데리다의 강력한 비판을 받게 된 "권태"(boredom)와는 완전히 다른 무엇이다. 이에 대해 스타니슬라스 브르통은 다음과 같이 기술한다. "그것들의 본질 자체에 포함된 *그 에로스(Eros)*에 의해, 살아 있는 존재나 생명이 없는 존재나 다 같이, 그것들을 신의 아들들의 전대미문의 존엄성에 *참여하게* 할 계시 속에서, 최상의 인간화에 도달한다"(117).

피조물은 허무에 굴복했지만. 여기에는 인간과 피조물 간의 놀라운 연대가 제시되는데, 이 연대는 오로지 동방 정교회의 신학만이 파악하여 상세히 설명할 수 있었던 그러한 것이다. 근대 서구에서 우리는 인간과 나머지 피조물 간의 연대를 잃어버렸다. 그리고 〔서구〕 신학은 때로 진화생물학을 포함하는 생물학 일반이 적어도 우리와 피조물의 묶여-있음(bound-up-ness)을 의미하는 어떤 것을 간직해왔다는 점을 망각하곤 한다. 예를 들어, 우리 DNA의 대부분은 〔계통적으로〕 가장 하위에 위치한 지렁이와 동일하다.

여기에서 우리가 일부를 이루는 피조물 전체는 허무에 대한 굴복으로 고통받는다. **그러나 이는 피조물 자체의 의지가 아니라, 희망으로 굴복하게 하신 그분의 의지에 따른 것입니다.** 이 문구는 오늘날 지구가 죽음으로 향하는 인간의 어리석음, 탐욕, 약탈에 종속되어 신음하는 양상에 대한 지식이 늘어가는 상황에서 결코 놀라운 이야기가 되지 않는다. 대부분의 번역이 "희망으로"(in hope)라는 문구를 이러한 종속시키려는

---

8 widow's walk란 직역하면 과부의 전망대이다. 이는 집 지붕 위에 설치하여 바다를 바라볼 수 있는 전망대를 말하는 것인데, 바다에 나간 사람이 돌아오기를 기다리는 부인이 전망대에 올라 바다를 바라보는 데서 유래한 말이다.

의지와 관련짓는다. 그러나 너무 성급하게 그런 해석의 방향을 취하기 전에, 우리는 창세기에 따를 때 땅을 지배하는 소명을 받았던 자가 아담이었으며, 그가 곧 이어 육신, 죄, "법", 부정의 등에 굴복했음을 상기해야 한다. 최초에 땅을 지배했던 자는 인간이다. 그러나 또한 우리는 이를 인간이 땅을 희망에, 적대가 아닌 연대의 희망에 종속시키기를 바라는 어떤 희망으로 간주할 수 있을 것이다. 그러나 이 경우에 희망의 행위주체는 (비록 직접적으로 피조물을 "지배"했던 자는 아니더라도) 신일 것이다. 어쨌든 우리는 인류와 피조물이 공통의 희망과 함께 "허무"에 대한 공통의 복종을 공유한다는 점을 보게 된다. 스타니슬라스 브르통이 기술한 바에 따르면, "*cosmos*(우주)에 대한 인간의 지배는, 사물들 자체에 대한 그 효과에 의해, 그 자체의 역사적 운명으로 후자〔우주〕에 영향을 미친다. 그 운명이 비참한 것이든 영광스러운 것이든 관계없이 말이다"(119).

그러나 피조물은 죽음과 썩어짐의 속박으로부터 해방될 것입니다. 땅의 운명은 인류의 운명에 의존하는데, 이러한 의존은 희망, 갈망, 간절히 기대함과 관련된 것이다. 우리의 운명은 피조물의 운명이다. 〔즉, 피조물은〕 **하나님의 자식들**〔*teknon*〕**의 빛나는 자유를 얻을 것입니다.** 피조물은, 우리의 죽음에 종속될 운명에 처했던 것처럼, 또한 우리와 같은 자유를 얻을 것이며 우리가 그런 것처럼 신의 자식들이 될 것이다. 그러므로 복음, 즉 기쁜 소식의 선포는 땅 자체와 모든 피조물에 관련된다. 죽음(이 세상에 위반과 폭력이 진입한 것과 관련되며, 법에 의해 가속된)에 대한 속박은 인간에 관한 것일 뿐 아니라 또한 피조물 전체에 관한 것이기도 하다. 그리고 이러한 폭력의 법으로부터 벗어나게 할 해방의 약속은 단지 인간에게 국한된 것이 아니며 땅과 그 위에 사는 동식물에도 관련된 것이다. 바로 이런 것이 신이 메시아적 사건을 통해 실행하는 일에서 유래한 좋은 소식에 대해 바울이 전달하는 메시지의 범위이다.

모든 피조물이 지금까지 함께 신음하며[9] 해산의 고통을 겪고 있음을,

우리는 압니다. 이 고통은 이제 해산의 고통으로 이해되며, 극심한 고통을 겪고 있는 위대한 어머니의 신음(그 신음은 우리의 신음이기도 하다), 즉 구원을 위한 신음이다. **누가 이 죽음의 몸에서 나를 건져내겠습니까?** 이는 또한 기존의 인류 — 자신이 죽음에 종속되어 있으며 또한 어머니마저 죽음에 종속시켰던 — 와 다른 종류의 인류를 낳기 위해 산고를 겪는 위대한 어머니의 울부짖음이다. 그리고 이 신음 가운데 모든 생물, 즉 모든 피조물은 "함께" 있다. (우리는 바울이 얼마나 자주 그리스어 접두어 *syn*-을 덧붙여 고난, 종속, 희망, 관심 등에서 함께함을 가리키는지에 주의해야 하는데, 이런 방식이 바울에게 가장 특징적으로 나타나는 조어법이기 때문이다.)

야코프 타우베스는 피조물에 관한 바울의 단언이 발터 벤야민의 「신학-정치학 단편」에 반영되어 있다고 말한다(70). 아감벤은 더 나아가 벤야민이 (「역사철학 테제」에서) 로마서 당대에 상응하는 세계적 위기 가운데 살아가는 자로서 로마서 전체의 핵심에 대하여 새로운 표현을 제시할 수 있었다고 말한다. "완전한 위기 상황에서 쓰인, 우리 전통의 이 두 가지 근본적인 메시아적 텍스트는 … 읽을 수 있는 시기가 마침내 도래한 별자리(constellation)를 구성한다"(아감벤, 『시간』 145). (우리는 이 "마침내 도래한"이라는 문구가 아감벤 자신의 메시아주의, 즉 그 자신의 메시아적 의식에도 해당하는 말이 아닌가 생각해보지 않을 수 없다.)

그리고 단지 피조물만이 아니라 성령의 첫 열매를 얻은 우리 자신도 속으로 탄식하며[10] 아들들로서의 입양을, 곧 우리 몸의 구속(救贖)을 기다립니다. "우리 자신이 속한 세계의 부분"으로 제시되는 우리의 몸은,

---

9 동사 *systenazei*의 원형은 *systenazo*이며, 이를 어원학적으로 분해하면 *syn*-(함께) + -*stenazo*(신음하다, 탄식하다)이다.

10 *stenazomen*(원형 *stenazo*), 이 동사는 고통, 슬픔, 분노, 열망을 표현하는 소리를 내는 것을 뜻하는데, 이후 경우에 따라 번갈아가며 '신음하다', '탄식하다' 등으로 옮긴다.

케제만이 올바르게 주장하는 대로(『신약성서의 문제들』 135), 구속이 예정되어 있는데, 마찬가지로 땅 또한 구속이 예정되어 있기 *때문이다*. 여기에서 입양(adoption)은 이미(already) 이루어진 것으로도 장차(to come) 이루어질 것으로도 말할 수 있다. 실제로 육신의 구속과 마찬가지로 피조물 자체의 구속은 희망의 지평이다. 우리의 존재 혹은 우리가 가진 것은 첫 번째 과실(fruit)이며 장차 올 봄을 위한 약속이다. 그러나 우리의 탄식은 여전히 그치지 않는다. 우리의 입양은 늦춰지고(그래서 우리는 아버지(abba)를 부르짖는다), 아직 도래하지 않았다(그래서 우리는 탄식한다). 어쩌면 이 성령을 입음(spiritedness)이 이러한 탄식을 가능하게 하는 것은 아닌가? 혹은 심지어 필연적으로 만드는 것은 아닌가? 브르통의 언급에 따르면, "존재론적 위계의 가장 높은 지점에서 가장 낮은 지점에 이르도록, 단일한 탄식이 한 층위에서 다른 층위로 전이되어 세계의 본질은 오직 자유임을 선포한다"(117).

우리는 이 희망으로 구원을 얻었습니다.

우리는 희망하며(지금), 구원을 얻었다(그때). 우리는 놀랍게도 탈구된(out of joint) 시간에, 그 자체로 안정을 잃었거나 혹은 문법적 시제를 흐트러뜨리는 경첩(hinge)에 주의를 기울여야 한다. "구원을 얻음"은 희망의 틀 내부에서 일어난다. 우리는 바로 이 희망 안에서 살게 된다. 아브라함과 같이, 약속을 믿어 약속에 대한 그의 확신(con*fide*nce)이 *충실성*(*fide*lity)으로 간주되고 따라서 정의로운 자로 간주되었던 (혹은 정의의 편에 기입되었던) 아브라함과 같이 말이다.

일어난 일은 희망을 열쇠 삼아 일어난 것이다. **이제 눈에 보이는 희망은 희망이 아닙니다. 누가 보이는 것을 바라겠습니까? 그러나 우리가 보이지 않는 것을 바란다면 인내로 기다려야 합니다.** 희망은 우리가 인내할 수 있게 한다. 바로 희망하는 것을 볼 수 없을 때 말이다. 아직 수평선 위에 돛이 보이지는 않지만 우리는 희망으로 기다린다. 우리가 인내하며 기다리는 이유는 희망하기 때문에, 마치 지붕 위의 전망대를 서성이는 사람처럼 충실하게 희망을 지키기 때문이다. 그리고 우리가 앞에서 제시된 메시아적인 것의 도래에 대한 논의에서 들었던 대로, 이런 태도는 일종의 완강함에 의해(하이데거), 이를테면 드러난 형세에도 불구하고 희망에 반하는 희망의 보존에 의해(바울이 아브라함에 대해 말하는 그대로) 생산되거나 혹은 역으로 그러한 희망을 생산한다. 어쨌든 이러한 태도는 낙관주의가 아니다. 이는 열망이며, 지식이라 말할 수 있을 정도로 명백한 형세에도 기다리며 신음하는 소리인 것이다. 그것이 바로 메시아적인 것의 열쇠다. 우리에게 있는 것은 탄식, 열망, 그리고 열망하는 모두와 함께하는, 따라서 피조물 전체와 함께하는 결과로 오는 연대(solidarity)이다. 이는 아직 볼 수 없으며, 붙잡거나 가질 수 없는 것의 도래를 알리는, 그 자체로 거룩한 영에 따른 연대인 것이다.

이와 같이 성령도 우리의 약함에 참여하십니다. 전통적인 번역은 "우리를 도와주십니다"인데, 내 생각에 이런 독해는 완전히 잘못된 것이다.[11] 성령은 함께 나누는 자, 이 탄식과 열망의 약함에 참여하는 자이다. **우리가 어떻게 기도해야 적합하거나 경우에 맞는지 알지 못하기에.** 우리가 진정으로, 마음속 깊이, 참되게 바라는 것을 어떻게 말해야 하는지 어찌 알 수 있겠는가? 우리는 아직 존재하지 않는 것을, 무생물이나 생물 세계의 가장 깊은 열망을 이야기하거나 혹은 말로 옮길 단어들을 알지 못한다. **성령께서 친히 이루 다 말할 수 없는 신음으로,** 〔우리를, 피조물을, 하나님을〕 **위하여 청원하십니다.** 우리/피조물/성령은 모두 신음하고 열망하며, 모두가 할 말을 잃고, 땅-성령이 탄식하는 것이다. 언어와 발화에 앞선, 표명할 수 없는 열망에 대해서. 어쨌든 이 탄식과 열망에서 우리는 대망하는 땅과 인류와 성령의 연대를 어렴풋이 보게 된다. 우리가 희망하는 그 연대의 시작은, 감히 그 이름을 말할 수 있다면, 이

---

11 이에 해당하는 원문의 단어는 *synantilambanetai*인데, 일반적으로 '누군가를 돕다'의 의미를 갖기는 하지만 '협업하다', '공유하다' 등의 의미도 갖는다.

미 현존하는데 … 그것은 신음(탄식)이다. 바울은 다른 곳에서 그 이름을 대체로 신이라 부른다(고린도전서 15:28). 성령의 간청/열망은 약함같이 보이지만, 이는 분리된 것의 이미 함께 결합함이며 따라서 죽은 자들로부터 일으켜 세우는 기이한 종류의 힘이다. 후대의 텍스트인 네 번째 복음서(요한복음)에서도 나사로의 부활에 메시아의 탄식이 동반된다(요한복음 11:38, 43).

그리고 마음을 꿰뚫어 보시는 분께서는 성령의 생각이 어떠한지 아시는데, 성령은 하나님의 뜻에 따라 성도를 위해 청원하시기 때문입니다. 이는 매우 수수께끼 같은 문구다. 하지만 어쨌든 이 문구는 우리 안에서 그리고 우리와 함께하는 성령의 탄식이 신의 의지 또는 의도에 따른 것임을 확인한다. 이런 의미에서, 성령은 우리 안에서, 따라서 피조물 전체 안에서, 신의 힘(정확히는 약함)을 행사하는 대리자이다. 성령은 바로 탄식함으로, 우리 안에 있는 그리고 우리를 위한 신적인 열망으로 청원한다.

8:28에서 시작하는 자료는 우리가 5:3~5에서 본 기뻐함 혹은 즐거워함과 관련해 깨달은 것을 부연한다. 그러므로 이 둘 사이에 놓인 자료는 인식에 대한 근거를 보다 확실하게 그리고 신뢰 수준을 높이는 방식으로 기초한다.

그리고 우리는 하나님을 사랑하는 사람들에게, 그들을 존재로 불러내신 하나님의 목적에 따라 모든 것이 선을 위해 협력한다는 것을 압니다. 여기에서 **존재로 불러냄**(called into being)이란 문구와 더불어 이와 비슷한 문구들이 9~11장에서 제시될 어떤 것을 계획한다. 이 사람들은 **하나님을 사랑하는** 자들, 즉 기쁨과 감사함으로 그를 지지하는 자들, 양자로 입양된 믿음직한 상속자들, 그들에게는 무슨 일이나 다 선이 되고 (신에 의해) 선으로 바뀌는 자들이다. 다시 말해, 이들에게는 일어나는 무슨 일이든 신에 의해 모두를 구원하려는 신의 목적으로 방향이 돌려진다는 것이다. 물론 여기에 건강이나 부를 말하는 가짜 복음 같은 것은 없다. 오히려 여기에서 조망하는 것은, 5장과 8장 후반부에서 그렇듯, 엄청난 불행으로 간주될 법한 어떤 일이다. 그러나 이 일은 이어지는 논변에서 드러나듯이 **선**으로, 구속(救贖, redemption)으로, 단지 "우리"만이 아니라 "모두"를 위한 것으로 전변할 것이다.

이 믿음으로 소환된 자들은 **메시아적인 아들과 같은 모습을 띠도록** 정해진 자들이며, 이에 따라 모두가 "아들 됨"으로 통합되기에, 그는 단지 맏아들일 뿐이며 막내도 아니고, 외아들은 더더욱 아니다.

우리는 이제 과거 시제(past tense)의 북이 울리는 소리를 듣게 된다. **먼저 아셨던, 미리 정하셨던, 부르셨던, 정의롭게 하셨던, 영화롭게 하셨던.** 어떤 측면에서, 이는 미래완료 시제다(future perfect). 그러나 그 효과는 심지어 미래마저 과거로 만들고 따라서 의심할 수 없게 만드는 것이다. 메시아적 시간, 때로 바울이 지금의 시간(now-time)이라고 말하는 바로 그 시간은 과거-현재-미래가 아무 문제 없이 서로 구별된다고 여겨지는, (일반적인) 시간과는 다른 시간이다. 메시아적 시간의 수축(foreshortening)은 동사의 시제가 서로 뒤섞이게 됨을 의미한다. 미래로 보이는 것이 현재를 침범하고 과거에 시작되며(아마도 약속과 같이), 따라서 시제들은 서로 바꿔 쓸 수 있게 된다. 그러므로 메시아가 이미 온 것인지 아니면 장차 나타날 것인지(*파로우시아(parousia)*[12])는 필연적으로 명확하지 않다. 입양은 이미 일어난 것으로 말해질 수 있고(그래서 우리는 *아바(abba)*라고 외친다) 동시에 장차 일어날 것으로 말해질 수도 있다.(그래서 우리는 신음한다.) 마찬가지로 정의롭게 됨은 메시아적 사건에 사로잡힌 자들에게 이미 확실한 것인 동시에 〔앞으로〕 확실한 것이 되도록 해야만 할 어떤 것이라 말할 수 있다.

조르조 아감벤은 메시아적 시간에 대해, "그것은 완전하게 변형적인

12 메시아의 임재 혹은 강림을 의미하는 말. 원래 어떤 도시에 제국기의 로마 황제가 방문할 때 이를 지칭하기 위해 사용하던 용어이다.

수축을 거친 세속적 시간의 해당 부분이다"(『시간』 64)라고 말한다. 이러한 수축은 "심지어 지금 여기에서 세속적 시간을 중단할 실제적인 시간의 변형을 암시한다"(73). 아감벤이 과거와 현재가 서로 바뀌는 (과거가 가능성과 함께 열리며, 현재는 완성되거나 완료되는) 방식들에 대해 강조할 때, 이제 미래 또한 과거의 완성에 참여하는 듯 보인다. 메시아적 시간은 과거, 현재, 미래의 구분을 완전히 불안정하게 만드는 시간의 수축이다.

바울이 편지를 쓰는 대상은 포위되어 거의 압도적으로 열세에 몰린 매우 작은 집단이다. 그러나 그는 묻는다. **하나님이 우리 편이시면, 누가 우리에게 맞서겠습니까?** 제국 전체, 다시 말해 문명, 법, 종교를 포괄하는 전체는 여기 종말론적 지평에서 아무것도 아닌 것으로 축소된다. 신적인 약속과 목적의 성취를 향한 길을 막아설 수 있는 것은 아무것도 없다. 우리는 그저 가장 작은 전조가 될 뿐인 기획에서 신이 떠맡는 책임은 절대적이다. **자기 아들을 아끼지 않으시고 우리 모두를 위하여 내주신 분이, 어찌 모든 것을 우리에게 거저 주지 않으시겠습니까?** 이는 속죄의 이론이 아니라 거저 주는 선물의 이론, 계산할 수 없는 약속/관대함의 이론이다. 이렇게까지 했다면, 신이 과연 이 약속을 철회하려 하겠는가?

누가 감히 하나님에 의해 선택된 사람들을 고발하겠습니까? 정의롭게 하시는 분이 하나님이신데, 누가 그들을 유죄라 선고할 수 있습니까? 앞에서 바울은 **이제 메시아 안에 포함되거나 그와 함께하는 자들에게 유죄판결은 없**다고 말했던 바 있다. 여기에서 우리는 다시 한 번 유예된 유죄판결(정죄)이라는 개념을 대한다. 이전에 유죄로 판단되고 지금은 "재판관"이 된 그이가 바로 유죄판결을 내리는 분이다. **메시아 여호수아는 죽으셨지만 오히려 살아나셔서 하나님 우편에 계시며, 우리를 위하여 청원하십니다.** 그는 심판하기 위해 올 것이다. 그러나 누가 재판관이 되는가? 법에 의해 부인된 그가 이제 심판하거나 혹은 정죄한다는 말인가? 신은 막대한 대가를 치르고 정의를 생산할 새로운 길을 찾았는데, 오래된 길로 돌아가려 하겠는가? 메시아가 우리를 위해 변론하는 자라면, 어떻게 우리가 유죄라 선고될 수 있겠는가? 여기에서 혹자는 어느 정도 제한된 방식의 용서에 관해 이야기하기도 한다. 우리가 부정의의 세계에 배태되어 있는 이상, 이로 인해 불리한 판단을 당하거나 메시아에 대한 충성이 깎아내려지는 일은 없을 것이며, 이런 방식으로 우리는 정의롭다고, 정의를 향한 길 위에 있다고 셈해질 것이기 때문이다.

그런 다음 바울은 기쁨과 즐거움을 "마음껏 드러낸다." 분명한 의미에서 이 선포는 **아무것도 우리를 메시아의 사랑에서 … 메시아 여호수아 안에 있는 하나님의 사랑에서 … 끊을 수 없**다는 것이다. 따라서, 심지어 엄청난 고난 — **환난이나 곤고함이나 박해나 굶주림이나 헐벗음이나 위협이나 칼** — 중에도 되돌릴 수 없는 승리에 대해 기뻐함이 있다. **우리는 승리자보다 더 나은 자들입니다.** 나머지 부분은 메시아에 대한 우리의 연대를 그리고 우리에 대한 메시아의 연대를 보여주는 고난의 상황(도살당할 양과 같은)에 대해 언급한다. 그렇다면 우리를 그와(혹은 그의 고난과) 연합하게 하는 것이 어떻게 우리를 그로부터 끊을 수 있겠는가?

나는 확신합니다. 죽음도, 삶도, 천사들도, 권세자들도, 현재 일도, 장래 일도, 능력도, 높음도, 깊음도, 그 밖에 어떤 피조물도. 각 단어(높음, 깊음 등)에서 특별한 의미를 찾아 헤맬 필요는 없다. 바울은 계속 순조로운 분위기로 자신의 주제에 관해 써나간다. 혹은, 어쩌면 이렇게 말해야 할지도 모르겠는데, 자신의 주제에 관한 반복 악절(riff)을 쓰고 있는 것이다. **아무것도 우리를 우리 지도자 메시아 여호수아 안에 있는 하나님의 사랑에서 끊을 수 없을 것입니다.**

네 번째 전개부

신적인 약속과 즉흥연주(9:1~11:36)

로마서 8:31~39에 제시된 흔들릴 수 없는 보장은 반드시 시험되어야 한다. 이 보장은 지금까지 두 가지 방식으로 충실한 자들의 경험에 기초해 있었다. 신을 아바/아버지(*abba/Pater*)라고 소리 높여 부름으로써 드러나는 기쁨을 만드는 선포에 대한 그들 자신의 반응이, 그리고 환난과 박해에 직면한 공동체와 그 구성원들의 인내가 그 두 방식이다. 게다가 바울은 이 보장을 우리가 "존재론적인 것" 또는 "우주론적인 것"이라 지칭할 법한 방식으로 기초하고자 했다. 이는 5장에서 도입된 아담적 차원에 상응하며, 심지어 이를 초과하는 것이다. 그러나 바울은 결코 여기에 그치지 않는다. 시작부터 그는 신의 활동이 유대 사람과 이방인들 양자 모두를 고려에 넣는 방식에 관심이 있음을 알렸다. 1:16에서, 그는 복음이 "유대 사람에게 먼저 그리고 다음으로 그리스 사람에게" 향한다고 고지한 바 있다. 이 표현은 2:9에서 악을 행하는 자들을 향한 환난과 곤궁에, 그리고 2:10에서 선을 행하는 자들을 향한 영광과 명예와 평화에 반복 적용된다. 우리는 다음으로 바울이 논증을 시작하는 현실적인 절차가 이방인을 먼저 그리고 다음으로 유대인을 다루어 우선순위를 뒤집는 듯 보인다는 점에 주목한 바 있다. 9:1에서 시작되는 세 장의 논변에서, 바울은 이제 앞에서 고지한 우선순위를 유지할 것이다.

3장의 첫머리에서는 해답을 제시하지 않은 채로 남겨둔 듯 여겨지는 일련의 질문들이 제시되었다. **몇몇 사람이 신실하지 못하다면, 그들의 신실하지 못함이 하나님의 신실하심을 무효로 만듭니까?**(3:3) **우리의 사악함이 하나님의 정의를 드러나게 한다면, ... 하나님이 부정의하시기에 우리에게 진노를 내리신다는 말입니까?**(3:5) **나의 거짓됨을 통해 하나님의 참되심이 더욱 넘쳐나 그의 영광으로 이어진다면, 왜 나는 여전히 죄인으로 판정받습니까?**(3:7~8)

다음 세 장에 걸쳐 따라가게 될 긴 담론의 주장은 이 질문들에 대한 대답이 된다. 그동안, 바울은 법 바깥에 있는 충실함의 문제를 해명하기 위해, 이 충실함이 현실적으로 부정의의 영속화가 아니라 정의의 생산이라는 주장을 개진했다. 그는 이제 앞에서 공표되었으나 대답되지 않고 남겨졌던 문제들을 다루는 작업에 착수할 준비가 되었다. 따라서 다음으로 이어지는 것은 단순한 부록이 아니라 바울의 편지 시작부터 겨누어졌던 목표이다.

이제 기본적인 문제 — **몇몇 사람의 신실하지 못함이 하나님의 신실하심을 무효로 만듭니까?**(3:3) — 가 다루어질 것이다. 그러나 그 이상의 문제가 있다. 바울은 지금 막 신이 먼저 알고 예정한 자들이 있으며, 또한 이들을 정의롭다고 칭하여 영화롭게 한다고 말한 참이기 때문이다. 이 확신은 메시아를 거부했던 이스라엘 민족의 상황을 직면한다 해도 그대로 유지될 수 있는가? 무엇보다 그들은 먼저 알았고 예정되어 부름받은 자들이다. 그렇다면 그 약속은 폐지된 것인가? 만일 그렇다면, 이 흔들리지 않는 보증을 노래하는 중요한 찬송의 악절에서 존속될 수 있는 것은 아무것도 없다. 신의 약속이 이스라엘에게 지켜지지 않는다면, 그 약속은 우리에게도 유지될 수 없을 것이다. 그렇다면 누가 신적인 약속을 확신할 수 있단 말인가?

14. 약속은 깨진 것인가?(9 : 1~29)

한 가지 선결되어야 할 문제가 있다. 만일 이스라엘이 스스로 아브라함에 대한 신의 약속을, 이스라엘 역사의 원동력이 된 그 약속을 저버리고 메시아를 거부했다면, 어떻게 그 약속에 의지할 수 있다는 말인가? 인간의 거부가 신의 구원 혹은 구속에 대한 결단을 멈추거나 지연시킬 수 있다면, 어떻게 우리는 진정으로 확신할 수 있겠는가? 우리가 얻은 보증은 공허한 것이 아닐 수 있을까?

물론, 혹자는 이 모든 것이 쓸데없다고 주장하기도 한다. 바울 이후 약 1세기가 지난 시기에 마르키온(Marcion)[1]은 스스로 바울의 정신을 가졌다고 믿고, 이스라엘의 신이 〔그리스도의 아버지와〕 다른 신이며 그리스도 안에 있는 구속이 이스라엘과 맺은 약속이나 계약과는 독립적으로 열방 민족들을 위한 것이라고 주장하게 된다. 그러므로, 바울의 논변을 이해하기 위해서는 마르키온의 이러한 주장이 바울에게는 불가능하다는 점에 대한 인식으로부터 논의를 시작해야 할 것이다. 그리고 우리는 반드시 그 이유를 물어야 한다.

이 문제에 답하기 전에, 우리는 로마서 9~11장 해석의 역사가 마르키온주의의 주장에 준하는 것이었음을 인식할 필요가 있다. 기독교는 대개 자신이 이스라엘 역사의 뿌리와 관계없이 그 자체로 존립할 수 있다고 생각했다. 그 결과는 암묵적인 혹은 공포스럽도록 노골적인 반유대주의였다. 로마서에서 이 부분에 수록된 논변의 해석은 이런 측면에 있어 결정적이다. 야코프 타우베스가 히틀러의 민족사회주의 정당(나치 정당, National Socialist Party)의 여러 정책을 지성적으로 엄호한 인물인 카를 슈미트와 나눈 대화에서 극적인 방식으로 확인하는 것처럼 말이

1 시노페스의 마르키온. 마르키온은 그리스도의 아버지와 유대인들의 성문서에 기술된 신이 다른 신이라고 주장하여 초대 교회 교부들에 의해 파문된다.

다. 타우베스가 슈미트와 함께 바울의 이 로마서 문구를 읽을 때, 슈미트는 상당히 놀라는 반응을 보였다. 타우베스는 “텍스트를 읽을 때 핵심 논점을 인지하지 못할 수 있다”고 말한다. 특히 이러한 인지 못함이 로마서 9~11장의 핵심 논점에 주의를 기울이지 않은 “1,500년의 기독교 역사”에 의해 보호된다면 그럴 것이라고 말이다(51).

역사와 이스라엘이라는 서로 관련된 두 좌표축을 염두에 두는 것이 중요하다. 역사가 중요한 이유는 신이 메시아의 거부 및 처형이라는 역사를 포괄하는 역사 안에 연루되었기 때문이다. 그리고 신은 바로 이 행위를 통해 역사를 정점에 이르게 한다. 게다가, 이 행위는 역사 안에서, 특히 신이 선택한 민족의 역사 안에서 펼쳐지는 신의 활동에 의해 의미를 갖는다. 우리는 아담적 인류로부터 모든 피조물을 포함하도록 확장되어 유대 민족과 이방 민족을 그리고 이에 따라 모든 인류를 역사의 민족들로 고려하도록 포괄하는 아브라함적 인류로 되돌아간다.

아우구스티누스의 시기 이래, 로마서가 마치 4장에 의해 결정되는 양 해석하는 경향이 지속되었다. 우리가 곧 다시 돌아가서 살피게 될 4장이 전적으로 〔운명의〕 예정(predestination) 같은 무엇인가와 관련된 것처럼 읽혔던 것이다. 하지만 예정에 관한 주장은 바울의 일반적으로는 정치적 역사에 관한 초점을 그리고 특수하게는 이스라엘의 역사에 관한 초점을 무시한다. 당연히 예정에 관한 담론은 바울에게서 벗어난 (그리고 성서에서 벗어난) 개별자중심론(individualism)으로 빠져든다. 이런 담론의 관점에서, 신은 인간 개개인의 구원 혹은 파멸을 예정한다. 그러나 그런 이야기는 바울의 논변과는 완전히 다른 것이다. 무엇보다, 그런 관점은 바울의 사회 및 정치적 역사에 관한 강조와 관련하여 신적인 의지의 목표가 구원 혹은 파멸을 정하는 어떠한 종류의 이중적 예정도 아니며, 오히려 모든 사람의 구원이라는 사실을 무시한다. 카를 바르트는 아우구스티누스에 의해 시작되어 이후 초기 중세의 고트샬크(Gottschalk)[2]에 의해 엄격하게 다듬어진 예정설(doctrine of predestination, 위클리프[3]와 칼뱅에게서 결정론적인 성격을 띠게 된 관점)이 성서와 복음에 반하는 입장이며 그리스도 안에서 드러나는 신의 행위에 대한 선포와 관계되지 않는다는 점을 인정한다(『교회 교의학』 3~34). 이 문제를 푸는 바르트의 특정한 접근법을 지지하지 (혹은 이에 이의를 제기하지) 않으면서, 우리는 바울 논증에 대한 독해에 제시된 이 문제에 주의를 기울여야 할 것이다.

갈라디아서에서, 바울은 신의 이스라엘 선택에 관한 매우 다른 한 가지 논변을 개진했는데, 이 관점은 분명히 기독교 세계가 이스라엘을 대체한다는 생각에 근거를 제공한다. 그러나 로마인들에게 보내는 편지에서, 바울은 이와 완전히 상반되는 방향으로 신이 이스라엘 선택을 결코 돌이킬 수 없다는 논변을 개진할 것이다. 각각의 편지에서 바울의 논변에 나타나는 근본적인 변화에는 의심의 여지 없이 편지가 전달될 청중과 관련한 특수한 요인들이 작용했겠지만, 로마서에서 전개된 논의는 훨씬 완전하게 숙고됨과 동시에 바울 자신의 책무와 관심사에 보다 깊숙하게 연결되어 있다고 여겨진다. 이러한 관련성은 9~11장 논의의 도입부에서 분명하게 드러난다.

나는 메시아 안에서 참을 말하며, 거짓을 말하지 않습니다. 내 양심이 거룩한 영을 힘입어 이를 증언하여줍니다.

성령이 우리와 모든 피조물과 함께 구속을 위해 탄식한다는 — 또한 열망한다는 — 이야기를 기억해야 한다. 바로 이 연대와 열망의 영이 여기에 소환된다. 바울이 메시아의 진리를 말한다는 것은 그의 말이 메시아 자신의 사람들, 다시 말해 메시아적 목적과 열정에 우선순위를 두

---

2 오르바이스(Orbais)의 고트샬크. 9세기 무렵의 색슨족 신학자, 수도승. 이중 예정설의 초기 주창자.

3 존 위클리프(John Wycliffe). 14세기 영국의 스콜라 철학자, 신학자, 성서 번역자. 그의 사상은 초기 종교개혁에 상당한 영향을 끼쳤으며, 유럽에서 라틴어 번역판인 불가타 판(vulgate)으로만 유통되던 성서를 당시 영국의 공용어로 번역한 위클리프 번역판으로 잘 알려져 있다.

는 사람들을 향한 메시아의 열망을 공유한다는 의미가 된다.

나에게는 큰 슬픔이 있고, 내 마음에는 끊임없는 고통이 있습니다.

이는 성령의 언어이며, 승리가 아니라 슬픔과 고뇌로 가득한 언어이다. 땅이 인류의 구속을 위해 탄식하는 것처럼, 바울은 이스라엘의 구속을 위해 탄식한다. **나는 육신에 따른 나의 겨레, 나의 동족을 위해서라면 저주를 받아 메시아에게서 끊어지기를 바랄 수도 있습니다.** 바울은 저주를 받고 끊어진다는 것이 무엇을 의미하는지 알고 있다. 이것은 바울이 그 자신의 민족에게서 경험한 일이다. 그러나 그의 반응은 그들의 파멸을 바라는 것이 아니라 자신이 그들을 대신할 수 있기를 바라는 것이다. 이 경우에 **육신에 따른 동족**이란 말은 바울이 동료 메시아주의자들을 "형제들"이라 지칭하게 하는 영에 따른 친족관계보다는 종교·문화적 정체성을 지칭하는 것이다.

타인을 위해 저주를 받고자 하는 열망은 어느 정도까지나 메시아적 열망의 표지가 되는가? 그는 본질적으로 "나는 타자들이 정죄되도록 그대로 두기보다는 차라리 나 자신이 저주를 받겠다"고 말하고 있는 것이다. 이것은 바로 메시아가 한 일이 아닌가? 그는 타자들을 저주로부터 — 심지어 그들이 그들 자신에게 초래한 저주로부터 — 구해내기 위해 저주를 받았던 것이 아닌가? 여기에서 메시아적인 것에 대한 언급은 지금까지 이중적으로 제시되었다. 바울은 메시아 안에서 말하고 있는데, 이 메시아 안에서 말하기는 타자들이 메시아에게 연합하도록 하기 위해 메시아에게서 끊어져 나가기를 바라는 욕망이다. 이는 단순히 극단적인 표현이 아니다. 오히려 메시아적 충실함의, 즉 메시아의 고난에 대한 연대의 본질과 대의인 것이다.

그들은 이스라엘 사람들이며 그들에게 아들 됨, 영광〔광휘, radiance〕**, 언약들, 율법의 부여, 예배, 약속들이 귀속되고, 조상들**(혹은 족장들, patriarchs)**이 그들에게 귀속되며, 육신에 따를 때 메시아는 그들에게서 태어나셨습니다. 만물 위에 계신 하나님은 영원히 축복받으실 것입니다. 아멘.**

앞에서 그가 말한 바에 따를 때, 이스라엘 민족의 이점은 **모든 면에서 많이 있습니다. 첫째는 그들이 하나님의 말씀을 맡았기 때문입니다**(3:2). 여기에서 이는 가장 비범한 방식으로 확장된다. **말씀**(성서, oracles)에 대한 언급은 **언약들, 율법의 부여, 예배**로 확장된다. 무엇보다, 바울은 **아들 됨**(입양)**과 광휘**를 더한다. 이는 바로 앞 부분에서 메시아적인 것에 관해 사용했던 매우 결정적인 용어들이다. 이 용어들은 구속적 행위의 시작(아들 됨)과 끝(광휘)을 지시한다. 메시아적 현실에 대한 참여자들에게 바울이 할당하는 것은 이미 이스라엘에 귀속된 것이다! 우리는 이 "귀속"이 박탈될 수 없다는 점을 알게 될 것이다.

이는 무엇보다 우선 조상들에게 주어진 약속들로 인해 참일 것이다. (바울은 더 이상 갈라디아서에서 활용했던 아브라함의 다른 두 자손에 관한 논변을 사용하지 않는다.) 메시아 곧 이스라엘의 메시아는 조상들로부터 유래한 것이다. 그렇다면 결론이 되는 "약속"은 이 모든 것을, 메시아를 통해, 우리가 아브라함과 함께 출발하는 곳과 우리가 향하는 곳에 연결 짓는 것이다. 그러므로, [유대 사람과 이방 사람을 아우르는] 포괄적인 약속은 메시아의 도래로 전기를 맞이하며, 그의 도래는 "유대 사람에게 먼저 그리고 다음으로 그리스인들에게" 좋은 소식이 되는 것이다.

마지막 부분(**하나님은 영원히 축복받으실 것입니다**)은 그리스도의 신성을 말하는 원형적인 니케아 신경의 정식을 암시하는 방식으로 번역되어서는 안 된다. 이 부분의 주제는 이스라엘이 받은 모든 "선물"이 신으로부터 온 선물이며, 약속으로부터 언약들, 율법, 예배 등을 거쳐 최종적으로 광휘 혹은 빛남에 이르는 신적인 활동의 초점은 바로 메시아를 보냄이라는 것이다. 바울의 주장은 "전반적으로" 메시아가 신이라는 것이 아니라, 신이 이 모든 것을 배열하는 순서가 메시아의 도래에서 약속의 완성으로, 따라서 신적인 광휘 안에서 이루어지는 아들 됨과 약속의 성취로 나타난다는 것이다.

어쨌든 하나님의 약속은 실패했다 할 수 없습니다. 이는 약속이 진정으로 보장되기 위해서라면 반드시 풀어야 할 문제의 매듭이다. 열방을 포함하도록 확장되어, 후손으로부터 부활로 그리고 우주적 전환에 대한 희망으로 뻗어나가는 이 약속은 그 핵심부에서 이스라엘 민족을 향해 그리고 이들을 위해 시작되는 약속으로 보장되어야 한다.

바울이 이러한 약속에서 밝게 빛남에 이르는 궤적 안에 "언약, 율법, 예배"를 위치시키려 하기에 시야에 들어오는 것은 신의 실패라는 문제이다. 바울이 믿는 대로, 만일 메시아의 도래가 이스라엘의 역사를 추동하는 약속과 일치하는 것이라면, "언약, 율법, 예배"를 지키는 공인된 수호자에 의한 메시아 거부는 신적인 약속의 실패로 이해될 수 있다. 따라서 바울에게는 모종의 입증 책임이 부과된다. 즉, 이스라엘의 언약의 역사는 신적인 "계획"의 형태를 증거하거나 혹은 이방인들의 포함이라는 목적을 향해 역사를 배열하는 동시에 이 배열의 궤적에서 발생하는 모든 "실패"가 역사를 지정된 목적을 향해 움직여 나가도록 기능한다고 단언하는 것으로 이해될 수 있음을 보일 책임이 따르는 것이다.

바울은 이 논점을 정립하기 위해 몇 가지 논변과 유비를 제시할 것이다. 6장에서 죄가 은혜를 통해 폐지된다는 주장의 앞뒤에 배치된 몇 가지 요소를 정립하기 위해 일련의 논변과 유비를 제시했던 것처럼 말이다. 중요한 것은 이 유비들을 서로 분리되지 않도록 하며, 또한 이 유비들의 연쇄를 통해 정립하고자 하는 논점에서 분리되지 않도록 하는 것이다. 이것이 한층 중요해지는 이유는 이스라엘 역사에 대한 "객관적인" 개관을 제공하는 것이 아니라 지금 생각하는 역사의 목적에 따른 핵심 요소들을 해석하는 것이 바로 바울의 의도이기 때문이다. 바울이 제시하는 개관은 중요한 계기들을 찾아낸다. 이를테면, 족장 시기의 역사, 이집트로부터의 탈출(율법의 부여를 포함하여), 그리고 특히 예언자들의 관점 말이다.

모든 이스라엘 사람이 다 이스라엘에 속한 것은 아닙니다.

이런 이야기는 사두개파 사람(Sadducee)이 아니라 바리새파 사람

(Pharisee)이 할 법한 말인가?[4] 그럴 개연성이 충분하다. 이는 또한 세례자 요한이 행한 사역의 기초가 되었을 것인데, 그 이유는 세례가 바리새파나 요한에게 이스라엘 민족으로의 진입 또는 재진입을 위한 입문의 례로 기능했을 것이기 때문이다. 어쨌든 이제 다음으로 이어질 것은 어떤 의미에서 일부(some)가 전체(all)의 역할을 대신한다는 주장이다. 어쨌든 이후에 이 주장은 역전되어 "일부"가 "전체"로 이어진다는 주장으로 전환될 것이다. 이와 같이 복잡한 방식의 제유법 사용을 통해 바울은 대체(substitution)로서의 재현(대표, representation)에서 전위(vanguard)로서의 재현으로 나아갈 수 있게 된다.

이어지는 문장들은 아브라함에게 주어진 약속의 상속자들과 관련된다. 확실히 바울은, 이런 면에서, 메시아 안에 있는 자들이 독점적인 약속의 자손이며, 이에 반해 이스라엘은 이스마엘(Ishmael) 곧 육신에 따른 자손의 상황에 있다고 해석하는 갈라디아서의 유비를 반복하지 않는다. 하지만 이 두 텍스트에는 공통점이 있으며, 그 공통점이란 그 약속과 약속의 상속자(아들)가 누구인지 — 이스마엘이 아니라 이삭 — 에 관해 강조한다는 점이다. **아브라함의 자손이라고 해서 다 그의 자녀가 아닙니다. 다만 "이삭에게서 태어난 사람만 너의 자손이라고 부르겠**

4 바울은 원래 바리새파 출신이다. 바리새파는 평민과 중산층에 기반하며, 모세가 신에게 받은 율법인 토라 이외에 구전 전승, 성문서 전반, 특히 예언서들을 인정하는 종교 정화 운동의 지지자들이었다(pharisee라는 이름은 원래 '분리', '구별'을 의미). 반면 사두개파는 제사장과 귀족 위주로 구성되었고, 유일하게 토라의 율법적 지위만을 인정하며, 헬라스 문명에 영향을 받아 현실주의적 성향을 나타내는 지배계급이었다(sadducee는 모세의 형 아론의 후손이자 다윗의 제사장인 사독에게서 유래한 이름). 바리새파가 구별된 삶을 지향했다는 의미에서 이 논점은 원래 바리새파 사람인 바울에게서 나올 법한 말이다. 그리고 예수는 비록 바리새파와 사두개파 양자 모두를 비난하기는 하지만, 실제로 계급적으로나 예언자들의 전통에 따랐다는 점에서 바리새파 사람들과 좀 더 친연성이 있었다. 그런 점에서 원래 바리새파 사람이었던 바울의 메시아주의자로의 전향은 특기할 만하다.

다" 하셨습니다(바울은 창세기 21 : 12을 인용한다). 게다가 우리는 그 약속이 "육신"(flesh)과 모종의 기본적인 긴장관계에 놓인다는 점을 보게 된다. **이는 곧 육신의 자녀가 하나님의 자녀가 되는 것이 아니라, 약속의 자녀가 참된 자손으로 셈해진다는 것을 뜻합니다.** 주목해야 할 점은 메시아 사건에 통합된(한 몸이 된, incorporated) 자들의 입양에 따라 적용된 "하나님의 자녀"라는 용어가 이삭의 혈통에 속한 자들에게도 적용된다는 점이다. 바울이 말했던 대로, 또한 그들에게도 입양(아들 됨)이 있다. 입양은 먼저 이스라엘에 그리고 이후에 메시아적 선포와 약속을 받아들이는 자들에게 적용된다. 이스라엘을 약속이 아닌 "육신"에 소속시키려는 시도는 정당화될 수 없다. 오히려 이 논변은, 어떤 의미에서 하지만 언제나 놀라운 방식으로, 육신을 약속의 운반체(bearer)로 생각할 수 있게 한다. 우리는 심지어 여기에서 중요한 것은 아브라함이 아니라 사라의 육신이라고 말할 수도 있다. **이맘때 내가 다시 돌아올 것이고 사라는 아들을 가질 것이다.** 그러므로 우리는 여기에서 남자 조상(patriarch)이 아니라 약속의 열매인 아이를 낳은 여자 조상(matriarch)에 관해 이야기해야 한다.[5]

두 번째 유비는 리브가에 대한 인용에서 나온다. 리브가와 이삭은 야곱/이스라엘[6]의 부모이다.

---

5 아브라함의 자손에 대한 약속은 오랫동안 사라를 통해 성취되지 않았다. 아브라함과 사라의 육신은 이미 늙은 상태였고, 이에 사라는 아브라함에게 몸종 하갈을 통해 상속자를 생산하도록 한다. 하지만 어느날 갑작스럽게 방문한 신의 사자들(소돔으로 가던 길에)에게서 이미 태가 말라버린 사라를 통해 아들을 낳을 것이라는 이야기를 듣는다. 이때 사라는 장막 뒤에서 그 이야기를 듣고 (황당해서 혹은 기뻐서) 웃었다고 하는데, 그래서 사라가 낳은 아이의 이름을 '웃음'이라는 의미로 이삭(Isaac)이라 붙인다. 이 책의 저자가 지적하는 육신을 통한 '언제나 놀라운' 약속의 성취란 이 이야기를 두고 하는 것으로 보인다.

6 이스라엘(Israel)은 여러 어원적 해석에 따라 '신과 씨름하는 자', '신이 싸우신다', '신이 지배하신다' 등의 의미를 가진 이름이다. 야곱(Jacob)은 태어날 때 쌍둥이 형

그뿐 아니라, 리브가도 우리 조상 이삭 한 사람에게서 자손들을 수태하였는데, 그들이 아직 태어나지 않아 선이나 악을 행하기도 전에, 선택에 따른 하나님의 계획이 지켜지게 하시려고, 또 이러한 일이 〔사람의〕 **행위가 아니라 부르심에 달려 있음을 나타내시려고, 리브가에게 "형이 동생을 섬길 것이다"라는 말씀이 있었습니다. 이것은 기록된 바 "내가 야곱을 사랑하고, 에서를 미워하였다" 한 것과 같습니다.**

이삭도 야곱도 먼저 난 아들이 아니다. 우리는 각각의 사례에서 가부장제(patriarchy)의 경향에 반해 장자를 "희생하여" 동생이 약속의 "운반자"가 되게 한다고 말할 수 있을 것이다. 그러므로 신의 약속은 전적으로 신뢰할 수 있으나 인간적 관습이나 경험에 비추어 완전히 예상할 수 없는 방식으로 실현된다. 다시 한 번 우리는 바울이 여자 조상의 이야기로 남자 조상의 이야기를 대체하는 것을 보게 된다.

에서와 야곱에 대한 언급을 통해 바울은 자신의 다른 기본적인 주제들 중 하나(행위가 아니라 "부름")를 도입할 수 있게 된다. 하지만 행위(공로)에 반대하는 이 논변에서, 강조점은 이전에 그랬던 것처럼 부름받은 자의 충실함이 아니라 전적인 신의 선택으로 드러나는 부름 자체의 기원에 찍힌다. 야곱을 사랑하고 에서를 미워한다는 말라기서 1 : 2~3의 인용문은 감정 상태가 아니라 두 사람 중 누군가 한 사람에게 유리한 결정을 말하는 것이다. 이 선택은 "장자" 상속권의 의미를 무너뜨리는 방식으로 작동한다. 호의에 따른 한 아들의 선택은 아브라함의 경우와

에서(Esau)의 발뒤꿈치를 붙들고 나와 붙여진 이름이며, '발목 잡는 자', '찬탈자', '사기꾼' 등의 의미. 야곱은 과거 장자 상속권을 놓고 아버지 이삭의 총애를 받던 쌍둥이 형 에서를 렌즈 콩으로 만든 죽 한 그릇으로 속여넘겨 장자 상속권을 얻은 이후 형을 피해 멀리 떨어진 외삼촌 집으로 가서 더부살이를 하게 된다. 이후 일가를 이루어 형 에서를 만나러 고향으로 돌아가는 길에 번민하며 밤을 새우던 중, 갑자기 나타난 천사와 끈질기게 씨름한 후에 이스라엘이라는 이름을 얻게 된다(창세기 32 : 28~29).

마찬가지로 어떠한 공로(능력, merit)에도 앞서 일어난다. 그러므로 선택, 결정, 행동, 신의 약속 등은 우리의 반응과 같이 신뢰할 수 없는 것이 아니며, 오히려 신 자신의 말씀과 마찬가지로 신뢰할 수 있는 것이다.

에서와 야곱의 이야기에서 약속의 혈통은 에서가 아니라 어떠한 공로도 없는 야곱을 통해 혹은 공로에 앞서서 이어진다. 뿐만 아니라, 공로를 계산한다면 우리는 에서의 편을 들 것이다. 그는 장자일 뿐 아니라 훨씬 더 고귀한 품성을 지닌 자다. 야곱은 (책략적인 어머니와 다소간 공모하여) 형의 상속권을 강탈한 완전한 악당이다. 반대로 야곱이 충분히 그리고 당연히 예상하던 복수를 실행하지 않고 이 악당을 환영으로 받아들인 에서의 행동은 귀감이 될 법하다. 하지만 여기에서 바울의 주안점은 그런 것이 아니다. 그는 실제로 성서 이야기의 해석을 제시하려 하는 것이 아니라 이로부터 한 가지 요소를 선택하여 신의 약속의 성취가 인간 행위자의 "충실함"에 달린 것이 아니라고 주장하려는 것이다.

하나님이 불공평하다는 말입니까? 이는 바울의 논증 전체가 정의의 요청과 요구에 달려 있기 때문에 문제가 된다. 대답은 무언가 불충분한 듯 보일 것이다. **절대로 그렇지 않습니다!** 여기에서 논점은 신이 자신이 하겠다고 말한 그대로 실행한다는 것이다. 이는 이미 3:5에서 다룬 질문과 대답에 반향되어 있다.

여기에서 그는 모세를 인용하여 (출애굽기 33:19에 제시된 "율법"의 맥락에) 자신의 논점을 정립한다. **"내가 자비를 보일 사람에게 자비를 베풀고, 불쌍히 여길 사람을 불쌍히 여기겠다."** 이 인용문은 앞에서 제시된 **"내가 야곱을 사랑하고, 에서를 미워하였다"**는 인용문과 긴장관계에 서게 된다. 변한 것은 바울이 자비와 불쌍히 여김을 강조한다는 점이다. 이 텍스트를 동원하여 어떤 사람은 천국으로 가고 어떤 사람은 지옥으로 간다고 말하는 "이중적 예정"을 지지대로 삼았던 사람들은 바울의 요지를 완전히 놓친 것이다. 그는 모든 것을 심판이 아닌 자비에, 유죄판결(정죄)이 아닌 불쌍히 여김에 맞추거나 구부리고 있다. **그러므로 그**

것은 사람의 의지나 노력에 달려 있는 것이 아니라, 하나님의 자비에 달려 있습니다. 바울은 이에 관해 심판이 아니라 자비나 관대함에 맞춰진 초점을 유지하려 노력한다. 신의 정의는 이제 자비이며, 결코 앞에서 들었던 진노가 아니다. 하지만 그것은 새로운 모습으로 되돌아올 것이다.

모세에 대한 인용으로, 우리는 이집트와 파라오로부터의 해방에 관한 이야기로 돌아선다. 물론 파라오는 히브리 사람들을 속박에서 구해내려 했던 신의 자비를 막아섰으나, 그러한 대항에도 불구하고 파라오는 신적인 자비의 도구가 된다. 이제 우리는 세계사적 영역으로 진입한다. 권력자들의 오만은 그들 마음의 강퍅함(剛愎-, hardness)이지만, 이는 어쨌든 자비와 불쌍히 여김이라는 목적에 봉사하도록 구부려질 것이다. 이를테면, 이를 본디오 빌라도(폰티우스 필라투스, Pontius Pilate)[7]나 혹은 심지어 산헤드린(Sanhedrin)[8]에 적용할 수도 있다. 그들이 한 일은 신적인 정의와 자비에 반하는 일이지만 실제로는 그 정의와 자비에 봉사할 것이다.

따라서 이 시대의 지배자들은 그들 자신의 지위와 권력을 신의 허가에 빚지고 있는 것이다. 그러나 이러한 허가는 단적으로 권력자들이, 자신도 모르게, 그들 자신의 종말로 신의 이름을 "선양"하도록 하는 계기가 된다. (우리는 상당한 논쟁을 불러일으키는 13장의 "지배자들"에 대한 언급을 논하면서 이를 상기하게 될 것이다.) 그들의 지배는 그들 자신의 파멸 또는 좌절로 이어지도록 정해지며, 이에 따라 역사는 이 권력자들에 의해 억압받는 자들을 향한 신의 신실함에 경탄할 것이다.

파라오의 사례에서, 우리는 그 이야기를 신이 단지 (모세를 통해) 파라오가 히브리 사람들을 놓아주라는 요구를 완고하게 거부하도록 만드는

7 예수에게 사형을 선고한 로마의 유대 속주 장관(praefectus).

8 산헤드린은 대제사장을 비롯한 고위 제사장들과 율법학자들로 이루어진 유대인들의 최고 의결 기구이다. 신약성서의 복음서에는 산헤드린 의회에서 열린 예수의 재판에 관한 이야기가 실려 있다.

것처럼 보인다는 식으로 읽을 수도 있다. 그러나 이 완고함은 그저 결과적인 해방을 보다 포괄적이고(히브리 사람들은 단지 예배를 위해 나가는 데 그치지 않고 이집트에서 완전히 나가게 된다[9]) 놀라운 것으로 만들 뿐이다. **그래서 기록된 바 바로**(파라오)**를 두고 말씀하시기를 "내가 네 안에 있는 나의 권능을 나타낼 목적으로 너를 세웠다."** 이는 당연히 권력자들에 의한 메시아의 거부가 오로지 "좋은 소식"을 보다 포괄적이고(모든 민족에게) 보다 놀라운 것(십자가/부활)이 되도록 만드는 데 봉사할 방식을 예견한 것으로 독해된다. **"그래서 내 이름이 온 땅에 선포될 것이다."** 이는 분명히 바울 자신이 의도하는 선포의 범위이다. **그러므로 하나님께서는 긍휼히 여기시고자 하는 사람을 긍휼히 여기시고, 완악하게 하시고자 하는 사람을 완악하게 하십니다.** 비록 강퍅함과 자비가 모두 있지만, 강퍅함은 오직 자비의 목적에 봉사하여, 그것이 보다 놀랍고 포괄적인 것이 되도록 할 뿐이다.

그렇다면 어찌하여 그분은 여전히 책망하시는가? 누가 하나님에게 거역할 수 있다는 말인가? 심지어 신의 의도에 대한 반대조차 그 의도에 봉사한다면, 신이 국가 지도자(바울의 논변이 향하는 곳이 이 층위에 있다는 점을 염두에 두어야 하기에)가 신적인 의도에 동의하는지에 신경 써야 할 이유는 무엇인가? 왜 신은 정치적·역사적 부정의에 유죄판결을 내리는가? 우리가 기억하는 그대로, 바울은 로마서의 처음 두 장을 할애하여 신이 분명히 그러한 부정의를 정죄한다고 단언했다. 게다가 그는 이런 종류의 문제를 이미 메시아적 정의의 도래에 관한 자신의 논의에서 예견한 바 있다(3:5~7).

이 문제는 바울에게 이스라엘 예언자들의 역사로 들어갈 기회를 제

9 출애굽기의 기록에 의하면, 원래 모세가 아론과 함께 파라오 앞에서 요구한 것은 히브리인들을 완전히 해방시키라는 것이 아니라 신에게 절기를 지켜 제사 드릴 수 있도록 광야로 나갈 수 있게 해달라는 것이었다.

공한다. 바로 세계사의 무대 위에서 신의 활동에 관해 가장 명확하게 발언하는 사람들의 역사로 말이다. 그는 이스라엘 민족의 예언자들이 내놓은 예언으로부터 몇 가지 유비를 끌어와 여기에 제시한다.

앞의 질문에 대한 바울의 대답은 처음에는 신과 논쟁하는 인간의 상황을 설정한다. **오 인간이여**라는 말은, 2장에서처럼, 보편적인 대상을 지칭하지만 또한 제국의 권위를(가령 파라오를) 상정한다고 이해할 수도 있다.

당신이 무엇이기에 감히 하나님에게 말대답합니까? 빚어진 것이 빚어낸 이에게 어찌하여 나를 이렇게 만들었느냐고 말할 수 있겠습니까? 혹은 토기장이에게 흙 한 덩이를 둘로 나누어 하나는 귀한 것을 만들고 하나는 천한 것을 만들 권한이 없겠습니까?

빚어진 것과 빚는 자에 대한 언급은 예언서의 전승으로 거슬러 올라가서 이사야서 29:16과 가장 비슷하게 닮아 있다. "너희 모든 것을 거꾸로 뒤집는 자들아! 토기장이가 진흙과 같다고 여겨질 수 있겠느냐? 만들어진 물건이 자기를 만든 사람을 두고 '그가 나를 만들지 않았다'고 말하거나, 빚어진 것이 자기를 빚은 사람을 두고 '그는 기술이 없다'고 말할 수 있느냐?" 이사야서의 텍스트에서 그리고 마찬가지로 여기에서 고려되는 사안은 개인의 상황이 아니라 민족과 국가다. 그 유비는 같은 진흙으로부터 귀하게 쓰일 것과 천하게 쓰일 것이 만들어질 수 있다는 대비와 함께 제시된다. 같은 재료로부터 변기가 나올 수도 포도주 잔이 나올 수도 있으며, 어떤 것이건 제작자의 의도에 따라 만들어진다.

하나님께서, 진노를 보이고 권능을 알리시려고, 파멸을 위해 만들어진 진노의 도구에 대해 인내로 참으신다면 어떻게 하겠습니까? 이는 다시 한 번 이스라엘의 부정의를 벌하고자 하는 신의 목적에 따라 봉사하는 제국들을 언급한 예언서의 전승에서 취해진 이미지이다. 이 신의 권위에 맞선다고 여겨지는 강대국들의 지배는 결국 신적인 목적에 봉사한다. 그들은 일시적인 진노의 도구이나, 그들 자신에게도 파멸이라는 운명이 정해져 있다.

이러한 환난의 도구들의 목적은 이제 더 나아가 **그분이 광휘**〔빛남〕**를 위해 예비하신 자비의 도구들에 대하여 먼저 자신의 풍성하신 광휘를** 보이기 위한 가장 중요한 목적으로 방향을 돌린다. 여기에서 핵심은 환난을 일으키는 힘의 사용은 일시적이지만, 자비의 도구의 사용은 영원으로부터 영원까지, 즉 끝없이 지속된다는 점이다. 신적인 "계획"이 겨냥하는 것은 진노가 아니라 바로 자비인 것이다. 그리고 이 자비는 그 자체로 그 목적을 위해 봉사하는 어떤 것 또한 참여하여 함께 누릴 신의 빛남 혹은 광휘이다.

그분은 우리를 유대 사람에게서만이 아니라 여러 민족들〔이방인들〕**에게서도 부르셨습니다.** 여기에서 '우리'가 시야에 들어선다. 즉 신적인 자비의 도구들로 빚어진 바울의 독자들 혹은 청자들이 말이다. 하지만 여전히 이들은 그저 도구(*skeous*)일 뿐이라는 점이 중요하다. 그들은/우리는 신적인 행동의 목적이 아니다. 우리는 신적인 광휘에 봉사하여 그 광휘가 드러나는 자들로서 정해진 정도의 안정을 얻는다. 그러나 우리는 결코 그 목적의 독점적인 대상이 아니다. 우리가 이미 들었고 앞으로 다시 듣게 되듯이, 그 대상은 "모두"이다. 바로 이것이 유대 사람과 이방인 양자가 함께 모여 정죄 또는 진노의 도구가 아닌 자비의 도구로 형성되는 과정에서 예상되는 귀결이다.

잘 알려진 것처럼, 교회는 슬프게도 제국들이나 혹은 초기 교회 공동체를 박해했던 자들만큼이나 진노의 도구가 되어버렸다. 실제로 교회는 대체로 사람들을 벌하고 추방하고 고문했으며, 이는 단지 오래전에 있었던 이단심문(Inquisitions)[10]의 역사에만 국한되는 것이 아니라, 권위를

---

10 이단적인 종교적 분파를 분쇄하기 위해 설치된 로마 가톨릭 교회의 제도. 12세기 프랑스 남부에서 성행한 영지주의적 종파인 카타리파나 왈도파에 대한 이단심문을 시작으로, 청빈의 문제를 관건으로 진행된 프란치스코 수도회 내부의 소분회들에 대한 이단심문을 거쳐, 르네상스 시기에 벌어진 스페인 및 포르투갈의 이단

자임하여 다른 믿음을 가진 자나 믿음 없는 자 혹은 인정받지 못할 "생활양식"에 관련된 자를 배제했던 역사에도 해당하는 서술이다. 따라서 우리는 여기에서 스스로 "자비의 도구들"로 지칭되는 자들이라고 말할 수 없다. 앞에서 우리는 정의의 도구 혹은 심지어 정의의 무기로 지칭되었다. 이제 점차 이 정의는 불쌍히 여기는 마음으로 명확히 드러난다.

이제 다음으로 호세아서와 이사야서에서 가져온 세 개의 인용문이 이어져 신적인 자비가 신의 민족의 역사에서 드러나게 되는 예상할 수는 없지만 그럼에도 신뢰할 수 있는 방식을 보여준다.

첫 번째 인용문(**내 백성이 아닌 그들**)은 호세아서 마지막 부분에서 온 것이다. 여기에서 일어나는 일은 이전에 있었던 (야훼(YHWH)의 난잡하고 불충실한 아내로 성역할(gender)이 전환된) 이스라엘의 배제가 마침내 뒤집히고, 이혼으로 배제되어 버려진 그들이 복귀하는 것이다(신명기 22:21~22의 율법 규약에 반하는). 이는 바울이 11장에서 펼치게 될 논변을 선취한 것이다. 여기에서 핵심은 믿음 없는 이스라엘의 배제와 처벌이 단지 회복을 목표로 할 뿐이라는 것이다. 이스라엘의 심판은 이스라엘의 구속을 목표로 한다.

비슷한 논지가 이사야서의 인용문에서 제시되는데, 여기에서 남은 자(remnant)라는 말(바울이 다시 거론하게 될)이 처음에는 신적인 진노의 예시 — **남은 자들만이 살아남을 것이다** — 로, 이어서 자비의 증거 — **남은 자들**[여기에서는 **씨앗**(sperma)으로 지칭되는]**이 없었다면 우리는 소돔과 같이 완전하게 멸망했을 것이다** — 로 사용된다. 그러므로 멸망의 위협은 약속으로 혹은 약속에 봉사하는 것으로 나타나기 시작한다.

이전 세대의 신학자들이 카를 바르트를 읽음으로써 알게 된 것처럼, 신적인 부정(NO)은 아무리 엄격하고 가차 없는 것이라 하더라도 신적

심문, 이어서 식민지 지역의 이단심문이나 근대 초기의 마녀사냥 등까지 지속되었고, 19세기에 와서야 폐지되었다.

인 긍정(YES)의 나타남을 이루는 것 외에 다른 목적이 없다. 이 부정과 긍정은 "나란히" 놓인 선택지로 간주되는 것이 아니라 오히려 종속된 것과 상위에 있는 것으로, 혹은 달리 말해서 심판에는 모든 사람의 구원 외에는 다른 의미가 없다는 귀결을 향하는 것으로 간주된다.

다음으로 우리는 이 부분의 (잠정적인) 결론에, 2~4장으로 되돌아가는 결론에 이른다. 이를테면 이방인들이 메시아의 메시지에 대답하며 따라서 확실한 정의를 구현하는 자들로 제시된다는 놀라운 사실에 대한 질문에 말이다. 이에 관한 고려는 가장 직접적으로 바울이 이 부분의 논증을 시작하며 내놓았던 문제로 되돌아간다. 이 문제는 신이 선택한 민족을 재현하며 신의 약속의 대상이라 여겨지는 자들 중 많은 사람들이 그 약속을 실현하는 자를 배제했다는 사실에서 기인하는 것이었다. 그리고 훨씬 첨예한 방식으로 그 문제는 (아직 다루어지지 않은) 이스라엘 자체 혹은 전체를 위한 약속의 완성의 문제로 남겨진다.

이 논변에서, 바울은 신의 말씀과 약속과 선택을 완전하게 신뢰할 수 있음을 보이려 했다. 이는 적어도 세 가지 방식으로 주장되었다.

첫째, 바울은 신이 자기 말씀에 따라 행동한다는 점을 논증했다. 모세를 향한 "내가 자비를 보일 사람에게 자비를 베풀고, 불쌍히 여길 사람을 불쌍히 여기겠다"는 말씀과 같이, 신은 이스마엘이 아니라 이삭을, 에서가 아니라 야곱을 선택했다. 예언자들을 통해 전달된 말씀과 같이, 신은 이방 민족의 제국들을 처벌 또는 자비의 도구로 선택했다. 예언자들의 말과 같이, 오직 이스라엘의 남은 자들만이 (지금까지) 메시아를 환영한다. 다시 말해, 지금까지 복음 선포(여러 민족들은 응답하지만 이스라엘의 대부분은 그러지 않는)에 관해 일어난 일은 신의 말씀에 반하기보다는 오히려 일치하는 것이었다.

이 논변에 섞여 있는 다른 추가적인 논점은 신의 활동이 인간의 예상이 아니라 오로지 신 자신의 기쁨에 기초하여 이루어진다는 점을 보이기 위한 것이다. 따라서 신의 선택은 신체적·사회적 우선순위에 기초하지 않으며(먼저 태어난 이스마엘이 아니라 이삭), 행위나 명백한 윤리적 우선순위에도 기초하지 않는다(고귀한 에서가 아니라 음모를 꾸미는 야곱). 이런 이유로 신의 행위는 당연시되는 권리에 의해, 혹은 심지어 순종이라는 보다 나은 근거에 의해서도, 강제되거나 제한되지 않는다.

마지막으로, 바울은 신적인 약속과 활동에 반대하는 행동마저 신적인 의도에 봉사하게 된다는 점을 보였다. 그러므로 파라오의 반대나 부정의한 제국들의 행동은 그들 자체의 의도와는 반대로 신적인 목적에 봉사하게 된 것이다. 이는 신 자신에게 속한 민족의 반대조차 모든 사람들을 위한 메시아적 정의의 도래라는 신의 목적에 봉사하게 될 것이라는 바울의 논변을 정립할 것이다.

결론적으로, 신의 말씀은 전적으로 신뢰할 수 있다고 증명된다. 그러나 여기에서 절대적으로 중요하게 염두에 두어야 할 것은 우리에게 주어지는 것이 여러 말씀이나 명령이 아닌 기본적으로 단 하나의 말씀이라는 점이다. 구원의 약속이, 즉 모든 피조물을 다시 받아들인다는 약속이 주어진다는 점 말이다. 그것은 바울이 8장 끝에서 제시했던 논점이다. 그는 이 논변의 말미에서 이러한 복음의 총체적인 승리의 확언(그가 부끄러워하지 않는)으로 되돌아갈 것이며, 우리는 구속적 목표의 전체성에 관한 새로운 통찰을 얻게 될 것이다. 중요한 것은 선택 개념을, 5장과 8장에서 들었던 전체적인 구속 개념에 연결된 이 구절의 맥락 안에 유지하는 것이다. 선택 개념과 구속 개념이 분리될 경우, 신학은 궤도에서 이탈하여 복음에 반하는 (이중적 예정 같은) 교의들을 생성한다. 그보다 불길한 측면을 보자면, 어떤 자들은 이스라엘의 징벌을 위해 부정의한 제국을 사용한다는 예언서의 역사에서 20세기의 혐오스러운 쇼아(Shoah)[11]를 해석하는 방식을 찾기도 한다. 그러나 이런 시각은 바울에

11 쇼아(shoah)는 '재앙'을 의미하며, 1940년대부터 2차 세계대전 시기에 나치가 자행한 유대인 학살을 지칭하는 표준적인 히브리어 용어가 되었다. 유럽과 이스

게 완전히 불가능한 것이다. 그것은 우리가 여전히 메시아 이전의 시간을 살고 있다고 간주한다. 지금의 시간(now-time)에, 신의 정의는 근본적으로 자비에 맞춰진다. 바울이 인용하던 예언자들 또한 인식하고 있는 것처럼 말이다. 1장에서 상세히 다루어진 제국의 부정의 곧 메시아를 처형했던 부정의를 변명할 수 없듯이, 홀로코스트로 메시아의 민족에 자행된, 말로 옮길 수 없는 신에 대한 반역 행위에는 어떠한 정당화도 있을 수 없다.

15. 정의의 역사(9 : 30~10 : 4)

우리는 바울이 역사의 전개에 따른 변천에도 불구하고 신적인 약속의 신뢰성을 주장한다는 점을 살폈다. 그러나 이는 정립해야 할 논증 전체의 한 측면일 뿐이었다. 신적인 약속의 신뢰성은 정의의 문제와 연결되어야 한다. 약속, 자비, 신의 너그러운 선물이 겨냥하는 목표는 정의이며, 곧 정의로운 사회질서 혹은 정체이다. 이전에 제시된 논변의 몇 가지 측면은 정의에 관한 주장을 망각하게 한다. 신적인 선택의 외견상 임의적인 본성, 그리고 어쩌면 특히 이 선택이 누군가가 정의로운지 아닌지에 달린 것이 아니라는 사실이 바로 그것이다(에서나 야곱이 선이나 악을 실행하기 전에 에서보다 야곱을 선택한 것처럼). 다음 부분에서 바울은 신적인 약속에 대한 확신의 객관적 기초라 간주되는 어떤 것에서 주관적 기초로 볼 수 있는 어떤 것으로 방향을 돌린다. 그는 다시 한 번 3~4장에서 정립되었던 믿음과 행위의 관계를 드러낼 것이다.

우리는 뭐라고 말할 것인가? **정의를 추구하지 않은 이방 민족들이 정**

라엘에서는 홀로코스트보다 쇼아라는 말을 선호하는데, holocaust에 담긴 번제(燔祭) 혹은 완전히 태워서 바치는 제사라는 신학적 함의 등의 이유 때문이다.

의에 이르렀는데(혹은 정의에 의해 발견되었는데), **그것은 충성**(혹은 충실함)**에서 온 정의입니다. 그러나 이스라엘은 정의의 율법을 추구하였지만, 그 율법에 이르지 못하였습니다.** 충실함의 정의와 법의 정의 사이의 구별이 설정된다. 오로지 충실함만이 실제로 정의에 이를 것이다. 법을 통해 정의를 추구하려 한다 해도, 법이 목표하는 정의는 도래하지 않는다. 하지만 왜 그런가? 이는 법이 정의를 추구하는 방식이 믿음(충실함)을 통한 것이 아니며 오히려 행위에 의해 정의에 이를 수 있는 양 가장하는 방식이기 때문이다. 문제는 이스라엘이 신의 요구와 요청에 대한 충실한 지지가 아니라 통제할 수 있는 방편 — 행위 혹은 법의 요건에 대한 순종 — 을 통해 정의를 이루고자 한다는 것이다.

우리는 이제 3:20~31의 논변으로 되돌아간다. 율법이 요구하는 규칙과 규정에 대한 기계적 순종은 외견상 책잡을 데는 없으나 그 본질에 있어 율법의 목표인 정의를 시야에서 사라지게 할 수 있다. 이스라엘 민족의 율법이 없는 이방 민족들에게 도래할 정의는 선물과 약속에 의해(혹은 약속의 선물에 의해) 유발되며 따라서 정확한 율법의 준수보다는 충실함을 불러일으킨다. 법적인 순종은 진정으로 정의에 대한 요청과 일치할 수 없다. 정의는 충성 혹은 충실함을 통해서만 일어날 수 있다. 정의는 우리가 그저 반복하여 준수해야 하는 지식으로 알 수 있는 법적 체계에 포섭될 수 없다. 정의는 자비와 불쌍히 여기는 마음에 맞춰 방향을 돌리는 측정할 수 없는 요구이다. 앞으로 듣게 될 그대로, 오직 사랑만이 율법이 궁극적으로 의도하거나 요구하는 바 정의를 행할 수 있으며, 우리는 그러한 정의의 다른 이름이 자비임을 (혹은 우리가 이미 들은 대로 관대함 혹은 선물임을) 알게 된다.

우리 시대에도 많은 사람들이 신의 의지를 재현한다고 믿는 율법 조항 또는 법적 의무에 순종하고자 한다. 이에 기초하여 이들은 그들 자신이 "율법"에 의해 유죄로 판단된다고 여겨지는 생활양식에 따라 사는 자들을 배제하거나 정죄할 권리가 있다고 생각한다. 그러나 신이 새로운 일을 한다고, 이것이 "걸림돌"이라고, 진정으로 요청되는 일은 단순한 포함이 아니라 환영이며, 정죄가 아니라 〔타자를〕 기뻐함(celebration)이라고 생각하는 사람들도 있다.

기록된 대로 그들은 걸림돌에 걸려 넘어진 것입니다(이사야 28 : 16, 8 : 14~15). 바울은 이제 그들이 어떻게 걸려 넘어지게 되었는지에 대해 해명한다. 이 해명은 충성 혹은 충실함에 대한 잘 알려진 문제와 관련된다. 행위의 공로나 규칙의 순종에 대한 보상을 구하는 태도와 대별하여 이해할 때 말이다. 걸림돌이라는 이미지는 이사야 8 : 14~15와 이사야 28 : 16을 융합한다. 어떻게 이러한 융합이 일어나는가? 케제만은 이러한 융합의 원인은 잘 알 수 없으나 아마도 이 두 구절이 바리새파 사람들에 의해 앞서 인용되었을 메시아적 텍스트로부터 구성된 것이라는 견해를 인정한다(『로마서』 278). 중요한 점은 신이 행하는 일이 많은 사람을 넘어지게 하리라는 것이다. 그러나 모든 사람이 걸려 넘어지지는 않을 것인데, 어떤 사람들 — 약속에 의지하거나 이에 충실한 사람들 — 은 부끄러움을 당하지 않을 것이다. 여기에서 복음이 신의 정의이므로 자신은 복음에 대해 부끄러워하지 않는다는 바울의 주장(1 : 17)에서 로마서의 논증 전체가 시작된다는 점과 논변의 방향이 여기에서 제시된 부끄러움이라는 주제로 되돌려진다는 점에 유의하자.

이 구절의 핵심은 이사야 8장에서 인용된 부분인데, 여기에서 이스라엘은 자신의 행로에 놓인 돌에, 신으로 제시된 돌에, 혹은 달리 말해서 신의 의지나 심판으로 제시된 돌에 걸려 넘어진다. 이를테면, 종교적 특권을 가진 자들을 넘어지게 하는 것은 신 자신의 요청과 요구이다. 기독교 신학자들은 흔히 이를 그리스도론적 해석(Christological interpretation)으로 제시하지만, 이에 관한 정당화는 기껏해야 빈약한 근거를 지닌 것일 뿐이다. 이 구절의 요지는 신이 자신의 약속을 성취하는 예상할 수 없는 방식이 "자동조종"(automatic pilot)에 따라 계속 살아갈 수 있다고 생각하는 자들 — 스스로 어떻게 해야 하는지 혹은 결국 어떻게 될지

안다고 믿으며 따라서 자기 자신의 이해나 지식에 따라 계속 살아갈 수 있다고 믿는 자들 — 이 넘어지는 원인이라는 것이다. 그들은 바위에 걸려 비틀거리다가 결국 넘어진다. 우리가 본 대로, 그 바위는 바로 신적인 약속에 충실하기 위해 역사 속에서 즉흥적으로 일하는 신 자신인 것이다.

바울은 〔한때〕 메시아의 유죄판결의 도구였으나 이제 메시아와 스스로 연합하는 자들의 구원, 치유 그리고 포함을 염원하는 논의로 되돌아간다. **동지들이여**〔형제들이여〕**, 내 마음의 간절한 소망과 그들을 위해 하나님께 내가 간구하는 바는** 〔그들의〕 **구원을 위한 것입니다.** 이는 당연히 교회가 그 결과로 바울로부터 정당화될 수 있다고 생각하는 어떤 것과는 완전히 다른 귀결이다. 즉 전적으로 자기만족적인, 그리고 때로 너무나 복수심에 불타올라 사뭇 기뻐하며 드러내는 이스라엘 민족의 파멸, 역사에서 너무나 분명하게 나타났던 파멸을 위한 염원과는 완전히 다른 것이라는 말이다. 율법서와 예언서의 여러 인용구로 인해 여기에서 진행되는 논의의 방향을 잃게 될 수도 있으나, 바울은 어쨌든 우리에게 자신이 열망하는 바를 제시한다. **나에게는 큰 슬픔과 고통이 있습니다.** 바울은 자기 민족의 구원을 염원한다. 피조물의 염원과 어떻게 이 염원이 여기에서 이스라엘이라는 역사적 실체와 연결되는지 상기하도록 하자. 앞에서 제시된 그 염원을 반향하는 바울의 이야기를 듣는다면, 이러한 염원이 결국 바울의 논증 전체에서 마지막에서 두 번째 전개부로 이어진다는 사실은 그리 놀랍지 않을 것이다.

나는 그들에 대해〔그들을 위해 혹은 향해〕 **증언합니다**〔혹은 증거가 됩니다〕**. 그들에게 하나님을 향한 열심이 있으나, 이는** 〔참된〕 **앎에 따른 것이 아닙니다.** 바울은 열심(zeal)을 말하기에 충분한 경험이 있으며, 당연히 이러한 신실한 열심이 어떻게 낭떠러지로 추락하는지 알고 있다. 어쨌든 그 자신의 열심(빌립보서 3:6에서 바울은 자신이 메시아의 부름 이전에 "열심에 관해서는 교회의 박해자"였다고 말한다)은, 동료 이스라엘 사람들

(바리새파 사람들)에게 있는 열심과 같이, 원래 목적에 부합하지 않는 열심이다. 그 열심의 진정한 대상은 신의 의지 혹은 참된 정의에 대한 요청인 것이다. 문제는 (마태복음이 말하는) 위선이 아니라 목적 혹은 참된 방향을 잘못 정한 열정적인 신실함이라는 점에 유의해야 한다. 실제로, 매일 신문에서 알게 되는 것처럼, 방향이 잘못 정해진 신실한 헌신은 흔히 엄청난 피해를 끼치며 공포스러운 부정의를 생산하곤 한다. 알 카에다(Al Qaeda)의 민간인 공격과 "테러 행위"(terrorism)에 대한 "의로운"(righteous) 십자군 전쟁은 명백한 신실함과 끓어오르는 열심을 통해 더욱 냉혹해지는 경향이 있다. 열심은 물론 좋은 것일 수 있다. 그러나 오직 이해에 의해 지도될 때, 이 경우에는 정의(그리고 자비)에 대한 이해에 의해 지도될 경우에 한해 그럴 것이다.

하나님의 정의를 알지 못하고 자기 자신의 의를 세우려고 힘씀으로써, 그들은 하나님의 정의에 복종하지 않았습니다. 그들은 정의를 위한 다른 기초를 세우고자 했다. 신의 정의가 그들에게 요청하는 토대가 아닌 다른 기초를 말이다. 타자 혹은 외부인에 비추어, 심지어 신과 관련하여 "의로운" 자가 되고자 하는 욕망은 우리 스스로 정의로운 행동의 규칙을 세우는 상황에서 정의의 요청과 요구 자체를 신뢰할 수 없게 한다. 소위 교회라는 제도 안에서 이런 상황은 너무나 쉽게 발견할 수 있다. 기독교인들의 공동체들은 신에 순종하는 방식을 스스로 발명하고, 타인들에게 이러한 순종의 방식을 요구한다. 어떤 전통들은 술 마시지 말라, 흡연하지 말라, 춤추지 말라는 등의 요구를 한다. 다른 전통 혹은 같은 전통에서는 예배에 출석해라, 십일조를 바치라는 등의 요구가 있다. 그리고 다른 전통에서는 미사에 참석해라, 고해성사를 하라는 등의 요구가 있다. 어디로 가더라도, 신을 향한 열심이 정의나 자비와 아무런 관계도 없는 규칙과 규정의 확산이라는 결과로 일탈하는 경우를 발견할 수 있다. 명백히 바울의 정의(justice)에 관한 관심을 의로움(올바름, righteousness)으로 바꿔놓은 영어 번역상의 변형된 의미는 정의의 요청과 요구를 하찮은 제도적 도덕론의 가르침으로 바꿔놓는 일탈인 것이다.

그러므로 메시아는 율법의 끝(telos)**이 되셔서 정의가 충성에 기초하도록 하셨습니다.**[12]

*telos*라는 말이 의미하는 바는 율법의 완성(끝 혹은 목적이 여전히 정의이기에)과 파국(법의 힘 혹은 폭력으로 인해)을 동시에 나타내는 율법의 끝이다. 메시아는 정의의 요청과 요구를 폐지하지 않으며, 오히려 정의를 새로운 "토대" 위에 세운다. 율법 바깥에서 도래하며 율법이 정죄하거나 무법적인 것(법 바깥에 있는 것, outlaw)으로 규정한다고 여겨졌던 충성 혹은 충실함이라는 토대 위에 말이다.

16. 말하기와 듣기: 정의가 도래하는 방식(10:5~21)

이어지는 논변은 정의가 충실함에서 유래하는 방식에 관한 논변과 함께 연주되는 대위법적 선율(counterpoint)로 기능한다. 만일 정의가 충실함에서 유래한다면, 충실함 자체는 어떻게 일어나는가? 바울은 충실함이 (글로 쓰인) 율법에 순종함으로써 유발되기보다는 오히려 복음의 고지(告知, announcement)를 들음(hearing)으로써 일깨워지고 촉발된다는 점을 보이려 할 것이다. 이 〔복음을〕 들음과 충실함을 일깨우는 말하기(speaking)는 법의 "거리와 접근 불가능성(inaccessibility)"이라 지칭할 수 있을 법한 것과 대비되는 위치에 선다. 법의 접근 불가능성은 카프카의 「법 앞에서」라는 우화에서 표현되는데, 여기에서 데리다는 같은 제목의

12 저자의 번역이 원문의 일반적인 번역과 상당히 다르게 제시되므로 보다 통상적인 번역을 함께 제시하자면, "그러므로 그리스도는 율법의 끝마침이 되셔서, 모든 믿는 사람에게 의가 되어주셨습니다."

글을 통해 이 우화에 관한 비범한 독해 방식을 선보이며, 로마서에 제시된 바울 논변과의 연결고리를 드러낸다.

이 논변의 첫 번째 부분은 더 나아가, 일견 율법과 율법의 고수를 통해 겨냥되는 정의를 한편에 그리고 전해진 말씀을 들음과 이를 유념함을 통해 실행되는 충실함을(그리고 정의를) 다른 한편에 두고, 이 둘을 대비하는 것처럼 보인다. 바울은 우선 이러한 대비가, 혹은 심지어 대립이 이미 율법 자체의 내부에서 발견된다는 점에 주목한다.

모세는 기록하기를〔*graphei*〕 **"율법의 정의를 행한 사람은 그것으로 살 것이다" 하였습니다**〔레위기 18:5〕. **그러나 충실함에서** 〔오는〕 **정의는 이렇게 말합니다. "너는 마음 속으로, 누가 하늘에 올라가겠는가 하고 말하지 말아라.(그것은 메시아를 끌어내리는 것입니다.) 혹은 누가 지옥에 내려가겠는가 말하지 말아라.(그것은 메시아를 죽은 사람들 가운데서 끌어올리는 것입니다.)" 그러면 그것은 무엇을 말합니까**〔*legei*〕**? "말씀은 네 가까이에, 네 입술에, 네 마음**〔의지〕**에 있다"**(신명기 30:11~14). **이것이 우리가 알리는 충실함의 말씀입니다.**

바울은 우선 레위기와 신명기의 두 인용문을 대비한다. 앞에 제시된 레위기 인용문은 기록된 율법에 순종하는 행위에 관한 일종의 증거 텍스트로 기능한다고 여겨진다. 이는 모세와 기록된(*graphei*) 율법의 연관을 통해 도입된다. 그러나 신명기 텍스트를 변형하여 가져온 인용문은 충실함의 (혹은 충실성에서 유래한) 정의가 말한다고(*legei*) 주장한다. 율법과 충실함 사이의 대비는 이런 방식으로 율법 자체의 내부에 기입된다.

신명기 텍스트의 수정은 매우 과감하다. 명백하게 이 인용문은 메시아적인 것에 의한 율법의 교체를 도입한다. 〔수정되지 않은 원래의〕 신명기 구절은 계명(30:11)을 그리고 심지어 "이 책에 기록된 계명과 법규"(30:10)를 언급하고 있다. 이 구절에서 "기록된 계명들"을 확언하는 자리에 바울은 메시아적 사건을 대체해 넣은 것이다. 메시아의 도래와 죽은 자들로부터 살아난 그의 부활을 말이다.

이 구절에서 바울 자신이 계명을 메시아적 사건으로 바꿨는지 아니면 이미 있는 메시아적 유대교의 교의를 전유한 것인지에 관한 문제는 차치하더라도, 바울이 이러한 재해석을 할 수 있게 하는 것은 말씀이 가까이 다가온다는 문제와 관련된 것으로 보인다. 법적 구성물로 제시된 율법이 먼 거리와 관련 지어지는 것과 대조적으로 "말씀은 네 가까이에 있다." 바울은 이러한 대비를 예컨대 예레미야서에서 제시된 돌 또는 석판에 쓰인 법과 마음에 기입된 법의 대비에서 차용했을 것이다. 이는 의무가 아니라 욕망으로부터 작용하는 의지(마음)와 관계된다. 우리는 충실함에서 오는 정의가 타율적인 것이 아니라 타자(another)에 대한 온 마음을 다한 충성의 헌신에서 솟아나는 것이라고 말할 수 있을지도 모른다. 사이먼 크리츨리는 루소의 기본적인 주제가 어떻게 하면 민주주의적 정체에 속한 시민들로 하여금 두려움에 떨며 법을 지키게 할 수 있는가가 아니라 법을 사랑하게 할 수 있는가에 관한 것이라고 지적했다(40~42). 이 문제에 대해 바울이 제시하는 답은 (루소와 크리츨리가 필요하다고 제안하는 듯 보이는) 시민 종교가 아니라 마음과 입술의 가까움, 다시 말해 메시아적인 것에 대한 충성의 가까움이며, 이는 결국 사회적 연대로 귀결될 것이다.

여기에서 가까이 있는 것은 바울이 알리는 그리고 충성을 촉발하는 말씀이다. **당신이 자기 입으로 여호수아가 지도자라고 단언하고, 마음으로부터 하나님께서 그를 죽은 자들 가운데서 일으키셨다 믿으면 구원을 얻을 것이기 때문입니다.** 여기에서는 한편으로 무조건적인 헌신에 대한 묘사(입, 마음)와 다른 한편으로 그 헌신의 목적 — 기본적으로 불가능한 — 이 주어진다. 우리는 이러한 불가능한 것에 대한 정향이 앞에서 아브라함의 충실함을 규정했다는 점을 상기한다. 그는 불가능한 것을 내용으로 담은 약속을 흔들리지 않는 태도로 고수한다. 그리고 우리는 데리다가 선물에 대해 (그리고 따라서 정의에 대해) 단순히 불가능하다고(impossible) 말하기보다는 분명히 불가능한 *것*(*the* impossible)이라고 말했다는 점을 기억한다.[13] 여기에서 불가능한 것은 처형당한 자가 메시아라는 그리고 법을 통해 처형당한 자가 죽은 자들 가운데서 일으켜졌다는 단언(긍정, affirmation)과 관련된다. 이 단언(*homologetai*)은 기본적으로 "예라고 말하기"(yes-saying), 서약 혹은 맹세이며(아감벤, 『시간』 113~118), 약속을 그리고 따라서 불가능한 것을 긍정하고, 충실함과 정의의 기원으로서의 불가능한 것을 향한 자신의 방향성을 확인하는 말하기이다. 맹세와 충실함의 관계와 관련하여 아감벤은 그리스어의 여러 표현에서 "*pistis*(믿음, 충실성)는 *horkos*(맹세, 서약)와 동의어"라고 말하며 "우리 자신을 충성의 관계로 묶는다"고 지적한다(『언어의 성사』 25). 따라서 그는 로마서의 이 구절을 인용하며, 입술과 마음(가슴, heart)의 연결에 관해 "〔바울이〕 염두에 두고 있는 것은 수행적 진실진술(performative veridiction)[14]의 경험"이라고 말한다(58).

바울이 언급하는 고백과 충실함은 정의의 주장을 대체하는 어떤 것

13 데리다가 말하는 불가능한 것(the impossible) 혹은 불가능성(impossibility)은 단순히 가능한 것의 반대를 지칭하는 말이 아니다. 오히려 불가능한 것이란 순전한 의미의 가능성을 조건 짓는 것이다. 예를 들어, 선물은 교환 경제와 관련 없는 완전한 증여가 가능하지 않다는 의미에서 불가능성이지만 동시에 이러한 불가능성 없는 선물은 선물이 아니다.(그런 의미에서 선물의 불가능성은 선물의 조건이다.) 정의 또한 법의 힘을 통하지 않은 정의는 무력하며 정의 없는 법의 힘은 폭력일 뿐이다.(그런 의미에서 정의는 법의 조건이다.) 그리고 이는 겉으로 불가능해 보이지만 보다 깊은 층위에 자리한 가능성을 가능케 하는 조건이기도 하다. 이런 맥락에서 저자가 말하는 제국의 법에 처형당한 메시아의 부활에 대한 고백 혹은 단언〔긍정〕 또한 일종의 불가능성으로 간주할 수 있다. 아무런 근거도 없는, 단언할 수 없는 단언이라는 의미에서 말이다.

14 이 'veridiction'이라는 용어는 푸코가 만들어낸 말이며, '객관적으로 참이라기보다는 특정한 주체의 세계관에 따를 때 참인 진술', '고백'을 의미하며, 통상 '진실진술'이라는 번역어로 옮겨진다. 로마서 해당 구절의 *homologetai*라는 단어는 어원적으로 '같은(homo-) 말을 하다(-logei)'로 분석되며 이에 대한 일반적인 번역어는 '고백하다'이다.

이 아니라 그 주장을 유효하게 만들기 위한 방편이다. 메시아와 관련한 단언 혹은 '예라고 말하기'는 우리가 자기 삶을 이 불가능성에, 사건에 정향지음으로써 포괄적인 온전함(구원)으로 향하는 길 위에 서게 하는 것이다. 여기에서 우리는 "진리 과정" — 이를 통해 누군가가 주체가 되는 — 이 정확하게 사건에 기초한 자기 실존의 재정향과 관련된다는 알랭 바디우의 제안을 상기할 수 있을 것이다. 어쨌든, 바디우에 따를 때, 모든 사건은 세계가 알고 생각하는 것과의 단절이며, 따라서 엄밀하게 주어진 상황의 관점에서 불가능한 것이다. 그 단언은 메시아적인 것에 대한 충성의 서약이며, 따라서 흔들리지 않는 충성 혹은 충실함의 기초가 되는 선언이다. **사람은 마음〔의지〕으로 정의에 충실하며, 충성의 맹세로[15] 구원에 이릅니다.** 또한 온전함 혹은 구원을 생산하는 것은 정의이며, 정의는 충성을 통해 생산된다. 따라서, 아감벤은 맹세에 관한 자신의 고찰에서 말할 것을 선취하여,[16] "믿음(faith)의 언어는 발언을 통해 그 의미를 구현한다"고 말하며, 이에 따라 "선언 자체를 통해 실현된 믿음의 언어의 어떤 수행적 유효성과 같은 것"에 대해 생각할 수 있는 것이다(『시간』 131).

이런 측면에서 바울은 다시 한 번 다음과 같이 말한다. **유대 사람과 그리스 사람의 차별은 없으며, 모든 사람에게 동일한 주님은 그를 부르는 모든 사람에게 너그러우십니다.** 이 "모두"에 대한 이중적 언급(모든 사람의 주님이 되는, 그리고 모든 사람에게 아끼지 않는 신)은 바울이 2장과 3 : 22에 제시한 논변의 요소들을 상기시킨다. 여기에서 〔유대 사람과 그리스 사람 모두에게 해당하는〕 이 이중적 언급의 문구는 앞뒤로 이사야서

15 일반적인 번역으로는 '입으로 고백하여'.

16 아감벤이 맹세에 관한 고찰을 제시하는 것은 2008년에 이탈리아어로 출간한 『언어의 성사』라는 책에서이며, 저자가 인용한 문구는 2000년에 이탈리아어로 출간된 『남아 있는 시간』(*Il tempo che resta*)(한국어 판 제목: 남겨진 시간)에서 온 것이다.

인용문과 요엘서 인용문 사이에 끼워져 있으며, 이 두 인용문 역시 분명히 "모두"를 겨냥하고 있다("그에게 충실한 *모든 사람*은 부끄러움을 당하지 않을 것이다", "주님의 이름을 부르는 *모든 사람*은 구원을 얻을 것이다").

지금까지 바울은 메시아에 관한 선포를 듣고 마음에 두는 것과 정의와 "구원"에 이르는 충실함 사이에 연결관계를 정립하고자 했다. 그러나 이제 그는 듣는 것과 선포 자체 사이의 연결관계를 강조하는 쪽으로 방향을 돌린다.

그런데 사람들은 자기들이 충실하지〔faithful〕 않은 분을 어떻게 부를 수 있겠습니까? 또 들은 적이 없는 분에게 어떻게 충성할〔loyal〕 수 있겠습니까?[17] 선포하는 사람이 없으면, 어떻게 들을 수 있겠습니까? 권한을 받지〔*apostalousin*〕[18] 않은 그들이 어떻게 선포할 수 있겠습니까?

정의는 기쁨에 찬 지지 혹은 충성을 일깨우는 선포와 이를 들음을 통해 인간의 역사와 세계로 들어온다. 이는 정의를 목표하거나 혹은 정의의 이름으로 작동하지만 그 자체가 정의의 요청과 요구의 자리를 차지하게 되는 어떤 특정한 율법주의(적법성, legality)에 대한 착실한 순종과 상반된다.

율법주의의 자리에는 모든 예상을 넘어서며 그래서 예상될 수 있는 것에 반대되는 어떤 것의 선포가 놓인다. 오직 그러한 선포를 통해서만 이 불가능한 것에 대한 긍정〔단언〕으로서의 들음이 있게 되는 것이다. 하지만 선포 그 자체는 부름(call)에서, 권한 위임(commissioning)에서, 사건에 의해 사로잡히고 이에 의해 움직여지는 존재에서 온다. 바울은 바로 이런 방식으로 이 편지의 서두에서 로마를 위시한 모든 이방 민족들에게 기쁜 소식을 선포하기 위해 따로 구별된 사람으로 자신을 소개했

---

17 여기에서 'faithful to', 'loyal to'는 각각 헬라어 원문의 '*episteusan*', '*pisteusosin*'을 옮긴 단어이며, 일반적으로 '믿는다'로 옮겨진다.

18 이에 대한 일반적인 우리말 번역은 '보냄 받은'이다.

던 바 있다.

선포의 양식이 기록된 것에 의해 단언〔긍정〕된다는 점은 이사야서 52 : 7의 인용에 의해 확인된다. 물론 여기에는 고지된 바를 마음에 두지 않은 자들을 말하는 "비(非)전체"(모두는 아님, not all)에 관한 이사야서 53 : 1의 부정합적 언급이 도입되어 있기는 하다. 이는 바울이 곧 다루게 될 문제를 위한 틀을 짜는 작업이다. 그러나 우선은 이를 요약하여,

그러므로 충실함은 들은 것을 통해 오며, 들은 것은 메시아를 전하는 선포에서 비롯됩니다.

여기에서 바울은 자신이 이미 고린도전서에서 선포의 본질적인 역할에 관해 말했던 대로 선포 혹은 고지의 역할을 단언하는데, 이는 창조된 세계의 구원을 위해 신이 채용한 약한 도구이다(고린도전서 1 : 18). 여기에서 바울은 죽은 자들로부터의 부활을 강조하지만, 고린도전서에서는 그가 말하는 "이 시대의 지배자들"의 손으로 집행된 메시아의 십자가형을 강조했다(2 : 6, 8). 바울에게 메시아의 부활과 십자가형은 메시아 사건이라는 동일한 사건의 두 가지 다른 측면이다. 하지만 주목해야 할 사항은 메시아적 고지가 여호수아 메시아나 바울의 선포로 시작되지 않는다는 점이다. 바울은 그 고지가 어떤 방식으로든 언제나 이미 거기에 있다고 주장하고 있는 것이다. 바로 예언서의 말씀(이를테면, 이사야서의 말씀)이나 조상 아브라함을 향한 (약속의) 말씀에 이미 있다고 말이다.

바울은 앞에서 이미 율법 자체에 기입되어 있는 쓰인 것(written)과 말해진 것(spoken)의 구별에 관한 논변을 전개하기는 했지만, 이제부터는 이미 쓰인(말해진) 선포를 언급할 것이다. 이번에는 어떻게 그 선포가 유대 사람들에게 오게 되었는가라는 문제에 대답하는 듯 보이는 예언서들에 의지해서 말이다. **그들은 들은 일이 없습니까? 분명히 들었습니다!** 유대 사람들에게 사도들에 대해 말하는 대신에, 바울은 이 선포가 쓰인 흔적을 시편에서 찾는다〔시편 19 : 4〕. 하지만 이어지는 인용구는 상반되는 논거로 여겨질 수도 있다. 그 선포가 의도된 수신자들에게 바

라는 효과를 가져오기보다는 오히려 이방 민족들이라는 보다 넓은 영역으로 "넘쳐흐르는" 논거로 말이다. 이는 율법(신명기 32:21)과 예언서(이사야 65:1~2)를 참조하여 확인된다.

이 텍스트들은 선포의 중요성을 확인하는 동시에 소리쳐 알림과 들음 사이의 (그리고 충실함과 정의 사이의) 간극을 열어젖힌다. 이 간극은 이스라엘에 관한 것이기에 바울의 주요 관심사가 된다. 바울이 인용하는 텍스트들은 다음과 같은 논변의 기본적인 형식을 짜맞춘다. 신이 이스라엘을 향해 좋은 소식을 선포한다. 이스라엘 출신이 아닌 자들은 이 선포를 듣고 마음에 두지만, 이스라엘 중에는 단지 "일부"만이 그렇게 한다. 이방인들 혹은 이교도들의 반응은 이스라엘에게 질투를 불러일으킨다. 그리고 이 질투는 이스라엘의 구원을 위한 도구가 될 것이다.

하지만 그 논변을 다루기 전에, 우리는 잠시 이 텍스트들에 대해 앞서 말한 해석에 의해 제기되는 몇 가지 문제들에 주목한다. 첫 번째 텍스트는 바울의 논변에서 나타나는 그리스도론적 집중을 과도하게 강조하는 전통적인 경향과 관련된다. 나는 특히 그리스도론적 초점을 바울 텍스트에 부과하는 표준적인 해석의 시도가 잘못된 것이라고 확신한다. 약속과 구원의 행위주체는 처음부터 끝까지 신이다. 충실함과 순종의 대상은 처음부터 끝까지 신이며 그리스도가 아니다. 그리스도는 오히려 순종과 충실함의 본보기로 제시된다. 메시아의 부활에서 관건은 신의 메시아적 포고에 집중되며, 이러한 포고는 바울이 보기에 (신에 의해) 아브라함에게 전해진 말씀에 그리고 예언자들을 통해 이스라엘에게 전해진 말씀에 현존하는 것이다.

쓰인 기록으로부터 제시된 인용문—여기에서 매우 유연하게 제시된—은 이스라엘에서 일어난 일이 이스라엘 자신의 문헌과 역사에, 이스라엘이 수탁하고 유증받은 계시에 부합한다는 것을 보여주는 목적을 갖는다. 텍스트 모음은 아직 모든 이스라엘이 신의 메시아를 인정하지 않았다는 예기치 못한 현실에 관한 고찰의 결과로 보인다. 그러나

이 텍스트들의 인용은 또한 신의 정당성을 변론하고, 신의 말씀과 약속이 실패하지 않았다고 주장하기 위한 것이다. 이런 맥락에서, 이 인용문들은 또한 바울 텍스트를 읽는 로마의 이방인 독자들에게 바울이 이스라엘의 텍스트들을 사용하는 과정에서 그들을 옹호하여 유대 사람들에 의해 있을 수 있는 주변화와 배제에 대응하는 방식으로 도움이 될 수 있다는 것을 입증한다. 바울은 (의도적으로든 아니든 간에) 이방인들의 충실함을 정당화하는 목적으로 이스라엘의 율법과 예언서에 대한 해석 문제에 관한 자신의 전문지식을 활용한다.

바울이 이렇게 하는 이유는 바로 그가 여전히 한 사람의 유대 사람이기 때문이다. 그는 모종의 비(非)유대민족적 종교 혹은 믿음으로 돌아선 개종자가 아니다. 이스라엘의 신에 대한 그의 헌신은 흔들리지 않고 유지되며, 오히려 그의 주장은 이스라엘의 신이 모든 사람의 신이라는 것이다. 이는 예언서들에서 표명된 대로 이스라엘의 자기 이해와 일치한다. 신은 모두의 신이며, 무엇보다, 모두에게 관대하시고, 모두의 구원을 의도하신다는 것이 바로 바울이 메시아적 고지로 표명하는 주장이다.

그렇다면 기본적인 주제는 "전체〔모두〕"의 메시아적 지평과 (적어도 여기까지는) 신의 은혜 혹은 선물의 고지에 대한 이스라엘의 반응에서 드러난 "비(非)전체〔모두는 아님〕"라는 역사적 현실 사이의 관계와 관련된다. 바로 이 "전체"에 "모든 육신"을 위한 정의를, 따라서 모든 피조물의 구원을 계획하는 신적인 약속의 충실함과 신뢰성이 달려 있다. 우리가 지금까지 살펴본 모든 것은 이 문제에 대한 바울의 결정적인 대답을 위한 서곡일 뿐이다.

17. (모든) 이스라엘의 구속(救贖)(11:1~12)

9장에서 신의 약속은 오직 신에게 달려 있으며, 역사 속에 나타나는 신의 사업은 거부나 반대에도 불구하고, 심지어 이러한 저항을 뚫고 진행된다는 이야기를 들었다. 이는 그 자체로 신의 약속에 대한 반응이 그리 중요치 않다는 암시가 될 수도 있다. 이에 따라 바울은 10장에서 신의 행위에 대한 반응이 선포를 들음으로써 일어나며, 이 선포에 대한 반응이 중요한 차이를 만들어낸다고 주장했다. 그러나 우리는 다음으로 신의 말씀과 약속의 신뢰성에 관한 문제로 되돌아갈 것이다. 만일 이스라엘이 그 선포를 들었으며 적어도 일부가 이를 거부했다면, 이 거부의 의미는 이번에는 그들이 거부될 차례라는 것인가? 그럴 경우 바울이 보기에 약속은 적어도 "전체〔모두〕"와 관련하여 실패가 될 것이다. 물론 신이 모두가 정의롭게 되기를 의도하지 않거나, (들음과 충실함을 통해) 정의롭게 되는 것이 중요치 않다거나, 혹은 신에게는 몇몇 사람에 국한된 구원으로 충분하다고 해도, 별다른 문제는 없을 것이다. 여기에는 이 주제를 보다 다루기 쉽게 하는 몇 가지 방식이 있으며, 신학자들은 이런 방식들을 모두 선택해왔다. 그러나 바울은 이러한 아포리아로부터 즉각적으로 빠져나가는 쉬운 길을 택하지 않을 것이다. 그는 약속의 보편성을, 정의의 요구의 심각성을, 혹은 진정으로 정의롭게 되어야 할 듣는 자의 책임을 포기하지 않는다.

그는 다시 한 번 묻는다. **하나님께서 자기 백성을 버리신 것입니까? 절대로 그렇지 않습니다!**(11 : 1). 이사야서의 인용문은 이스라엘을 "순종하지 않으며 반역하는 백성"으로 묘사한다. 메시아적 선포를 들음과 마음에 둠이라는 의미에서 말할 수 있는 순종은 충실함에, 그리고 따라서 정의와 구원에 핵심적인 사항이다. 당연히 신이 자신의 말씀 혹은 약속을 거부하는 자들을 거부하는 귀결이 따를 것이라 여겨지지만, 오히려 그 대답은 이런 것이다. **절대로 그렇지 않습니다!**

관건은 신의 약속, 선물, 선택의 신뢰성인데, 그 이유는 이방 민족들을 향한 약속의 신뢰성이 이스라엘을 향한 약속의 신뢰성에 달려 있기 때문이다. 이는 단지 이스라엘에 국한된 문제가 아니며, 이방인들을 위한 신의 약속을 신뢰할 수 있는 가능성의 문제와 관련된 문제이기도 하다.

나 자신이 이스라엘 사람이며, 아브라함의 후손이며, 벤야민 지파에 속한 사람입니다. 빌립보서 3:5~6에서 바울은 이를 확장하여 "바리새인이며, 율법에 관해 흠잡을 데 없는 사람이며, 열심으로는 교회의 박해자"라는 내용을 포함했다. 여기에서 우선적으로 핵심적인 논지는 "일부의 사람들"(some)이 신의 부름과 약속에 응답했는가 하는 문제이다. 바울에게 자기 자신이 그 약속에 충실하도록 부름받은 자들 중에 포함된다는 점은 그 자체로 분에 넘치는 선물(은혜, gratuity)이라는 점을 상기한다 해도 부적절하다고 할 수는 없을 것이다. 자신이 시인하는 바, 그는 복음의 적이었고, 메시아와 메시아에 속한 사람들의 박해자였다. 그는 앞에서 말했던 열심을 가진 자였으나, 이는 〔참된〕 **앎에 따른 것이 아니었습니다.** 복음의 적이 복음의 옹호자로 전환되었다면, 이는 절대적인 선물을 입증하는 사례일 것이다. **우리가 아직 적들이었을 때**에도 말이다. 그렇다면 바울 자신이 하나의 입증 사례인 것이다. 심지어 〔신의 적이었던〕 그마저도 완전한 선물에 의해 선택받을 수 있다면, 누가 그렇지 않겠는가? 그러나 이는 논점을 앞서가는 이야기이다.

하나님께서는 미리 아신 자기 백성을 버리지 않으셨습니다. 바울은 미리 아는 것(선지(先知, foreknowing))과 미리 정하는 것(예정, predestination)이 이스라엘에 해당한다고 주장한 바 있다. 이는 이러저러한 개인이 아니라(더구나 개별 이방인이 아니라) 정확하게 역사의 시간에 걸쳐 확장된 한 민족을 의미한다. 그러나 바울의 논증과 관련하여 "미리 앎"(foreknowlege)은 약속에 관한 것, 아브라함에게 주어진 자손의 약속에 관해 미리 아는 것이다. (이런 종류의 미리 앎은 아우구스티누스가 플라톤화하는 수순에 따라 신의 변하지 않는 자존성(aseity)에 귀속된 변치 않는 역사의 필연적인 귀결을 먼저 예정하는 방식으로 신에게 돌렸던 추상적이며 무시간적인 먼저 앎과는 다른 것이며 오히려 이와 상반되는 것이다.) 하나의 새로운 역사를 시작하는 이러한 약속은 무효가 될 수 없는데, 그 이유는 이삭과 야곱을 비롯한 아브라함의 후손들이 — 예를 들어, 야곱의 아들인 벤야민의 후손으로 벤야민 지파에 속한 바울이 — 그 약속에 응답했기 때문이다. 예정과 먼저 앎은 여기에서 신의 본성을 말하는 교설의 한 양상으로 설정되는 모종의 추상적 관념과 관련된 것이 아니라, 오히려 아브라함에 대한 약속의 역사와 관련된다. 신의 "미리"-앎("pre"-knowledge)은 순전히 신의 약속이며, 이는 신의 "미리"-정함("pre"-destination)에 관해서도 동일하다. 이는 오로지 약속으로서의 약속의 성격과 관련된다는 것이다.

게다가 바울만이 유일하게 아브라함의 자손이거나 그 약속을 듣고 응답했던 것은 아니다. 여기에서 그는 이스라엘의 역사에서 모든 사람이 신의 부름과 요구를 저버렸다고 여겨지는 또 다른 시기로 눈을 돌린다. **여러분은 쓰인 문서가 엘리야를 두고 하는 이야기임을 알지 못합니까? …… "내가 나 자신을 위해 7,000명을 남겨두었다."** 바울은 이를 현재의 상황에 적용하여 말하기를, **이와 같이 지금의 시간에도 남은 자가 있습니다.** 남은 자(remnant)라는 개념은 남은 자를 남김으로써 이스라엘이 소돔의 운명을 특징짓는 전적인 절멸에 처하지 않도록 했다고 이야기하는 9장에서 선취되었던 바 있다(9:27, 29). **따라서 이와 같이 또한 지금의 시간에도 은혜**[관대함]**의 선택에 따라 남은 자가 있을 것입니다.**

조르조 아감벤은 이스라엘의 예언적 문헌에서 제기되는 남은 자 개념에 종말론이나 메시아와 관련된 특성이 있음을 보였다. 남은 자는 심판을 거쳐 살아남은 자들, 그러나 또한 구원을 품고 있는 자들이다. 바울의 사유에서 남은 자는 지금의 시간(now-time)과 관련되는데, 이는 바울에게 메시아의 시간 곧 시간이 메시아적 종말에 이른 시간이다. 아감벤이 언급하는 바에 따르면, "남은 자는 구원의 대상이라기보다는 오히려 정확하게 구원을 가능하게 하는 것이다"(『시간』 56). 남은 자 개념은 오로지 메시아적 시간으로서 제시된 지금의 시간에만 실존한다.

바울의 사유에서 나타나는 남은 자 개념에 관한 논변은 특히 제유법(提喩法, synecdoche)이라는, 전체와 부분이 서로를 대체하는 자리에 들어가는 수사적 형식으로 가득하다. 한편으로, 남은 자는 그저 전체의 일부로, 이를테면 바빌론 유수에서 살아남은 이스라엘의 일부 사람들(이사야서) 혹은 엘리야 시기에 YHWH(야훼)에게 충실했던 일부 사람들이다. 하지만 이 부분은 또한 민족 전체를 향한 약속을 품은 자들로서 제시된 전체이다. 우리는 YHWH와 소돔의 운명을 놓고 협상했던 아브라함을 기억할 것인데, 여기에서는 소돔 전체의 정의에 대한 요구를 단 몇 사람의 정의로운 개인들로 대체하여 (전체) 소돔 사람들이 심판을 피할 수 있게 될 터였다. 이 같은 방식으로 부분은 전체를 포함한다. 지금까지 바울의 논변에서, 이런 방식의 대체는 이미 여러 차례 흥미로운 방식으로 사용되었다. 예를 들어, 그의 이교적 사회질서에 대한 유죄판결은 전체를 대표하는 부분(엘리트 집단)에 대한 유죄판결이다. 혹은 다른 예에서, 바울은 이교도 (전체가 아닌) 일부는 정의로울 수도 있다고(즉 율법의 요구를 완수하여 스스로 하나의 법이 된다고) 추정하기도 한다. 하지만, 보다 정확하게 전체의 일부로 보게 될 때, 이교도들은 전체를 덮치는 심판에 삼켜질 것이며, 이는 곧 유대 사람과 이방 사람 양자 모두에게 말해질 것이다.

메시아적 시간인 지금의 시간에, 남은 자(비전체)와 "모두(전체)"는 서로 교체될 수 있는 가능성으로 들어갈 것이다. 남은 자는 신의 정의와 약속의 신뢰성을 말하는 증거로 기능하겠지만, 또한 남은 자와 전체 양자를 통틀어 흘러넘칠 모두를 내다보는 예견으로 기능할 것이다.(이에 따라 모든 이스라엘은 또한 모든 민족을 포함하게 될 것이다.) 아감벤은 이 지점에서 바울이 이스라엘을 보는 관점에 관해 언급한다. "그러므로 그것은 전체도 전체의 부분도 아니며, 오히려 부분과 전체가 그들 자체와 혹은 서로 간에 일치할 수 없는 불가능성이다"(『시간』 55). 아감벤은 이 남은 자 개념과 마르크스의 프롤레타리아에 관한 숙고에서 제시된 전체를 포함하는 부분(이 또한 분명한 메시아적 기능을 띠고 있는) 간에 분명한 유사점이 있다고 말한다. 어쨌든, 프롤레타리아의 조건은 모든 억압의 총합이므로, 하나의 계급으로 제시된 프롤레타리아의 해방에는 계급 자체의 폐지가 수반되며, 따라서 계급 없는 사회의 예견(64~65)이 혹은, 여기에서 말할 수 있는 대로, 메시아적 사회의 예견이 뒤따른다.

남은 자는 그 자체의 공로와는 아무런 관계 없이 단지 무조건적인 관대함에 따라 선택된다고 바울은 주장한다. **관대함에 의한 것이 아니라면, 그것은 더 이상 행위로부터 오는 것이 아니며, 그렇지 않다면 관대함은 관대함이 아닐 것입니다.**[19] 앞에서 바울은 **그 약속은 관대함**(선물)**에 기초**한다고 주장했다(4:16). 또한 그는 이미 삯으로서 지급되는 것은 '관대함'이 아니고 빚이라고 지적했다(4:4).

이런 방식으로 바울은 남은 자의 의미를 심판(파괴 이후에 남겨진 모든 것)으로부터 선물로, 구원 혹은 온전함을 의도하는 관대함으로 옮긴다.

다음으로 바울이 인용하는 구절들 — 예상할 수 있듯이, 이사야서에서 한 구절(29:10) 그리고 시편에서 한 구절(69:22~23)을 가져온 — 은 앞 장의 주제였던 메시아적 선포에 응답하지 않는 이스라엘의 문제를 거론한다. 이 인용구들은 보지 못하는 눈이라는 시적 표현에 의해 연결되며, 뒤에 인용된 구절은 특히 정의로운 자들을 박해하는 자들에게 저주를 퍼붓는다. **그래서 그들은 걸려 넘어져 쓰러진 것입니까? 절대로 그렇지 않습니다!** 걸려 넘어진다는 은유가 상기시키는 것은 지금 충실한 자들을 박해하는 자들이 신이(혹은 정의가) 역사 속에서 활동하는 믿을 수 있으나 기이한 방식 — 기이하게 믿을 수 있는 그리고 믿을 수 있게 기이한 — 에 걸려 넘어진 자들이라는 점이다. 그러나 바울이 서둘러 말하는 대로, 이 걸려 넘어짐은 다시 한 번 정의가 그리고 정의의 실

19 저자가 'generosity' 즉 '관대함'으로 옮기는 단어는 헬라어의 'charis'이며, 이는 일반적으로 '은혜' 혹은 '은총' 등으로 번역된다.

제적 기초인 약속이 효과를 발하는 예기치 못한 길을 연다. **그들**〔이스라엘〕**의 범죄**(trespass)**로 인해 구원이 이방 사람에게 이르렀는데, 이는 이스라엘이 질투하도록 하기 위한 것입니다.**

메시아와 메시아적 사건에 대한 이스라엘의 거부는 (모든) 이방 민족들을 향한 메시아적 사건의 선포를 향한 길을 연다. 구체적으로 이는 무엇을 의미하는가? 우리가 짐작할 수 있는 바는 바울이 보기에 (율법에 따라 그 공식적인 해석자들에 의해 유죄판결을 받은) 메시아의 부인은 메시아를 이스라엘 민족 바깥에 위치시킴으로써 국외자들인 이방 민족들 혹은 이교도들의 메시아가 되도록 한다는 것이다. 여호수아는 이스라엘의 지도자들에 의해 이교도들(로마인들)에게 넘겨지고, 이를 통해 율법은 "율법 바깥에 있는" 정의가 도래할 길을 여는 부정의의 도구로 드러난다. (나는 『속죄의 전환』(*Transforming Atonement*)에서 이 사안에 관해 더 상세히 논의했다.)

추가적으로 그 범죄는 "전체" 이스라엘을 두고 말해진다는 점에 주목해야 한다. 비록 이 범죄가 부분에서(하지만 여기에서 언급된 부분이 남은 자는 아니다), 이를테면 특정한 엘리트 집단 혹은 반대자들에서 비롯한 것이라 해도 말이다. 여기에서 우리는 다시 한 번 제유법을 발견한다. **선택받은 자들은 그것을 얻었으며, 나머지 사람들은 완고해졌던 것입니다.** 그러나 바울은 이 모든 것이 이스라엘에 질투심을 일으킬 것이라고 말한다. 무엇에 대해서? 바로 이스라엘의 신의 선포가 외부자들에게 열리는 것에 대한 질투다. 여기에서 질투라는 개념은 상당히 기이한 것이다. 이스라엘은 신이라는 "남편"과 "일부일처제"에 따른 관계에 있다고 상정된다. 이스라엘이 흠잡을 데 없이 충실하지 않더라도, 어쨌든 이스라엘은 그의 남편이 그렇기를 바란다. 하지만 신은 이방 사람들이라는 〔이스라엘에게〕 두려운 다른 상대에게 구애한다. 그래서 이스라엘은 질투한다. 이러한 기묘한 드라마가 놀라운 방식으로 펼쳐지게 될 것이다. (사람들이 이 기발한 사랑 이야기에서 이스라엘과 신 양자 모두가 남성 배역으로 전제된다는 것을 잘 알아차리지 못하는 것이 이상하지 않은가!) 이 사랑 이야기에서 신은 이스라엘을 주시하고 있다는 점에 주목하자. 이방 사람들을 향한 눈길은 이스라엘에 영향을 미치기 위한 것이라고 간주된다. 앞으로 보게 되겠지만, 이방 사람들은 단지 이스라엘의 관심을 얻기 위한 도구일 뿐이다.

그들이 신에게, 신이 활동하는 놀라운 방식에 걸려 넘어지게 된 일의 목적은 그들이 배제당하도록 하기 위한 것이 아니라 (또한) 다른 사람들도 포함되도록 하기 위한 것이다. 따라서, 심지어 이스라엘의 "완고해짐"도 이제 구속이 범위를 측정할 수 없을 정도로 넓혀진다는 것을 의미한다. 선택된 지도층이든 완고해진 사람들이든, 이스라엘은 정의와 자비의 도구인 것이다. **그런데 이스라엘의 범죄가 세상을 위한 부**(富, riches)**가 되고 이스라엘의 실패가 이방 사람을 위한 부**(wealth)**가 되었다면, 그들의 넘치도록 가득함은 얼마나 더 많겠습니까?** 핵심적인 논지는 이런 것인데, 만일 남은 자로의 축소가 여러 민족들의 세계를 위한 부(신의 선물 혹은 호의)를 만드는 것이라면 (단지 남은 자들만이 아닌) 모든 이스라엘의 포함은 세계에 얼마나 더 많은 부를 의미하겠는가? 우리는 바울 논변의 전개에 있어 두 가지 핵심적인 이름인 세계(cosmos)와 민족들에 주목해야 한다. 구원을 갈망하는 것으로서의 세계(로마서 8장)와 구속의 희망을 품지 못했던 민족들 말이다. 이스라엘의 구속은 오로지 이러한 놀라운 희망의 실증을 의미하는 것이다.

여기에서 펼쳐지는 논리는 일부가 부를 의미한다면 전체는 놀랍도록 엄청난 부를 의미한다는 것이다. 이는 명백히 한편의 부가 다른 편의 궁핍함을 의미하는 제로섬 게임(zero-sum game)이 아니다. 메시아적 정치의 가장 중요한 특징들 중 하나는 제로섬 게임으로 가득 찬 희소성의 논리에 기초하지 않는다는 점이다. 오히려 메시아적인 것은 일부에게 더 많이 있는 것이 모두에게 기하급수적으로 늘어난다는 것을 의미하는 넘쳐남의 논리를 수반한다. 혹은 바울이 반복하여 사용하는 표현으로, “얼마나 더 많이”(posō mallon)의 논리를 말이다. 우리는 이를 메시아적 계산이라고 말할 수 있을 것이다.

18. 이방 민족들에 대한 경고(11 : 12~24)

여기에서 바울은 이미 신이 자신이 선택한 민족을 버렸는지에 관해 혹은 메시아를 받아들이지 못한 이스라엘의 실패가 그들이 걸려 넘어진 것을 의미하는지에 관해 분명한 대답을 제시할 결론을 알리고 있다. 그리고 그 대답이란 모든 이스라엘이 포함될 것이며 이것이 또한 이방 사람들에게 좋은 소식이라는 것인데, 그 이유는 이스라엘의 포함에 의해 그들의 부(신의 약속)가 훨씬 더 넘쳐나거나 기하급수적으로 증가할 것이기 때문이다. 어찌하여 이렇게 되는지 살펴보자.

우선 바울은, 자신이 신의 좋은 소식을 전하도록 파견된 사절이기에, 자신의 소명이 (원래 신이 선택한) 민족에 관한 신의 목적에 종속된다는 점을 밝힌다. 그는 자신의 (이방인) 독자에게 속내를 털어놓음으로써 이를 명확히 한다. **이제 나는 이방 사람인 여러분에게 말합니다. 내가 이방 사람에게 보내심을 받은 사절**〔사도, apostle〕**이니만큼, 나는 내 직분을 영광스럽게 하여, 아무쪼록 내 육신에 따른 동족에게 질투심을 일으키고 그래서 그들 중 몇 사람만이라도 구원하고 싶습니다.** 바울은 신이 행하는 일의 작은 부분을 맡았다. 신이 행하는 일은 이스라엘에 질투심을 유발하는 것이며, 바울이 행하는 일은 그들 중 *몇 사람*에게 질투심을 일으키는 것이다. 신이 행하는 일은 모두의 구원으로 귀결될 것이며, 바울이 행하는 일은 일부 몇 사람(하지만 모두는 아닌)의 구원을 목표로 한다.

그러나 가장 놀라운 일은 이방 사람을 향해 보내진 사도의 직분이 실제로는 이방 사람이 아닌 자들의 구원을 겨냥하고 있다는 점이다! 이방인을 향한 사역은 단지 이스라엘을 향한 참된 사역을 위한 일종의 우회인 것이다. 바울은 이스라엘 중 일부 몇 사람을 구해내고자 자신의 이방인을 향한 사역을 과장한다. 이방인들은 중요하지 않다. 그들은 단지 수단일 뿐이다. 잠재적인 "이방 민족들의 오만"(닐 엘리엇이 저술한 로마서에 대한 뛰어난 연구서의 제목이기도 한)은 여기에서 가장 결정적으로 약화된다. 그들은 기독교인들이 지난 2,000년 동안 그랬던 것처럼 이렇게 생각할 수도 있을 것이다. "우리는 그 약속을 가졌고, 그들은 그렇지 않다. 그들은 거부했고, 우리는 받아들였다. 그들은 선택된 자들이었지만, 지금은 우리가 선택된 자들이다." 기독교 반(反)유대주의나 심지어 대체론(supersessionism)[20]도 여기에서 제시된 바울의 논변에 의해 철저하게 힘을 잃고 불가능하게 된다. 기독교인들이 〔로마서를〕 주의 깊게 읽었더라면 좋았을 것이다! 여기에서 우리는 다시 한 번 카를 슈미트와 야코프 타우베스 간의 논의를 상기할 것인데(타우베스 51, 97~113), 거기에서 타우베스는 바울이 결코 대체론자가 아님을 입증한다.

그래서 이스라엘의 남은 자 혹은 이방인을 향한 바울의 사역에 의해 유발된 질투를 통해 구원된 이 "일부 몇 사람"이 어쨌다는 말인가? 그들은 그저 파편과 같은 일부일 뿐인가? 아니면 다시 한 번 제유법적 장치가 작동하여 우리를 놀라게 할 것인가?

무엇보다 우선, 이 〔이스라엘의 일부 몇 사람으로 이루어진〕 부분은 그저 단순한 부분이 아니다. **그들의 배제가 세계의 화해를 의미한다면, 그들의 수용은 죽은 자들로부터의 삶이 아니고 무엇이겠습니까?** 배제된 듯 여겨지는 자들이 그들의 배제로 (결국 그들 자신이 배제되었다고 여겨지는 자들로 구성된) 세계의 화해를 이끌어내는 데 봉사한다면, 그들의 포함 곧 그들의 돌아옴에 대한 환영은 지금까지 내내 염두에 두고 있던 무엇

20 대체론은 대체신학(replacement theology)으로 지칭되기도 하며, 기독교 교회가 신의 선택에 관해 이스라엘 민족을, 신약성서가 모세의 율법을 대체한다고 주장하는 신학 이론으로 반유대주의의 근거로 사용되기도 했다.

인가를 의미할 수밖에 없다. 바로 죽은 자들의 부활 말이다. 그렇다면 죽은 자들의 부활이란 무엇인가? 그것은 낙오되고 배제된 모든 사람이 기대치 않은 미래와 예상치 못한 삶을 얻게 되는 것이 아니겠는가? 바울이 말한 대로, **우리가 아직 적들이었을 때** 말이다. 우리가 우리의 적으로 여기는 자들이라고 크게 다르겠는가? 정의의 요구를 완전히 마음에 두지 않았다고 생각하는 자들이라고 해서? 만일 그들이 포함되지 못한다면, 어떻게 우리가 포함될 수 있을까?

이제 남은 자(remnant) 개념은 심판의 "열쇠"에서 구속(救贖)의 열쇠로 완전히 전환된다. **맏물로 바치는 빵 반죽 덩어리가 거룩하면 남은 온 덩어리도 그러하고**(민수기 15:18~21), **뿌리가 거룩하면 가지도 그러합니다**(예레미야 11:16~17). 여기에서 남은 것은 온 덩어리를 의도하며, 부분은 전체를 포함한다. 이는 또한 로마에 있는 자들에게, 즉 로마인들에게 말 건네기 위한 이 편지를 시작하는 부분에서 주목했던 문제에 대답할 수 있도록 돕는다. 우리가 물었던 질문은 이런 것인데, 이 남은 것이란 로마에 사는 충실한 자들을 말하는 것인가 아니면 로마 전체를 말하는 것인가? 대답은 둘 다라는 것이다. "일부"가 거룩하게 되면, 온 덩어리도 거룩하게 된다. 우리는 이를 쪼갤 수 있다. 지금 일부가 그렇기에, 이후에 모두가 그럴 것이다. 메시아적 시간은 시간의 압축이기에 미래의 시간이 지금의 시간을 특징짓는다. 이스라엘과 관련하여 충실한 부분은 전체를 포함하며, 또한 "범죄"로 특징지어지는 부분을 포함한다. "일부"는 전체보다 더 크다(일부가 또한 이방인들을 포함할 것이기에).

이러한 관점에서 가지들의 언급은 우연이 아닌데, 이제 바울이 전개할 확장된 은유를 고지하여 이스라엘을 포함하기 위해 이방인들이 포함되는 사안을 다루기 때문이다. 바울은 신이 호의를 보인 민족의 오만과 자긍심에 대해 (유대인이 아닌) 이방 민족들에게 경고한 이후 11:25에서 현재의 논변으로 되돌아갈 것이다. 슬프게도, 이는 이방인들이 너무나도 열정적으로 오해해왔던 논변이다. 혹은 바울이 이사야서와 시편을 인용하여 말하는 대로, **그들은**(혹은 우리는) **눈이 있으되 눈이 멀어 있다.**

이 담론은 뿌리와 가지에 관한 것이다. **그런데 가지들 가운데 일부가 꺾여 나가고, 여러분 야생 올리브 나무가 그들 가운데 접붙여졌고 뿌리에서 올라오는 수액을 나눠 받는 자가 되었다면, 가지들에 대해 우쭐대지 말아야 합니다.** 분명히 이는 당신들이 주제넘게 그들의 자리를 차지하여 선택된 자가 되었다고 생각하지 말라는 의미이다. 당신들의 유일한 자양분은, 당신들의 생명과 열매 맺음의 유일한 근원은 여전히 이스라엘이라는 뿌리이다. **비록 여러분이 우쭐댈지라도, 여러분이 뿌리를 지탱하는 것이 아니라, 뿌리가 여러분을 지탱한다는 것을 기억해야 합니다.** 당신들의 지위를 뽐내지 말라. **여러분은 "가지들이 꺾여 나간 것은 내가 그 자리에 접붙임을 받게 하시려는 것이었다"라고 말할 것인데, 그것은 참입니다. 그 가지들이 꺾여 나간 것은 그들의 충실하지 않음 탓이지만, 여러분은 오로지 충실함으로 인해 견딥니다. 그러니 자랑하지 말고 오히려 두려워하십시오.** 이런 말을 덧붙이고 싶은 유혹이 있다. 당신들은 크게 두려워해야 한다! 그런데 왜 두려움인가? **하나님께서 본래의 가지들을 아끼지 않으셨다면, 여러분도 아끼지 않으실 것입니다.** 바울은 충실한 자들을 위한 확신을 일깨우길 원하지만, 또한 신적인 호의를 이제 소유물과 같은 어떤 것으로 당연시하는 유혹을 받을 수도 있는 자들 가운데 두려움을 유발하려 한다. 여기에서 바울이 말하는 충실함이 정의를 생산하는 것이며 부정의가 그 자체로 충실하지 않음이라는 점을 기억한다면, 분명히 두려워할 이유가 있다는 점을 이해할 것이다. 여기에서 뿌리에 접붙여진 가지로 일컬어지는 사람들의 역사가, 무엇보다, 신의 호의로 선택된 사람들에 관한 정의와 자비에 의해 특징지어진다는 주장은 누구를 위한 것인가?

잘려 나간 가지들에 대한 우쭐거림이 아니라면 기독교와 유대교의 관계는 무엇을 위한 것인가? 그리고 기독교적 반유대주의라는 쓴 열매를, 심지어 이름하기에도 너무나 끔찍한 결함 — 그 자체로 입에 담기도 힘든 쇼아 — 을 담고 있는 이 역사는 가지가 아니라 뿌리 자체가 되고자 하는 우리의 욕망에 대한 증언이 아닌가? 그것은 이스라엘에 대한 신의 약속의 뿌리를 파훼하고 이 뿌리 대신 그 자리에 들어앉으려는 욕망이며, 유대인들은 우리에게 접붙여지지 않는 이상 뿌리로부터 오는 양분을 취할 수 없다고 생각하는 것이다. 이런 이유로 후대의 신학자인 카를 바르트는 정당하게 기독교의 반유대주의가 용서할 수 없는 범죄라고 생각할 수 있었다. 그러한 반유대주의적 태도를 용서할 수 없는 이유는 그것이 은혜의 절대적인 거부이며 이스라엘에 대한 신의 틀림없는 약속으로부터 스스로를 끊어버리는 것이기 때문이다.

그렇다면 하나님의 인자하심과 준엄하심을 보십시오. 실패한 사람들에 대한 준엄하심을, 그리고 여러분이 그 인자하심을 모방한다면 여러분을 향할 인자하심을 말입니다. 신의 인자함 안에서 계속한다는 말은 그 인자함을, 지속적으로 자격 없는 자들에 대한 포용을 보인다는 것이다. 성서의 믿음에서 자비를 품는 자는 자비를 얻으며 자비 없는 자는 자비를 얻지 못한다는 사실보다 분명한 것은 거의 없다. **그렇지 않으면, 그대도 잘려 나갈 것입니다.**

그리고 심지어 그들도 불충실함을 고집하지 않는다면 다시 접붙여질 것인데, 하나님께는 그들을 다시 접붙이실 능력이 있기 때문입니다. 하지만 그들은 이방인의 뿌리에 접붙여지는 것이 아니라 그들이 원래 속하는 이스라엘의 뿌리로 다시 붙여질 것이다. 우리가 기독교인이라 부르는 것(지금의 이방인적 현상)이 됨으로써가 아니라 다시 그들 "본래"의 모습이 됨으로써, 즉 충실함으로 그리고 따라서 정의로 정해진 선택받은 이스라엘 사람들이 됨으로써 말이다. 이런 맥락에서 크리스터 스텐달이 언급하는 사항을 중요하게 유의해야 할 것인데, 이를테면 바울은 유대 민족 출신 기독교인들에게 할례나 음식 관련 규례를 부인하라고 강요하지 않는다는 점이다. 그는 단순히 이러한 규정들을 이방인들에게 부과하지 말아야 한다고 주장할 뿐이다(스텐달 2; 에슬러(Esler) 306~307, 354~355와 비교하라). 바울의 관심사는 유대인들의 유대인으로서의 종말론적 통합의 문제이며, 어떻게 유대인의 정체성이 "율법"의 고수를 통하는 길 외에 다른 방식으로 인식되어야 할 것인가와 관련된 문제이다. 분명히, 율법의 고수는 누군가를 정의의 요구의 심각성으로 일깨우며, 따라서 그 요구에 충실한 것으로 이해될 것이다. 하지만 이는 바로 마이모니데스(Maimonides)[21]와 로젠츠바이크(Rosenzweig)[22]를 거쳐 레비나스에 이르는 위대한 유대인 사상가들이 역사 전반에 걸쳐 전수된 율법의 고수를 통해 유대인적 정체성(identity)의 특수성을 유지하는 사안에 관해 주장해왔던 어떤 것이다. 이후에 바울은, 유대 사람과 이방인 출신의 신자 간의 그러한 차이들에 관해, 각자가 확고하게 자신의 견해를 고수하고 양심에 따라 행위해야 하지만, 서로에 대한 정죄에 이르지 않는 방식으로 하라고 주장할 것이다(로마서 15장).

여러분이 본래의 야생 올리브 나무에서 잘려지고 그 본성을 거슬러, 재배된 올리브 나무에 접붙여졌다면, 본래 붙어 있던 이 가지들은 얼마나 더 많이[23] 제 나무에 다시 접붙여지겠습니까? 이 이미지는 정상적으로 실행되는 관습적인(그런 의미에서 자연스러운) 원예기술의 위배에 의존한다. 보통은 재배된 나무의 가지가 야생 나무의 뿌리에 접목되어 먹을 수 있는 열매를 생산하게 된다. (이를테면 캘리포니아 포도밭에서 이런 방식이 실행되는데, 원래 자라던 야생 나무는 질이 떨어지는 포도를 생산하기에 재배된 나무의 가지를 접목하여 더 좋은 품질의 포도를 생산하는 방식이다.) 그렇다면 역사에서 나타나는 신의 행위는 "본성에 반하는" 것이다.(그

21 마이모니데스(본명 모셰 벤 마이몬(Mosheh ben Maimon)), 12세기에 주로 북아프리카 지역에서 활동한 유대인 철학자, 천문학자, 토라 주석가, 의사.

22 프란츠 로젠츠바이크(Franz Rosenzweig), 19세기 후반에 태어나 20세기 초까지 활동한 독일계 유대인, 종교적 실존주의자. 저서인 『구원의 별』로 잘 알려져 있다.

23 원문에는 *posō mallon*, 우리말 성서에는 '얼마나 더 쉽게'로 옮겨져 있다.

리고 여기에서 우리는 로마서 1장에서 제시된 "본성에 반하는" 것에 대한 논의를 상기해야 한다.)

그러나 잘려 나간 가지들이 복원될 때, 그 가지들은 원래 속한(우리가 속한 나무가 아닌) 올리브 나무로 돌아가는 것이다(다른 의미에서 본성에 따라). 이 올리브 나무들의 이미지는 바울이 금지하고자 하는 잠재적인 오만과 관련하여 "이방 민족들"에게 말해진다. 여러 세기의 기독교 역사는 이러한 걱정을 할 만한 충분한 이유가 있었다는 점을 확인한다. 우리는 심지어 이방인의 가지들이 버려졌던 특정한 역사에 관해 성찰할 수 있을 것이다. 7세기 이후로 계속, 당시 기독교의 가장 강력한 가지들이 이슬람의 확산과 함께 버려지고 쇠락했던 것은 사실이 아닌가? 기독교 자체는 제국의 권력과 번영의 영합에 몰두하게 되었고, 자체적인 교조적 확신으로 너무나 오만하게도 아리우스파(Arians),[24] 네스토리우스파(Nestorians),[25] 단성론자들(Monophysites)[26]을 몰아내고, 자비와 정의에 관한 신의 계획에 쓸모없는 존재가 되어버리지는 않았는가? 가난한 자들에 대한 헌신을 망각했던 오만한 기독교를 대신하여 그 자리에 이슬람의 가지들이 접목되는 것은 아닌가? 심지어 기독교 국가라 주장하는 나라들이 이슬람을 향한 의혹의 시선을 던지는 오늘날에도, 그들은 가난한 자들에 대한 불굴의 헌신을 "전통적인" (일부에서는 심지어 "근본주의적"이라 말하는) 이슬람의 힘으로서 직면하고 있지 않은가?

그리고, 20세기 초, 차르의 타락한 기독교가 노동 계급에 대한 마르크스-레닌주의적 헌신에 의해 압도되었던 사실을 거론한다 해도 그리 큰

---

24 그리스도(성자)의 본래적 신성을 부정하고 성부에 종속된다는 주장을 펼친 교파. 니케아 공의회에서 이단으로 배격되었다.

25 그리스도의 인성과 신성의 분리를 주장하고, 예수의 어머니 마리아에 대한 성모(테오토코스(theotocos)) 칭호를 배격하여 이단으로 몰린 교부 네스토리우스가 창시한 교파. 동방으로 전파되어 당나라에서 경교로 불리기도 했다.

26 그리스도는 단 하나의 본성만을 지닌다고 주장하는 교파.

비약은 아닐 것이다. 즉 기독교의 편에서 일어난 정의와 자비의 망각이 여러 가지들이 잘려 나가는 결과로 이어졌던 것이다. 그러나 우리는 역사로부터 배울 능력이 없는 것처럼 보인다. 심지어 놀랍게도 여기 바울의 경고에서 미리 예상된 역사에서조차 말이다.

바울이 이미 알았던 역사에 우리 자신을 제한하든 혹은 이 역사를 우리 시대로 확장하든, 우리는 바울이 즉흥적으로 작업하는 신의 흥미로운 능력으로 여겨지는 어떤 것을 강조하는 방식에 강한 인상을 받을 수밖에 없다. 신은 (혹은 이렇게 말할 수 있다면, 정의는) 고정 불변의 규칙에 따라, 다시 말해 모종의 역사의 철칙에 따라 작동하지 않는다. 신은 (혹은 정의는) 즉흥적으로 작업하며(improvise), 이에 따라 이러한 "구원의 역사"는 결코 예측할 수 없는 것이 된다. 신은 자손을 약속하지만, 맏아들을 약속하지는 않는다. 파라오는 해방에 반대하지만, 걱정하지 않아도 좋다. 우리는 그 반대를 이용할 수 있다. 이스라엘 혹은 그 일부 구성원들은 메시아를 거부한다. 하지만 그것은 오로지 다른 민족들을 포함하게 됨을 의미할 뿐이다. 신적인 정의는 우리가 현장에서의 유동적 상황이라고 말할 수 있는 어떤 것에 반응한다.

그러나 이 예측 불가능성은 동시에 완전하게 신뢰할 수 있는 것이다. 거기에는 단 하나의 목표가 있다. 바로 자비로부터 흘러나오는 정의이다. 이는 정의가 역사 속에서 작동하는 방식에 대한 변치 않는 섭리(decree) — 우리가 이런 말을 써도 된다면 — 이다. 그러나 인간의 역사가 그 자체로 강요된 것이 아니기에(그렇지 않다면, 우리는 정의도 자비도 말할 수 없을 것이다), 정의는 완고함이나 오만과 협상해야 하며, 마찬가지로 예기치 못한 충실함이나 충성과 협상해야 한다. 그러므로 신은 결코 예상할 수 없지만 언제나 신뢰할 수 있는 분이다. 신은 즉흥적으로 연주한다(improvise). 역사는 정의와 자비의 곡조에 맞춰 공연되는 신적인 즉흥연주(improvisation)의 역사인 것이다.

그리고 이렇기에 바울은 독자들에게 경고한다. **나는 여러분이 이 신**

비에 무지하여 자신의 "지혜"를 사용하지 않기 바랍니다. 이 신비는 내가 "즉흥연주(혹은 즉흥작업)"라 명명하는 어떤 것으로 드러난다. 그리고 우리 자신의 지혜를 갖는다 함은 이스라엘이 자신만의 정의를 소유하고자 하는 태도에 대한 이방인적 등가물이며, 정의가 무엇인지 당연히 안다고 간주하는 것이다. 여기에서 바울이 말하는 지혜(신중함, *phronein*)는 정확히 우리가 자신의 지식에 따라 무엇인가 해나갈 수 있으며, 정의의 길이 우리의 "상식"에 부합하며, 이성만이 정의가 어떻게 오는지 말해줄 것이라는 가정이다. 요컨대, 이 가정은 어떠한 놀라움도 남지 않고, 어떠한 놀라움의 기초도 없게 하는 일종의 연역적 체계인 것이다. 그러나 복음은, 기쁨을 만드는 선포는 우리를 완전히 놀라게 하는 것, 숨을 멎게 하는 것이다. 그것이 바로 바울이 말하는 신비의 의미인 것이다.

19. 좋은 파국(11:25~36)

바울은 이제 곧 이스라엘과 이방 민족들에 얽힌 신의 역사와 관련된 논변을 종결지을 참이다. 그는 다양한 방식으로 그 종결의 토대를 준비했다. 그러나 또한 이제서야 자신의 논변이 지닌 완전한 영향력을 인지하기 시작하는 것일 수도 있다. 어쨌든 그것은 "신비"에 대한 선언, 숨겨져 있던 것을 드러내는 선언이다. 말하자면, 전적으로 예상 불가능하지만 회고적인 관점으로 볼 때 필연적인 신의 약속에 대한 선언, 이방 민족들에게 확장되지만 이스라엘에 대해 결코 취소되지 않는 신적인 약속의 작동에 대한 선언인 것이다.

여러분이 자신 안에 어떤 특정한 지혜를 갖지 않도록, 나는 여러분이 이 신비에 무지하지 않기를 바랍니다.[27] 자기 자신으로부터 유래하는 지혜를 갖는다는 것은 어떤 의미에서 자기 자신에 기초한 특정한 올바름을 갖는 것과 유사하다. 그것은 무지함이다. 정의와 지혜의 기초는 우리 바깥에 있으며, 우리에게 친숙하거나 편한 것으로부터 연역될 수 없기 때문이다.

그 신비는 여기에서 이스라엘과 이방 민족들의 관계와 관련된다. **이방 사람들 전체〔*pleroma*〕가 들어올 때까지 이스라엘의 일부는 완고해졌습니다. 그래서 모든 이스라엘은 구원받을 것입니다.** 여기에서 나타나는 부분의 전체에 대한 관계는 11:14에서 준비되었다(밀가루 반죽 일부/온 덩어리, 가지/뿌리). 이스라엘의 일부에게는 완고한 태도가 생겼지만(파라오에게 그런 것처럼), 이 완고함의 목표는 모든 이방 민족들이, 이방 민족들 전체가 약속에 들어오게 되는 것이다. 그리고 그런 다음 다른 전체 곧 모든 이스라엘이 들어오는 것이다. 바울이 이방 민족들을 향한 자신의 사역에 의해 이스라엘을 질투하게 만들고자 한다는 말을 했을 때 (몇몇) 이스라엘의 구원에 관한 결정적인 말을 했다고 생각할 수도 있다. 거기에서 중요한 말은 "몇몇"이지만, 이제 중요한 말은 "모두"이다. (일부) 이스라엘의 거부는 단지 모든 민족들을 불러들이기 위한 도구일 뿐이다. 그리고 모든 민족들을 불러들임은 이스라엘을 향한 신의 약속의 완성을 위한 도구일 뿐이다. **구원자가 시온에서 오실 것이니, 야곱에게서 불경건함을 제거하실 것이다.** 이사야 59:20~21과 29:9의 인용문은 이 구속을 향해 가는 굽이친 길에서 어떤 일이 일어나더라도 결국 야곱이 약속된 축복을 받게 될 것이라는 점을 상기시킨다.

바울은 이방인 독자들에게 말한다. **복음의 관점에서 이스라엘 사람들은 여러분이 잘되라고 하나님의 원수가 되었지만, 택하심을 받았다는 관점에서 그들은 조상들 때문에 사랑받습니다. 하나님의 선물과 부르심은 철회될 수 없습니다.** 완고한 마음을 품은 자들이 이 단언의 주제이다. 그

27 이 문구는 저자가 바로 앞에서 번역한 11:25의 번역을 다른 방식으로 말한 것이다.

들은 복음의 적이며(바울이 그랬던 것처럼), 이는 이방 민족들에게(당신들에게) 이득이 된다. 그렇다면 우리는 (일부) 이스라엘에 의한 메시아 거부를 어떻게 봐야 하는가? 매우 단순하게 보면 우리가 복음을 듣고 마음에 두는 자들이 되도록 하는 열림〔좋은 기회, opening〕을 제공했다는 것이다. 바로 그 점에서 오늘날의 범주로 볼 때 기독교인이 아니라 오히려 유대인이 우리의 은인이다.

지금 복음의 적인 그들은 그럼에도 사랑받고 있다. 그들은 영원히 선택받은 자들이며 신에게 둘도 없는 사람들이다. 신이 그의 말씀을, 그의 선물을, 그의 부름을 물리지 않기 때문이다. 이는 결코 되돌릴 수 없다. 따라서 신은 신뢰할 수 있다. 분명히 우리는 여기에서 구원에 관한 기독교적 불안의 기초에 직면한다. 만일 신이 그가 선택한 민족을 버릴 수 있다면, 신은 우리도 버릴 수 있다. 이것이 바로 바울 자신이 지적했던 것이다(11:22~24). 이런 종류의 불안에서 종교의 모든 결함들이 유발된다. 그러나 그 역을 생산하는 것은 무엇인가? "**아무것도 우리를 하나님의 사랑에서 끊을 수 없습니다**"라는 보장이다. 이를테면, 신의 약속, 선물, 부름은 무엇보다 이스라엘에게 그리고 또한 우리에게 돌이킬 수 없는 것이라는 보장 말이다.

따라서 우리가 강조하는 바는 **조상들 때문에 사랑받는다**는 말의 의미가 유대 사람들이 신적인 구원에 통합된다는 것이며, 거기에는 그들이 이스라엘 사람들이며 아브라함과 이삭과 야곱을 향한 약속의 상속자들이라는 이유 외에 아무런 다른 이유도 없다는 것이다. 그들이 더 선하다거나, 더 훌륭한 자격을 갖췄다거나, 혹은 율법을 잘 준수한다거나 하는 이유가 아니라는 말이다. 이런 이유로 우리가 이 "모두"를 훼방하거나 제한하지 않는 것이 절대적으로 중요하다. 하지만 이러한 훼방과 제한이 바로 서구의 기독교적 해석이 거의 처음부터 해왔던 일이다. 그렇게 함으로써, 이를테면 단지 남은 자들 혹은 그리스도적 종교로 개종한 자들만을 생각함으로써, 바울 논증의 전체가 아무런 의미도 없는 헛소리로 격하되었다. 그러므로 이 지금의 시간에 유대교로서의 유대교는 남아 있다. 유대교는 보편적인 것 안으로 소산될 운명이 아니며, 만일 그렇게 된다면 이스라엘을 향한 약속은 헛된 일이 될 것이다.

여기에 여러 질문에 대한 대답이 제시된다. **하나님께서 자기 백성을 버리신 것입니까? 절대로 그렇지 않습니다**(11:1). **그들은 걸려 넘어져 쓰러진 것입니까? 절대로 그렇지 않습니다**(11:11). 바울은 이와 같은 결론을 도출한다. **전에 여러분이 한때 하나님께 순종하지 않았으나 이제 그들의 불순종 때문에 하나님의 자비를 얻게 된 것 같이, 지금까지 그들은 순종하지 않았으나 여러분에게 보여진 그 자비에 의해 이제 그들 또한 자비를 얻게 될 것입니다.** 결국 우리는 신의 적이었으나, 신적인 약속의 선물을 받게 되었다. 그들이 〔신의〕 적이 된다고 해서 동일한 자비를 받지 못하게 될까? 오히려, 우리가 이 선물을 얻는다는 사실이 이스라엘 또한 그럴 것임을 명백하게 한다. 바울이 보기에, 우리가 "기독교"라고 명명할 무엇은 단지 신이 줄곧 의도해왔던 것에 이르는 긴 우회 혹은 삽입구일 뿐이다. 바로 이스라엘 전체의 축복이라는 의도 말이다. 하지만 이 목적에 이르기 위해서는 필연적으로 모든 다른 민족들 또한 포함해야만 한다.

이 두 가지 "모두"는 이제 선명한 초점으로 들어온다. **하나님께서 모두를 불순종에 넘기신 것은 모두에게 자비를 보이시려는 것입니다.** 단적으로 모두에게 말이다. 모든 사람이 불순종한다는 것은 바로 우리가 3장 말미에서 들었던 이야기다. 그래서 이제 모든 사람이 자비, 호의, 축복을 얻게 되는데, 이는 그럴 자격이 있어서가 아니라 신이 약속하셨기 때문이다. 당연히 이 "모두"라는 말에 기분이 상하는 사람은 언제나 있기 마련이다. 그러나 오리게네스에서 그레고리우스에 이르는 동방 신학은 이 "모두"라는 말이 복음의 본질이라는 점을 이해하고 있었다. 그레고리우스에게 복음은 단지 사람들만이 아닌 사탄마저 포함하는 것이었다. 바로 신은 신이고, 좋은 소식은 단적으로 그리고 놀랍도록 좋은 소식이기 때문이다.

바울은 환희에 찬 결론을 맺는다. **오 하나님의 부유하심과 지혜와 지식의 깊음이여. 어떻게 하나님의 판단을 헤아려 알 수 있으며, 어떻게 하나님의 길을 더듬어 찾아낼 수 있겠습니까.** 인간의 상상력이 보고, 이해하고, 알 수 있는 것 너머에서, 신은 심지어 재앙(파국)마저 빛나는 완성(좋은 파국)으로 바꾸어놓을 길을 발견한다.

하지만 심지어 이 놀랍고 헤아릴 수 없는 일은 신이 이미 암시했던 어떤 것과 일치한다. 이사야는 이렇게 물었던 바 있다. **누가 주님의 마음을 알았으며, 누가 주님의 조언자가 되었습니까?**(이사야서 40 : 13) 이는 그 누구도 신에게 일이 어떻게 될 것인지, 혹은 그러한 목적을 이루기 위해 신이 어떻게 행동해야 할지 일러줄 수 있는 사람이 없다는 것을 보여준다. 그리고 욥이 물었던 바, **누가 하나님께 선물을 드리고 보상을 바랄 자격이 있습니까?**(욥기 35 : 7 ; 41 : 11) 이에 의해 신은 채무나 자격〔공로〕과는 전혀 관련 없는 관대함으로 베푸신다는 점을 먼저 내다본 것이다. 신의 자유는 신의 예상할 수 없음과 그리고 신뢰할 수 있음과 함께 한다. 이것이 바로 신이 역사 속에서 즉흥적으로 일하며 인간의 반응에 좌절하지 않고 이를 셈에 넣는다는 말의 의미인 것이다.

만물이 그분에게서 나고, 그분으로 말미암아 있고, 그분을 향해 있습니다. 그분에게 밝게 빛나심이 세세토록 있기를. 만물이, 모든 것이, 절대적으로 모든 것이 신의 은혜로운 결정에 통합된다. 분명히 그런 것이 있는 그대로 신적인 것이며, 모든 것을 포괄하는 신적인 광휘이다. 신이 세계 속에서 의도하는 목적은 이스라엘도 다른 민족들도 아니다. 그 목적은 순전히 모두인 것이다.

다섯 번째 전개부

지금의 시간에 펼쳐지는 정의의 집합적 즉흥연주(12:1~15:13)

거의 처음부터 우리는 도래하는 정의, 신에게서 오는 정의, 신적인 정의에 대한 이야기를 들었다. 이 정의가 "신에게서 유래한다"는 말의 의미는 적어도 부분적으로 그러한 정의가 예기치 않게 그리고 지금까지 정의의 희망을 예시해왔던 물려받은 제도 바깥에서, 심지어 발명된 제도 바깥에서 유래한다는 것을 의미한다. 실제로 법은 정의를 향한 열망과 염원을 역사 속에서 구체화하기 위한 수단이다. 그런 의미에서 법은 "거룩하고, 정의로우며, 선하다." 그러나 법을 통해 정의를 정립하고자 하는 기본적인 제도들은 실패했다. 이는 로마의 정의에 통합된 그리스-로마 세계의 사법적 토대나 모세의 율법에 초점을 둔 이스라엘의 정체 중 어느 편의 구조를 놓고 생각하더라도 참이다. 이에 따라 기존에 정립된 두 가지 사회질서는 정의가 아닌 부정의를 생산했으며, 바울이 보기에, 특히 그 둘의 공모로 실행된 신의 메시아였던 이 — 정의의 요청과 약속을 구현하는 이 — 의 거부와 처형에서 가장 극적인 예를 찾을 수 있었다. 죽은 자들로부터의 메시아의 귀환에 의하여 신은 법에 기초한 정의로운 사회질서의 추구에서 돌이킬 수 없을 정도로 돌아서버린 정의로 향하는 새롭고도 예기치 못한 길을 선보였다. 이러한 메시아적 선택지를 고려할 때, 법이 언제나 이미 인간적 무능력과 불안(육신)에 의해 장악되기에 그 자체의 목적에 반하여 부정의의 도구가 되고, 이로 인해 정의를 완성하지 못한다는 점은 명확해진다.

법을 통해 정의를 실현하고자 하는 시도를 대신하는 자리에, 메시아적 기획은 약속과 선물로서, 호의와 관대함으로서 들어선다. 말하자면, 메시아적 정의는 불가능한 것으로서, 죽은 자들로부터 부활한 삶으로서 도래한다. 이브리함과 사라의 죽은 몸이나 메시아의 죽은 몸, 혹은 오래된 인류의 죽음으로 정해진 몸 중 어느 것이든지 말이다.

바울은 연달아 몇 가지 해명을 내놓는다. 그는 메시아의 길이 부정의의 역사 즉 결코 정의가 아닌 결정의 역사와 실제로 단절되기에, 오래된 아담의 길과의 분명한 불연속을 보인다고 주장한다. 메시아의 길은 정의의 요구를 완화하기보다는 오히려 최초로 정의의 요구를 진정하게 유효한 것으로 만든다. 정의에 대한 무력한 열망은 원하는 바를 생산하기에 무능하며 언제나 그 자체로 내부로부터 침식되지만, 바울은 이를 대신하여 정의와 자비로 이루어진 메시아의 길에 대한 충성을 특징짓는 메시아적 생기(liveliness) 혹은 신령함(활력, spiritedness)을 지적한다. 심지어 지금도, 이 메시아적 생기는 오랜 시대들(eons)의 충돌에 의해 초래된 환난들을 견뎌낼 능력으로 구체화되며, 이와 함께 메시아적인 것은 어떤 방식으로든 오래되고 점점 더 적대를 더해가는 세계의 제도적 질서들에 내재하는 메시아적 사회들 가운데 형성되고 있다. 정의에 대한 만족을 모르는 갈망과 헌신(충실성)은 환난을 인내하고, 심지어 이러한 환난 중에 기뻐할 수 있게 하며, 부정의의 중압으로부터 구원되기를 바라는 땅 자체의 탄식〔신음〕과 연대한다. 이러한 고통의 연대가 있다면, 우리를 신의 사랑으로부터 갈라놓을 수 있는 것은 아무것도 없을 것이다.

이 희망에 반하는 희망은 인간의 역사 속에 나타나는 신(혹은 정의)의 길에 뿌리내려야 한다. 이스라엘의 신이 이방인들에게 보낸 사도로서 바울이 떠맡게 되는 책무는, 이스라엘의 역사를 이 약속의 신뢰성을 무효로 만들지 않는 역사로, 사실상 모든 예상과는 반대로, 이 민족을 통해서 혹은 수단으로 삼아 세계에 정의를 가져오는 신적인 약속의 신뢰성을 확립하는 역사로 해석하는 것이다. 그러므로 바울이 이야기하는 역사는 〔메시아에 대한〕 반대를, 정의를 가져오고 그럼으로써 모든 땅에 온전함을 가져올 예상할 수 없는 수단으로 변환하는 신적인 즉흥연주의 역사이다.

그러나 처형된 메시아의 부활에서 결정적으로 시작되는 지금의 시간, 즉 메시아의 시간에 정의가 실현된다는 것은 정확히 무엇을 의미하는가? 이 지점까지 이르는 바울의 전체 논증은 앞으로 펼쳐질 어떤 것의 예비단계일 뿐이다. 이제 바울은 곧 메시아적 메시지에 반응하여 일어나기 시작한 메시아주의 세포조직들의 삶의 방식에서 나타나는 정의의 실현으로 관심을 돌린다. 루나 토르슈테인손(Runar Thorsteinsson)은 바울과 스토아학파의 윤리적 가르침들 간의 연관을 강조하며, 또한 이후에 이어질 논의가 윤리적 부록이 아니라 바울의 전체 논증의 주안점임을 분명히 한다(93).

다음으로 이어질 네 장의 자료는 때로 윤리를 설교하는 "교훈"으로, 즉 앞서 제시된 보다 흥미로운 신학적 논의를 보충하기 위해 더해진 일종의 부록으로 폄하되곤 한다. 바울의 주요 주제를 시야에서 놓칠 경우 어쩌면 이는 불가피한 일인지도 모른다. 정의의 도래와 이 정의를 구현하고 이에 따라 신의 약속이 그저 낙관적인 생각에 그칠 뿐이 아님을 보여주며 집합적인 삶의 방식들의 출현을 겨냥하는 바울의 논지를 놓친다면 말이다. 사실 지금까지 읽은 모든 것은 바울의 진정한 관심사를 위한 서언으로 읽는 편이 좋을 것이다. 바울의 관심사는 어떻게 정의가 실제로 "법과 상관없이" 형태를 갖추는지 보이는 문제이다. 만일 그렇지 않다면, 법에 기초한 사회질서에 대한 실행 가능한 대안은 없을 것이며, 메시아적인 것에 속한 지금의 시간에 정의의 요청과 요구를 현실화할 선물에 기초한 정의도 있을 수 없을 것이다.

20. 메시아의 몸(12 : 1~13)

이제 우리가 읽게 될 것은 부록이 아니라 바울 논증의 주안점이며, 메시아적 정치의 핵심이다. 당연히 이 논의는 *그러므로*(*Therefore*)라는 말로 시작된다.

그러므로 나는 하나님의 자비하심을 힘입어 동지 여러분에게 호소합니다. 여러분의 몸을 하나님이 만족하실 거룩한 산 제물로 드리십시오. 이것이 여러분의 합리적인 예배입니다.

이 이야기는 이어질 논의 전체로 들어가는 요약 진술로 읽을 수 있다. "*그러므로*"라는 말은 이를 앞에서 제시된 논의 전체에 연결한다. 이제 우리는 마침내 메시아적 정치의 핵심에 이르게 된다. 바로 법이 아닌 다른 방식으로 도래하는 정의에 말이다.

법이 아닌 방식이라는 것은 명령보다는 오히려 **호소**의 방식으로, 바람과 열망의 진술 또는 표명을 통해 의지로서의 가슴에 호소하는 것이다. 그것은 여기에서 **동지들**(형제들)로 지칭되는, 그 무엇보다 위선 없이 자유와 솔직한 열림으로 서로에게 말 건네는 동등한 자들로 지칭되는 자들 가운데 자리한 연대의 상황과 관련된다. 이 호소는 앞에서 다루어졌던 관용, 인내, 약속, 불가능한 것의 선물에서 명백히 드러난 **하나님의 자비하심**에 뿌리내리고, 모든 창조물과의 그리고 신과의 화해에 이르도록 하며, 새로운 정의의 세계를 염원하는 탄식의 연대 가운데 나타난다.

그것은 이성(reason)에 대한 호소이며, 여기에서 **합리적인**(rational) **예배**라고 지칭되는 어떤 것에 대한 호소이다. 유대 사람들은 우상을 숭배하는 이교도들의 불합리한(irrational) 예배를 조롱했다. 그리고 이런 문제에 관해 그들은 자기 세계의 불합리한 미신을 조롱하는 이교도 출신 철학자들(지혜를 사랑하는 자들, lovers of wisdom)과 의견을 같이한다. 바울 자신은 앞에서 이러한 예배의 불합리성이 그리스-로마 세계의 폭력과 부정의에 깊이 연결되어 있다고 주장한 바 있다. 그러나 지혜를 사랑하는 자들은 유대 민족의 예배 형식 또한 성전 제사와 이상한 관습에 있어 동등하게 불합리하다고 여겼다. 필로(Philo)는 모세의 "특수한 법률" — 외부자들에게 너무나 이상하게 여겨질 수 있는(무엇은 먹을 수 있고 다른 무엇은 먹을 수 없다는 등의 이야기를 하기에) — 을 플라톤의 관점에서 재해석하여 이를 어느 정도라도 이성과 합치시켜야 할 책임을 느꼈다. 그러나 무엇이 합당한 혹은 합리적인 예배라는 말인가? 무엇이 신을 예배함에 있어 올바른 이성에 부합하는 방식인가?

그것은 우리의 **몸**과 관련된다. 몸은 우리가 세계에 속하며 그 안에 존재하는 방식이고, 서로에게 소용이 되는 방식이며, 세계에 대해 그리고 서로에 대해 관여하는 방식이다. 이는 하이데거라면 태도(comportment, Verhalten)라고 지칭할 법한 것을, 즉 우리와 모든 타자들 간의 상호작용의 양상을 나타낸다. 몸은 우리가 서로 영향을 주고받는 방식을, 민감하게 고통 또는 만족을 주고받는 방식을 재현한다. 바로 바울이 앞에서 말한 대로, 우리가 타당하게 부정의 혹은 정의의 "도구"가 될 수 있는 방식을 말이다.

실존의 상호작용으로서의 몸은 어쩌면 장뤽 낭시의 고찰을 인용함으로써 해명될 수도 있을 것이다. 그는 실존(existence)이 함께-있음(being-with)이며 따라서 언제나, 자신이 저술한 여러 책들 중 하나의 제목과 같이, "복수의 단독적 존재"(being singular plural)로 나타나는 방식에 대해 재사유하는 데 열정적으로 전념한 사상가이다. 실존이 복수적(plural)인 이유는 언제나 모든 다른 실존하는 것들(existents)과의 상호작용 가운데 형성되기 때문이며, 그것이 단독적인 이유는 매번 단독적으로, 새롭게, 다르게, 어쩌면 기이하게 형성되기 때문이다. 각각의 몸은 이와 같이 단독적이지만, 그럼에도 결코 홀로 있지 않고 언제나 복수적으로 존재한다. 몸은 우리가 서로에게 노출되도록 하는 그런 것이다. 낭시는 이를 근접성의 장소이자 우리가 함께 함(communion)의 병합 없이 공동체 안에 자리하는 분리의 장소라고 말한다(『무위의 공동체』 60~61).

따라서 우리는 몸으로서 정의에 대한 신의 부름에 응한다. 우리가 서로와 세계에 관여하는 모든 방식으로 말이다. 이는 신에게 받아들여질 수 있는 "제물"(sacrifice)이다. 이 "제물"은 죽음에 의해 지배되는 죽은 몸들로 이루어지는 것이 아니라, 서로와 함께 그리고 모두와 함께 더욱 완전하게 삶으로 들어서는, 생명과 활기로 가득 찬 사람들로 이루어진다. 예언자들은 언제나 신이 암소나 비둘기 제물이나 축제와 금식 기간에 관심을 두지 않으며, 신의 사람들이 정의의 요청과 요구가 아닌 다른 곳에 정신을 팔게 하는 모든 종교적 경기들(religious games)[1]에 흥미를 보이지 않는다고 주장했다. 이러한 종교적 탈선은 반드시 멈춰야 한다. 그래야 우리가 정의를 구하고 자비를 사랑하기를 배울 수 있을 것이다. 정의가 요청하는 것은 바로 우리 자신, 우리가 서로와 함께 존재하는 방식이다. 아모스는 정의를 부르짖으며 이렇게 말한다. "나는 너희가 벌이는 축제들이 싫고 역겹다. …… 다만 정의가 흐르게 하여라"(아모스서 5:21, 24). 그리고 이사야는 이르기를, "이것이 내가 바라는 금식이다. 보잘것없는 가난한 자를 네 집에 맞아들여라"(이사야서 58:5 이하).

1 '종교적 경기들' 또는 '제전들'이란 종교적인 제의의 차원에서 함께 모여 실행하는 체육행사 등을 의미한다. 대표적인 예로는 고대 그리스 도시들의 평화를 기원하며 인간의 (육체적) 아레테(미덕)를 신들에게 바친다는 차원에서 개최되었던 올림피아 제전을 들 수 있는데, 그 외에도 아폴로에게 바치는 음악 경연대회였던 피티아 제전, 포세이돈에게 바치는 체육 경연대회였던 이스트미아 제전, 제우스에게 경의를 표하기 위해 체육과 음악 경연이 병행된 네메아 제전 등이 있었다. 이 제전들은 기독교가 지배력을 확대해나가면서, 이교의 제전이라는 이유로 폐지되었다. 1896년에 유럽 국가들의 평화를 도모하며 쿠베르탱에 의해 창설된 현대의 올림픽 게임 역시 유사종교적 제전의 성격이 있다.

신의 부름은 종교와 관련된 것이 아니라 신에게 응답하는 합리적인 방식, 다시 말해 서로와의 그리고 세계와의 상호작용을 지배하는 모든 방식과 관련된다. 그리고 그것이 바로 우리의 몸이다. 이것으로 우리는 의례와 제의적 희생제물로 이루어진 불합리한 예배를 대체한다. 예언자들이 (그리고 몇몇 철학자들이) 알았던 대로, 이는 신에 대한 거역이다. 애석하게도 〔영어권〕 성서 번역자들이 합리적인 예배를 위한 요청을 "신령한"(영적인, spiritual)이라고 번역하여 지워버렸다는 점은 별로 놀라운 일이 아니지만, 어쨌든 바울 자신의 말은 "논리적"(logical)[2]이라는 의미를 담아 번역하는 편이 보다 적절할 것이다. 이 말이 지나치게 "인본주의적"(humanistic)으로 들린다면, 그런 만큼 더 좋은 번역어라 할 수 있다.

앞으로 듣게 될 이야기는 신을 예배하는(honoring) 합리적인 방식이 이웃을 존중하는(honors) 행위라는 것이다. 여기에서 요청되는 제물은 우리가 약자들과 연대하여 살 수 있게 하는 것이다. 이것이 바로 **하나님이 만족하실** 제물이다. 우리의 몸 — 즉, 몸이 되는 것 — 이 중요하다는 점을 잊어서는 안 된다. 왜냐하면 바울이 인식하는 대로, 우리 죽어질 몸의 구속은 모든 창조물의 새롭게 됨(renewal)을 위한 희망과 함께하기 때문이다. 이러한 새롭게 됨은 지금의 시간에 정의와 자비에 응답하는 방식들로 제시된 우리의 몸들에서 시작된다.

이것이 바로 **거룩한** 제물이다. 거룩한 것은 신적인 부름에 응답하는 것이며, 이를 위해 따로 떼어둔 것이기 때문이다. 로마서 서두에서 바울이 자신에 관해 모두를 향한 보편적인 메시지의 전달을 위해 따로 떼어놓은 자라고 언급했을 때 우리가 인지했던 역설을 기억해보라. 모두에게 사용될 수 있도록 (그러므로 선물로) 따로 떼어놓은 자라는 역설 말이

2 이 책에서 '합리적인 예배'(rational worship)라 옮긴 문구에서 '합리적인'에 해당하는 성서 원문의 단어는 *logos*를 어원으로 하는 '*logikēn*'(원형으로는 '*logikos*')이며, '합리적인'이나 '논리적인' 정도의 의미를 가진다.

다. 또한 바울이 로마에 있는 거룩한 이들이라 말하는 사람들에 대해서도 동일한 역설이 있다. 〔따로 떼어진〕 그들 자신의 삶의 방식이 모두를 위해 의도된 메시아적 정의를 선취한다는 의미에서 말이다. 그들이 세속적인 것에서 분리되어 있다는 말의 의미는 오로지 오랜 죽음과 폭력의 시대로부터, 잔혹함과 부정의의 시대로부터 분리된다는 의미일 뿐이다.

몸이 우리를 세계 속에 위치시키며 서로와 관여할 수 있는 방식이며, 케제만이 언급하는 것처럼 "세계의 일부분으로서의 우리"이기에(『신약성서의 문제들』 135), 바울은 이렇게 말한다.

여러분은 이 세대의 풍조에 순응하지 말고, 마음을 새롭게 함으로써 변화하여 하나님의 의지가 무엇인지 분별하도록 하십시오. 선한 것, 만족스러운 것, 완전하게 달성된〔완벽한〕 **것을 말입니다.**

너무나 분명하게 현존하지만, 바울이 코린토스〔고린도〕로 보낸 편지에서 멸망할 것이라 밝혔던 — 왜냐하면 그것은 죽음의 지배에 의해 강제되는 죽음의 질서에 속하기에(고린도전서 2:6) — 이 세대(eon) 혹은 시대(age)는 앞으로 존재하게 될 것에 대해서는 장악력을 갖지 못한다. 그 이유는 우리가 죽음으로부터 삶으로 이행한 자들로 살아가기 때문이다. 그러므로 우리는 오래된 질서의 규칙에 따라 행동하지 않는다. 즉, 우리는 그러한 질서나 너무나도 뻔히 예상할 수 있는 그 질서의 정규성에 순응하지 않는다는 것이다.

신의 의지에 부합하는 것이 여기에서 선한 것, 만족스러운 것, 완전하게 달성된 것이라 일컬어진다. 이러한 범주들은 무엇보다 이방인 혹은 이교도의 용어로 등장하는 것이다. 바울은 이 편지 앞 부분에서 정의를 행함으로써 영광과 명예와 불멸을 구하는 자들에 대해 말할 때(2:7) 이런 종류의 용어를 사용한다. 그리고 그는 유사한 용어를 사용하여 필리포이(빌립보, Philippoi)의 메시아적 모임에 "무엇이든지 참되고, 경건하고, 정의롭고, 순결하고, 사랑스럽고, 좋은 평판을 얻게 되고, 또 미덕이나 칭찬을 얻을 만한 것이면, 이 모든 것"을 열망하라고 격려한 바 있다

(빌립보서 4:8). 이는 바울이 이교적인 혹은 그리스적인 문화를 말함으로써 그의 메시아적 기획의 목적에 그 문화의 가장 고귀한 목표를 전유하는 데 전혀 곤란을 겪지 않는다는 것을 의미한다. 메시아적인 것은 이러한 용어들과 관련된 목표를 그 자체 내에 받아들이며, 이에 의해 메시아적인 것을 그리스적 염원의 중심에 고유한 것으로 정착시킨다.

그러나 여기에는 훨씬 더 많은 것이 있으며, 이러한 범주들은 그리스적 문화에 공명하는 정도로 그치지 않는다. 이 범주들은 또한 윤리적이라기보다는 오히려 미학적이다. 바울이 그와 동등한 자들(형제들 혹은 동지들)에게 구현하도록 호소하는 삶의 형태는 선하고, 만족스러운 형태를 갖추며, 완전하게 달성된(완벽한) 형태이다. 이 용어들은 훌륭한 예술작품을 묘사하는 데 사용될 수 있는 말들이다. 교향곡, 회화 또는 조각, 연극 또는 소설 등과 같은 예술작품의 묘사에 말이다. 여기에서 "윤리"라고 명명할 수 있는 것은 서서히 미학으로 바뀐다.

게다가, 훌륭하게 형성된 삶은 일신된 지성에 의존하는 삶이다. 이는 어떤 의미에서 식견이나 선견 없이 일어나는 어떤 것이나, 혹은 현재적으로 구성된 세계가 그러한 것들을 생각하는 방식에 함께함으로써 형성될 수 있는 어떤 것이 아니다. 그러한 삶은 새롭게 혁신된 지성(*nous*)의 작업이다.

새로운 삶의 형식들은 반드시 지성적인 형식을 취해야 하며, 이에 따라 신이 세계에 목적하는 계획의 증거를 제시할 수 있어야 한다. 신이 역사 속에서 그리고 역사를 통해 세계 내에서 일어나는 일과 관련하여 즉흥연주의 방식으로 활동하는 것처럼, 신적인 정의를 증언하거나 그 증거를 제시하는 삶의 양식 또한 즉흥적으로 작동해야 한다. 〔하지만 여기에서 말하는〕 즉흥작업은 임의적인 것이 아니다. 즉흥작업은 〔일어나는 일에〕 대응하여 실행하는 창조적 작업이며, 이는 신을 모방하는 동시에 메시아적 시대의 틈입에 대한 극적인 증거를 제시한다.

심지어 바로 이 새로운 즉흥작업과 관련한 창조적인 삶의 형식이 메시아적 현실의 유일하게 설득력 있는 증거라고 말할 수 있을지도 모른다. 이런 이유로 바울은 절박하게 자기 독자들의 삶의 형식, 형태, 혹은 양식의 문제들에 관심을 가지는 것이다. 만일 복음의 진리에 대한 어떠한 증거라도 있다면, 바로 그런 문제들이 증거일 수밖에 없다. 3세기 이후 말씀의 육화(incarnation)에 대한 기독교적 선포의 타당성을 주장하면서도, 아타나시우스는 여전히 기독교 공동체들을 특징짓는 극적으로 다른 삶의 형식들 — 공동체의 두려움 없음, 비폭력, 관대함 — 을 복음의 진리에 대한 결정적인 증거라 지적할 수 있었다. 그러한 증거는 점차 설득력을 잃어갔다. 어쩌면 이러한 증언이 설득력이 떨어지는 이유는 부분적으로 이 사안을 다루는 바울의 긴급성을 파악하지 못했기 때문일 것이다. 이를테면 우리가 이제 곧 읽기 시작할 자료가 단지 부록일 뿐이라는 가정에서 비롯된 오해로 인해서 말이다. 이런 오해는 사회적 정의의 극적인 표징들의 현실화를 대체하는 시시콜콜한 윤리적 교훈으로 이어졌다.

다음 몇 문장에서 바울은 공동체 내적인 삶이라 지칭할 법한 것에 관해 호소할 것이며, 그 이후에 이어지는 문장들에서는 이 집단이 외부 사람들과, 심지어 메시아적 사역에 반대하는 사람들과 상호작용하는 방식을 다룰 것이다. 시종일관 관건이 되는 것은 메시아적인 것에 충성하는 자들이 공통적인 혹은 공유된 삶을 형성하는 방식이다. 바울이 관심을 기울이는 것은 단지 우리의 개별적인 삶이 아니라 함께하는 우리의 삶이다. 이는 〔공동체의〕 윤리(ethics)보다는 기풍(氣風, ethos)에 가깝다. 이 기풍은 지성과 창조성으로 형성되어 메시아적인 것과 관련된 지금의 시간에 일어날 새로운 것의 극적인 표징이 된다.

나는 내게 주어진 선물에 힘입어 여러분 가운데 모든 사람에게 말합니다. 스스로 마땅히 생각해야 하는 것보다 더 높게 생각할 것이 아니라, 분별력 있는 자기평가에 맞게 생각하십시오.

그 자체로 보자면, 이 말은 단순하게 현자의 철학적 충고로 간주할 때

현명한 스토아 철학자의 충고와 그리 다르지 않은 것으로 볼 수도 있다. 실제로 몇 가지 논점에서 바울의 충고는 철학적 지혜를 말하는 그리스의 학파들이 제시하는 충고와 교차되기도 한다. 따라서 2세기 말 알렉산드리아의 클레멘스가 자기 작업의 거의 전체를 바쳐 그러한 기풍과 공명하는 삶 및 생각의 형식들을 주입하고자 했던 것은 놀라운 일이 아닐 것이다.

하지만 바울이 제공하는 충고에서 한 가지 중요한 차이점은 있는 그대로의 개별적 생활양식이 아니라 함께하는 삶으로 이끄는 삶과 생각의 형식을 시야에 두고 있다는 점이다. 바울의 관점에서 볼 때, 이러한 집합적 요구가 오만과 자기몰두를 의심스러운 태도로 만든다는 점은 너무나 명확하다. 바울은 자신의 거의 모든 편지에서 함께 살아가는 공유된 삶의 문제와 관련하여 동일한 주제를 타진한다.

여기에서 바울은 자신에게 주어진 선물에 근거하여 자기 동료들에게 편지를 쓰고 있다. 그는 모든 편지 독자들 또한 다양한 방식으로 선물을 받았다고 생각한다. 그러므로 그는 어떤 독점적인 권리나 권위의 입장에서 글을 쓰는 것이 아니다. 오히려 메시아적인 것에 관한 선포에 충성하는 자기 방식을 좌우할 특정한 선물과 책임이 부여된 다른 동료에게 말하는 한 사람의 평등한 동료의 입장에서 글을 쓰는 것이다. 그의 충고는 결코 그리스 철학의 특성에 공통적으로 나타나지 않을 방식에 따라 기이하게 변조된다. **그러나 하나님께서 각 사람에게 나누어주신 충실함의 척도에 따라 각 사람에 대해 생각하십시오.**

우리는 이 편지에서 여러 차례 충실함에 관한 이야기를 들었으나, 이제는 충실한 삶을 사는 여러 방식이 있다는 이야기를 듣게 된다. 충실함은 세계에 대한 순응이 아니다. 충실함은 다양한 방식으로 집단 안에 분배되며, 이러한 다양성은 긍정되고 조심스럽게 양성된다. 메시아적 삶의 형식이 기계적인 규칙 적용이 아니라 새로운 것, 신의 메시아적 혁신에 응답하는 삶의 양식 혹은 형식의 즉흥적 창안(improvisation)이라면 어떻게 그렇지 않을 수 있겠는가? 그러므로 우리는 충실한 삶, 즉 정의의 활기찬 틈입에 의해 구현된 삶에 여러 방식이 있다는 이야기를 듣게 될 것이다. 바울의 이 결론적인 논변에서 여러 차례 반복해서 보게 되겠지만, 이 충실함의 다양성에 그리고 이 다양성을 공동체 안에 구현하고 단언할 여러 방식을 찾는 일에 많은 것이 달려 있다.

한 몸에 많은 지체가 있으나 그 지체들이 다 같은 일을 하지 않듯이, 우리도 여럿이지만 메시아 안에서 한 몸이며, 각 사람은 서로의 지체입니다.

바울은 동지들에게 스스로를 하나의 전체를 이루는 여러 지체(肢體)들(구성원들, members)로 상상하라고 주문한다. 각자가 다른 기능을 가지고, 각자가 다른 "도구"이며, 각자가 서로에게 그리고 온전한 전체(ensemble)에 필요한 다양한 부분들로 이루어진 하나의 전체가 되는 상황을 상상하라고 말이다. 각자의 단독성은 모두의 복수성과 관련된다. 바울이 메시아적인 것에 대한 참여로 존재한다고 보는 메시아적 사회체는 바로 이런 것이다. 메시아적인 것에 힘입어 다수성은 각자가 전체에 필요한 사회체를 이루며, 그 안에서 우리는 기계가 아니라 살아서 활기를 지닌 몸의 부분이 된다.

한 가지 이미지를 떠올리는 편이 이를 설명하는 데 도움이 될 터인데, 이는 재즈 합주단(ensemble)이 함께 공연하는 방식이다. 한 사람은 색소폰을 잡고, 다른 사람은 트럼펫을, 또 다른 사람은 하모니카 등을 잡아 여러 연주자가 함께하는 방식 말이다. 그들은 각각 다르지만, 서로를 필요로 하며 서로 "개별적으로 연주한다." 각자는 고유한 방식의 즉흥연주를 하겠지만 언제나 다른 연주자들과의 관계 속에서 연주한다. 각 부분이 중요하고, 각자가 필수적이며, 자기 목소리를 낸다는 의미에서, 여기에는 분명한 민주주의가 있다. 하지만 그것은 "사회적" 민주주의인데, 왜냐하면 그들 모두 식별 가능한 패턴, 멜로디, 리듬에 맞춰 예기치 못한 변주와 화음을 만들어내기 때문이다. 여기에서 그 "멜로디"는 메시아적인 것이며, 정의와 자비의 도래이다. 정의와 자비로 인해, 단독성으로서의 개별 부분은 고립되거나 자기충족적인 개인이 아니라 온전하게 형태를 갖춘 전체의 — 그리고 서로에게 중요한 — 부분이 된다. 다양성은 어떤 온전함에 장애가 아니며 오히려 그에 필수불가결한 요소이다.

그러므로 바울이 제시하는 그러한 몸의 이미지로 되돌아가 말하자면, 내가 심장일 경우 누군가 다른 사람은 폐가 되어야 하며, 혹은 내가 엄지 손가락일 경우 누군가 다른 사람은 다른 손가락의 역할을 맡아야 한다. 모두가 엄지 손가락이 되는 것은 몸을 이루는 좋은 방식이 아니다. 게다가 바울의 관점에서, 각각의 사람이 능동적이며 필수불가결한 역할을 맡아야 한다는 것은 명확하다. 능동적인 "성직자"와 수동적인 평신도 같은 구분은 없다. 오로지 〔모두가〕 능동적인 부분들이 있을 뿐이다.

따라서, **주신 바에 따라 다른 선물을 가지고 있습니다**〔이 선물을 사용하도록 합시다〕. 단독적인 기능들 혹은 활동들은 그 자체로 각자에게 달리 주어지는 관대함(선물)에 뿌리를 둔다. 거기에는 어떠한 위계도 없으며, 그 선물의 목록은 확정되어 있지도 고갈되지도 않는다. 오히려 그 목록은 예시적(illustrative)이다. 첫 번째 논지는 이 선물들이 활성화되어야 할 잠재성이라는 것이다. **만일 섬기는 일이면 섬기는 일에, 가르치는 일이면 가르치는 일에.** 특정한 기능에 제공된 규정집은 없고 오히려 "그것을 하라"는 권면이 있을 뿐이다. 이 목록이 시작될 때 나오는 예언에 대한 언급은 주어진 상황에서 적합한 것이 무엇인지 분별하고, 이 집단(혹은 악단(band))이 메시아적 메시지와 충실함의 형식과 일치하는 방식으로 활동할 수 있도록 돕는 일에 대한 언급이라 해도 무리는 없을 것이다. **나누어 주는 사람은 단순함으로, 돕는 사람은 부지런함으로, 자선을 베푸는 사람은 기쁨으로.** 우리가 언급한 〔메시아적 공동체의〕 몸은 그것 덕분에 우리가 타자들에게, 서로에게 소용이 되는 그 몸이다. 여기에서 바울은 메시아적인 몸이 그 자체 바깥에 있는 타자들과 관여하는 방식을 강조한다. 기독교 공동체들의 놀라운 관대함은 이후 불과 몇 세기만에 전체 인구에서 점점 더 많은 부분을 자신의 편으로 끌어들이는 데 있어 큰 역할을 했다. 로드니 스타크(Rodney Stark)는, 자신의 책 『기독교의 발흥』(*Rise of Christianity*)(73~94)에서, 제국의 역병이 창궐하는 도시들에서 병든 자들을 돌보는 예를 사용하여 타자들에 대한 기독교인들의 이타적인 봉사가 어떤 측면에서 메시아적 공동체들의 외향적 운동과 성장에 적지 않은 기여를 하게 되었는지 입증한다.

사랑에 거짓이 없도록 하고, 악한 것을 꺼리고, 선한 것을 굳게 붙드십시오. 따뜻한 우애로 서로 형제에 대한 우정 안에 머무십시오. 바울은, *philadelphia*(형제애) 같은 용어들을 사용하여, 동료들 간의 감동적인 우정을 지시한다. 훨씬 후대에 일어난 준(準)메시아적 운동은 "동지들"(comrades)이라는 호칭을 고수하게 될 것이다. 이 동지들은 같은 계급적 입장이나 젠더를 공유하지는 않지만("형제들"이 그런 것처럼) 다양한 방식으로 메시아적 기획의 도구들(혹은 악기들)이나 지체들이 된다.

서로 경쟁하여 서로에게 존경(honor)**을 보이십시오.** 명예(honor)의 추구는 서로 갈리지만, 서로에게 존경을 보이는 것은 공통적인 목적으로 합쳐진다. 19세기 말 조선에서 일어난 동학 농민 운동에서는, 유교 문화권에서 자신보다 신분이 높은 사람에게 존경을 표하는 인사법인 절을 농민과 노비로 이루어진 하층민 집단에 속한 각각의 개인들이 서로에게 하도록 하여 각 사람에 내재하는 신성(神性, the divine)에 대한 존경을 표했다. 심지어 가장 비천한 자들에게도 말이다. 바울 역시 비슷한 방식으로 로마 사회질서의 경쟁적인 특성을 뒤집는다. 명예를 얻기 위해 경쟁하는 대신에, 그들은 모든 타자에 대한 존경을 표하기 위해 경쟁한다.

열심으로 지치지 않으며, 성령으로 불타올라 주님을 섬기십시오. 희망으로 기뻐하며, 환난에 인내하며, 기도〔열망함〕**에 있어 끈기 있게 지속하며, 성도들의 필요를 채우기 위해 나누며, 환대**〔친절하게 환영하기〕**에 힘쓰십시오.** 비록 이 구절을 옮기는 방식이 약간 이상하게 보일 수도 있으나, 여기에서 핵심적인 논지는 〔이 공동체에〕 거의 시적인(poetic)[3] 성격이 있다는 점을 보이는 것이다. 환난과 인내, 지속, 희망, 그리고 기뻐함

등의 용어는 앞에서도 마주했던 바 있다(5:3~5, 8:32~35). 이 모든 것은 이제 열심과 신령함(활력, spiritedness)으로 고무된다. 모든 것은 신의, 메시아적인 것의 관대함을 모방하는 나눔과 환영이라는 표현을 겨냥한다. 타자의 필요에 응답하며 방황하는 낯선 이를 환영하는 것, 이 모든 것은 신의 사랑과 관대함이 메시아적인 것의 몸을 통해 구체적인 형태를 갖추는 방식을 제시한다.

21. 선으로 악을 극복하기(12:14~13:7)

여러분을 박해하는 사람들을 축복하십시오. 그들을 축복하고 저주하지 마십시오. 새로운 사회의 내적인 관대함은 막 걸음마를 뗀 이 메시아적 사회에 반대하며 심지어 박해하는 자들이 있는 외부에 이르며, 이들을 저주하기보다는 축복한다. 여기에서 그리고 몇 문장 뒤에 제시될 내용에서, 우리는 적을 향한 사랑의 강조를, 심지어 권력의 입장에서 메시아적 형태를 구현해나가는 연약한 몸을 박해하는 적을 향한 사랑의 강조를 대하게 된다. 박해자에 대한 충실한 자의 반응은 기계적인 주고받기가 아니라 놀랍고 창조적인, 그리고 이런 의미에서 신령하고 활력이 넘치는 것이다. 수십 년 뒤, 전승에 따라 마태에게 돌려지는 서사는 보다 자세한 방식으로 비슷한 시각을 제공할 것이다. 오른 뺨을 때리거든 왼 뺨도 돌려대라, 5리를 가자 하거든 10리를 가주어라 등의 방식으로 말이다. 하지만 메시아적인 것의 몸이 오래된 세대의 세계 안에서 형태를 잡아가는 방식을 비현실적으로 그리지 않으려면, 거기에 박해가 수반된다는 점을 언급하는 것이 중요하다. 그 공동체는 스스로를 세계로부터 분리하지 않지만, 세계는 박해를 함으로써 경계선을 긋는다. 그

3 여기에서 poetic이라는 단어는 *poiesis*(생산, 창조)와 연관지어 생각할 수 있다.

"몸"은 오로지 그 "시대"의 반대에 의해서만 그 시대로부터 분리된다. 하나의 몸으로서, 메시아적인 것은 모두의 포함을 의도하지만, 그 시대는 이러한 포괄성에 박해로 반응한다. 따라서 우리는 바로 메시아적인 몸의 포괄성과 연대가 그 시대로부터 떼어져 나가게 되는, 메시아적인 것 혹은 거룩한 것으로서 "그 자체를 떼어내는" 아이러니에 봉착하게 된다.

새로운 사회적 실체의 내부에는 상호적인 조율(attunement)이 있어야 한다. **기뻐하는 사람들과 함께 기뻐하고, 우는 사람들과 함께 울며, 서로에게 맞춰 조율하십시오.**[4] 이러한 상호적으로 교감하는 조율은 지체들(구성원들, members)의 즉흥연주로 화음을 내는 결과를 만든다.

교만한 마음을 품기보다는 비천한 자들을 찾으며 결코 자기를 중심에 두지 마십시오. 이런 말들은 그저 고매하게 들리는 이상이나 몽상가의 의견 따위가 아니다. 이 말들은 어떤 협력적인 공동생활이 구체화하는 방식을 묘사한다. 바울이 격려하는 사고방식은 일종의 의도적인 "아래를 향한 사회적 운동성"에 의해 특징지어진다. 그는 또한 빌립보서에서 독자들에게 메시아의 사고방식[5]을 모방하도록 촉구할 때 이를 장려했던 바 있다. 이는 자신의 청자들로부터 "마땅히 받아야 할 사례(謝禮)"로서의 재정 지원을 받기보다는 일반적인 노동자로서 다른 노동자들과 함께 동물 가죽을 기워 텐트나 시장에서 쓸 차양을 만드는 하층계급의 일(테살로니카에서 관헌들에게 쫓겨 도피 중일 때 배웠을 것으로 보이는 일)로 자신의 생계를 이어간다는 결정에 반영되는 듯 보인다. 그리고 이는 자신을 노예라고 말하는 설명에도 반영된다. 신의 입양된 후계자들은 메시아를 모방하여 가장 낮은 곳을 향한다. 이는 메시아적인 것에 참여하는 자들의 놀랍도록 반(反)문화적인 생활양식이다. 이런 방식은 사회적 위계에서 낮은 위치에 있는 자들(여성들, 아이들, 노예들)로 하여금

4 서로 한 마음을 가지십시오.

5 우리말 번역 빌립보서 본문에서는 '그리스도의 마음'.

더 높은 사회적 위계에 있는 자들에게 굴종적인 방식으로 행동하도록 권장하는 바울 이후의 가르침과는 완전히 다른 것이다. 여기에서 바울은 공동체 내의 모든 사람에게 자신의 이익만 챙기기보다는 비천하고 굴욕당하는 자들과 함께하라고 권면하기 때문이다. 말할 필요도 없이, 남편이 아내에게 복종하라고 혹은 주인이 노예에게 겸손하라고 말하는 것은 단적으로 메시아적 방식을 통한 재설정을 거친 모든 가치에서 벗어나는 일탈일 뿐이다.

게다가 이러한 공동생활은 외부를 배제하기보다는 포함하기를 목적한다. **아무에게도 악을 악으로 갚지 말고, 모든 사람에게 오로지 선한 것을 제공하십시오. 여러분이 할 수 있는 한 모든 사람과 평화를 구하십시오.**

여기에서 형태를 취하는 정의는 보복적이거나 분배적인 정의가 아니라 창조적인 정의이다. 이 정의는 지금 관대함에 근원을 둔 정의에서 흘러나오는 평화라는 메시아적 목적을 달성하고자 한다. 그 목적이 평화라는 점은 이미 **하나님으로부터 오는 관대함과 평화**라는, 이 공동체에 대한 바울의 인사말에서 나타난다.(무조건적인 관대함은 시작이자 수단이며, 그 목적은 평화이다.)

메시아적인 것에 반대하는 자들과의 평화는 어떻게 달성되는가? **사랑하는 자들이여, 여러분은 스스로 복수하지 말고, 진노를 위한 공간을 만드십시오.**[6] **기록된 바 "복수는 나의 것이니 내가 보복할 것이다라고, 주님께서 말씀하신다" 하였습니다**〔신명기 32 : 35〕. **오히려 여러분의 적이 주리거든 먹을 것을 주고, 그가 목말라 하거든 마실 것을 주십시오. 그렇게 하여 여러분은 그의 머리 위에 숯불을 쌓을 것입니다.**[7] 여기에서 사용되는 일부 이미지가 주석가들에게 어려움을 주지만, 전반적인 경향은

6 성서 원문 그대로 번역하면 '진노에 자리를 주라'이다.

7 머리 혹은 얼굴 위에 '숯불을 쌓는다'는 표현은 일종의 관용구로 분노 혹은 부끄러움으로 '얼굴이 뜨겁게 되다'라는 의미로 해석된다.

충분히 명백하며 상당히 급진적이다. 실제로 이는 우리가 후대의 텍스트인 산상수훈(Sermon on the Mount)에서 발견하게 되는 이야기보다 한 걸음 더 나간 것인데, 그 이유는 사랑하라는 말의 의미가 이웃만이 아니라 적에게도 먹을 것과 마실 것을 주는 것이라고 명시하기 때문이다. 신명기 인용구는 부정의한 자들의 운명은 신의 손에 맡기라고 지시하는 데 사용된다. 바울은 진노를 말하기는 하지만, 실제로 "신의" 진노를 말하지는 않는다. 우리는 이미 이 책의 7장에서 이러한 용어상의 변화에 관해 지적한 바 있다.[8] 어쨌든 우리는 첫 장부터 분노가 대체로 체계적 부정의와 연결되는 것을 보았다. 이는 다시 한 번 메시아적 공동체에 의해 실행되는 정의가 세속적인 정의 개념과 일치하지 않기에 예상할 수 없는 것이라는 발상과 연관된다. 오히려 이런 정의는 창조적이며 혁신적이다. 케제만은 **숯불**에 대한 언급이 이집트의 참회 의례를 말하는 것이라고 추측하지만(『로마서』 349), 이러한 암시는 확실치 않아 보인다. 여기에 관련되는 것으로 보이는 상황은 메시아적 공동체의 놀라운 행위가 부정의한 자들의 전환을 목표하거나, 혹은 이 전환에 실패할 경우 그들에게 자기 행동의 변명을 위한 구실을 남기지 않는 것이다.

반대하는 자들과의 관계를 결정하는 전반적인 관점은 이런 것이다. **악에 정복당하지 말고 오히려 선함으로 악을 정복하십시오.** 악에 굴복하는 것, 즉 악을 모방하거나 혹은 보복으로 대응하는 것은 악에 정복당하는 것이다. 이는 "우리가 비판하는 악한 자"가 되는 것이다. 그러나 로마에 사는 메시아 추종자 집단은 그 자체의 명백하게 놀라운 선함으로 악을 정복할 수 있다. 여기에서 제시되는 발상은 악한 자들로부터 도망하거나 이들을 수동적으로 따르는 것이 아니라, 주객을 전도함으로써

8 언급한 로마서 5:9에 해당하는 주석에서 저자는 '신의' 진노가 아닌 단순한 진노로의 전환에 관해 언급하며, 이러한 전환이 진노의 비인격화를, 다시 말해 진노와 신의 사랑의 절연을 향한다고 말한다.

악을 정복하고 악한 자들을 선한 자들의 편으로 끌어들이는 것이다. 메시아적 공동체가 메시아적인 것의 몸이 되는 이유는 또한 이런 방식으로 "**우리가 아직 죄인이었을 때 … 우리가 아직 적들이었을 때**" 그럼에도 우리를 사랑하셨던 — 그리고 오로지 선함만을, 놀랍도록 선함만을 우리에게 보임으로써 인류를 선의 편으로 끌어들이는 일에 착수한 — 신의 행위를 모방하기 때문이다. 따라서 세계 안에서 메시아적인 것을 증거하는 이 집합적인 몸은 지금까지 부정의의 도구였던 것을 향해 오로지 선한 일을 행함을 통해 모든 악을 이겨야 한다.

박해자(12:14)와 부정의한 자(12:18~21)에 대한 관계는, 이어지는 "더 높은 권위"(13:1~7)에 관한 문장들을 합리적으로 풀어낼 해석을 원한다면 반드시 유념해야 할 사항이다. 바울의 관점이 신학적·교회적 해석의 역사에서 왜곡되는 한 가지 주요한 방식은 그의 논변을 단편들로 쪼개고 이를 그 맥락으로부터 분리하는 것이다. 이런 방식은 충실성을 통한 정의의 도래에 관한 이야기를 사법적 구조에 대한 순응에 관해 이야기하는 부분에서 분리하여 정의의 요구 전체를 제거하는 방식에서 실제로 드러난다. 또한 이스라엘에 관여하는 신의 방식에 대한 바울의 논의가 그 맥락에서 분리되어 전혀 바울의 것이 아닌 이중적 예정의 교설(doctrine of double predestination)[9]로 전개된 사례에서 이런 종류의 왜곡을 보게 된다. 다음에 이어지는 몇 문장의 바울 논변에 관해서도 유사한 현상이 발생하는데, [이러한 왜곡적 경향에서] 이 문장들은 정치적 권위 곧 지상에서 신 자신의 지배를 대신하는 권위에 대한 무조건적인 순종을 말한다고 간주된다.

바울 논변에서 떼어낸 이 단편은 종종 정치적으로 반동적인 의미로 인용되곤 했지만, 또한 상당히 진보적인 방식으로 전유되기도 했다. 근대가 시작될 무렵, 홉스와 스피노자는 여기에서 국가가 경쟁 관계에 놓

---

9 구원받을 자와 구원받지 못할 자가 미리 정해져 있다는 교설.

인 종교적 교조주의로부터 독립을 선언하도록 하는 국가의 평신도화(laicizing) 혹은 세속화(secularization)를 위한 기초를 발견할 수 있었으며, 이에 의해 교회와 국가를 분리할 토대를 놓았다. 그리고 다른 학자들은 권위와 선의 실행의 연관이 명백히 권위가 선에 반대할 때 권위에 대항할 근거라고 언급하기도 했다. 바울 논변 중 이 부분이 담고 있는 의미의 이해에서 이러한 대안적인 해석 방식들이 있기는 하지만, 이런 방식들이나 국가 권위를 무비판적으로 준봉하는 보다 통상적인 방식 중 어느 쪽도 전반적으로 바울 논변의 맥락을 고려하지 않았다.

이러한 문장들을 이해하려면, 이 부분은 로마서에서 제시된 바울 논변의 추진력에서 나타나는 전반적인 방향(정의는 법의 고수가 아니라 메시아적 사건에 대한 충실성을 통해 도래한다고 말하는 방향)과 확고한 관계를 유지해야 한다. 그리고 메시아의 추종자가 — 세상의 박해를 받지만 — 여전히 선으로 악을 이기기를 추구하며, 바울이 앞으로 말할 것처럼, 우리가 아는 그대로의 "세계"가 메시아적 현실의 도래와 함께 사라질 것이라는 보다 직접적인 맥락과 단단히 연결되어야 한다. "권위"를 다루는 문장들은 전후 맥락을 살필 때 상당히 어색해 보이기는 하지만(그리고 이에 따라 이 문장들이 후대의 바울 추종자의 삽입일 것이라는 그럴법한 견해를 유발하기는 하지만), 이에 관한 타당한 해석을 향한 길을 제공하는 것은 바로 그러한 맥락이다.

누구나 위에 있는 권위에 복종해야 합니다. 어떠한 권위도 하나님으로부터 오지 않은 것은 없으며, 이미 있는 권위들도 하나님에 의해 임명된 것입니다. 그러므로 권위에 저항하는 사람은 하나님의 명령을 거역하는 것이요, 반대하는 사람은 자신에게 심판을 초래할 것입니다. 통치자들은 선한 일이 아니라 악한 일에 대해 두려움이 됩니다. 권위를 두려워하지 않기를 바랍니까? 선을 행하십시오. 그러면 그에게서 칭찬받을 것입니다. 그는 여러분에게 선을 위한[for the sake of] **하나님의 일꾼**[신성한 일꾼]**입니다. 그러나 여러분이 악을 행한다면 그는 헛되이 칼을 들고 있는**

것이 아닙니다. 그는 하나님의 일꾼으로서 악을 행하는 자를 향한 진노를 실행할 복수의 집행자입니다. 그러므로 진노만이 아니라 양심 때문에라도 복종해야 합니다.

바울의 논변 전체를 진지하게 받아들이려면, 이 문구들을 전체와 관련지어 이해하는 것으로 시작해야 할 것이다. 이를테면, 이 부분을 로마서 1장에서 제시된 제국적 체계의 부정의에 대한 바울의 철저한 비판을 철회하는 것으로 읽지 말아야 한다는 점을 명확히 인지해야 한다. 상기해야 할 것은 로마서 1장에서, 로마 지배계급이 신적인 정의에 대한 철저한 반대로 특징지어지기에, 로마의 정치에 명백히 정의를 집행할 능력이 없다는 바울의 고발이 제시된다는 점이다. 바울은 고린도전서에서 바로 "이 시대의 통치자들"이 "영광의 주님을 십자가에 달았고"(2:8) 이에 따라 메시아에게서 막이 열린 메시아적 현실의 시작과 함께 "멸망하여버릴"(2:6) 자들로 간주된다고 말했던 바 있다. 따라서 몇몇 학자들은 바울이 제국의 권위들을 언급하는 것이 아니라 메시아적 공동체가 일상적으로 부딪히게 될 낮은 등급의 행정관들을 말하는 것이라고 가정하게 되었다. 이러한 시각은 예를 들어 에른스트 케제만의 견해다(『로마서』 354). 다른 학자들은 바울이 행정 당국자가 아니라 메시아 집단이 모였을 회당의 관리자들을 언급하는 것이라고 추정했다(나노스(Nanos) 291~336). 이 사안의 성질상, 우리 시대와는 너무나 멀리 떨어져 있으며 심지어 우리에게 보내진 것도 아닌 서신의 텍스트를 읽는 것이기 때문에, 그러한 문제에 관해 개연성 있는 해석의 방식이 여러 가지 있을 것이다.

어쨌든, "종교적" 권위나 "정치적" 권위, 낮은 행정관의 권위나 높은 제국의 권위 중 어느 쪽이든 자신이 권위를 가진다고 간주하는 자들은 모든 사람(모든 영혼)이 신에 의해 임명된 혹은 신성한 법의 이름으로 정의를 집행하는 자신에게 복종해야 한다고 생각하기 쉽다. 따라서 이 몇몇 문구들은 자신을 사회적인 몸 안에서 권위를 가졌다고 자처하는 자들의 자기 정당화를 위해 다소간 축자적으로 인용될 수 있다. 내 생각에는 이러한 문구들 중 다수가 다소간 직접적으로 권위를 쥔 자들의 말에서 유래했을 개연성이 있다. 로마에 사는 바울의 독자들은 이러한 이야기에서 권위를 쥔 자들의 말을 인지했을 것이다. 문제는 이런 말들이 바울의 메시아적 시각에 삽입되었다면 어떻게 되느냐는 것이다. 우리는 이미 그러한 사법적 권위의 자기 정당화를 에누리 없이 받아들일 수 없다는 점을 알고 있다. 이를테면, 박해에 직면한 자들은 이러한 권위들이 **여러분의 선을 위한 하나님의 일꾼**이라거나 언제 어디서나 **선한 일이 아니라 악한 일을 행하는 자들에게 두려움**이 된다는 주장에 무비판적으로 동의하지 않을 것이기 때문이다. 그들은 스스로 이러한 주장을 펼치는 권위를 쥔 자들이 신 자신의 메시아를 정죄하고 처형한 자들이며, 적어도 제국 안에서 형성 중인 메시아주의 세포조직들을 박해하는 데 공모한 자들이라는 점을 잊지 않고 있다.

법에 대한 그리고 법의 이름으로 "정의"를 집행하는 자들에 대해 바울이 제출하는 기소장은 또한 바울의 논변에서 법에 관한 다른 측면을 상기시킨다. 바로 법이 정의 자체와 관련하여 **거룩하고 정의로우며 선하다**는 점을 말이다. 바울이 권위들에 관해서도 이와 유사한 모종의 작업을 실행하고 있을 개연성은 없을까? 분명히 이런 작업은 이 구절을 앞에서 읽은 내용과 일치하도록 맞추는 데 도움이 될 것이다. "권위들"은 법을 위해 행위하며 따라서 법으로 성문화된 대로 정의를 "집행하는" 자들이다. 정의의 문제와 관계된 사법적 기능이 아니라면, 여기에 쓰인 의미에서 어떠한 "권위들"도 있을 수 없다.(바울은 예를 들어 학계의 권위자들에 관해 말하지 않는다.) 따라서, 법이 거룩하고 정의로우며 선하기에 그리고 바로 그러한 범위에서, 권위를 쥔 자들은 **여러분에게 선을 위한 하나님의 일꾼**이다. 법이 신적인 정의의 요구로부터 유래하며 이를 목표로 한다는 의미에서 거룩한 것처럼, 또한 같은 측면에서 권위들은 선의 일꾼들이다. (바울이 로마서에서 율법은 신으로부터 유래한 것이 아니라 여러 매개자들을 거쳐 모세로부터 유래한 것이라는 갈라디아서의 주장을 폐기한다는 점을 기억하자.)

그러나 바울과 그의 독자들은 또한 권위들이 온화하지만은 않다는 점을 알고 있다. 그들은 법과 같이 부정의에 의해 타락해 있다. 이런 이유로 (부정의한) 박해와 관련한 행동방식에 대해, 즉 선으로 악을 이기는 목적을 지닌 행동방식에 대해 이야기할 필요가 있었으며, 이는 심지어 적에게도 선을 행하는 구체적인 방식들을 수반한다. 이 선한 행위에는 적에게 악한 행동(숯불)을 포기하게 하거나, 적어도 적에게서 적대를 지속할 구실을 박탈하는 목표가 있다.

권위들은 **하나님에 의해 세워진 것** 혹은 **하나님에 의해 임명된 것**이라는 이야기가 앞에서 전개된 바울의 주장과 일관적이라고 말할 수 있는 또 다른 의미가 있다. 이는 이스라엘의 파괴를 위협하는 오만한 제국들에 관한 예언서 전승의 시각을 전유하는 바울의 논변과 관계된다. 제국들이 **진노의 도구들**로 간주되는 이유는 이들이 자체로 정의롭기 때문이 아니라 이스라엘의 부정의를 벌하는 데 봉사하기 때문이다. 바울은 예언서의 전승을 인용하여 이렇게 말한 바 있다. **하나님께서, 진노와 권능을 보이시려고, 파멸을 위해 만들어진 진노의 도구에 대해 인내로 참으신다면 어떻게 하겠습니까?**(9:22) 여기에서 그는 권위를 쥔 자에 관해 다음과 같이 말한다. **그는 하나님의 일꾼으로서 악을 행하는 자를 향한 진노를 실행할 하나님의 일꾼입니다**(13:4). 여기에서 언급되는 것은 "제국적" 권위의 세계사적 역할인데, 여기에서 제국은, 그 자체의 오만과 부정의에도 불구하고, 외경을 불러일으키는 정의의 요구라는 의미를 일깨우는 역할을 맡는다. 물론 예언자들이나 바울의 관점에서 이러한 역할이 권위들을 향한 신의 호의를 의미하지는 않는다. 오히려 그들은 권력의 정점에 도달한 바로 그때 파멸의 나락으로 떨어지도록 미리 정해진다. 역사의 궤적이 진노나 파멸이 아니라 자비와 구원을 목표하기 때문이다. 그리고 이러한 메시아적 목표는 진노의 부정의한 도구가 아니라 메시아적인 것 자체의 정의로운 도구에 의해 완성된다.

따라서 권위를 쥔 자들이 자기 자신의 권위를 정당화하는 방식에 대한 언급은 이러한 자기이해가 언급되는 메시아적 맥락에 의해 크게 상대화된다고 이해할 수 있다. 바울이 여기에서 실행하는 작업은 결국 고린도전서에서 결혼, 상업, 종교와 같은 기존 제도들과 관련하여 제시하는 논의와 일치한다. "마치 ~ 아닌 것처럼"(as not, *hos me*)이라는 문구는 기존의 사회 제도들을 전면적으로 공격하지는 않으나 그럼에도 이 제도들의 힘을 빼앗는 효과를 지닌다. 말하자면 이 제도들 안에서 작용하는 주체들의 정체성을 결정할 능력을 박탈하는 것이다. 이는 지젝이 "떼어내기"(uncoupling)라고 말하는 것인데(『무너지기 쉬운 절대성』 127~129), 아감벤은 "마치 ~ 아닌 것처럼"이 그러한 모든 분류를 "무효한"(inoperative) 것으로 만든다고 주장한다(『시간』 28). 아감벤이 언급하는 바에 따를 때, "가능하지 않은 유일한 이해는 교회가 로마서 13:1에 기초하여 개진한 해석으로, 이는 신으로부터 온 것 이외에 다른 권위는 없으므로 일하고, 순종하며, 사회 안에서 주어진 자리에 대해 질문하지 말라고 말한다. [그렇다면] 이 모든 것의 '*마치 ~ 아닌 것처럼*'에는 무슨 일이 일어난 것인가?"(33). 물론 일어난 일은 바울 담론의 단편을 전체 논변의 맥락에서 분리해 세상과 관련되는 범위에서 해를 끼치지 않게 하는 것이었다.

지젝이 말하는 "떼어내기"가 여기에서 작동하는가? **그러므로 또한 여러분은 세금을 내는데, 그들이 항상 이 특정한 일을 수행하는 신성한 일꾼들이기 때문입니다. 모든 사람에게 주어야 할 것을 주십시오. 세금을 받아야 할 사람에게는 세금을, 관세를 받아야 할 사람에게는 관세를, 두려움을 받아야 할 사람에게는 두려움을, 존경을 받아야 할 사람에게는 존경을 주십시오.** 세금과 관세의 문제가 특히 강조되는데, 이 둘은 권위를 쥔 자들이 재원과 관련하여 주로 관심을 둘 만한 것에 대한 다소 냉소적인 언급으로 볼 수 있을 것이다. 당연히 그리스-로마 세계의 일반인들에게, 권위를 쥔 자들은 정의를 실행하기보다는 돈을 뽑아내는 데 혈안이 된 자들로 묘사되는 경향이 훨씬 더 컸다. 이 주제는 또한 바울 사후 어느 정도 세월이 흐른 다음 쓰인 복음서들에서도 다루어진다. 거기에서 우리는 메시아적 운동을 단순한 세금 반란과 구별하고자 하는 바람을 보게 된다. 그래서 공관복음서들에서 카이사르(로마 황제)에게 세금을 내는 문제[10]나 혹은 마태복음에서 신전 세금을 내는 것에 관한 문제[11]가 등장하는 것이다. 어떤 경우이건, 결과적으로 "그 망할 놈의 돈 가져가게 해라"라는 말에서 묻어나는 정서가 권위를 쥔 자들의 정당성에 대한 주장의 철저한 침식과 결합된다. 그리고 그러한 침식의 완성은 복음서에서 신에게 바쳐야 할 것을 바치라는 요청으로 이루어진다.(이를테면 제국의 주화가 카이사르에게 할당하는 바로 그 충성을 신에게 바치라는 요청으로 말이다.)

여기에서 전복적인 몸짓은 상당히 다른 방식으로 일어난다. 바울은 이제 막 '**존경을 받아야 할 사람에게는 존경을**'이라고 말한 참이지만, 그는 이미 메시아 집단에 앞다투어 서로에게 존경(honor)을 보여야 한다고 말했으며, 이에 의해 명예(honor)를 추구하는 체계 전반을 침식한다. 권위들을 존경하라는 말은 실제로 동일한 존경을 모든 사람에게 보이는 행동에 의해 내부로부터 붕괴된다. 한편으로 권위들은 그들이 원하는 존경을 얻지만, 다른 한편으로 그 존경은 모든 사람에게 무차별적으로 퍼뜨려져 원래 의도하던 중요성을 박탈당한다. 복음서들이 신에게 바쳐야 할 것에 대한 언급으로 세금의 이데올로기적 중요성을 침식한다면, 바울은 함께하는 인간에게 주어야 할 것에 대한 언급으로 권위를 쥔 자들에 대한 존경의 이데올로기적 중요성을 무너뜨린다.

그러므로 바울의 메시아적 정치는 국가와 그 기능의 접수를 수반하

10 마가복음 12:13~17, 마태복음 22:15~22, 누가복음 20:21~25.

11 마태복음 17:24~27.

지 않는다. 이는 분명히 마르크스, 엥겔스, 레닌과 관련한 19세기의 메시아적 운동의 출현기에 상당한 논쟁을 거친 주제였다. 한편으로 자본주의적 국가가 명백한 자기모순으로 인해 단적으로 자기파괴에 이를 것이라는 견해가 있었다. 다른 한편으로 어느 정도 프랑스 혁명을 본떠 자본주의 국가에 도입된 폭력 혁명을 통해 국가를 장악하려는 불장난이 있었다. 어느 경우이건 새롭고 정의로운 사회의 도래와 함께 국가는 "소멸"하게 된다고 가정했다. 바울에게 국가는 본질적으로 메시아적 정치와 무관하다. 국가 권력을 취하고자 시도할 이유가 없는 것은 국가가 더 이상 중요성을 갖지 않는 질서에 속하기 때문이다. 즉, 국가에 과거는 있어도 미래는 없다는 것이다. 실제로, 『공산주의의 이념』이라는 제목의 뛰어난 시론집에서, 알랭 바디우와 다수의 동시대 마르크스주의자들은 국가 권력의 탈취라는 꿈 혹은 악몽을 버린다. 이는 마르크스주의적인 또는 "포스트마르크스주의적인" 정치의 사유가 바울의 기획과 수렴되는 여러 방식들 중 하나이다. 지금의 시간에, 국가 또는 제국은 모든 다른 제도들이 연루되는 것과 같은 방식에 연루된다. 바로 '마치 ~ 아닌 것처럼'의 방식에 말이다. 그런데 그런 방식은 국가가 어떻게 대처해야 할지 너무나 잘 알고 있는 봉기라는 대항폭력에 참여하기보다는, 오히려 세금 등의 형태로 바쳐야 할 것을 바치며 선을 행하여 악을 이기는 것을 의미한다. 여기에서 그리고 마찬가지로 다른 곳에서, 목표는 세상을 기습하여 차지하는 것이다. 메시아적인 사랑의 기습으로 말이다. 혹은, 바울이 이미 말한 대로, 세상이 우리에게 의지하는 곳을 찾으며 모든 사람과의 평화를 구하는 것이다.

22. 법 이후(13 : 8~14)

이러한 접근법의 급진성은 바울이 다음과 같은 권유에 의해 주어야 할 것 혹은 빚진 것(세금, 관세, 두려움, 존경)을 주라는 논리 전체를 철회하는 듯 보인다는 측면에서 추가적으로 입증된다. **누구에게도 서로 사랑하는 것 외에는 아무것도 빚지지 마십시오. 이웃을 사랑하는 사람은 율법을 다 이룬 것입니다.** 여기에서 부채(debt)의 경제는 전적으로 침식된다. 물론 사랑은 부채의 상환이 아니다. 신적인 정의의 특성은 바로 초과이며 "얼마나 더 많이"로 드러나는 것이다. 법은 여기에서 폐지되는 동시에 초월됨으로써 상대화된다. 그리고 이러한 상대화는 또한 권위를 쥔 자들에게도 일어난다. 그들이 원하는 존경은 철저하게 공유되었으며, 이에 따라 어떠한 이데올로기적 중요성도 박탈된다. "법 바깥에" 있는 사랑은, 또한 그리고 동시에, 법에 반하는 것이 아니라(법이 정의를 목표하는 이상) 법의 명령 너머에 있는 것이다. 사랑은 마땅히 행해야 할 것이 아닌 것을 행함으로써 마땅히 행해야 할 것의 법을 전복한다. 따라서 사랑은 "선으로 악을 이긴다."

데리다의 부채 너머의 의무(duty)에 관한 고찰은 여기에서 바울이 씨름하고 있는 사안의 중요성을 해명하는 데 도움이 된다. 적합한, 심지어 필수적인 감사에 대해 말하면서, 데리다는 이런 이야기를 쓴다. "순수한 도덕성은 상환 혹은 재전유에 대한 의식적인 혹은 무의식적인 모든 계산을 초과해야 한다. 이러한 느낌은 우리에게, 어쩌면 아무것도 명령하지 않겠지만, 우리가 부채 너머로, 혹은 적어도 부채로서의 의무 너머로 나아가야 한다고 말한다"(『이름에 관하여』 133). 이런 이야기는 바울의 이야기와 섬뜩할 정도로 닮아 있다. 물론 데리다가 바울을 참조하여 부채 너머의 의무나 "빚짐"(indebtedness)을 이야기하는 것은 아니지만 말이다(제닝스, 『데리다를 읽는다』 96~108).

"간음하지 말라," "살인하지 말라," "도둑질하지 말라," "탐내지 말라"는 계명과 그 밖에 어떤 다른 계명이라도 모든 계명은 "네 이웃을 네 몸과 같이 사랑하라"는 말씀으로 요약됩니다. 야코프 타우베스는 여기에서 보이는 바울의 관점이, 복음서에서 "힘을 다하여 주 너의 하나님을 사랑하라"는 말을 추가하여 이를 여호수아/예수의 말로 보는 관점보다 더욱 급진적인 것이라고 지적한 바 있다. 바울의 말에는 이웃 사랑에 대립하여 놓일 수 있는 "신에 대한 사랑"이 없다. 타우베스가 서술하는 바에 따르면, "어떠한 이중적 명령도 없으며, 오로지 하나의 명령만이 있을 뿐이다. 나는 이를 절대적으로 혁명적인 행위로 간주한다"(53). 신에 대한 사랑을 이웃에 대한 사랑에 대립시키는 것은 정확히 말해서 예수/여호수아의 반대자들이 행한 일이다. 이를테면 안식일(신에 대한 사랑)이 지날 때까지 치료(이웃에 대한 사랑)는 연기될 수 있다고 말하면서 말이다. 바울의 표현은, 비록 여호수아의 것이라 이야기되는 표현보다 훨씬 더 급진적이라고는 하지만, 훨씬 후대에 쓰인 복음서의 서사에 기록된 메시아적 행위에 상당히 잘 들어맞는다.

바울의 특징은 여기 혹은 다른 어떤 곳에서든 자신의 권면을 보충하기 위해 메시아의 가르침에 호소하지 않는다는 것이다. 무엇보다, 바울은 계명들을 인용할 때 "종교적인" 혹은 신에게 맞춰진 계명들(신에게만 영광을 돌리고, 안식일을 지키라는 등등)을 인용하지 않으며, 오로지 "인간 상호간의 계명들"이라 지칭할 수 있을 법한 것들만을, 즉 이웃이나 다른 인간 존재에 대한 잘못된 행위를 금지하는 계명들만을 인용한다. 게다가 여기에서 바울은 특정한 율법주의가 아니라 정의를 의도하는 계명들에 전념한다. 진정으로 관건이 되는 것은 이러한 율법 계명들 중 하나를 범하는 행위가 아니라 이웃을 저버리는 행위의 문제이다.

레비나스는 우리가 오로지 타자와 대면할 때에만 신을 예배할 수 있다고 주장함으로써 유사한 관점의 해명을 시도했다. 타자에 대한 존중(regard)의 요구는 신의 요구와도 같다는 의미에서 말이다. "초자연적인 것은 유대교가 집착하는 바가 아니다. 유대교와 신성의 관계는 엄밀하게 윤리적인 것의 범위에 의해 결정된다"(『어려운 자유』 49). 따라서 타자 곧 이웃의 곤궁(필요, need)을 무시하고 이와 별개로 신에게 바치는 예배는 단적으로 불가능하다.

여기에서 확인된 "계명들"은, 이스라엘의 전승에서 알아볼 수 있는 용어들로 표현되지만, 유대 민족과 이방 민족들에 공통적이며 이러저러한 형식으로 모든 문화에 공통적인 것이다.(정확히 무엇이 금지되는지에 관해서는 각각의 문화에 차이가 있다.) 비슷하게, 여러 형태로 제시되는 이웃을 돌아보라는 권면 또한 모든 문화에 공통적이라고 여겨지지만, 다시 한 번 이러한 권면을 이해하는 방식과 관련한 중요한 차이를 발견하게 된다. 바울에게서 우리는 이미 이러한 "사랑" 혹은 타자의 행복에 관한 관심이 적에게도 연장되며 따라서 어떠한 제한도 없다는 이야기를 들었다. 모두의 행복에 대한 이러한 무제한적인 관여는 법 너머 혹은 바깥에 있는 메시아적 사회체의 긴급성을 나타낸다. 메시아적인 것은 그러므로 분명한 보편주의를 목표로 하는 급진적인 인본주의이다.

사랑은 이웃에게 악을 행하지 않으며, 그러므로 율법의 완성은 사랑입니다. 홉스가 생각했던 것처럼, 법이 (그리고 국가가) 인간 상호간의 적대와 폭력으로 점철된 만인에 대한 만인의 투쟁으로 생기는 피해를 제한하기 위한 목적으로 만들어진 것이라면, 타자에게 악을 행하지 않는 사랑은 더 이상 법을(그리고 국가를) 필요로 하지 않는다. 법은 원칙적으로 폐기된다.(마르크스와 레닌이 생각했던 것처럼, 이는 새로운 사회체와 인간성의 도래와 관련하여 참일 것이다.) 법이 어떤 소극적인 정의(바울이 제안했던 바 위반의 측정에 의해 피해를 한정하는 정의)를 겨냥한다면, 법은 어쨌든 그 자체로 적극적인 정의를 정립할 능력이 없음을 증명하는 셈이다. 게다가 법은 불안(죄)에 의해 포획되며 이에 따라 부정의의 힘이 된다. 따라서 법과 국가의 소극적인 기능마저 완성할 수 있는 것은 오직 사랑밖에 없다. 바울은 지금 막 "권위들"이 악을 제한하기 위해 실존한다는 점을 확인한 참이다. 그러나 그는 또한 앞에서 로마의 사회질서가 부정의를 제한하는 것이 아니라 현실적으로 조장한다고 지적한 바 있다.(모세법과 관련해서도 비슷한 지적이 있었다.) 이에 따라 법은 더 이상 쓸모가 없거나 그렇게 될 수 있다. 법의 소극적인 기능조차도 법 바깥에 있는 것, 곧 사랑에 의해서라야 완성될 수 있다.

조르조 아감벤은 유대교, 기독교, 이슬람교의 메시아적 관점들이 법의 종말을 숙고하며 이 종말 이후에 법이 어떻게 될 것인지 묻는다는 사실을 보여줬다. 법은 천진난만한 놀이의 대상이 되거나, 아마도 같은 이야기가 될 터인데, 단순히 연구의 대상이 될 뿐이라고 그는 말한다. 그는 이러한 놀이 — 혹은 이러한 연구 — 가 정의 자체가 아니라 관문, 즉 정의로 들어가는 입구라는 점을 상기시킨다. 법은, "고유한" 기능을 상실했을 때, 원래의 효용에 관해 효력을 잃게 되지만 상상에 관한 효용을 얻게 된다(『예외 상태』 63). 이는 탈무드 연구에서 이미 어느 정도 율법에 일어난 일이다. 법은 일의적인 규정이 되지도 (어떤 마르크스주의자들이 부르주아적 제도에 관해 말했던 것처럼, 역사의 잿더미 위에) 폐기되지도 않으며, 그저 끝없는 연구 혹은 놀이의 원천이 될 뿐이다.

바울의 관점이 이러한 메시아적 인식에 의해 정해진다는 것은 그가 이어서 말하는 바에서 명확해진다. **그리고 이는 그때〔*kairos*〕를 아는 것, 여러분이 잠에서 깨어날 시간임을 아는 것입니다. 지금 구원은 우리가 처음 믿었을 때보다 더 가까이 있습니다. 밤은 지나가고 있고, 낮이 가까이 온 것입니다.** 메시아적 시간의 지금은 여전히 어둡고 분명하지 않은 때(그러므로 위험과 환난의 시간)이며, 또한 그럼에도 이 어둠 속에서 그리고 이 어둠으로 인해 낮이 다가오는 때이다. 따라서, 현재적인 어둠의 의미는 낮이 다가온다는 의미로 변한다. 바로 창조세계의 탄식(혹은 신음)의 의미가 산고로 변형되었던 것처럼 말이다.

잠에서 일어난다는 은유는 죽은 자들 가운데서 깨어난다는 은유에 반향된다. 이에 따라 지금의 시간은 이미 선취된 부활에 의해 특징지어진다. 그러한 은유는 또한 죽음의 지배로 특징지어진 지금 이 시대의 잠(*hypnos*)에서 깨어남이다. 이 깨어남은 메시아적 고지의 주제였던 (모든 육신을 위한) 구원의 가까이 다가옴에 의해 야기된다.

메시아적 시간에 적합한 의식상태를 설명하는 깨어 있음 혹은 주의

(경계, alertness)라는 주제는 또한 복음서들에서도 찾을 수 있는데, 여기에서 이 깨어 있음이라는 주제는 환난과 산고의 시간에 요구되는 경계심(마가복음 13:33~37)과 그리고 예수가 겟세마네 동산에서 체포되기 전에 고뇌에 찬 기도에 들어가면서 〔제자들에게〕 이야기하지만 무시되었던 지시(마가복음 14:38)와 관련된다.

레비나스는 타자와의 윤리적 관계에 일정한 불면증이 수반되며 이에 따라 타자의 도래와 곤궁(필요, need)에 항상 깨어 있는 상태가 유지된다고 설명했던 바 있다(『정신에 도래하는 신에 대하여』 59). 바울의 담론에서 이러한 불면 상태는 또한 역사적·정치적 불면 상태이다. 말하자면 현재 세대의 수면상태를 흔들어 깨우고 도래하는 빛의 표징을 식별하기 위해 현재의 어둠 속에서 깨어 있는 상태인 것이다.

이런 느낌으로 시간은 더욱 짧아져가고, 우리가 희망하는 온전함이 우리에게 달려온다. 이 느낌은 바울의 사역과 사유에 없어서는 안 될 지평이다. 두 차례의 천년기(millennia)가 지나간 시대를 사는 우리는 더 확신할 수 없을 것이다. 우리는 여전히 이런 종류의 불면 상태로, 이런 종류의 깨어 있음을 살아가는가? 오히려 이미 졸고 있는 것은 아닌가? 하지만 우리는 임박함의 느낌 없이, 우리가 희망하는 것의 도래가 그리 멀지 않다는 느낌 없이 정의를 향한 삶을 살아가는 것이 정말로 가능할지 의문을 가질 것이다. 아감벤은 메시아적 시간이 "시간과 그 종말 사이에 남아 있는 시간" 혹은 "시간의 종말이 아니라 종말의 시간"이라고 말한다(『시간』 62). 이러한 〔정서의〕 표상이 로마서에 관한 아감벤의 주해서에 제목을 제공한다. "남아 있는 시간"이라는 제목을 말이다.

그러므로 어둠의 행실을 던져버리고, 빛의 무기를 듭시다. 바울 서신에서 반복하여 발견할 수 있는 것처럼, 직설법(구원이 더 가까이 있으니 깨어날 시간이다)은 참된 시간인 다가오는 빛의 *카이로스*(*kairos*)[12]에 다가

12 *kairos*는 무엇인가가 일어나는 시간, 이 시간을 기점으로 전과 후가 나뉘는 시간

가라는 명령법으로 바뀐다. 앞에서 바울은 부정의 혹은 정의의 도구나 무기가 되는 것에 관해 이야기한 바 있다. 여기에서 정의는 빛에, 메시아적 완성의 광휘 혹은 빛남을 알리며 다가오는 메시아적 시간의 낮에 연결된다. 빛의 무기는 선으로 악을 무찌르는 행동양식을 언급하는 듯 보이며, 따라서 수동적인 태도를 말하는 것이 아니라 환난을 견디며 심지어 환난에 처하여 기뻐할 수 있는 능력으로, 놀라운 방식으로 "적"과의 싸움에 능동적으로 나서는 태도를 말한다.

낮에 그런 것처럼 명예롭게 행동하며, 연회와 주연, 음행과 방탕, 싸움과 시기에 빠지지 맙시다. 밤의 활동에 대한 이러한 묘사는 로마에 사는 메시아 운동의 구성원들이 취했을 법한 행동양식에 부합하는 것이 아니라, 당대의 역사를 통해 우리에게 어느 정도 잘 알려진 로마 지도층 인사들의 태도를 반영하는 것이다. 이런 암시적인 방식으로, 바울은 메시아주의자들의 행동양식을 어둠에 빠진 "권위들"의 행동양식과 구별한다. 분별 있는 독자라면 로마에 대한 바울의 기소장 발단부에서 제시된, 절정에 이른 그리스-로마 사회의 특성을 기억할 것이다.

오히려 지도자 여호수아 메시아로 옷 입고, 욕망을 위해 육신을 준비하지 마십시오. 독자들은 따라서 처형당한 이후 부활한 메시아와 같이 되어, 그의 부활이 그들이 세계에 드러나는 방식이 되도록 하라는 권고를 받는다. 이런 방식으로 부정의와 어둠으로 가득 찬 사회 가운데 정의와 빛의 무기 혹은 도구가 되라고 말이다. 새롭게 존재하게 되는 사회체는 이 같은 방식으로 환난의 상태와 이웃에 대한 적극적인 사랑으로 인해 그 자체로 메시아적인 것이다. 따라서 이 사회체는 그 자체로 메시아에 동화되어 메시아의 몸이 되며, 메시아적인 것이 가시적으로 드러나 공격받게 되는 방식이다.(그리고 또한 죽음이 지배하는 현재의 시대 가운데 승리를 이루는 방식이다.)

이다. 흐름으로서의 시간을 나타내는 *chronos*와 구별된다.

여러 해석자들이 "육신의 정념"을 앞의 문장에 등장하는 연회, 음행 등과 연결 짓지만, 바울에게 육신의 정념이란 적대나 질투 등과 같이 레비나스가 말하는 "타자에 대한 알레르기 반응"(『전체성과 무한성』 51)에서 일어나는 행동들과 더 큰 관련성을 지닌다. 이것이 바로 바울이 관심을 가지는 사안이라는 점은 그가 직접적으로 독자들의 관심을 돌리는 주제에서 명백히 드러난다. 바로 환영의 문제에서 말이다.

잠시 멈춰서 지금까지 온 길을 되돌아본다면, 바울의 논변의 방향에서 드러나는 일관성에 놀라게 될 것이다. 그는 앞에서 법 바깥의 새로운 삶이 법과 죄 아래 있는 삶과 근본적으로 상반된다고 이야기했다. 실제로 그는 **계속 죄 가운데 있는 것**이 법 바깥에 있음을 의미할 수도 있다는 문제에 직면하여(6:1, 15), 죽음에서 삶으로, 한 주인에게서 다른 주인에게로 옮아감, 남편의 죽음으로 결혼에서 풀려남 등과 같은 몇 가지 전환의 유비로 대답한다. 여기에서 그는 청자들을 격려한다. **죄가 여러분의 필멸의 몸을 지배하여 죄의 정념에 굴복하도록 하지 마십시오**(6:12). 그는 또한 육신과 육신에 수반되는 아집으로부터의 해방에 대해 말했다. 하지만 여기에 더해지는 것은 죽음에서 삶으로 이행한 자들의, 다시 말해 죽음을 미래가 아니라 과거에 두는 자들의 생명이 넘치는 새로운 삶에 관한 긍정적 기술이다. 그리고 이는 바로 그가 방금 구체화했던 관점이다. 그는 여기에서 매우 복잡한 그물망을 치고 있으며, 그것은 "예상 가능"하지는 않지만 그럼에도 확연한 일관성을 수반한다.

23. 환영: 메시아적 사회체(14:1~15:13)

우리는 구체적으로 어떻게 **지도자 여호수아 메시아를 옷 입어야** 하며, 육신의 옷을 위한 준비를 어떤 방식으로 배제해야 하는가? 무엇보다 이러한 문제들은 어떻게 새로운 사회적 실체가, 적대가 아니라 서로에 대한 헌신을 보이는 사회적 현실이 존재하게 되는지 명백히 밝히는 것을 목표로 한다. 바울이 이어지는 문장들로 제시하는 논변은 법 너머 정의를 드러내는 이 새로운 정치와 사회체에 관한 것이다.

이를 해명하기 위해서는 바울이 편지 서두에서 기술했던 사회체 혹은, 보다 정확히 말해서, 반(反)사회체(antisociality)를 상기하는 편이 도움이 될 것이다. **그들은 시기와 살의와 분쟁과 사기와 적의로 가득 차 있으며, 수군거리는 자요, 중상하는 자요, 하나님을 미워하는 자요, 불손한 자요, 오만한 자요, 자랑하는 자요, 악을 꾸미는 모략꾼이요, 부모를 거역하는 자요, 우매한 자요, 신의 없는 자요, 무정한 자요, 무자비한 자입니다.** 새로운 사회체는 바로 이러한 사회적 (무)질서 안에서 형태를 갖춘다. 정신상태의 쇄신을 통해 신적인 정의의 목표를 입증하거나 구현하도록 구성된 사회체 말이다.

다시 한 번, 바울의 관점에서 이 메시아적 공동체가 사회체의 형태를, 다시 말해 서로 관계되어 살아가는 방식의 형태를 취한다는 점을 아무리 강조해도 지나치지 않을 것이다. 그러므로 이러한 사회체는 일종의 정치이다. 그러나 이는 법 너머에, 법에 수반되는 강요 너머에 있는 정치이며, 구체적인 사랑의 형식들을 발명하거나 즉흥적으로 창안해내도록 고무된 정치이다. 그리고 이는 무엇보다 환영과 관계된다. 바울은 다음과 같이 기술한다. **여러분은 믿음이 약한 이를 받아들이되 의견을 두고 논쟁하지 마십시오.** 환영은 타자 곧 다른 사람에 대한, 따라서 결코 같지 않은 사람에 대한 열림이다. 타자를 타자로 만드는 것은 바로 타자의 차이이며, 이 차이는 그 자체로 타자의 환영이 있을 수 있는 가능성이다.

여기에서 우리는 메시아적 정치의 가장 기본적인 특성에 닿게 된다. 타자, 이방인, 우리와 다른 자에게 닫혀 있지 않으며, 분명한 타자로서의 타자의 도래를 실제로 환영하는 정치체라는 특성 말이다. 데리다가 기술하는 바, 정의는 "타자에 대한 긍정의 경험"이며(『협상들』 104), "타자로서의 타자에 대한 경험이며, 내가 타자를 타자로 허용한다는 사실이다"(105).

여기에서 관건이 되는 것을 이해하기 위해, 우리가 알고 있는 정치체들의 성격을 고찰해볼 수 있다. 일반적으로 정치체들은 명확한 구별을 통해 동일자인 사람을 편든다. 이를테면, 다른 도시 사람보다는 우리 도시 사람을, 외국인보다는 내국인을 선택하는 것이다. 가령 유럽의 기본적인 정치적 갈등에 대해 생각해보자. 누가 프랑스인인가? 누가 독일인인가? 프랑스령 알제리 출신의 난민이 있는가? 코트디부아르 출신 난민은 어떤가? 영연방 바하마에서 온 사람은 없나? 혹은 나이지리아 출신은? 터키 출신 독일인은? 혹은 알바니아 출생의 이탈리아인인 사람은? 소위 민족국가의 정치적 삶에서 크게 강조되는 것은 이방인(stranger)과 관련된다. 흔히 정치체는 배제의 정치체 혹은 때로 동화나 융합의 정치체가 되어, 새로 들어온 사람에게 차이를 감추고 우리와 같은 모습을 하라고 요구한다. 그러나 어떤 차이가 감추어지거나 배제되어야 한다는 말인가? 언어, 관습, 음식, 관례, 종교 등의 차이가 배제되거나 감추어져야 하는가? 차이로서의 차이에 대한, 타자성으로서의 타자성에 대한 환영은 상상하기 어려운 것이다. 그리고 이는 획일성을 강요하기보다는 차이를 환영하는 세계시민적(cosmopolitan) 사회체의 기본적인 문제라 할 수도 있을 것이다. 데리다는 난민, 미등록자 등의 권리라는 동시대적 문제에 직면하여 완전히 다른 국제법이, 전적으로 다른 환영과 환대의 세계시민주의(cosmopolitanism)가 요청된다고 말한다(『고별사, 에마뉘엘 레비나스에게』 101).

바울은 자신의 논변에서 이러한 종류의 문제를 다루게 될 것이다. 그러므로 그것은 정의의 예시화라는 문제와 직접적으로 관련되는 문제를 안고 있는 것이다. 바울이 보기에, 여기에서 그리고 다른 곳(이를테면 고린도전서 8장)에서, 이 문제가 취하는 형식은 약한 자와 강한 자 간의 차이이다. 약함은 거리낌이나 제약의 집합으로 확인되며, 이에 반해 강함은 그러한 주저함의 부재로 확인된다. 따라서 충실함의 방법에 관한 몇 가지 규칙을 가지고 이에 따르는 자는 약한 자로 간주되며, 이에 반해 원칙적으로 이런 문제에 다소간 별다른 거리낌이 없는 듯 보이는 자는 강한 자로 이야기된다.

우선 우리는, 믿음이 강한 사람이 더 많은 제약사항을 준수한다는 생각이 보다 일반적이기에, 이런 주장이 일정 정도 직관에 반하는 것이라는 점에 주목한다. 예를 들어 초기 기독교 세계에서 다양한 음식이나 성생활을 포함한 다수의 활동을 절제함으로써 좋은 평판을 얻었던 은둔자들을 생각해볼 수 있다. 이러한 자기절제는 힘의 상징, 특히 영적인(정신적인, spritual) 힘의 상징이라 간주되었다. 그리고 이런 맥락은 여기에서 바울이 사용하는 수사와 어느 정도 연관이 있는 듯 보인다. 바로 이러한 자기절제를 실천하던 자들이 바울이 말하는 탐심이나 육신의 욕망을 품지 않는다고 간주되었으니 말이다. 기독교가 고대 세계의 금욕 운동의 매혹적인 영향력 아래 들어가게 되었기에, 어렵지 않게 추가적인 예를 제시할 수 있다. 이러한 행위는 누군가 자신이 세상의 질서에 따르지 않고 변화되었음을 보이고자 하는 한 가지 방식이다. 그리고 이는 현대에도 성화 운동이나 이와 유사한 활동으로 이어진다. 따라서 여기에서 바울이 취하는 첫 번째 조치는 그 자체로 반직관적인 것이며, 강함을 느슨해 보이는 것과 그리고 약함을 엄격한 절제와 연결하는 것이다.

이런 식의 전환적 연결이 바울 서신에서 반복적으로 나타난다는 점에 유의해야 한다. 고린도전서 8장과 10장이 유사한 주제들과 관련된다. 물론 그 경우에는 도시의 신들을 모시는 제례의 일부로 사용된 음식을 먹는 문제를 다룬다는 차이가 있기는 하다. 사도행전 15 : 20에 기록된 이른바 예루살렘 회의(Jerusalem Council)는 이방인 혹은 이교도 출신 기독교인들에게 이러한 행위에 대한 절제를 강요하지만, 바울은 이런 사안에 관해 코린토스〔고린도〕에 사는 사람들의 자유를 기꺼이 수용하는 듯 보인다. 이는 바울이 로마서에서 관심을 돌리는 문제들에 배경으로 기능한다. 여기에서 문제는 도시의 제의의 일부로 다른 신들의 신전에서 분배된 고기를 먹는 것이 아니라, 메시아 추종자의 차이를 나타내기 위해 선택된 특정한 형태의 금욕적 절제행위에 관한 것으로 보인다.

한 사람은 무엇이나 먹지만, 다른 사람은 약하기에 오로지 채소만 먹는다. 이러한 "믿음"의 명백한 차이는 무엇이며, 왜 한 사람은 약하고 다른 사람은 그렇지 않은가? 애초에 어째서 채소만을 먹는 것이 충실함의 표징인가? 이미 이교도들의 관습에는 원칙에 따른 채식주의의 가능성이 있었다. 이런 관습이 유대교에 있었을 가능성은 명확하지 않다. 물론 때로 이에 관한 논쟁이 있기는 하지만 말이다. 기억하기로, 아담적 인류는 분명히 인류가 타락하여 노아의 홍수가 있기까지 육식을 꺼렸다. 육식이란 그 자체로 폭력의 표징이 아닌가? 오늘날 동물의 활기찬 삶을, 동물이 동물이도록 하는 것 — 생명력과 자유로운 운동 — 을 완전히 무시하는 식육 산업의 끔찍한 현실을 볼 수 있지 않은가. 이 문제에 관해, 자크 데리다는 철학적 관점에서 상당히 설득력 있는 몇 가지 논변을 제시했다(『동물, 고로 나는 존재한다』 25). 채식주의의 수용을 메시아적 충실함의 표징으로 볼 충분한 근거가 있을 수도 있다.

그런데 그런 제약을 무시하는 사람들은 어떻게 하는가? 그들은 물론 그 문제에 관해 아무런 생각도 없을 것이다. 그러나 그들 또한 모든 음식이 신의 선한 선물이며 따라서 모든 음식을 감사로 받아들여야 한다고 확신할지도 모른다.

왜 특정한 음식을 먹지 않는 사람이 충실함에 있어 약한 자인가? 아마도 그들이 충실함이 규칙과 규정으로 이루어진다고 생각하여, 신의 선물로 우리가 율법으로부터 해방되었음에도 그 율법에 대한 순응에 가까이 있다고 여겨지기 때문일 것이다. 반면 무엇이나 먹는 자들은 걱정하지 않는다. 무엇보다 이들은 신의 선물에 제한을 두지 않으며, 그 선물을 의심의 눈으로 바라보지 않는다. (아마도 여기에는 또한 특정한 음식을 먹거나 먹지 않는 방식이 이스라엘과 이교도들이 구별되는 종교적 차이의 표시가 되었다는 배경이 있을 것이다. 그렇지만 이것은 바울이 다루는 주된 문제가 아니다.)

바울은 결코 어느 편이 옳다는 결정으로 이 분쟁을 해결하는 데 관심을 보이지 않는다. 이 또한 매우 특기할 만한 점이다. 이런 판단을 내리는 것은 흔히 윤리라 불리는 것의 일이며, 또한 정치나 법의 일이기도 하기 때문이다. 오히려 바울은 이러한 매우 중요한 차이들이 나란히 있다고 주장할 것이다. 먹는 자는 먹지 않는 자를 낮게 보지 않고, 먹지 않는 자는 먹는 자를 판단하지 않는다. 경멸이나 판단으로 각자가 추구하는 것은 차이의 제거이다. 이는 바울이 바라는 것이 아닌데, 그 이유는 경멸이나 판단을 통한 차이의 제거에서 더 크고 실제적인 폭력이 발견되기 때문이다.

서로 경멸이나 판단을 하지 않는, 오히려 사실상 서로 환영하는 태도의 기초는 이런 것이다. **하나님께서 그 사람을 환영하셨습니다**. 즉, 신은 이미 메시아적 정치의 발단으로서 타자에 대한 환영을, 당연히 나의 타자를 포함하는 타자에 대한 환영을 실행한 것이다. 다시 말해, 다른 사람 혹은 다른 공동체는, 이 다름에 대한 거리낌이 표현되든 표현되지 않든, 이미 환영받은 것이다.

당신이 누구이기에 다른 사람의 종을 〔혹은 그 집 가솔을〕 **판단합니까? 누군가 서 있든 넘어지든, 그것은 그의/그녀의 주인에게 달린** 〔혹은 주인이 상관할〕 **일입니다. 누군가 서게 되는 것은 지도자께서 그 또는 그녀를 서게 하시기 때문입니다.**

"종"(servant)[13]이라는 말은 한 주인의 집안에 딸린 구성원을 나타내는 말이다. 이 말은 "종", "피후견자"(client),[14] 혹은 심지어 "양자"로도 번

13 이 말의 성서상의 원어는 *oiketēn*, 즉 집에 딸린 식솔 혹은 권속을 나타내는 단어이다.

14 이 말을 이해하기 위해서는 고대 로마 사회에 있었던 파트로네스-클리엔테스(patrones-clientes) 관계를 이해해야 한다. 이는 일종의 주종 관계지만 그렇다고

역될 수 있다. 이 두 가지 말은 모두 바울이 앞에서 펼친 논변을 통해 예비한 것이다. 이 같은 방식으로 그는 자신을 메시아의 노예로 그리고 독자들을 정의의 노예들로 언급했다. 핵심적인 요지는 노예인 자는 다른 사람에게 속하며 오직 그가 속하는 사람에게만 훈육되거나 명령을 받을 수 있다는 것으로 보인다. 내게는 다른 사람에게 속한 자에 관해 아무런 권리도 없다. 지도자에 대한 이러한 귀속은 친구, 형제, 혹은 심지어 같이 귀속된 종에 대한 간섭의 한계를 표시한다. 한 개인이 다른 사람에게 속한다는 것은 그 개인과 나의 동화를 막는다. 따라서 이는 타인이 나의 판단과 비난으로부터 자유로움을 의미한다. 그리고 이는 특히 그 타인의 주인이 그/그녀가 넘어지지 않고 서 있도록 할 수 있기 때문이다.

어떤 의미에서 이는 타자의 침범할 수 없는 비밀이다. 타자는 나 자신이 아닌 누군가 다른 이에게 속한다는 사실 말이다. 우리는 어쩌면 다른 개인은 제3의 다른 누군가에게 속하기보다는 자기 자신에게 속한다고 말하고 싶을지도 모른다. 이것이 나와 다른 개인의 독립성을 보장할 효과적인 방식일까? 여기에서 바울이 또한 염두에 두고 있는 것은 단지 다른 개인만이 아니라 다른 메시아 추종자 세포조직 혹은 코뮌(communes)에도 해당하는 이야기일 수 있다. 그들이 헌신하는 메시아적 정의를 어떻게 실행할 것인지에 관해 별개의 관점을 스스로 발전시킨 공동체 말이다.

누군가는 어떤 날이 다른 날보다 중요하다고 판단하고, 어떤 사람은 모든 날이 〔같다고〕 **판단합니다. 각자 자기 마음에 따라 확신하도록 합시다.** 특정한 날들에 대한 특별한 평가는 어떤 경건함의 표시이다. 이는 로마

후견자가 피후견자의 주인이 되는 것은 아니다. 이 관계는 사회·경제적으로 문제가 있을 때 피후견자가 후견자의 도움을 얻고, 후견자는 선거 등과 같은 일이 있을 때 지지를 얻는 일종의 상호부조의 형태이다.

나 이교도의 경건함에도 또한 유대 민족의 경건함에도 해당되는 이야기였다. 그리고 또한 오늘날 기독교인의 경건함과 무슬림의 경건함 등에 관해서도 참이다. 실제로 날들을 "거룩한" 날과 "범속한" 날로 나누는 것과 함께 음식에 관한 특정한 포함 또는 배제는 종교가 혹은 우리가 종교라고 부르는 어떤 것이 그 자체를 다른 것들과 구별하는 변치 않는 방식이다. 전통이나 신들에 대한 예우로 특별한 날을 지키는 방식을 결정하는 것보다 무엇이 더 중요할 수 있겠는가? 법이 — 특히 종교적인 법이 — 지배하는 오래된 세대의 세계에서, 이러한 의견과 관습의 차이들은 엄청나게 많은 폭력과 유혈사태의 계기였다.

여기에서 중요한 것은 바울이 다른 사람 혹은 공동체에 무엇이 옳다는 선언을 내세울 필요가 없다고 생각한다는 점이다. 그렇지만 그는 이것이 아무래도 좋은 일이라고 말하지 않는다. **모든 사람이 각자 자기 마음에 따라 확신하도록 합시다.** 무엇이 선한지 스스로 결정하고, 당신이 선하다고 결정한 것을 행하라. 그러나 여기에 규칙을 만들고 법을 만들지는 말라. 당신이 개종자를 찾아내고 믿지 않는 자들을 배제할 종교를 만들지 말라. 이는 극히 어려운 주장이다. 이런 일이 이러나저러나 상관없는 일은 아니지만 분리나 이탈을 유발할 사안도 아니라는 주장인 것이다.

어떤 사람은 지도자를 위해 특정한 날을 지키며, 먹는 사람도 지도자를 위하여 먹으며, 각자가 하나님께 감사드립니다. 그리고 먹지 않는 사람도 지도자를 위하여 먹지 않으며, 또한 하나님께 감사드립니다.

여기에는 기본적인 원칙이 있다. 이는 바로 감사한다는 원칙이다. 우리가 무엇을 하건 하지 않건 중요한 것은 불안이 아니라 감사와 이를 표하는 기도이다. 이런 방식으로 무엇인가를 하건 하지 않건 신에 대한 감사로서 메시아적인 것을 향해 정향된다. 감사는 선물을 향한 정향을 나타내며, 선물로서의 정의를 혹은 선물에 기초한 정의를 생산하는 것이다. 감사로부터 돌아서는 것은 신과 정의로부터 돌아서는 것이다. 바울이 이 편지 앞부분에서 신을 알면서도 신에게 예배하지 않거나 감사하지 않는 것으로 특징지어진 이방 민족의 문명을 고발할 때 강조했던 것처럼 말이다. 바울이 신을 예배하고 감사함에서 일어나는 그리고 이를 목표하는 삶의 형식들에 관해 상당히 넓은 허용 범위로 내가 즉흥연주라고(혹은 즉흥작업이라고) 부르는 무언가를 열고 있다는 점이 명백해질 것이다.

우리 가운데 누구도 그/그녀 자신만을 위해 살지 않으며, 그/그녀 자신만을 위해 죽지 않습니다. 우리는 살아도 지도자를 위해 살고, 죽어도 지도자를 위해 죽습니다. 살든지 죽든지 우리는 지도자에 속합니다.

여기에서 모든 것은 훨씬 더 결정적인 맥락에 놓인다. 특정한 음식을 먹는 것과 먹지 않는 것, 특정한 날을 지키는 것과 지키지 않는 것 사이의 차이보다 더 극적인 것은 삶과 죽음 간의 차이다. 그러나 사는 것과 죽는 것 사이에 이러한 차이가 있음에도, 우리는 또 다른 누군가에 속한다. 우리는 또 다른 누군가의 지시에 따라, 혹은 그에게 맞춰진 정향에 따라 살거나 죽는 것이다.

앞에서 바울은 경계를 긋기 위해 산 자와 죽은 자 사이의 선택을 사용했다. 죄에 대해 살아 있는 자, 정의에 대해 죽은 자 등등을 말하기에 앞서서 말이다(6장). 하지만 이제 움직일 수 없는 최종적인 경계로서의 이 경계는 지워질 수밖에 없다. **이러한 목적을 위해 메시아는 죽었다가 살아나셨으며, 그래서 죽은 자나 산 자 모두에게 지도자가 되십니다.** 메시아의 죽음과 부활이 여기에서 산 자와 죽은 자의 구분을 폐지하는 문제에, 그리고 이에 따라 구분 자체를 폐지하는 문제에 관련 지어진다는 점에 주목하자. 메시아는 산 자와 죽은 자의 주인 혹은 지도자가 될 수 있으며, 당연히 특정한 음식을 먹는 자와 먹지 않는 자, 특정한 날을 지키는 자와 지키지 않는 자 모두의 주인이 될 수 있다.

이는 우리를 개별자들 혹은 단자들(monads) 혹은 고립된 주체성들로 만드는 방식이 아니다. 오히려 우리는 제3의 누군가에게 속하는데, 이는 우리가 메시아에게 통합되기에 그런 것이다. 아마도 메시아적 공동체에 첫 번째로 보낸 편지였을 편지에서(데살로니카전서), 바울은 메시아 안에서 죽은 자들과 아직 살아 있는 자들 간의 명백한 분리를 해결해야 할 필요를 느꼈다. 거기에서 문제는 공동체의 연대에 지탱할 수 없는 파열이 있었다는 점이다. 이러한 연관맥락에서 그는 메시아 안에서 산 자와 죽은 자의 본질적인 동등성에 대해 이야기했다. 여기 로마서에서 메시아적인 것의 사회적 성격은 산 자와 죽은 자 간의 구별을 극복하는 것인데, 바울은 이를 재배치하여 실천적인 측면에서 어떤 것이 메시아적인 것에 대한 충실함인지에 관해 근본적으로 다른 견해를 지닌 여러 집단들 사이의 연대를 이끌어내려 한다. 메시아 혹은 메시아적인 것에 의해 소유됨은 우리가 스스로 자신의 결정을 내릴 수 있게 하며, 자신의 의사에 따라 동일하게 자신의 결정을 내린 타자에게 간섭하지 않도록 한다.

어찌하여 당신은 자기 동지〔형제〕를 비판합니까? 어찌하여 당신은 자기 동지를 업신여깁니까? 우리는 모두 하나님의 재판대 앞에 서게 될 것입니다.

내가 보기에는 여기에서 앞으로 되돌아가 바울이 말한 바 있는 어떤 집안에 대한 귀속이라는 주제를 8장에서 이야기된 입양의 관계라는 측면에서 이해해야 한다는 주장을 펼칠 수 있을 듯하다. 내가 먹지 않는 것을 먹는 사람은 바로 내가 받아들여진 것과 같이 입양을 통해 같은 조건 아래 받아들여진 나의 형제나 자매이다. 공로나 자격과 아무런 관련이 없는 관대함에 의해서 말이다. 각자는 신의 재판대 앞에 서야 하며, 거기에서 우리는 정의가 있다는 것을 알게 된다. 하지만 정의는 유죄판결이 아니라 환영을 내놓는다.

이러한 논지를 강조하기 위해, 바울은 이사야서 45:23을 인용하는데, 이 텍스트 또한 빌립보서 2:10~11의 소위 그리스도론적 찬송의 모습을 표현한다. 이사야서의 해당 구절은 모든 민족들과 피조물들이 신을 찬양하는 예배에 동참하는 종말론적인 신의 승리를 전망한다. 기독교의 교의적 성찰 과정에서, 이는 그리스 철학의 용어로 이해되어 신에 대한 메시아의 통합을 승인하는 것으로 파악될 것이다. 그러나 또한 주목해야 할 것은 바울의 사유가, 신적인 것을 흡수하는 메시아주의를 위한 길을 예비하는 — 하지만 그 반대는 아닌 — 방식으로, 신적인 것과 메시아적인 것을 동일시하는 경향을 띤다는 점이다.

각 사람이 자기 일을 하나님께 해명하게 될 것입니다. 그러니 이제 더 이상 서로 판단하지 말고 오히려 형제자매 앞에 장애물이나 걸림돌을 놓지 않겠다고 결정하십시오〔판단하십시오〕.

유일하게 선한 판단은 서로를 판단하지 않는다는 판단뿐이다. 배제 혹은 정죄로 위협하여 다른 사람이 우리 의견에 동의하게 하는 방식으로 그 또는 그녀에게 우리의 의견이나 관습을 밀어붙이지 않는 판단 말이다. 정죄하는 법의 힘이 중단되었다면 어떻게 그렇지 않을 수 있겠는가? 그렇다면 법은 없으나 어쨌든 양심이 있고, 나 자신의 양심이 아니라 타자의 양심이 중요하며, 이 타자의 양심을 손상하지 말고 전적인 존중과 친절함으로 대우해야 한다.

이것이 이 논변의 전환점이다. 지금까지 이 논변은 단적으로 판단이나 정죄가, 혹은 심지어 사회체의 조직을 찢으려는 유혹이 종말에 이른다는 것이었다. 특히 "종교적"이라고 일컬어질 수 있는 문제들에 관해서 말이다. 그러나 이제 우리는 우리가 읽었던 인용문에 의해 미리 준비된 방향으로 더 나아가게 되는 듯 보인다. 적어도 바울이 이 수사법(trope)을 빌립보서에서 어떻게 사용하는지 아는 사람들에게는 그럴 것인데, 이 수사법이 빌립보서에서, 메시아 혹은 신의 아들이 그랬던 것처럼, 믿는 자들이 자신의 특권을 버리고 약한 자들을 수용하는 방식을 나타내는 목적에 사용되기 때문이다.

이런 이야기를 실천으로 옮기는 일은 바울이 이미 이야기한 것만큼이나 어려운 일이며, 그 이후에 이어지는 일은 훨씬 더 어렵다. 여기에서 바울은 "강한 자들"의 원칙을 받아들인다. **내가 지도자 예호수아 안에서 알고 확신하는 것은 아무것도 〔그 자체로〕 부정(不淨)하지 않다는 것입니다.** 이것이 바로 이방 민족들 혹은 이교도들을 향한, 결국 "부정한" 자들을 향한 사역의 가능성을 놓는 기초이다. 이는 심지어 이후에 사도행전에서 베드로의 환상을 통해 서사화되는데, 이로 인해 베드로는 고넬료(코르넬리우스)에게 세례를 주는 결정에 이르게 된다. 바울 자신은, 갈라디아서에 서술된 그의 이야기에 따를 때, 이런 측면에 관한 베드로의 양가성(ambivalence)과 싸워야 했다. 거기서 그는 메시아적인 것에 어울리는 자유를 맹렬하게 옹호했다.[15]

난점은 여기에서 말하는 거리낌에 관한 자유가 그 자체로 거리끼는 사람의 양심에, 즉 무엇인가 부정한 것이 있다고 생각하는 자의 양심에 손상을 입힐 수 있다는 점이다. 고린도전서에서, 바울은 로마서에서와 같은 의미에서 이교 신전의 제의적 의례에 사용된 고기에 관해 보다 연약한 자들의 양심에 해를 입히는 행동에 반대하는 경고의 말을 전한다(8장).

바울은 갈라티아(갈라디아)의 사례에 관해서는 상당히 다른 결정을 내린다. 다른 사람들의 거리낌에 굴복하여 할례받거나 하지 말라고 말이다. 그러나 이 두 사례는 다르다. 여기에서 관건은 약한 자들이 나에게 자기 거리낌을 강요하려 하는 것이 아니라, 내가 그들에게 나의 거리낌 없음을 부과하려 하는 것이다. **당신의 동지가 당신이 먹는 것으로** 〔마음에〕 **상처를 입는다면, 당신은 더 이상 사랑 안에서 걷는 것이 아닙니다.** 나의 동지들이 내가 누리는 자유를 모방하지만 확신 없이, 자기 마음에 명확하지 않은데도 그렇게 한다면, 그들은 자신이 그르다고 생각하거나

15 갈라디아서 2:11~14. 바울의 이야기에 따를 때, 베드로는 이방인들과 함께 식사하다가 예루살렘에서 야고보가 보낸 사람들을 보자, 이 사실이 알려질까 두려워 자리를 뜬다. 바울은 이런 행태를 보인 베드로와 다른 유대인 출신 메시아주의자들을 싸잡아 비난한다.

느끼는 일을 하는 것이다. 그렇다면 그들은 자기 양심을 위반하고, 믿음 혹은 확신 없이 행동한 것이며, 따라서 "죄 지은" 것이다. 그렇다면 이러한 거리낌 없음의 과시는 타자에 대한 사랑이 아니며, 타자에게 무엇이 좋은지에 관한 배려가 아니다. 그런 과시는 **메시아께서 대신하여 죽으신 사람을 망하게** 하는 것으로 간주할 수 있다.

여기에서 우리가 두 가지 화해할 수 없는 명령 사이에 잡혀 있다는 점을 명확히 해야 한다. 한편으로 모든 것(모든 음식 등을 포함하는)에 대해 열려 있으라는 명령과 다른 한편으로 심지어 믿음의 자유라는 특권마저 희생하는, 타자를 위한 사랑의 명령 사이에 말이다. 만일 약한 자의 양심에 굴복한다면 나는 법을 부과할 위험에 처하며, 이에 반해 내가 굴복하지 않는다면 그녀 혹은 그의 양심을 상하게 할 위험에 처한다. 여기에는 외견상의 아포리아가 있다.

그러므로 여러분에게 선한 것이 악한 것이라 말해지도록 하지 마십시오.

내가 여기에서 책임 없이, 무조건적인 것과 협상 불가능한 것을 협상하지 않고서 따를 수 있는 계획은 없다. 이것이 바로 완전하게 윤리적인 결정의 성격이다. 데리다가 매우 조심스럽게 설명하는 그대로, "협상은 언제나 협상 불가능한 것의 협상이다"(『협상들』 304). 그리고 "우리는 협상 불가능한 것을 협상해야 한다"(325). 이는 또한 윤리적인 것이 궁극적으로 규칙보다는 즉흥적 창안(improvisation)을 요구하는 이유다. 이러한 딜레마의 두 가지 목표를 모두 완벽하게 완수하는 길은 없으며, 따라서 오로지 즉흥적 창안이 가능할 뿐이다.

결코 먹을 것과 마실 것에 관한 규칙이 신의 통치의 조건이 될 수는 없다. 여기에서 유일한 조건은 **거룩한 영 안에 있는 정의와 평화와 기쁨입니다. 이와 같이 메시아를 섬기는 사람은 하나님께 흡족하며 인간의 인정을 얻습니다.** 여기에서 우리는 책임을 지게 되며, 이 책임에는 일종의 아포리아가 있다. 그러나 우리는 단지 우리 자신에게만 책임을 지는 것이 아니라(신에게 자신을 해명해야 한다는 의미에서) 이웃에게도 책임을 지는 것이다. **그러므로 서로 화평을 도모하고 튼튼히 세우는 데 힘씁시다.**

먹을 것과 마실 것에 관한 규칙이나 그러한 동일한 규칙들로부터의 자유가 새로운 메시아적 사회체를 분열시킬 이유가 되도록 해서는 안 된다. **음식 때문에 하나님의 사업을 망치지 마십시오.** 이 사업은 바로 법의 강제 없이 혹은 그 바깥에 있는 정의를, 사랑에 의해 추동되는 정의를 실현하는 것이다. **실제로 모든 것이 깨끗하지만, 누군가 먹을 것에 걸려 넘어진다면 그 사람에게 그것은 해롭습니다. 고기를 먹거나 술을 마시거나 무엇이라도 동지가 걸려 넘어지게 하는 일은 하지 않는 것이 좋습니다.** 이는 이웃 사랑과 타자의 환영이 출현한 지 얼마 지나지 않은 메시아적 사회체 안에서 어떻게 모양을 잡아가는지 구체적으로 보이려 하는 바울의 시도이다.

당신이 스스로 지니고 있는 충실함〔혹은 충실한 삶의 방식〕**을 하나님께 관하여**〔혹은 하나님 앞에서〕 **가지십시오**〔혹은 지키십시오〕**. 자기가 옳다고 생각하는 일로 자신을 판단하지**〔정죄하지〕 **않는 사람은 복이 있습니다. 그러나 자신의 판단으로 갈등하며**〔혹은 자신의 판단에 반하여〕 **먹는 사람은 이미 단죄된 것인데, 그것이 믿음의 충실함에서 온 것이 아니기 때문입니다. 믿음의 충실함에서 오지 않은 것은 무엇이든 다 죄입니다.**

이는 상당히 어려운 일이다. 그러나 내 생각에 여기에 제시된 시험은 규칙이나 법이 아니라 자유로운 믿음(confidence)과 충성에 관한 것이다. 만일 내가 하는 행동으로 무엇이 옳은지, 내가 충실한 행동을 하는 것이 맞는지 아닌지에 관한 내적 갈등이 생긴다면, 선물에 의지한 자유롭고 행복한 입양의 영역 안에 있는 것이 아니다. 이런 말의 의미는 내가 규칙으로 명령된 계획된 행동을 하도록 결정되어 있다는 것이 아니다. 오히려, 데리다가 언급한 대로, "결정 불가능한 것 없는 결정은 없다. 만일 결정 불가능한 것들이 없다면 결정은 없을 것이다. 단지 프로그램의 기획과 계산만이 있을 뿐이다"(『협상들』 31). 메시아적 형식의 삶은 즉흥적이다. 그러나 이 즉흥적 기획은 내가 아니라 다른 이에게, 다시 말해 주님과 이웃에게 흡족한 것이다. 그리고 이러한 이중적 정향은 사실상 단일하다. 메시아적인 것이 정확히 타자를 향한 그리고 타자를 위한 열림이기 때문이다.

바울이 주장하는 것은 바로 이런 것이다. **강한 자**〔혹은 할 수 있는 힘이 있는 자[16]〕**인 우리는 강하지 않은 자들**〔혹은 할 수 있는 힘이 없는 자들〕**의 약함을 인내하고 우리 자신에게만 만족스럽게 하지 않아야 합니다.** "약한"과 "강한"이라는 용어가 여기에서 벌어지고 있는 상황을 이야기하기에는 지나치게 정태적이라는 점에 주의하자. 관건은 충실함의 힘(*dunamis*)이며, 그러한 힘의 부여(empowerment)의 더 많음 혹은 적음에 관한 것이다. 우리의 충실성의 척도는 우리에게 그러한 힘이 얼마나 많이 주어졌는지가 아니라 부여된 힘이 더 적은 힘을 가진 자들(less empowered)을 위한 봉사에 놓이는 정도이다. **우리 각자가** 〔이웃의〕 **선을 위해 이웃을 만족시켜 서로를 튼튼히 세워야 합니다.** 이웃을 만족시키는 행동의 목적은 이웃이 홀로 있도록 내버려두는 것이 아니라 이웃에게도 힘을 부여하여 〔메시아적인 것의〕 몸을 세우는 것이다.

바울은 고린도전서에서 이러한 행동양식이 힘의 참된 표지라고 주장했다. 이는 타자를 위한 약함으로 표출된다. 그 편지에서 그는 십자가에 관한 메시지를 전하며, 그러한 행동양식이 바보스럽고 약하게 보이지만 오히려 구원의 힘이 되는 방식에 대해 이야기한다. 여기 로마서에서 "십자가의 신학"은, 어쩌면 고린도전서 이상으로 명료하게, 메시아적 사회체의 발전을 위한 원칙으로 정립된다.

메시아께서도 자기 좋을 대로만 하지 않으셨습니다. 고린도전서에서 그리고 빌립보서에서 그런 것처럼, 메시아적 사건을 상기하는 목적은 우리가 서로 관여하는 방식에 본을 세우려는 것이다. 이런 목적을 강조

---

16 '강한 자들'(the strong)이라는 말은 헬라어 원어로 '*dynatoi*', 즉 '힘 있는 자들'이며, 저자는 이에 대해 'empowered'라는 다른 번역어를 제시한다.

하기 위해, 바울은 시편 69 : 9를 인용한다. **"당신(주님)을 모욕하는 자들의 모욕이 내게 쏟아집니다."** 시편의 말씀은 신에 대한 충실함 때문에 모욕당하는 자의 목소리를 전하는데, 그는 신에게 퍼부어지는 비난을 자신이 당한다. 그러나 여기에서 일어나는 전환에 주목하자. 메시아는 약한 자들, 신을 두려워하지 않는 자들, 신의 적들을 향한 비난을 받는다. 다시 말해, 그는 마땅히 우리에게 향해야 할 무법자(outlaw)라는 유죄판결을 받는 것이다. 다시 한 번 바울은 사변적인 속죄론에 관심을 보이지 않는다. 중요한 것은, 메시아가 우리의 약함을 참았던 것처럼, 우리도 이웃의 약함을 참아야 한다는 것이다.

시편 인용구를 통해 바울은 기록된 것(율법, 예언서들, 시편 등)에 우리를 가르치는 기능이, 우리가 충실할 수 있도록 하는 기능이 있다는 주장에 이른다. **무엇이든지 이전에 기록된 것은 우리에게 교훈을 주기 위한 것입니다.** 물론 이는 기록된 것의 성령 감응론[17]이나 심지어 기록된 것의 권위에 대한 이론이 아니라, 그보다는 기록된 것, 특히 이스라엘의 텍스트들의 실제적인 유용성에 관한 이야기다. 바울의 견해는 이후에 지배적 지위에 올라서게 될, 모든 기록에 그리스도론적 해석이 있어야 한다는 견해와는 완전히 다른 것이다. 오히려 이전에 기록된 것을 다시 읽거나 전유하는 목적은 **기록된 것의 변치 않음**(steadfastness)[18]**과 격려에 의해 우리가 희망을 가지게 하려는 것입니다.** 그러므로, 기록된 것은 〔변치 않는〕 인내(endurance)의 맥락에서 읽을 때(즉, 환난, 고통 또는 박해의 맥락에서 읽을 때), 독자에게 힘을 주어 희망으로 돌아서게 한다. 이 텍스트의 기능은 희망을 일깨우고, 이에 따라 독자가 여호수아 메시아와 연관된 메시아적 사건에 의해 시작된 메시아적 완성으로 방향을 정

17 'theory of the inspiration' 혹은 'biblical inspiration', 기독교 신학에서 성서 저자들이 성령의 감동으로 저술했다는 주장.

18 성서의 원어로는 *hypomone*, 어원적으로 분석할 때 밑에서(hypo-) 지속되는(*mone*).

하게 한다. 이는 후대에 제시된 의견, 즉 이 텍스트의 기능이 사유(교의)나 윤리적 교훈을 위해 법을 부과하는 것이라는 의견과는 사뭇 다른 것이다. 이 텍스트는 희망을 향한 격려로 읽어야 한다. 우리는 이 편지에서 여러 차례 반복하여 바울이 환난, 인내, 희망을 연결하는 이야기를 들었다. 여기에 부가될 이야기는 기록된 것에 희망을 향한 이 끈질긴 인내(perseverance)를, 신의 약속에 대한 신뢰를 가능케 하는 기능이 있다는 것이다.

중요하게 주목해야 할 점은 타자의 약함을 인내함으로써 우리가 함께 인내하고 견뎌내며 희망을 가질 수 있게 된다는 것이다. 우리에게 향하게 된 사랑은 우리를 통해 이웃을 향하며, 그런 방식으로 우리와 이웃은 함께 설 수 있다. 이는 적대의 세계의 극복을, 모든 사람이 자신만을 위하는 반사회적 무질서의 극복을 증언한다. 이런 방식으로 우리는 진정으로 세계의 극복을, 전환을 그리고 정의의 성취를 (함께) 희망할 수 있게 된다.

변치 않는 인내와 권고[19]〔격려, 위로, 지지〕**의 하나님은 여러분에게 같은 생각을 주셔서 여러분이 메시아 여호수아를 따라 같은 생각을 하게 하시며, 한 목소리로** 〔그리고 하나의 화음으로〕 **하나님 곧 우리 지도자 여호수아 메시아의 아버지를 빛낼 수 있게 하십니다.**

구체적으로 타자에 대한 환영으로 표현된 이웃 사랑을 통해 구성되는 새로운 형식의 사회체의 목적은 찬양 곧 신에게 영광을 돌리는 행위이다. 기본적으로 다른 것들의 함께함이 바로 이러한 찬양이다. 큰 차이들에도 불구하고 서로를 참아줌, 타자에의 환영, 그리고 타자에 대한 관심은 신 곧 우리가 삶과 죽음의 갈래에서 방향을 정한 분인 메시아 여호수아의 아버지이신 신을 빛나게 하는 일이다. 여기에서 "영광을 돌린

---

19 이 권고(counsel)라는 말의 성서상의 원어는 앞의 인용문에서 사용된 격려(encouragement)의 원어와 같은 단어인 *paraklesis*이다.

다"(glorifying)는 말의 기본적인 의미는 이 신이 나타나게 하는 것, 빛나게 하는 것(shining forth), 혹은 그 자체로 어둠 속에서 밝게 빛남이며, 신적인 광휘의 도래를 혹은 밝게 빛남 자체의 여명을 알리는 것이다.

그러므로 메시아가 우리를 환영하신 것처럼, 서로를 환영하여 하나님을 빛내도록 하십시오.

이러한 강한 자에 의한 약한 자의 환영, 약한 자에 의한 강한 자의 환영, 차이로 남는 차이의 환영은 메시아 여호수아를 통한 신의 행위를 반향하며, 약함 가운데 있는 신의 권능과 부정의에 대한 신의 승리를 증언하는 것이다. 이런 방식으로 신적인 광휘는 세계에 빛나게 된다.

비록 몇몇 주석가들이 약함과 강함 간의 구별이 로마의 메시아주의 세포조직에 속한 이방인 출신 구성원과 유대 민족 출신 구성원 간의 차이에 적용된다고 이해하기도 하지만, 내 판단으로 이런 해석은 상당히 의심스럽다. 그 이유는 제시된 몇 가지 특정한 차이들 때문이며(이 시기나 혹은 어느 때라도, 포도주를 마시는가 마시지 않는가, 채식주의자인가 아닌가 등의 기준으로 유대 민족과 이방 민족이 구별되지는 않는다), 그리고 마찬가지로 바울이 고린도전서에서 표면적으로 이교 신전의 제의적 축제에서 가져온 고기의 분배와 소비에 관한 이교도 혹은 이방인 출신 메시아주의자들 가운데 발생한 의견 차이를 확인하기 위해서도 또한 약함과 강함의 구별을 적용하기 때문이다. 텍스트의 이 지점까지 나는 토르슈테인손의 의견에 동의한다(91~92).

하지만 바울은 이스라엘의 메시아에 관한 신의 행위를 본받아 자기를 만족시키기보다 더 약한 이웃의 필요에 관심을 가지는 것의 중요성을 나타내려 한다. 이를 통해 이제 그는 이 편지 전반에 스며들어 있는 주제로 되돌아갈 수 있게 된다. 메시아적 정의의 정립에 관한 좋은 소식이 먼저 유대 민족을 그리고 또한 이방 민족을 위한 것이라는 주제 말이다. 이 편지 앞 부분에서 몇 차례 고지된 바 있는 이 주제는 바울 자신의 (일부) 민족이 저지른 메시아 거부에 의해 야기되어 이교도들을 경유하는 일종의 우회를 거쳐 이스라엘 전체를 메시아적 구원에 통합하는 계획에 관한 긴 논변의 주된 내용이 되었다. 그는 이제 이러한 접근을 유대인과 이방인 모두의 구원에 대한 그의 믿음을 정당화하는 방식에 결부시킬 수 있다.

나는 말합니다. 메시아는 하나님의 진실하심을 위해 할례의 종〔*diakonon*〕이 되어, "조상들"에게 주어진 약속들을 확인하시고, 이방 민족들이 하나님의 자비를 빛내도록 하셨습니다.

이 텍스트는 다양한 방식으로 번역될 수 있겠지만, 내가 모험적으로 시도한 방식에 따를 때, 바울이 조상들에게 주어졌던 약속을 명시적으로 이방 민족들 혹은 이교도들에게 미치는 약속이라고 이해한다는 점을 해명하는 데 도움이 된다. 이를테면, 이런 방식의 번역이 메시아가 할례의 종이 되어 신의 선택을 받은 민족으로서의 이스라엘의 우선적 지위를 확인하는 한편, 동시에 〔신이〕 이스라엘을 선택했음이 이방 민족들을 향한 메시아적 효과(정의와 이에 따른 구원)의 확장에서 완전하게 표현된다는 점을 명확히 한다는 말이다.

9~11장의 확장된 논변에서 유대 민족의 권위들이 메시아를 실제적으로 거부했음을 다룬 이후 심지어 이러한 거부조차 이방 민족뿐만 아니라 "모든 이스라엘"을 포함하는 효과를 가질 것이라 이야기하는 것과는 대조적으로, 여기에서(15:8 이하) 바울은 그 거부가 결코 신적인 "계획" 혹은 의도에 본질적인 것이 아니었다고 암시한다. 오히려 이는, 내가 명시했던 것처럼, 메시아에 대한 거부에도 불구하고 그러한 거부를 수단 삼아 원래의 목적을 완성하는 방식으로 역사적 우연성(거부)에 반응하는 즉흥작업의 사례였다.

여기에서 바울은 한층 더 기본적인 관점을 강조하며 신적인 약속이 언제나 이스라엘을 향한 이방 민족의 통합에 관한 약속이었다고 말한다. 이런 이야기의 취지는 이 가장 기본적인 층위에서 메시아가 반드시 "죽어야만 했던 것"은 아니라는 뜻이다. 오히려, 바울의 논변으로부터 추론하자면, 신이 철저한 실패로 여겨질 어떤 것을 신의 원래 의도에 소용이 되는 도구로 바꿔놓을 수 있었다고 말해도 온당할 것이다. 신이 이스라엘에게 — 또한 이방 민족들에게 — 약속한 것을 실행했음을 보이기 위해, 바울은 고대 이스라엘의 기록된 증언들에서 가져온 일련의 인용구를 도입한다.

기록된 바 "그러므로 내가 여러 민족들 가운데서 당신을 고백하며[20] 당신의 이름을 노래합니다"하였으며〔시편 18:49〕, **또 그는 말하기를 "오 여러 민족들이여, 그의 백성과 함께 즐거워하라" 하였고**〔신명기 32:43〕, **또한 "주님을 찬양하라, 너희 모든 민족들아, 그리고 모든 민족들이 주님을 찬양하게 하라"**〔시편 117:1〕 **하였으며, 이사야는 말하기를 "이새**(Jesse)[21]**의 뿌리에서, 일어나 여러 민족들을 통치할 이가 오실 것이며, 여러 민족들이 그에게 희망을 둘 것이다**(이사야서 11:10)**"라고 하였습니다.**

선택된 텍스트들(시편, 토라,[22] 예언서)은 바울이 이 편지의 다른 지점들에서 "기록된 것"의 증언을 불러낼 때 실행했던 일과 일관성이 있다. 앞에서 바울은 이스라엘의 충실하지 못함을 확인한다고 여겨지는 텍스트들을 인용했으나, 그는 이제 이스라엘에 대한 약속을 강조하는 내용을 담은 텍스트들을 가져온다. 물론 여기에서 그의 어조는 비난이나 비탄이 아니라 기뻐 즐거워하는 것이다. 이사야서의 구절은 이스라엘의 희망을 땅 위의 모든 민족들을 위한 희망의 뿌리와 연결시킨다는 점에서 결정적이다. **"여러 민족들이 그에게 희망을 둘 것이다."** 앞에서 바울

20 이 말의 성서상의 원어는 *exomologesomai*. 우리말 성서에는 '찬양하다'로 번역되어 있다. 하지만 이 말은 *ek*-(완전하게, 바깥으로)와 *homologeo*(같은 말을 하다)의 합성어로, '완전하게 인정하다', '동의하다', '공개적으로 선언하다', '고백하다'의 의미도 있다.

21 이스라엘 왕 다윗의 아버지.

22 율법서 혹은 모세 5경이라 말하는 창세기, 출애굽기, 레위기, 민수기, 신명기. 여기에서는 신명기를 말함.

은 기록된 것의 참된 기능이 희망을 단단히 뒷받침하는 것이라 주장했고, 이 일련의 구절들로 그는 이스라엘을 위한 희망과 여러 이방 민족들을 위한 희망이 동일한 희망이며 이스라엘을 향한 희망에 뿌리내리고 있음을 입증한다.

이러한 관점으로부터 명확해지는 것은 "유대인"에 대한 "기독교적" 선교사역에 어떠한 정당성도 있을 수 없다는 점이다. 바울은 이방 사람들에 대한 선교사역을 품은 유대 민족의 일원이다. 이스라엘의 메시아가 이방 사람들을 위한 메시아이기도 하다는 좋은 소식을, 그리고 이 좋은 소식이 신에게 선택받은 민족을 향한 그리고 이 민족을 통한 신의 약속과 일치한다는 점을 선포하는 사역 말이다. 그 약속은 이교도들이 유대 사람이 될 수 있다는 것이 아니며, 유대 사람이 "기독교인"이 될 수 있다는 것도 아니다.(더욱이 유대 사람이 이방 사람이 되어야 한다는 것이 아니다.) 오히려 그 약속은 신이 이스라엘에 대한 약속들을 충실히 이행하여 모든 민족들을 (그리고, 우리가 들은 그대로, 모든 이스라엘 또한) 포함한다는 것이다. 오늘날 우리가 처해 있는 매우 다른 정황에서 유대인과 기독교인 간의 관계는 우리가 서로를 환영하는 정의에 대해 헌신하도록 서로 격려할 수 있는 관계여야 한다. 우리 자신의 시대에 레비나스나 데리다 같은 유대인 사상가들이 정의와 타자에 대한 환영을 새롭게 사유하도록 고무하는 방식은, 그리고 또한 숄렘(Scholem)이나 벤야민이나 타우베스 같은 유대인 사상가들이 메시아성(messianicity)의 핵심에 대해 새롭게 사유하도록 고무하는 방식은 이러한 관계성 모형의 중요성을 증언한다. 기독교 사상가들이 비슷한 의미에서 "할례의 종"이 될 수 있을지는 아직 지켜봐야 할 사안이다. 만일 그렇게 된다면, 이는 이방 민족들을 위한 희망이 이스라엘의 희망을 폐지하는 것이 아니라 이 희망 또한 실현하는 것이라는 바울의 확신을 정당화하는 일이 될 것이다.

따라서 바울은 이렇게 결론짓는다. **희망의 하나님께서 여러분에게 충실함 가운데 기쁨과 평화를 채우셔서, 여러분에게 거룩한 영의 권능으로**

희망이 차고 넘치기를 바랍니다. 자신이 주신 약속의 말씀이 아브라함과 사라를 희망에 반하는 희망으로 돌려세우시고, 이스라엘의 거부에도 이스라엘에 대한 자신의 약속을 꺾지 않으시며, 자신이 보낸 메시아의 수치스러운 처형에도 좌절하지 않으시는 분, 그분이 바로 희망의 근원이며, 바울이 말하는 희망의 하나님이다. 그리고 이 희망이 바로 차고 넘침(exuberance)의 근원이다. 어쩌면 불합리할 수도 있는 차고 넘침, 즉 기쁨이라는 의미에서 말이다. 우리는 서로를 환영하는 사회체의 삶에서 이미 모종의 궁극적인 평화 혹은 화음에 대한 선취를 볼 수 있으며, 이것이 바로 신적인 정의의 목적과 완성이다.

영(spirit) 혹은 활력(신령함, spiritedness)의 표지는 분명한 차고 넘침이다. 이는 고독한 것이 아니라 분명하게 사회적인 것, 함께 기뻐함이다. 그리고 이 함께 기뻐함은 선취된 평화를 다른 목소리의 억제가 아니라 각자의 목소리가 뚜렷이 구별되지만 서로 "음율을 맞추는"(in tune) 다양한 목소리들의 환희에 찬 화음으로 만드는 것이다. 어떤 의미에서 이 차고 넘침은 오로지 사랑, 법이 완성할 수 없는 것을 완성하는 사랑이라는 특징을 지닌다고 말할 수 있다. 바로 각자와 모두를 위해 인내하며 정의를 완성하는 사랑 말이다.

종결부

24. 바울의 메시아적 사명(15 : 14~33)

논증을 종결하는 이 부분에서 바울은, 편지의 서두를 열었던 이야기로 되돌아가, 자신이 로마에 오고자 하는 이유(14~24절)와 즉시 오지 못하는 이유(25~32절)를 설명한다. 이 결론부는, 도입부와 함께, 바울의 "정치적 의제" 혹은 "메시아적 정치"로 명명할 수 있을 법한 것을 더욱 명확히 드러낸다.

이 편지의 도입부에서 바울은 다음과 같이 썼다. **왜냐하면 내가 여러분을 만나 여러분을 굳세게 할 신령한 선물을 약간 나눌 수 있기를 바라기 때문입니다.** 그동안 그는 자신이 부끄럽게 여기지 않는다고 주장한 바 있는 메시아적 정의에 대한 논고를 통해 이 신령한(영에 의한, spirited) 선물의 일부를 먼저 제시했다. 자신이 지닌 사도로서의 책임과 기쁨을 주는 선포에 대한 해석자로서의 은사(선물, gift)를 인식하면서, 바울은 그의 로마 방문이 결코 사도적 권위를 적용하려는 것이 아니며 그보다는 그의 목적이 **여러분과 내가 서로의 충실함으로 상호적인 격려**

를 얻도록 하는 것이라고 말했다. 즉, 그는 상호격려의 관계를 모색하는데, 이는 메시아적인 지금의 시간(now-time)에 출현함을 목도하는 새로운 사회체를 다루면서 논변의 결론부에서 강조했던 관계이다. 이제 마침내 그는 다음과 같이 이러한 상호관계를 강조한다. **나의 동지들이여, 나는 여러분에 관해 여러분 자신이 선함으로 가득하고, 온갖 지식**[*gnosis*]**으로 충만하여, 서로 가르칠 능력이 있다고 확신합니다.** 이런 방식으로 바울은 그들 또한 중요한 지식을 가지고 있다고, 다시 말해 그들이 그에게 혹은 서로에게 제공할 것이 아무것도 없다고 생각하지 않는다는 말을 한다. **그러나 몇 가지 사안에 대해서 내가 매우 대담하게 쓴 것은 하나님이 내게 주신 호의를 통해 여러분의 기억을 상기시키려는 것입니다.** 이런 방식으로 바울은 자신이 아마도 그들이 이미 알고 있는 것을 상기시켰을 뿐이라고 주장하고 있다. 물론 이런 사안들에 대한 그의 설명 방식이 그들에게 알려진 것과 얼마간 다를 수도 있겠지만 말이다.

이런 측면에 관한 그의 대담함의 토대는 앞에서 그의 사도적 책임에 근거한다고 말해졌지만, 여기에서 그는 "전례상의"(liturgical) 언어를 같은 목적으로 대용하면서, 다시 말해 그에게 부여된 호의 혹은 선물에 힘입어 **여러 민족들을 향한 메시아 여호수아의** ***leitourgon*****(제사장)**이 될 수 있었다고 설명한다. *leitourgon*(레이투르곤)은 직업적인 사제가 아니라 공익적인 사업을 위한 공적인 봉사에서 일정한 역할을 하는 시민이다. 그가 바치는 혹은 봉헌하는(희생물로 바치는) 것은 **하나님의 기쁜 소식의 선포**이며, 이는 그가 편지 도입부에서 여호수아 메시아에 관한 선포라고 특정했던 것이다. 그래서 그의 일은 이 선포를 끝까지 들어올려 — 희생 제물을 들어올리듯이 — **이방 사람들이 성령에 의해 거룩하게 되어 제물로 받아들여질 수 있도록 하는** 것이다. 여기에서 바울은 제의적 언어를 사용하여 공적인 그리고 심지어 정치적인 책임 — 이방 민족들 가운데에서의 자신의 사역 — 을 표현한다. 비슷한 언어를 사용하여 모든 사람이 자기 몸을 산 제물 혹은 합리적인 예배로 드리라고 말했을 때처럼 말이다. 바울이 〔독자들에게〕 친숙한 이교적 제의의 언어를 사용하여 자신의 선교사역과 그가 메시아적 사회체의 삶을 특징짓는다고 생각하는 정의로운 삶의 형식을 표현한다는 점은 명백해 보인다. 이는 심한 비약이라 할 수 없는데, 그 이유는 이교적 *cultus*(제의)가 그 자체로 *polis*(도시)의 공적이며 정치적인 삶에 깊이 뿌리박고 있는 일종의 시민 종교였기 때문이다. 어쨌든 바울이 제의적 언어를 사용한 논변을 펼치는 목적은 그가 상당한 책임을 느끼는 이 메시아적 집단들이, 우리가 본 대로, 메시아적 정의의 현실화의 시작과 관계 있는 역사 속의 신의 목표와 일치해야 한다는 점에 있다.

그러므로 메시아 여호수아 안에서 나는 하나님의 일들에 자부심을 가집니다. 메시아가 나를 통한 말과 행위로, 표징과 기적으로, 거룩한 영의 권능으로 이방 민족들의 지지[1]를 위해 행하신 일 외에는 아무것도 말하지 않겠지만 말입니다. 바울은 메시아 사건에 대한 자신의 봉사가 자신이 메시아에 의해 사용되고 성령에 의해 힘을 얻었던 방식으로 인해 지금까지 이방 민족들 사이에서 효과를 거두었다는 점에 기뻐한다. 편지가 시작될 때, 그는 자신의 일에 대해 **모든 민족들 가운데 충실함의 지지를 일으키기 위한** 사절 또는 사도로서 하는 것이라고 말한 바 있다. 그는 이제 자신의 일이 이런 정도까지 효력을 갖게 된 것에 대해 기뻐하거나 혹은 분명한 자부심을 가진다. "표징과 기적"은 그가 지금까지 위험을 피했던 방식(고린도후서 12:11~13:11. 그는 고린도후서 12:12에서 표징과 기적에 관한 비슷한 말을 쓴다)을 그리고 여러 크고 작은 도시에서 사람들이 그의 메시지에 대해 긍정적인 반응을 보여 새로운 메시아적 전위대를 형성했던 양상을 지칭할 개연성이 크다.

분명히 바울이 직접적으로 언급하는 것은 이러한 메시아에 충성하는 지지자 세포조직의 형성이다. **그래서 나는 예루살렘에서 일리리쿰에 이**

1 adherence로 번역된 이 단어는 '복종', '순종'을 뜻하는 *hypakoen*의 번역어.

르기까지 메시아의 좋은 소식으로 채웠습니다. 바울에 의해 기술된 궤적은 예루살렘에서 시작하여 시리아를 지나고 터키와 그리스, 그리고 한때 유고슬라비아였던 지역을 경유하여, 현재의 이탈리아 영토 가까운 지역에 이르는 일종의 반원형 경로이다. 이런 방식으로 그는 로마 제국의 동쪽 반을 돌아다니며, 이 지역을 메시아에 관한 선포로 채웠던 것이다. 실제로 바울은 **이제 이 지역들에는 더 이상 일할 공간이 없습니다**라고 말할 것이다. 명백히 바울의 책무는 제국을 "기독교화"하는 것이 아니다. 분명히 그의 책무가 이미 완수되었다고 말할 수 없다. 그렇다면 이 말은 그에게 일할 공간이 점차 없어졌다는 의미인가? 추정컨대 이 시점에 제국의 동쪽 지역에는 아마도 20개 남짓한 크고 작은 도시에 기껏해야 수십 명의 사람으로 구성된 메시아주의자들의 세포조직이 있었을 것이다. 여기에서 그가 이루었다고 말하는 것은 무엇인가? 어떻게 이런 정도의 일을 메시아적 사명의 완수로 간주할 수 있는가?

여기에서 바울이 사용하던 제유법적 논리를 상기하는 것이 중요하다. 부분은 전체를 상징할 뿐 아니라 수반하기도 한다. 제의적 의례와 관련하여, 만물(첫 열매)은 수확물 전체를 수반한다. 이는 특히 바울이 코린토스〔고린도〕, 필리피〔빌립보〕, 테살로니카〔데살로니가〕, 갈라티아〔갈라디아〕, 에페소스〔에베소〕 같은 장소들에 확립해온 메시아적 "전위대"에 관해 참이라 할 수 있다. 제국의 이쪽 반에 산재한 크고 작은 도시에서 새롭고 정의로운 사회체를 증거하기에 충분할 만큼 메시아주의 세포조직들이 잘 정립된 이상, 바울에게는 다른 곳으로 옮길 시간이 온 것이다. 여기에서 우리가 상기할 것은 바울이 "영속적인 이동"이라는 숙명을 떠안은 듯 보인다는 스타니슬라스 브르통의 고찰이다(52).

프리드리히 엥겔스의 『초기 기독교의 역사에 관하여』에 제시된 한 유비에서, 바울은 유럽의 크고 작은 여러 도시에 사는 프롤레타리아 대중 가운데 노동자 세포조직을 발족시키고 나머지 일은 그들에게 — 그리고 역사의 필연적인 승리에 — 맡겨두는 초기 사회민주주의 지도자들에 비견된다. 물론 지금 바울이 하는 일은 엥겔스가 말하는 것과는 상당히 다른 것이다. 그의 일은 진정으로 정의로운 사회질서라는 신의 목적이 여호수아의 사역, 처형, 부활로 이루어진 메시아적 사건에서 시작되었다고 생각하는 명시적인 메시아 운동이다. 나는 남아프리카의 스티브 비코(Steve Biko)[2]가 했던, 문제는 해방을 가져오기 위해 운동을 조직하는 것이 아니라 도래할 해방을 위해 사람들을 준비시키는 것이라는 말을 기억한다. 만일 제국 내부에 법 바깥에 있는 새로운 종류의 정의를 드러내는 관대한 환영의 공동체들(communities)이 있다면 그 제국의 수명이 정말로 얼마 남지 않았다는 것을 입증하기에 충분하다.

바울은 홀로 이 사역에 뛰어든 것이 아니다. 따라서 바울은 **메시아의 이름이 알려지지 않은 곳에서 복음을 전하기 위해 열심히 노력하며, 그래서 다른 사람의 토대 위에 집을 세우지 않습니다. 오히려 기록된 바, "그의 일을 알지 못하던 사람들이 보게 될 것이요, 듣지 못하던 사람들이 깨닫게 될 것이다" 한 것처럼 말입니다**(이사야서 52:15)라고 말한다. 바울이 말하는 요지는 지금까지 사역한 사람이 없는 지역으로 가서 새로운 세포조직을 시작하는 일이 자신의 일이라는 것이다. 그에게는 다른 사람들이 이미 하고 있는 일을 고치거나 개선할, 심지어 이를 관리할 야망 같은 것은 없다. 그는 아직 다른 누군가가 메시아적 사명을 가지고 도착하여 메시아에 관한 신의 포고를 고지하지 않은 지역으로 갈 뿐이다.

물론, 여기에서 그리고 마찬가지로 다른 편지들에서 보게 되는 것처럼, 바울은 단순히 사람들에게 올바른 생각을 전하는 일이 아니라 그들이 메시아적 정의를 구현하는 작은 사회를 이룰 수 있게 만드는 일에 관심을 가진다. 그가 특별한 관심을 기울이는 사안은 제의나 혹은 심지어 교의의 핵심 사항들이 아니라 도래하는 신적인 정의를 반영할 사회

2 스티브 비코는 6,70년대 남아프리카 공화국의 흑인 인권 활동가이다. 경찰 구금 중 사망하여 반(反)아파르트헤이트(anti-apartheid) 운동의 순교자로 추앙되었다.

적 삶의 형식이다.

이런 것이 그가 제국의 동쪽 절반 지역에서 완수했던 작업이다. 그러나 이를 진정으로 유효한 반제국적 운동으로 만들기 위해서는 필연적으로 남아 있는 서쪽 반으로, 그가 편지를 시작하며 말했던 대로 그리스 문화권이 아닌 "야만인의"(barbarian) 지역으로 가야만 한다. 이제 그는 이를 약간 더 명시적으로 말한다. **여러 해 동안 여러분을 방문하기를 소망했기에, 내가 스페인에 갈 때 여러분을 만나고 가능하다면 우선 여러분에 의해 채워져 보내지기를 바랍니다.** 바울은 로마에서 모종의 축복 혹은 격려를 얻어 자기 사역의 촉박한 다음 국면으로 들어가기를 바라는 것이다. 바울이 이 문구를 서술하는 방식은 자신이 로마 사람들에게 모종의 권위를 행사하기 위해 방문하는 것이라는 추측을 막기 위해 세심하게 고안된 인상을 준다. 그는 오히려 스페인으로 가는 길에서 협력을 얻고자 한다. 이 편지는 로마 사람들에게 이 여행하는 사절을 진정으로 환영하고, 그의 사역을 인정하며, 심지어 어떤 방식으로든(아마도 통역자나 도중에 환대를 얻을 장소를 구해주는 방식으로) 도와야 할 이유를 말하고자 하는 것이다.

이런 이야기를 읽는 사람은 바울이 곧 로마에 오려나 보다 하고 생각할 수도 있다. 그는 로마 사람들을 만나고 싶다는 오랫동안 지연된 강한 열망을 이야기했고, 또한 메시아적 통치의 완성까지 얼마 남지 않았다고 여겨지는 짧은 시간 안에 스페인으로 가야 할 촉박한 사명이 있다고 말한다.(**시간이 더 촉박해졌습니다**[3]라고, 그는 말한 바 있다.) 그는 이제 동쪽 지역에서 다음 지역으로 옮아가기 전에 발목을 잡던 사역을 완수했다. 하지만 바울에게는 아직 한 가지 해야 할 일이 남아 있다. 심지어 자신의 종말론적 사역의 긴급성마저 뒤로 미뤄야 할 어떤 일 말이다.

그러나 지금 나는 성도들을 돕는 일로 예루살렘에 갑니다. 바울이 지

3 고린도전서 7 : 29.

금 이 편지를 쓰고 있는 장소가 어디든 간에 그는 로마로 가는 방향이 아니라 멀어지는 방향을 잡고 있다. 이 이상한 탈선 혹은 우회의 동기는 무엇인가? 왜 다시 로마의 "성도들"로부터 돌아서서 예루살렘의 성도들에게로 향하는 것인가? **마케도니아와 아카이아**(아가야) **사람들이 기쁜 마음으로 예루살렘에 있는 성도들 중 가난한 자들을 위한 얼마간의 기부금을 만들었습니다.** 이 기부금에 대해서는 고린도후서 8장과 9장에서 자세하게 읽을 수 있다. 이 두 장을 읽으면 바울에게 이 기부금 전달이 매우 중요한 일이었다는 점이 완전히 명확해진다.

바울이 예루살렘을 돕는 일에 기탁된 이 기부금에 부여하는 중요성에도 불구하고, 그 이후로 정확히 어떤 일이 있었는지는 분명치 않다. 우리가 알기로 바울은 예루살렘에 있는 "성도들"과 갈등 관계에 있었다. 그는 갈라티아(갈라디아) 지역에 있는 세포조직에 보낸 편지에서 이에 관한 이야기를 어느 정도 풀어낸다.[4] 그러나 거기에서 바울이 주장하는 바에 따르면, 예루살렘 사람들이 정한 이방인 사역의 유일한 조건은 이 사역을 위임받은 자들이, 그중에서도 특히 바울이 가난한 자들을 잊지 않는다는 것이었다. 바울은 로마에 보내는 이 편지에서 이제 막 예루살렘의 성도들과 관련한 혹은 그들이 관심을 보이는 가난한 자들에 대해 언급한 참이다. 요컨대 내 생각에는 이어지는 이야기가 중요하다. 예루살렘 공동체는 사도행전의 이야기에 따를 때 오순절 공산주의(Pentecostal communism)로 특징지어진다. 모든 사람이 모든 것을 내놓아 (모든) 가난한 자들에게 나눠질 수 있도록 하는 것이다. 이는 사도행전 2장과 4장에서 두 차례나 읽게 되는 정책이다. 거룩한 영을 받는 공동체에 관한 이야기를 처음으로 보게 되는 두 곳에서 말이다. 가난한 자들을 기억하는 것은 이 공동체에 무척이나 중요한 일이다. 바울에 따를 때, 이방인들을 향한 사역에 동의하는 조건이 될 정도로 말이다. 이

4 갈라디아서 2:1~10.

런 방식으로, 이방인 혹은 이교도 출신자들의 공동체는 가난한 자들의 복리가 전체 사회의 정의를 가늠하는 척도라는 이스라엘의 신의 의지를 극적으로 반영하게 된다. 이 율법과 예언서들의 일관된 주제는 예루살렘에서 극적으로 구현되었다. 만일 이방인 공동체들이 이런 정치체를 모방한다면, 그들은 이스라엘의 메시아에 대한 명확하고 틀림없는 충성의 증거를 보이게 될 것이다.

바울은 이런 기대에 충당할 "기부금 액수를 끌어올릴" 방도를 생각해냈거나 즉흥적으로 만들어냈거나 또는 이 일에 발목을 잡혔을지도 모른다. 이방인 공동체는 이 정치체 혹은 정책을 모방하는 데 그치지 않고 오히려 현실적으로 예루살렘의 성도들이 예루살렘의 가난한 자들에게 봉사하는 능력에 기여하여, 예루살렘 자체에서 예루살렘 공동체의 증언 능력을 강화해줄 것이었다. 예루살렘이 메시아 처형의 장소이자 부활의 장소이기에, 이는 분명히 그 메시아에 대한 신의 복음의 진정성을 극적으로 나타내는 표징이 될 터이며, 메시아와 도래하는 메시아적 정의의 지배에 관한 증거가 될 터였다. 그러므로 예루살렘 성전을 유지하기 위해 〔제국 전반에 퍼져 있는〕 모든 디아스포라 유대인에게 요구되는 성전세 납부 대신, 이스라엘의 메시아에 충성하는 이방인 지지자들이 예루살렘에 사는 약한 자들, 굴욕당한 자들, 빈곤한 자들을 향한 관심으로부터 시작되는 정의를 예루살렘 자체 내에 정립하는 데 기여할 터였다.

바울은 마케도니아와 아카이아 지역 세포조직에 관해 이야기한다. **그들은 기쁜 마음으로 그렇게 하였으며 그들**〔예루살렘 성도들〕**에게 빚지고 있습니다. 이방 민족들이 그들의 영에 관련한 것을 나누어 받았다면 육신과 관련한 것으로 그들에게 봉사할 의무가 있습니다.** 우리는 복음이 먼저 유대 사람을 위한 것이며 다음으로 그리스 사람을 위한 것임을 기억한다. 유대 사람이 이방인들에게 메시아적 선포를 나누어준 것은 이제 구체적인 물질적 기여로 유대 사람에게 되돌아가며, 바울은 이를 주저 없이 **육신과 관련한 것**이라 말한다. 즉, 인간의 약함과 삶의 필요에 소용이 되는 혹은 기여하는 것이라고 말이다. 이런 방식으로, 바울이 유대 사람에게서 이방인들을 향해 이동하는 기쁜 소식의 선포로 소묘한 역사적 전개—부분적으로 (일부) 유대 사람에 의한 이 선포의 거부를 통해 그리고 이후에 모든 이스라엘의 구원으로 정점에 이르는 전개—는 이제 예루살렘의 성도들 중 가난한 자들에게 가도록 예정된 기부금에서 부분적이며 예비적인 방식으로, 하지만 매우 구체적인 방식으로 실현된다.

바울은 육신과 관련한 이 봉사에 이상하리만치 높은 우선순위를 두는데, 그 이유는 그것이 그가 로마와 로마 너머에서 해야 할 긴급한 사업을 계속하기에 앞서 반드시 해야 할 일이기 때문이다. **그러므로 내가 이 일을 완수하고 그들에게 이 열매를 전달한 이후에, 여러분에게 들러 스페인으로 갈 것입니다.** 이 "열매"는 이방인 혹은 이교도를 향한 사역의 첫 열매이며, 이 사역으로부터 메시아에게 속한 모든 사람 가운데 커져가는 연대의 물질적 증거이다. 그렇다면 이는 제국의 동쪽 반에서 진행된 사역의 완성이 될 것이며, 바울이 여전히 남아 있는 그의 사역을 완성하기 위해 나아갈 수 있게 할 것이다. 그리고 **나는 여러분에게 갈 때에 메시아의 축복의 충만함 가운데 갈 것을 압니다.** 그렇다면 바울에게는 자기 사역이 분명히 이스라엘과 여러 민족들이 기뻐할 메시아적 축복의 표징임을 알 충분한 이유가 있을 것이다.

그러나 이 마지막 과제에 실질적인 위험이 따르지 않는 것은 아니다. **동지 여러분에게 우리 지도자 여호수아 메시아를 그리고 성령의 사랑을 힘입어 부탁합니다. 하나님께 나를 위해 여러분도 함께 열심히 기도해주십시오. 내가 유대 지역에 있는 믿지 않는 자들에게서 구원될 수 있도록, 그리고 예루살렘에 대한 나의 봉사가 그곳 성도들에게 받아들여져 하나님의 뜻에 따라 기쁨으로 여러분에게 가서 여러분과 함께 안식을 얻을 수 있도록 말입니다.** 좋은 소식을 (아직) 지지하지 않는 자들에서 오는 위험은 그저 상상으로 치부할 수 없다. 과거 바울 자신도 초기 공동체를 박해했던 자였다. 바로 바울 자신이 거부당하고 처형된 메시아에 관한 복음을 신성모독으로 간주하며, 그가 죽어 마땅하다고 생각하는 자였던 것이다. 따라서 바울은 특정한 법과 질서, 특정한 전통, 심지어 특정한 애국주의의 열정적인 옹호자들에 의해 일어날 위험을 너무나 잘 알고 있다. 그래서 그는 이 실질적이며 현재적인 위험으로부터의 구원을 열망하는 데 있어 로마 사람들의 연대를 부탁하는 것이다. 이리하여 그들은 이미 바울의 사역에 동반자가 된다.

우리는 예루살렘의 성도들 중 가난한 자들을 위한 바울의 기여가 어느 정도나 만족스러운 결과를 끌어냈는지 알지 못한다. 아마도 상당히 만족스러운 결과가 있었을 것이다. 그러나 사도행전에서 바울이 유대 사람들의 분노를 벗어나는 문제에 있어 전반적으로 운이 따르지 않았다는 정보를 얻을 수 있다. 그 결과 바울은 투옥되었고, 로마를 향한 여정은 상당히 지체되었을 것이다. 하지만 바울이 분명히 신적인 능력에 의한 또 하나의 놀라운 즉흥작업으로 인정할 법한 과정을 거쳐, 이 적대와 투옥 덕분에 그의 로마 도착은 마침내 확실하게 이루어진다. 군대의 감시 아래 말이다. 이는 신이 역사 안에서 그리고 역사를 통해 메시아적 약속을 진행시킨다는 바울의 확신을 확인해줄 뿐이다.

평화의 하나님께서 여러분 모두와 함께하시기를.

궁극적으로 평화는 바울의 메시아적 정치의 목적이며, 이 평화는 우리가 보아온 것처럼 강압적인 억제에 의한 평화가 아니라 조화 가운데 다양성을 기뻐하는 평화다. 이러한 메시아적 정치 외에 다른 어떤 형태의 정치에도 이루기 위해 노력할 가치가 있거나 혹은 충실하기를 추구할 의미가 있을 수 없다.

25. 새로운 사회체의 흔적들(16 : 1~27)

로마서 16장에서 마주하게 되는 자료는 지금까지 상당한 논쟁을 유발한 원천이다. 일부 바울 서신 연구자들은 이 장 전체가 원래 맥락을 잃어버린 이후 로마서에 첨가된 다른 바울 서신의 (아마도 상당히 변조된) 단편이라고 간주해왔다. 로마서 본문은 바울이 로마에 있는 메시아 추종자 집단 혹은 집단들과 면식이 없는 낯선 자라는 암시를 주지만, 이 자료는 바울이 로마에 있는 집단들과 서로 깊이 알고 있는 사이이며, 이 편지가 전해질 수신자 집단들과도 잘 알고 있음을 말한다. 따라서 여러 학자들은 이 부분이 실제로 바울이 이전에 머물러 당연히 여러 사람을 알고 있는 다른 공동체 — 예를 들어 (케제만의 주장에 따를 때) 에페소스〔에베소〕와 같은 — 에 보낸 안부 편지일 것이라는 의견을 내놓았다.

하지만 로마에 있는 사람들을 향한 편지가 유대인 "기독교인들"을 포함한 유대인들의 추방[5]이 끝날 시기에 맞춰 쓰였기에 바울의 로마 도착만이 아니라 유대 민족 출신 메시아 추종자들의 로마 귀환이 가능했다는 상당히 타당해 보이는 주장도 가능하다. 따라서, 이 편지에 그 동안 바울의 친구 혹은 관계자가 된 이 사람들과 이들의 관계자들을 추천하는 내용이 등장하며, 이들이 바울에 앞서 로마로 돌아온 것이라고 말할 수 있다. 이에 따라 유대 사람과 이방인의 관계에 관한 바울의 강조는 로마의 유대인 추방 시기 동안 전반적인 구성원이 이방인으로 교체되었던 로마의 메시아 공동체들과 로마로 돌아오는 유대 민족 출신 메

5 클라우디우스 황제 재위 시기 중에 유대인들이 한때 로마 시에서 추방된 일이 있었다. 이를 기록한 로마 역사가들은 "크레스투스"(Chrestus)의 선동으로 인한 추방이라고 보고한다. 이 사건이 정말로 있었는지 아니면 일부 혼란을 유발한 유대인들만이 추방된 해프닝이었는지에 관해서는 학자들 사이에 논란이 있으나, 어쨌든 사도행전 18 : 2에 기록으로 남겨졌으며 이 기록에는 로마서 16장에도 등장하는 프리스카(브리스가)와 아퀼라(아굴라)의 이름이 언급된다.

시아주의자들 간의 상호환영을 바라는 바울의 추천에서 정점에 이른다.(그리고 어쩌면 이러한 상호환영을 동기로 하는지도 모른다.) 이런 주장은 로버트 주잇(Robert Jewett)에 의해 훌륭하게 개진되었다.

이런 종류의 논쟁은 그저 어느 정도 설득력 있는 재구성을 허용할 뿐이다. 이 주장의 난점은 로마서 전체의 관점에서 볼 때 상당히 곤혹스럽게 여겨지는 구절들의 등장으로 인해 늘어난다. 예를 들어, 로마서 16 : 25 ~ 27의 찬송은 이 편지에서 바울이 논증했던 (그리고 예루살렘에 대한 기부금으로 구체화된) 유대 사람과 이방인의 함께함이 아니라 독점적으로 이방인을 향한 신의 계획을 전망하는 듯하다. 따라서 주잇은 이 찬송이 실린 부분 전체를 대체론적(supersessionist) 특성을 지닌 것으로 치부한다(『로마서 주해』 997 ~ 1002). 게다가 많은 용어들이 (비록 모두는 아니더라도) 바울 이후 문서인 디모데전서나 에베소서를 포함한 1세기 말 문서들의 보다 잘 알려진 표현들로부터 차용된 듯 보인다는 문제도 있다. 마찬가지로 당혹스러운 문제가 로마서 16 : 17 ~ 20a의 경고에 수반되는데, 이 경고는 그 분위기에서 다른 의견을 가진 자들에게 "서로 환영하라"고 말하는 바울의 평화를 원하는 입장과 단적으로 상반된다.(게다가 사탄을 여러분의 발밑에 짓밟히게 한다는 말 또한 제2 바울 서신[6]으로 분류되는 데살로니가후서를 반향하는 듯 보인다.)

이 결론부에서, 나는 이러한 학자들 간의 논쟁을 판정하려 하기보다는, 로마서 논증 전체를 읽는 내 독해의 주제들에 밀접하게 관계된 두 가지 문제를 다룰 것이다. 한 가지 문제는, 바울의 텍스트가 쓰인 이후

6 성서학계에는 바울이 직접 쓴 것으로 추정되는 문서에 관한 논란이 있었다. 현재 정립된 정설에 따를 때, 바울이 직접 쓴 진정 서신은 로마서, 고린도전서, 고린도후서, 데살로니가전서, 갈라디아서, 빌립보서, 빌레몬서 등이며, 바울의 저작인지 논란이 있는 제2 바울 서신은 에베소서, 골로새서, 데살로니가후서 등이고, 분명하게 바울의 저작이 아니라고 추정되는 서신(목회 서신)은 디모데전서, 디모데후서, 디도서 등이다.

수십 년 동안 그리고 실제로 바울 사후 수십 년 동안 상당히 변경되었다면, 이러한 변경이 내가 제시하는 관점에 어떤 의미가 있는지에 관한 것이다. 다른 문제는 바울의 사역에 의해 존재하게 된 사회체와 이에 따른 정치체 혹은 정치와 관련하여 이 장의 대부분을 구성하는 장문의 인사에 등장하는 이름들에서 무엇을 얻을 수 있는지에 관해 숙고하는 것이다. 실제로 이 두 사안은 서로 관련된 문제들로 드러날 것이다.

겉보기에 잡동사니같이 보이는, 받아들이거나 환영해야 할 사람들의 명단을, 혹은 편지 저자가 인사말을 건네는 사람들의 명단을 어떻게 생각해야 할 것인가? 호명된 사람들에 관해, 대부분의 경우 편지 저자가 이 편지에서 제공하는 이름이나 호칭 정도밖에는 다른 지식이 주어지지 않는다. 하지만 이름들의 유래와 바울이 이 이름들과 관련하여 사용하는 말에 충분히 주의를 기울인다면, 바울의 친구나 동료 그리고 이에 따라 바울이 육성하기 위해 노력해온 새로운 사회체의 성격을 보이는데 상당히 유익한 윤곽을 그려낼 수 있을 것이다.

이 자료는 푀베〔뵈뵈, Phoebe〕라는 여성에 대한 추천으로 시작되며, 바울의 동료이자 제국 안에 있는 메시아주의 세포조직들 사이에서 어느 정도 알려진 몇몇 다른 여성의 이름을 포함하고 있다. 푀베는 일종의 "여주인"(patroness)으로 지칭된다(혹자가 생각하는 것처럼, 단지 "돕는 사람(helper)"이 아니라). 다시 말해, 그녀에게는 그녀와 관련된 메시아주의자들에게 어느 정도의 물적 지원을 제공할 재산이 있는 것으로 보인다. 다음으로 프리스카〔브리스가, Prisca. 혹은 프리스킬라, Priscilla〕와 아퀼라〔아굴라, Aquila〕라는 사람들을 대하게 되는데, 그들은 메시아주의 세포조직이 모임을 가지는 "집"의 주인이라고 소개된다. 그들이 부부인지, 오누이인지, 혹은 다른 방식으로 관계된 사람들인지에 관한 이야기는 없다. 사도행전 18장에서 이들에 대한 정보를 얻을 수 있는데, 이들은 부부이며 로마를 떠나 바울과 같은 직업(텐트 제작업)에 종사하는 사람들이다. 그들은 아마도 코린토스〔고린도〕나 에페소스〔에베소〕에서 바울을 어떤 큰 위험에서 구하기 위해 스스로 위험을 감수하기도 한다. 여성(프리스카)을 먼저 언급한다는 점이 특기할 사항인데, 사도행전에서는 이와 반대로 아퀼라를 앞선 자리에 놓는다. 다음으로, 바울이 소중히 아끼는 에파이네토스(에배네도, Epaenetus)에 이어, 마리아(Mary) 혹은 미리암(Miriam)이 등장하는데 그녀는 이 인사말을 담은 편지의 수신자들 사이에서 많은 일을 하는 사람으로 알려져 있다. 다음으로 유니아(우니아, Junia)와 안드로니코스(안드로니고, Andronicus)가 소개되는데, 이들은 사도들의 존경을 받는 사람으로 소개되기보다는 이 사람들 자신이 사도들이라고 지칭된다. 오랜동안 유니아의 여성적 정체성과 사도의 직분을 위장하려는 시도가 있었다. 여성은 사도가 될 수 없었다는 가정 때문에 말이다.

이미 이 시점에, 여성은 메시아적 사역에서 매우 중요한 공역자이자 지도자로 간주되고 있었음을 알 수 있다. 게다가, 우리는 트뤼파에나(드루배나, Tryphaena)와 트뤼포사(드루보사, Tryphosa)라는 여성 동반자들의 이름을 보게 되는데, 이들은 주님을 위한 노역으로 메시아 집단의 지도자로 지칭된다. 추가적으로, 루푸스(루포, Rufus)의 어머니가 언급되는데, 그녀는 또한 편지 저자의 (양)어머니라고 지칭된다. 16:15에서 언급되는 아마도 하나의 구별된 세포조직의 다섯 지도자 중에서는 두 사람이 여성이다(율리(Julia)와 네레우스(네레오, Nereus)의 여동생). 전반적으로 여기에서 얻게 되는 인상은 지도자 직분에 관해 메시아 공동체들 혹은 세포조직들 내에서 남성과 여성을 완전히 평등하게 대우한다는 것이다.

메시아 공동체의 지도자 직분에 관한 젠더적 평등(성 역할 평등, gender equality)은 바울 이후 그리 오래 지속되지 못한다. 실제로, 바울 서신에서 이 사례 및 다른 증거들에 비추어볼 때, 고린도전서 14:33b~36에 기록된 집회 중에 여성들의 발언을 금지하는 이야기는 바울의 입장에 반하는 변화를 위해 바울의 권위를 주장하려고 고안된 삽입구이다.[7] 이는 결과적으로 유니아와 같은 중요한 〔여성〕 사도들의 젠더 또한 기독교가 젠더적 평등을 거부하는 기조로부터 벗어나기 시작한 20세기 후반까지 필사자들과 번역자들에 의해 지속적으로 변조되었다는 의미가 되기도 한다.

바울이 계획하는 메시아적 사회체의 추가적인 흔적은 여기에서 호명된 지도자들 가운데 유대인의 이름과 그리스 출신 이방인의 이름이 뒤섞여 있다는 점에서 드러난다. 주잇은 그리스 지역, 유대아(유대) 지역, 라틴 권역에서 유래한 이름들에서 찾을 수 있는 민족적 정체성을 도표로 정리해 유용한 정보를 제공한다(『로마서 주해』 953). 이름들 대다수(19개)는 그리스 권역에서 유래한 이름들이다. 그중 둘은 유대인의 정체성을 암시하기는 하지만 말이다(안드로니코스(Andronikos)와 헤로디온(Herodion)). 여덟 사람의 이름이 라틴어에서 유래한 이름이지만, 주잇은 이들 중 네 사람의 정체성을 유대인으로 의심한다(아퀼라, 유니아, 루푸스, 그리고 그의 어머니). 난점은 노예들이 (그리고 이전에 노예 신분이었던 해방 노예들이) 일하던 주인집의 이름을 따르기 때문에 정확한 확인이 불가능하다는 것이다.

이름에 기초하여 민족성을 확정하는 데 일정 이상의 난점이 따르기는 하지만, 인사말 및 추천사와 함께 기록된 이 명단에서 알 수 있는 것은 놀랍게도 유대인과 이방인이 메시아 지지에 함께 참여한다는 점이다. 게다가, 바울이 로마서 첫 부분에서 사용하는 그리스인과 야만인의 구분을 받아들인다면, 이 사람들 중 그리스 권역이 아니라 라틴 지역에서 유래한 이름을 지닌 몇 사람은 이방인들 중 "그리스 권역 외 타 지방(barbarian)[8]" 출신인 사람들의 존재를 지시한다.(여기에 페르시아나 파르

7 고린도전서에서 해당 구절을 찾아서 자세히 읽어보면, 14 : 33a까지 교회 내에서 예언과 방언의 은사에 관해 이야기하다가, 14 : 33b～36까지 갑자기 교회에서 여성의 발언을 금지하는 이야기가 나온 이후, 14 : 37에서 다시 예언에 관한 이야기를 하는 기묘한 논리적 단절을 확인할 수 있다.

티아 출신임을 암시하는 페르시스(버시, Persis)라는 이름을 추가할 수 있다.)

그러므로 바울과 그의 동료 및 동역자들이 조성하는 새로운 사회체는 (로마서에서 본 것처럼) 기존의 문화적, 언어적, 심지어 종교적 정체성이 아니라 메시아적 계획과 사명에 대한 공동의 참여에 기초한 사회체를 구성하기 위해 그러한 정체성들을 가로지른다. 이러한 정체성의 가로지름은 기존의 문화적 정체성들을 폐지하는 것이 아니라, 아감벤이 말하는 것처럼, "작동하지 않도록"(inoperative) 만들거나 혹은 비결정적(nondeterminative)으로 만드는 것을 의미한다(『남아 있는 시간』). 혹은 달리 말해서, 이러한 가로지름의 의미는 메시아적 프로젝트로 부름받은 자들이 그들을 갈라놓는 혹은 서로 반목하게 하는 그러한 정체성들로부터 "분리되는"(uncoupled) 것이다(지젝, 『무너지기 쉬운 절대성』 123~130).

우리는 나르키소스(나깃수, Narcissus)에 속한 노예들과 아리스토불로스(아리스도불로, Aristobulus)에 속한 노예들로 이루어진 별개의 두 "회중"(congregations) 혹은 세포조직들을 확인할 수 있다. 그리스어 원문은 이 두 회중이 앞에서 언급된 두 사람에게 속한다는 이야기만 하고 있으며, 이 두 사람이 지도자나 회중에 속한 사람이라는 언급은 없다. 번역자들은 보통 바울이 인사말을 남긴 사람들이 앞에서 언급된 두 인물의 가족이라는 가정을 삽입했다. 하지만 그들이 가족이라거나 심지어 집안 사람임을 시사하는 바도 없다. 그보다는 나르키소스의 사람들 혹은 그에게 속한 사람들은 그의 노예들 중 몇 사람이라고 보는 편이 보다 자연스러우며, 아리스토불로스의 사람들 혹은 그에게 속한 사람들에게도 같은 이야기가 적용된다. 따라서 여기에는 메시아 운동과 관련이 없는,

8 barbarian이라는 말은 일반적으로 야만인으로 번역되나, 원래 문명을 모르는 사람이라는 의미 보다는 '헬라어 권역 출신자가 볼 때 헬라어를 모르는 타 지역 사람들'을 의미한다.

상당한 힘을 가진 노예 소유주들에게 딸린 노예들로 (혹은 노예들 중 일부로) 구성된 두 개의 세포조직이 있는 것이다.

이에 더해서 두 개의 다른 집단이 있다는 이야기를 들을 수 있다. 아쉰크리토스〔아순그리도, Asyncritus〕, 플레곤〔블레곤, Phlegon〕, 헤르메스〔허메, Hermes〕, 파트로바스〔바드로바, Patrobus〕, 헤르마스〔허마, Hermas〕 등이 함께 지도하는 "형제들"(혹은 동지들)의 집단과 필로로고스〔빌롤로고, Philologus〕, 율리아(Julia), 네레우스〔네레오, Nereus〕, 그의 여동생, 올림파스〔올름바, Olympas〕 등이 집단적으로 지도하는 "성도들"의 집단이 그들이다. 여기에서 알 수 있는 것은 우선 일종의 집단적인 혹은 공유된 지도자 직분의 암시인데, 주잇은 이것이 그가 "공동주택 형태의 교회"(tenement churches)라 지칭하는 형태에서 특징적으로 나타난다고 생각한다.(이는 공동체의 경제적으로 보다 여유 있는 구성원들의 집이나 아파트에서 형성되는 "가정 교회"(house churches)와 구별되는 개념이다.) 주잇에 따를 때 이 명단에 기록된 이름은 모두 노예적 배경과 관련된 이름일 개연성이 크며, 이는 그들이 노예들이거나 혹은 비천한 신분에서 해방된 사람들이라는 점을 암시한다.

노예 또는 이전에 노예 신분이었음을 암시하는 듯 보이는 다른 이름들로는 헤로디온, 암플리아토스〔암블리아, Ampliatus〕, 우르바누스〔우르바노, Urbanus〕, 스타쿠스〔스다구, Stachys〕, 트뤼파니아〔드루배나, Trypania〕 등이 있다. 이름이나 다른 호칭에서 노예 신분이 드러나지 않는 사람들은 푀베, 루푸스와 그의 어머니, 프리스카 등이다. 아무튼 우리는 메시아주의 세포조직이 흔히 사회의 가장 낮은 신분 집단들 사이에서 구성되었다는 점과 어떤 집단들은 전적으로 특정한 주인들에게 속한 노예들로 이루어진 집단들인 데 반해 다른 집단들은 노예들과 노예 신분에서 해방된 사람들을 포함하며 집단 지도체제로 운영되었을 수도 있다는 점을 알게 된다. 자유민의 후손이나 해방 노예를 막론하고, 경제적으로 보다 여유를 가진 사람들 또한 공동체 혹은 세포조직을 형성했다. 이 인사말들의 집합이 그려내는 것은 무조건적인 환영과 친밀한 교제가 퍼져나가야 한다는 것이다. 이런 방식으로 그들은 이미 로마의 도시들에 산재한 슬럼과 아파트 등에서 형태를 갖춰가고 있던 새로운 메시아적 정의의 도래에 대해 극적인 증거를 제시한다.

바울이라는 이름을 둘러싸고 커져가는 개인 숭배 비슷한 어떤 것을 고려하면, 바울의 사역이 결코 홀로 이룬 일이 아님을 인식하는 것이 중요하다. 그는 동료들과 함께 일하고, 그와 다른 사람들을 함께 묶는 애정과 협력의 유대를 고수한다. 이를테면 여기에서도 몇 사람이 바울에게 소중한 사람들이라고 불려진다. 에파이네토스, 암플리아토스, 스타쿠스, 그리고 페르시스(이들 중 홍일점!)가 그 사람들이다.

바울이 강한 의미의 협력을 강조하는 한 가지 방식은 예를 들어 프리스카, 아퀼라, 우르바누스의 경우와 같이 개인들을 "공역자들"(coworker)로 확인하는 것이다. 이는 바울이 빈번하게 사용하며, 빌레몬서, 빌립보서를 비롯한 다른 편지들에서도 나타나는, 이 용어의 여러 사용처들 중 한 가지 사례다. 게다가 바울은 여러 개인들을 동료 투사들(militants)(보통 동료 병사들(soldiers)로 번역되는), 동료 죄수들 등으로 확인한다. 일반적으로 바울은 모든 사람이 동료 노동자, 다시 말해 메시아적 사업을 위해 함께 일하는 동반자라고 가정한다. 바디우는 이러한 공역자(*synergon*) 됨의 강조가 바울 사역의 평등주의적(egalitarian) 성격을 드러내는 중요한 표지라고 말한다. "주인의 형상이 무너져내린 곳에서 노동자의 형상과 평등의 형상이 결합되었다. 모든 평등은 하나의 사역에 함께 귀속되는 평등이다"(『사도 바울』 60). 그러므로 바울이 사용하는 어법의 한 가지 특징적인 부분은 그리스어로 *syn*-(공-)이라는 접두어가 붙은 너무나 많은 복합 용어들의 창안적인 사용일 것이다.

일부 학자들이 초기 세포조직의 표준적인 형식이 집회 장소의 소유자 혹은 임차인이 공동 식사를 후원하고 아마도 조직 내에서 어떤 지도적인 직분을 수행했을 것으로 추정되는 (예를 들어 푀베나 프리스카와 아퀼라의 "집"과 같은) 가정 교회 — 혹은 이보다는 아파트 형태의 교회 — 였을 것으로 추정하는 반면, 주잇이 "공동주택 형태의 교회"로 확인하는 다른 형식의 조직들은 보다 공동체적인(more communal) 형식과 집단 지도체제를 갖추고 있었을 것이다.(아리스토불로스와 나르키소스의 노예들 그리고 14절과 15절에서 확인되는 다섯 명의 지도자가 있는 두 공동체가 여기에 해당한다.)

바울은 가정 교회나 공동주택 형태 교회의 차이와 관련하여 어느 편의 특정한 "정치체"도 고집하지 않는 듯 여겨진다. 오히려 바울은, 이 집단들이 그들 사이에 그가 목표하는 사랑을 구현하며 이 집단들 간의 관계에서 이와 같은 사랑과 관대함과 환대가 나타나는 이상, 이 집단들이 어떻게 형성되는지에 관한 문제에는 무관심했던 것으로 보인다.

주잇과 같은 주장 — 이 지도자들과 세포조직들을 로마에 위치시키는 — 에 동의하든 아니면 케제만과 같은 주장 — 이들이 에페소스에서 인사말이 담긴 편지를 받는다는 주장으로 기우는 — 에 동의하든, 바울과 그의 동료들이 조성해낸 메시아적 사회체의 놀라운 성격을 어느 정도 엿볼 수 있다(비록 거울에 비춰 보듯 어둡게 보더라도). 이 집단들은 여성들 혹은 남성들 혹은 남녀 모두에 의해 시작되고 지도되었을 것이다. 이 공동체들에서 수행된 역할은 젠더가 아니라 그러한 메시아주의 세포조직들을 시작하고 지도한 사람들의 특정한 은사(선물, gifts)에 따라 결정된다.

무엇보다 대체로 이교도 출신자로 구성된 집단들과 주로 유대 민족 출신자로 이루어진 집단들은 함께 일하며, 민족적·종교적 구분을 극복해나간다. 몇몇 집단은 전체 혹은 대다수가 노예로 구성되며, 다른 집단들은 노예와 해방 노예 신분의 자유민이 섞여 있고, 또 다른 집단들은 완전한 시민권을 누리는 자유민 후원자들에 의해 지도된다. 따라서 계급, 젠더, 민족적 "위치"와 관련한 매우 큰 다양성이 있다. 물론 주로 도시의 하층 계급과 관련하여 이루어진 다양성이기는 하지만 말이다.

이들은 모두 "거룩한 입맞춤"으로 서로 문안하는데, 이러한 인사법은 일반적으로 가족과 같은 친밀한 구성원들 사이에서만 주고받던 방식이다. 그러므로 같은 세포조직의 구성원들 간에 그리고 다른 세포조직의 구성원들 간에 놀랄 만한 친밀함이 있다는 점을 알 수 있다. 다양한 종류의 사람들이 메시아적 희망으로 그리고 이미 지금의 시간(now-time)에 그들이 부름을 받고 빠져나온 오래된 사회질서에 극적으로 상반되는 삶의 형태를 살아갈 기획을 가지고 함께 구성한 공동체 안에 말이다.

우리는 앞에서 후대에 이 텍스트의 필사자들에게 (그리고 번역자들에게) 이러한 이름들과 관련해 바울의 놀랍도록 포괄적인 정치체의 범위를 축소하려는 경향이 있었다고 언급한 바 있다. 공동체의 가장 중요한 구성원들과 지도자들 사이에 여성들이 포함된다는, 당시 문화에 반하는 사실은 새로 출현한 기독교가 제국적 (그리고 후대의) 사회질서에서 나타나는 보다 안전한 가부장적 규범에 동화되면서 철저히 덮인다. 이보다는 잘 드러나지 않지만 여전히 주목할 만한 사안은 다른 민족이나 문화적 유래와 계급적 지위에 속한 사람들의 함께함(togetherness)이 감소하는 경향이 있었다는 점이다. 이 인사말을 담은 글을 통해 엿볼 수 있는 철저하게 평등주의적인 사회체는 상당히 이른 시기에 이미 훼손되어버린 것으로 보인다.

하지만 훼손이 있었다는 바로 이 사실이 바울의 메시아적 기획의 급진적인 정치적 중요성을 증언한다. 이런 훼손은 그 자체로 바울의 메시아적 기획을 〔오래된〕 사회질서 — 새로운 종류의 인류로 이루어진, 새로운 정치의 전위 세포들을 담고 있는 숙주였던 — 에 정치적으로 수용하기 더 쉬운 형태로 변조하기 위한 것이었다.

지금 우리는 앞에서 표시한 "삽입구들"에서 유사한 과정이 진행 중임을 볼 수 있다. 이러한 삽입구들은 전반적으로 바울의 서신들을 변조하고 어쩌면 탈급진화(deradicalize)하는 경향이라는 보다 넓은 작업틀 내부에서 볼 필요가 있다. 게다가, 현재 바울의 진정 서신으로 인정받는 문서들과는 완전히 다른 성격을 띤다고 여겨지는 다른 문서들이 바울이 쓴 것으로 널리 통용되고 있다. 이 텍스트들(제2 바울 서신과 목회 서신)이 그 자체로 가치가 없는 것은 아니다. 하지만 이 편지들은 틀림없이 바울의 포용성을 결정적으로 축소하는 경향을 보인다.

또한 역사에 비추어, 마르키온의 사례에서 일어난 바울에 관한 투쟁에 주목할 수 있을 것이다. 일반적으로 받아들여지는 사실은 마르키온이 로마에서 이방인의 기독교를 창설하고, 유대 민족의 텍스트, 사회, 관습의 뿌리에 연결된 매듭을 끊어버리려 했다는 것이다. 이 시도에서, 마르키온은 바울 서신들을 받아들여 이를 수정한다. 갈라디아서라면 괜찮다고 봤겠지만, 로마서의 경우에는 (특히 로마에 살았던 그에게) 분명한 장애였다. 마르키온은 로마서를 조작하며, 특히 15장과 16장을 제거한다. 이에 따라 16장에 등장하는 유대인들의 이름은 기독교 초기의 마르키온의 역사에서 삭제되었다. 이스라엘의 배제를 위한 이방인의 사명을 강조하는 결말부의 찬송은 마르키온주의의 영향 아래 쓰인 것으로 보인다. 이 찬송부의 시각은 이방인의 포함을 신의 "신비"로 간주하는데, 이는 편지 본문에서 이방인의 포함을 이스라엘 전체의 포함을 향한 우회로 이해하는 내용과 배치되는 것이다.

아리스토불로스와 나르키소스를 각각 (허락이나 후원 없이 자신들끼리 메시아주의 세포조직을 형성한 노예들의 주인이 아니라) 다른 기독교 집안의 "가장"으로 만들어, 노예로 구성된 두 공동체를 지워버리는 결과를 낳은 번역가들의 번역 방식도 바울의 메시아적 사회체와 정치에 내재하는 급진적인 성격을 약화시키거나 지워버리는 데 일조한다.

이로부터 배울 수 있는 것은 무엇인가? 한 가지는 바울의 편지들 자체가 일종의 정치적인 다이너마이트 같은 것으로, 조심스럽게 취급되어야 했을 것이라는 점이다. 게다가, "바울"은 퇴색된 권위의 인물상이 되어, 메시아적 기획과 관련될 위험 없이 여러 측면에서 바울 견해와의 관련성을 주장하고자 하는 자들이 그의 생각을 변경하고 그의 이름을 전유하는 작업의 대상이 된다.

여기에서 데리다의 자가면역(autoimmunity)[9]에 관한 고찰에 의지하여 이러한 정치적 현실을 해명해보자. 데리다에게 결정적으로 정치적인 희망을 방향 짓는 방편으로, 곧 정의의 요청과 요구를 향한 정향으로 기능하는 "도래할 민주주의"에 관한 고찰에서, 그는 모든 현실적으로 실존하는 민주주의를 더 큰 포괄성으로 전환하기 위한 길을 찾는 끊임없는 탐색에서 혹은 민주주의 자체를 유지하거나 보존하기 위한 시도에서 민주주의가 그 자체를 내부로부터 침식하게 되는 방식들에 관해 의문을 품는다(『불량배들』 36). 이 문제의 한 측면은 민주주의적인 기풍(ethos)이 반민주주의적인 견해나 운동을 환영하거나 혹은 이에 자리를 내줘야 하는 것인지에 관한 질문일 것이다. 그 핵심적 요지는 이것이 근본적으로 해결할 수 없는 이중구속(double bind)이라는 점이다. 만일 민주주의가 어떤 근본적인 측면에서 민주주의의 이름으로 민주주의에 반대하는 의견을 침묵하게 한다면, 민주주의는 이미 그 자체의 가치를 공격한 셈이다. 그러나 민주주의가 반민주주의적 운동을 제한하지 않는다면, 민주주의는 당연히 그 운동에 압도되어 다시 민주주의 자체를 잃게 될 것이다.

바울의 경우, 만일 바울의 평등주의적 실험이 수그러들지 않는다면, 외부 세력이 분명히 이 실험을 파괴하려 들 것이며 이에 성공할 개연성이 있다. 그러한 세력과 타협한다면, 운동이 살아남기는 하겠지만 그 자체의 가장 큰 특성을 잃게 될 것이었다. 혹은, 메시아적 기획의 이름으로 현재의 제국적 조건 아래 그 기획을 현실화할 방식에 관한 대안적 의견을 침묵하게 한다면, **서로를 환영하되 의견에 관해 논쟁하지 말라**는 원칙은 어떻게 되는 것인가? 예컨대, 오로지 "강한 자들"(이를테면 페

9 자가면역(autoimmuity)이란 외부에서 들어온 세균들의 항원에 맞서 싸워야 할 체내 면역세포가 자기 몸의 항원을 공격하는 면역기능의 이상작용을 말한다.

미니스트들)만이 옳고 다른 사람들은 자기 의견을 표현하거나 영향력을 가질 수 없도록 해야 한다고 말한다면, 이는 민주주의적 기획을 내부로부터 침식할 것이다. 반면, 그러한 반민주주의적 의견들이 표현될 뿐만 아니라 다양한 이유 때문에 영향력을 혹은 심지어 지배권을 얻는다면, 이 또한 메시아적 기획을 치명적으로 훼손할 것이다. 그리고 물론 이는 동등한 투쟁이 아닌데, 그 이유는 보다 독재적이거나 좁은 사회체를 선호하는 자들은 다른 의견을 지닌 자들을 배제하는 데 거리낌이 없기 때문이다. 따라서 이 투쟁은 언제나 불평등하며, 민주주의적이거나 포용적인 견해는 언제나 바로 그 자체의 민주주의적 정신(ethos)으로 인해 쓰러지게 된다.

그런데 잠깐만 생각해보자. 이것이 이 사안에 관해 말할 수 있는 전부라면, 이 투쟁에는 희망이 없다. 분명히, 투쟁의 지속은 말할 것도 없이, 애초에 이 투쟁이 어떻게 시작될 수 있는지조차 이해할 수 없을 것이다. 무엇이 이 새로운 사회체에 대한 소망을 일깨우는가? 우리의 경우에, 그것은 어쩌면 이 훼손된 텍스트 자체인지도 모른다. 바울의 텍스트들을 후대의 맥락이나 혹은 다른 맥락에서 보다 수용 가능한 형태로 그리고 어쩌면 폭발력이 덜한 형태로 조작하는 삽입구와 텍스트 수정은 또한 이 텍스트들을 보존하는 역할을 한다. 여전히 폭발적인 잠재성을 함께 간직한 채로 말이다. 바울의 이름으로 평등주의적 경향이 덜한 교회적 맥락에서 대답하는 다른 서신들은 이러한 보다 전복적인 텍스트들의 권위를 주장하고 유지하는 것을 희생하며 기록된 것이다. 이러한 훼손에 대해 바울의 권위를 주장하려는 시도는 그 자체로 여전히 바울의 권위를 나타내거나 심지어 이를 강화하게 되며, 이에 따라 의도치 않은 방식으로 그의 덜 권위적이며 보다 사회적으로 (그리고 신학적으로) 급진적인 목소리가 여전히 울리게 한다. 즉, 이 급진적인 성향이 덜한 입장들을 구성하여 이를 보존하고자 하는 시도는 메시아적 정치에 다시 한 번 분출될 기회를 허용하는 위험을 안고 있는 것이다. 반민주주의적 충동 또한 그 자체로 자가면역의 위기를 안고 있다. 혹은 데리다가 언급하는 그대로, "이제 우리는 억압이 정신분석적 의미에서 그리고 정치적 의미에서 — 경찰, 군대, 혹은 경제 중 어떤 것을 통해서든지 — 무장해제시키고자 하는 바로 그것을 생산하고, 재생산하고, 재건하는 결과에 이르게 됨을 알게 된다"(「자가면역」 99).

메시아적 기획을 보호하려는 시도들은 메시아적 기획 자체를 치명적으로 훼손한다. 그러나 심지어 이렇게 손상되더라도, 그리고 때로 반대의 의미로 곡해되더라도, 이 기획은 여기저기에서 여전히 모든 형태의 지배와 구분에 대한 투쟁을 이어나가는 그 희망의 불꽃을 발한다. 이 텍스트들은 결코 기존의 사회질서에 완전히 무해하도록 다듬어진 적이 없다. 이 텍스트들의 폭발적인 잠재성은 여전히 메시아적 정의의 요청과 요구에 대한 들음을, 염원을, 충성을 일깨운다. 이 텍스트들을 보존한 것은 그 잠재력을 억누른 자들이다. 이 텍스트들을 무해한 것으로 만들려는 시도는 이 텍스트들을 제거하거나 완전하게 침묵하도록 하지 못했다. 그래서 이 텍스트들의 독해는 여전히 지속되며, 그 대담한 주장들의 해석은 여전히 이어져, 희망과 굽히지 않는 충실성(fidelity)을 일깨울 것이다. 그리고 그 투쟁은 다시 시작된다.

그 투쟁의 여러 이름들 중 하나는 민주주의라는 이름이다. 민주주의의 의미에 관한 저술을 남기며, 데리다는 민주주의에게는 어떠한 철학적인 친구들도 없었다고 언급하며 니체를 지적한다. 민주주의에 대한 니체의 경멸은 바울을 향한 적개심만큼이나 강한 (그리고 어쩌면 이 적개심에 의해 야기된) 것이었고, 이는 특히 "약함을 힘으로 바꾼 바울의 도착(perversion)"에 관한 적개심이었다(고린도전서 1~3장 참조). 데리다는 이어서 말하기를, "어떠한 다른 형식의 민주주의보다, 사회민주주의나 대중민주주의보다, 기독교민주주의는 민주주의의 적들을 환영해야 한다. 그들에게 다른 뺨을 돌려대고, 환대를 제공하며, 표현의 자유와 반민주주의자에게 투표할 권리를, *민주주의 자체*의 분명한 과장법적 본질에, 그 어느 때보다 자가면역적인 본질에 일치하는 어떤 것을 부여해야 한다. 만일 언제라도 '그 자체'가 있으려면, 정말로 민주주의가 있고 따라서 이 이름에 합당한 기독교민주주의가 있으려면 말이다"(『불량배들』 41). 그러므로 바울의 메시아적 기획은 심지어 "민주주의 자체"로 확인될 수도 있다. 당연히 결코 실존한 적은 없으나 도래할 민주주의로 언제나 남아 있는 그러한 민주주의로 말이다. 혹은 바울이 말했던 것처럼, "신적인 정의"로 말이다.

참고 문헌

그레고리우스 [니사의]. 「종교적 가르침에 관한 설교」, 『후기 교부들의 그리스도론』

Gregory of Nyssa. "An Address on Religious Instruction", Cyril C. Richardson ed. & trans., *Christology of the Later Fathers*, Edward R. Hardy ed., pp. 268~325, Philadelphia: Westminster, 1954.

나노스, 마크. 『로마서의 신비: 바울 서신의 유대교적 맥락』

Nanos, Mark. *The Mystery of Romans: The Jewish Context of Paul's Letter*, Minneapolis, MN: Fortress, 1996.

낭시, 장뤽. 『복수의 단독적 존재』

Nancy, Jean Luc. *Being Singular Plural*, Robert D. Richardson & Anne E. O'Byrne trans., Stanford, CA: Stanford University Press, 2000.

________. 『나를 만지지 마라: 몸의 들림에 관한 에세이』 [한국어 판: 이만형·정과리 옮김, 문학과지성사, 2015]

________. *Noli me tangere: On the Raising of the Body*, Sarah Clift & Pascale-Anne Brault & Michael Naas trans., New York: Fordham University Press, 2008.

________. 『무위의 공동체』 [한국어 판: 박준상 옮김, 인간사랑, 2010]

________. *The Inoperative Community*, Peter Connor ed., Minneapolis: University of Minnesota Press, 1991.

________. 『울타리 치우기: 기독교의 해체』
________. *Dis-enclosure: The Deconstruction of Christianity*, Bettina Bergo & Gabriel Malenfant & Michael B. Smith trans., New York: Fordham University Press, 2008.

니부어, 라인홀드. 『도덕적 인간과 비도덕적 사회: 윤리와 정치의 연구』 [한국어 판: 이한우 옮김, 문예출판사, 2004]
Niebuhr, Reinhold. *Moral Man and Immoral Society: A Study in Ethics and Politics*, New York: Scribner's, 1932.

니체, 프리드리히. 『아침놀: 도덕성에 관한 사유들』 [한국어 판: 박찬국 옮김, 니체전집 10, 책세상, 2004]
Nietzsche, *Friedrich. Daybreak: Thoughts on the Prejudices of Morality*, R. J. Hollingdale ed., Cambridge: Cambridge University Press, 1997.

________. 『우상의 황혼·안티크리스트』 [한국어 판: 백승영 옮김, 니체전집 15, 책세상, 2002]
________. *The Twilight of the Gods and The Anti-Christ*, R. J. Hollingdale trans., London: Penguin Books, 1990.

데리다, 자크. 『아듀: 에마뉘엘 레비나스에게』 [한국어 판: 문성원 옮김, 『아듀 레비나스』, 문학과지성사, 2014]
Derrida, Jacques. *Adieu: To Emmanuel Levinas*, Pascale-Anne Brault & Michael Naas trans., Stanford, CA: Stanford University Press, 1999.

________. 「법 앞에서」, 『문학의 행위』 [한국어 판: 정승훈·진주영 옮김, 문학과지성사, 2013]
________. "Before the Law", *Acts of Literature*, Derrick Attridge ed., pp. 181~220, New York: Routledge, 1992.

________. 「법의 힘: '권위의 신비한 토대'」, 『종교의 행위들』 [한국어 판: 진태원 옮김, 『법의 힘』, 문학과지성사, 2004]
________. "The Force of Law: The 'Mystical Foundations of Authority'", *Acts of Religion*, Gil Anidjar ed., pp. 228~298, New York: Routledge, 2001.

________. 「자가면역: 실재적인 그리고 상징적인 자살들」, 『테러 시대의 철학: 위르겐

하버마스와 자크 데리다와의 대담』 [한국어 판: 손철성 외 옮김, 『테러 시대의 철학: 하버마스, 데리다와의 대화』, 문학과지성사, 2004]
________. "Autoimmunity: Real and Symbolic Suicides", *Philosophy in a Time of Terror: Dialogues with Jürgen Habermas and Jacques Derrida*, Giovanna Boarradori ed., pp. 85~136, Chicago: University of Chicago Press, 2003.

________. 「정의들」
________. "Justices", Peggy Kamuf trans., *Critical Inquiry* 31.3 (Spring 2005): pp. 689~721.

________. 『동물, 고로 나는 존재한다』
________. *The Animal That Therefore I Am*, David Wills trans., New York: Fordham University Press, 2008.

________. 『마르크스의 유령들: 부채의 국가, 애도의 작업, 그리고 새로운 인터내셔널』 [한국어 판: 진태원 옮김, 그린비, 2014]
________. *Specters of Marx: The State of the Debt, the Work of Mourning, and the New International*, Peggy Kamuf trans., New York: Routledge, 1994.

________. 『불량배들: 이성에 관한 두 개의 시론』 [한국어 판: 이경신 옮김, 휴머니스트, 2003]
________. *Rogues: Two Essays on Reason*, Pascale-Anne Brault & Michael Naas trans., Stanford, CA: Stanford University Press, 2005.

________. 『우편엽서: 소크라테스로부터 프로이트와 그 이후까지』
________. *The Postcard: From Socrates to Freud and Beyond*, Alan Bass trans., Chicago: University of Chicago Press, 1987.

________. 『이름에 관하여』
________. *On the Name*, Thomas Dutoit ed., David Wood & John P. Leavey Jr. & Ian McLeod trans., Stanford, CA: Stanford University Press, 1995.

________. 『정신에 대해서: 하이데거와 문제』 [한국어 판: 박찬국 옮김, 동문선, 2005]
________. *Of Spirit: Heidegger and the Question*, Geoffrey Bennington & Rachel Bowlby trans., Chicago: University of Chicago Press, 1989.

________. 『죽음의 선물』
________. *The Gift of Death*, 2nd. ed., David Wills trans., Chicago: University of Chicago Press, 2008.

________. 『협상들: 개입들과 인터뷰들, 1971~2001년』
________. *Negotiations: Interventions and Interviews, 1971~2001*, Elizabeth Rottenberg trans., Stanford, CA: Stanford University Press, 2001.

________. 「누에」, 『종교의 행위들』
________. "A Silkworm of One's Own", *Acts of Religion*, Gil Anidjar ed., pp. 309~355, New York: Routledge, 2001.

데리다, 자크·뒤푸르망텔, 안. 『환대에 대하여』 [한국어 판: 남수인 옮김, 동문선, 2004]
Derrida, Jacques & Dufourmantelle, Anne. *Of Hospitality*, Rachel Bowlby trans., Stanford, CA: Stanford University Press, 2000.

데리다, 자크·루디네스코, 엘리자베스. 『어떤 내일을 위해…: 대화』
Derrida, Jacques & Roudinesco, Elisabeth. *For What Tomorrow…: A Dialogue*, Jeff Fort trans., Stanford, CA: Stanford University Press, 2004.

두지나스, 코스타스·지젝, 슬라보예 편집. 『공산주의의 이념』
Douzinhas, Costas & Žižek, Slavoj eds., *The Idea of Communism*, New York: Verso, 2010.

디오 카시우스. 『로마사』
Dio Cassius. *Roman History*, Earnest Cary trans., Loeb Classical Library, Cambridge, MA: Harvard University Press, 1924.

『디오그네투스에게 보내는 편지』 [한국어 판: 서공석 옮김, 『디오그네투스에게』, 분도출판사, 2010]
Epistle to Diognetus, in *The Apostolic Fathers: Greek Texts and English Translations of Their Writings* 2nd ed., Michael W. Holmes ed., J. B. Lightfoot & J. R. Harmer trans., Grand Rapids, MI: Baker, 1992.

라캉, 자크. 『정신분석의 윤리』
Lacan, Jacques. *The Ethics of Psychoanalysis*, Jacques Alan Miller ed., Dennis Porter

trans., New York: W. W. Norton, 1992.

레비나스, 에마뉘엘. 『어려운 자유: 유대교에 관한 시론들』
Levinas, Emmanuel. *Difficult Freedom: Essays on Judaism*, Seán Hand trans., Baltimore: Johns Hopkins University Press, 1990.

________. 『신, 죽음, 그리고 시간』 [한국어 판: 김도형 외 옮김, 그린비, 2013]
________. *God, Death, and Time*, Bettina Bergo trans., Stanford, CA: Stanford University Press, 2000.

________. 『전체성과 무한성: 외부성에 관한 시론』
________. *Totality and Infinity: An Essay on Exteriority*, Alfonso Lingis trans., Pittsburgh, PA: Duquesne University Press, 1969.

________. 『정신에 도래하는 신에 관하여』
________. *Of God Who Comes to Mind*, Bettina Bergo trans., Stanford, CA: Stanford University Press, 1998.

로이스, 조사이어. 『기독교의 문제』
Royce, Josiah. *The Problem of Christianity*, Chicago: University of Chicago Press, 1968.

로크, 존. 『갈라디아서, 고린도전후서, 로마서, 에베소서에 관한 쉽게 풀어 쓴 번역 및 주석』
Locke, John. *A Paraphrase and Notes on the Epistles of St. Paul to the Galatians, 1 and 2 Corinthians, Romans, Ephesians*, 2 vols., Arthur W. Wainwright ed., Oxford: Clarendon, 1987.

루빈, 게일. 「여성들의 있어서의 교환: '성의 정치경제학'에 관한 주석'」, 『여성들의 인간학을 향해서』 [한국어 판: 임옥희 외 옮김, 『일탈』, 현실문화, 2015]
Rubin, Gayle. "The Traffic in Women: Notes on the 'Political Economy of Sex'", *Toward an Anthropology of Women*, Reyna Reiter ed., pp. 157~185, 198~200, New York: Monthly Review Press, 1975.

마르크스, 카를. 『헤겔 법철학 비판에 대한 기여』 [한국어 판: 강유원 옮김, 『헤겔 법철학 비판』, 이론과실천, 2011]

Marx, Karl. Contribution to the Critique of Hegel's Philosophy of Right, in The *Marx-Engels Reader*, 2nd ed., Robert C. Tucker ed., New York: Norton, 1978.

마리옹, 장뤽. 『존재 없는 신: 텍스트-외부』
Marion, Jean-Luc. *God Without Being: Hors-Texte*, Thomas Carlson trans., Chicago: University of Chicago Press, 1991.

미란다, 호세 포르피리오. 『마르크스와 성서: 억압의 철학 비판』
Miranda, Jose Porfrio. *Marx and the Bible: A Critique of the Philosophy of Oppression*, John Eagleson trans., Maryknoll, NY: Orbis, 1974.

바디우, 알랭. 『윤리학: 악의 인식에 관한 시론』 [한국어 판: 이종영 옮김, 『윤리학: 악에 대한 의식에 관한 에세이』, 동문선, 2001]
Badiou, Alain. Ethics: *An Essay on the Understanding of Evil*, Peter Hallward trans., London: Verso, 2001.

________. 『성 바울: 보편주의의 정초』 [한국어 판: 현성환 옮김, 『사도 바울』, 새물결, 2008]
________. *Saint Paul: The Foundation of Universalism*, Ray Brassier trans., Stanford, CA: Stanford University Press, 2003.

바르트, 카를. 『교회교의학』 2권, 『신의 교리』 2부 [한국어 판: 황정욱 옮김, 대한기독교서회, 2007]
Barth, Karl. *Church Dogmatics,* Vol. 2, *The Doctrine of God,* pt. 2, G. W. Bromiley & T. F. Torrance eds., G. W. Bromiley et al. trans., Edinburgh: T & T Clark, 1957.

________. 『로마서』 [한국어 판: 조남홍 옮김, 『로마서 강해』, 한들출판사, 1997]
________. *The Epistle to the Romans* 6th ed., Edwyn C. Hoskins trans., New York: Oxford University Press, 1968.

벤야민, 발터. 「폭력 비판」, 『성찰들: 시론들, 경구들, 자전적 저술들』 [한국어 판: 최성만 옮김, 『역사의 개념에 대하여/폭력비판을 위하여』, 도서출판 길, 2008]
Benjamin, Walter. "Critique of Violence", *Reflections: Essays, Aphorisms, Autobiographical Writings*, Peter Demetz ed., pp. 277~300, New York: Schocken, 1978.

________. 「신학-정치학 단편」, 『성찰들: 시론들, 경구들, 자전적 저술들』 [한국어 판: 최성만 옮김, 『역사의 개념에 대하여/폭력비판을 위하여』, 도서출판 길, 2008]
________. "Theological-Political Fragment", *Reflections: Essays, Aphorisms, Autographical Writings*, Peter Demetz ed., pp. 312~313, New York: Schocken, 1978.

________. 「역사철학에 관한 테제들」, 『조명들: 시론들과 성찰들』 [한국어 판: 최성만 옮김, 『역사의 개념에 대하여/폭력비판을 위하여』, 도서출판 길, 2008]
________. "Theses on the Philosophy of History", *Illuminations: Essays and Reflections*, Hannah Arendt ed., pp. 253~264, New York: Schocken, 1968.

보어스, 헨드리커스. 『이방인들의 칭의: 바울의 갈라디아서와 로마서』
Boers, Hendrikus. *The Justifcation of the Gentiles: Paul's Letters to the Galatians and Romans*, Peabody, MA: Hendrikson, 1994.

브르통, 스타니슬라스. 『바울의 급진적 철학』
Breton, Stanislas. *A Radical Philosophy of Paul*, Joseph N. Ballan trans., New York: Columbia University Press, 2011.

수에토니우스. 『열두 황제들』 [한국어 판: 조윤정 옮김, 『열두 명의 카이사르』, 다른세상, 2009]
Suetonius. *The Twelve Caesars*, Michael Grant ed., Robert Graves trans., New York: Penguin, 1979.

스타크, 로드니. 『기독교의 발흥: 역사에 관한 한 사회학자의 재고』 [한국어 판: 손현선 옮김, 좋은씨앗, 2016]
Stark, Rodney. *The Rise of Christianity: A Sociologist Reconsiders History*, New York: Harper, 1997.

스텐달, 크리스터. 『유대인들과 이방인들 사이의 바울』 [한국어 판: 강혜란 옮김, 『유대인과 이방인의 사도 바울』, 순신대학교출판부, 1995]
Stendahl, Krister. *Paul Among Jews and Gentiles*, Philadelphia, PA: Fortress Press, 1976.

스토워스, 스탠리 K.. 『로마서 다시 읽기: 정의, 유대인들, 그리고 이방인들』
Stowers, Stanley K.. *A Rereading of Romans: Justice, Jews, and Gentiles*, New Haven, CT: Yale University Press, 1994.

스피노자, 바뤼흐. 『신학-정치학 논고』 [한국어 판: 강영계 옮김, 『신학-정치론』, 서광사, 2017]
Spinoza, Baruch. *Theological-Political Treatise* 2nd ed., Samuel Shirley trans., Indianapolis, IN: Hackett, 2001.

아리스토텔레스. 『정치학』 [한국어 판: 김재홍 옮김, 도서출판 길, 2017]
Aristotle. *Politics*, in *The Basic Works of Aristotle*, Richard McKeon ed., Benjamin Jowett trans., New York: Random House, 1941.

아감벤, 조르조. 『열림: 인간과 동물』
Agamben, Giorgio. *The Open: Man and Animal*, Kevin Attell trans., Stanford, CA: Stanford University Press, 2004.

________. 『언어의 성사: 맹세의 고고학』 [한국어 판: 정문영 옮김, 새물결, 2012]
________. *The Sacrament of Language: An Archaeology of the Oath*, Adam Kotsko trans., Stanford, CA: Stanford University Press, 2011.

________. 『예외상태』 [한국어 판: 김항 옮김, 새물결, 2009]
________. *State of Exception*, Kevin Attell trans., Chicago: University of Chicago Press, 2005.

________. 『남아 있는 시간: 로마인들에게 보낸 편지에 대한 주석』 [한국어 판: 강승훈 옮김, 『남겨진 시간』, 코나투스, 2008]
________. *The Time That Remains: A Commentary on the Letter to the Romans*, Patricia Dailey trans., Stanford, CA: Stanford University Press, 2005.

아우구스티누스. 『신의 도시』 [한국어 판: 성염 옮김, 『신국론』, 분도출판사, 2004]
Augustine. *City of God*, Henry Bettenson trans., New York: Penguin, 1972.

알튀세르, 루이. 『레닌과 철학 그리고 다른 시론들』
Althusser, Louis. *Lenin and Philosophy and Other Essays*, Ben Brewster trans., New York: Monthly Review Press, 2001.

에슬러, 필립 F.. 『로마서 내의 갈등과 일치: 바울 서신의 사회적 배경』
Esler, Philip F.. *Conflict and Identity in Romans: The Social Setting of Paul's Letter*,

Minneapolis, MN: Fortress, 2003.

엘리엇, 닐. 『이방 민족들의 오만: 제국의 그늘에서 로마서 읽기』
Elliott, Neil. The Arrogance of Nations: Reading Romans in the Shadow of *Empire*, Minneapolis, MN: Fortress Press, 2008.

________. 『바울의 해방: 신의 정의와 사도의 정치』
________. *Liberating Paul: The Justice of God and the Politics of the Apostle,* Maryknoll, NY: Orbis Press, 1994.

엥겔스, 프리드리히. 『초기 기독교의 역사에 관하여. 카를 마르크스와 프리드리히 엥겔스 종교 논집』
Engels, Friedrich. *On the History of Early Christianity*, in *Karl Marx and Friedrich Engels on Religion*, Atlanta: Scholars Press, 1964.

이레니우스 [리옹의 교부]. 『이단 논박』
Irenaeus of Lyons. *Against Heresies*, Alexander Roberts & James Donaldson trans., in *The Ante-Nicene Fathers* vol. 1, Alexander Roberts & James Donaldson & Cleveland Coxe eds., Grand Rapids, MI: William B. Eerdmans, 1885.

제닝스, 테드 W., 『플라톤이냐 바울이냐? 서구 동성애 혐오의 기원』
Jennings, Theodore W., *Plato or Paul? The Origin of Western Homophobia*, Cleveland, OH: Pilgrim Press, 2009.

________. 『데리다를 읽는다/바울을 생각한다: 정의에 대하여』 [한국어 판: 박성훈 옮김, 그린비, 2014]
________. *Reading Derrida/Thinking Paul: On Justice*, Stanford, CA: Stanford University Press, 2006.

________. 『속죄의 전환: 십자가의 정치신학』
________. *Transforming Atonement: A Political Theology of the Cross*, Minneapolis, MN: Fortress Press, 2009.

주잇, 로버트. 『로마서: 주해』
Jewett, Robert. *Romans: A Commentary*, Minneapolis, MN: Fortress Press, 2006.

지젝, 슬라보예. 『깨지기 쉬운 절대성, 혹은 왜 기독교의 유산을 위해 싸울 가치가 있는가?』 [한국어 판: 김재영 옮김, 『무너지기 쉬운 절대성』, 인간사랑, 2004]
Zizek, Slavoj. *The Fragile Absolute, or Why Is the Christian Legacy Worth Fighting For?*, New York: Verso, 2000.

________. 『꼭두각시와 난장이: 기독교의 도착적 핵심』 [한국어 판: 김정아 옮김, 『죽은 신을 위하여』, 도서출판 길, 2007]
________. *The Puppet and the Dwarf: The Perverse Core of Christianity*, Cambridge, MA: MIT Press, 2003.

카푸토, 존. 『자크 데리다의 기도와 눈물: 종교 없는 종교』
Caputo, John. *The Prayers and Tears of Jacques Derrida: Religion Without Religion*, Bloomington: Indiana University Press, 1997.

카푸토, 존 D.. 마이클 스캔론 편집. 『신, 선물, 그리고 포스트모더니즘』
Caputo, John D. & Michael Scanlon eds., *God, the Gift, and Postmodernism*, Bloomington: Indiana University Press, 1999.

칸트, 이마누엘. 『윤리형이상학 정초』 [한국어 판: 백종현 옮김, 아카넷, 2014]
Kant, Immanuel. *The Metaphysics of Morals*, in *Practical Philosophy*, Mary J. Gregor trans., Cambridge: Cambridge University Press, 1996.

________. 『이성의 한계 안에서의 종교』 [한국어 판: 백종현 옮김, 아카넷, 2015]
________. *Religion Within the Limits of Reason Alone*, Theodore M. Greene & Hoyt H. Hudson trans., New York: Harper & Row, 1934.

칼, 브리지트. 『갈라디아서: 정복당한 자들의 눈을 통한 독해』
Kahl, Brigitte. *Galatians Re-imagined: Reading with the Eyes of the Vanquished*, Minneapolis, MN: Fortress Press, 2010.

칼뱅, 장. 『칼뱅의 신약성서 주석 8권, 로마서와 데살로니가전후서』
Calvin, John. *Calvin's New Testament Commentaries* Vol. 8, *Romans and Thessalonians*, David W. Torrance & Thomas F. Torrance eds., R. Mackenzie trans., Grand Rapids, MI: William B. Eerdmans, 1960.

케제만, 에른스트. 『로마서 주석』 [한국어 판: 편집부 옮김, 『국제성서주석 34: 로마서』, 한국신학연구소, 1999]

Käsemann, Ernst. *Commentary on Romans*, Geoffrey Bromiley trans., Grand Rapids, MI: William B. Eerdmans, 1980.

________. 『오늘날의 신약성서 문제들』

________. *New Testament Questions of Today*, W. J. Montague trans., London: SCM Press, 1969.

코언, 셰이 J. D.. 『유대인다움의 기원: 경계, 종류, 불확실성』

Cohen, Shaye J. D.. *The Beginnings of Jewishness: Boundaries, Varieties, Uncertainties*, Berkeley: University of California Press, 1999.

크리츨리, 사이먼. 『믿음 없는 자의 믿음: 정치신학의 실험』 [한국어 판: 문순표 옮김, 『믿음 없는 믿음의 정치: 정치와 종교에 실망한 이들을 위한 삶의 철학』, 이후, 2015]

Critchley, Simon. *Faith of the Faithless: Experiments in Political Theology*, New York: Verso, 2012.

키케로. 『국가론과 법률론』 [한국어 판: 김창성 옮김, 『국가론』, 한길사, 2007/성염 옮김, 『법률론』, 한길사, 2007]

Cicero. *The Republic and The Laws*, Niall Rudd trans., Oxford: Oxford University Press, 1988.

타메즈, 엘사. 『은혜의 사면: 라틴아메리카의 관점에서 본 이신칭의』

Tamez, Elsa. *The Amnesty of Grace: Justifcation by Faith from a Latin American Perspective*, Sharon Ringe trans., Nashville, TN: Abingdon, 1993.

타우베스, 야코프. 『바울의 정치신학』 [한국어 판: 조효원 옮김, 그린비, 2012]

Taubes, Jacob. *The Political Theology of Paul*, Dana Hollander trans., Stanford, CA: Stanford University Press, 2004.

타키투스. 『연대기』 [한국어 판: 박광순 옮김, 『타키투스의 연대기』, 종합출판범우, 2005]

Tacitus. *Annals*, A. J. Church & W. J. Brodribb trans., Chicago: Encyclopedia Britannica, 1952.

토르슈테인손, 루나. 『로마 스토아주의와 로마 기독교: 고대 윤리에 관한 비교 연구』
Thorsteinsson, Runar. *Roman Stoicism and Roman Christianity: A Comparative Study of Ancient Morality*, Oxford: Oxford University Press, 2010.

푸코, 미셸. 『진리의 용기: 콜레주 드 프랑스 강의 1983~1984년』
Foucault, Michel. *The Courage of Truth: Lectures at the College de France 1983~1984*, Graham Burchell trans., New York: Palgrave Macmillan, 2011.

플라톤. 『법률』 [한국어 판: 박종현 옮김, 『플라톤의 법률』, 서광사, 2009]
Plato. *Laws*, 2 vols., R. G. Bury trans., Loeb Classical Library, Cambridge, MA: Harvard University Press, 1961.

________. 『국가』 [한국어 판: 박종현 옮김, 『국가·政體』, 서광사, 2005]
________. *Republic*, vols. 2, Paul Shorey trans., Loeb Classical Library, Cambridge, MA: Harvard University Press, 1935.

________. 『정치가·필레보스·이온』 [한국어 판: 김태경 옮김, 『정치가』, 한길사, 2000/이기백 옮김, 『필레보스』, 이제이북스, 2015]
________. *Statesman. Philebus. Ion*, Harold North Fowler & W. R. M. Lamb trans., Loeb Classical Library, Cambridge, MA: Harvard University Press, 1925.

하이데거, 마르틴. 『종교적 삶의 현상학』 [한국어 판: 김재철 옮김, 누멘, 2011]
Heidegger, Martin. *The Phenomenology of Religious Life*, Matthias Fritsch & Jennifer Ana Gosetti-Ferenci trans., Bloomington: Indiana University Press, 2004.

호슬리, 리처드 A. 편집. 『바울과 제국: 로마제국 사회의 종교와 권력』 [한국어 판: 홍성철 옮김, 『바울과 로마제국: 로마 제국주의 사회의 종교와 권력』, 기독교문서선교회, 2007]
Horsley, Richard A. ed., *Paul and Empire: Religion and Power in Roman Imperial Society*, Harrisburg, PA: Trinity Press International, 1997.

홉스, 존. 『리바이어던』 [한국어 판: 진석용 옮김, 나남, 2008]
Hobbes, John. *Leviathan*, J. C. A. Gaskin ed., Oxford: Oxford University Press, 1996.

옮긴이 후기

1

이 책은 테드(시어도어) W. 제닝스 선생의 책 중에서 국내에 소개되는 세 번째 책이다. 제닝스 선생은 성서와 신학에 관한 탁월한 지식으로 무장한 유쾌한 노학자다. 특히 자크 데리다를 비롯한 현대 프랑스 철학자들의 논의에 관한 명석함으로 번뜩이는 이 대가와 함께 처음으로 작업할 기회를 얻었던 것도 벌써 7~8년쯤 전인 듯하다. 우연한 기회였다. 아직 본격적으로 번역 일에 뛰어들기도 전에 오며 가며 알게 된 제닝스 선생의 『데리다를 읽는다/바울을 생각한다』(*Reading Derrida/Thinking Paul*)를 구해 읽다가 이걸 우리말로 옮겨보면 좋겠다는 생각을 하던 참이었는데, 함께 공부하던 한 친구의 소개로 마침 한국을 방문 중이던 제닝스 선생(이하 테드 제닝스로 표기)을 직접 뵙고, 퀴어 신학의 눈으로 신약성서를 살피며 기독교의 반동성애적 성서 해석 경향에 도전하는 『예수가 사랑한 남자』(*The Man Jesus Loved*)라는 책을 먼저 번역하게 되었다. 이 책은, 판매고로 보자면 그리 대단하지 않았지만, 마침 사회와 교계의 반동성애적 경향에 대한 비판적 목소리가 조금씩이나마 터져 나오기 시작하던 분위기에서 나름의 반향을 얻었고, 그런 탓에 테드 제닝스라는 이름은 국내에서 퀴어 신학자 혹은 동성애 신학자라는 타이틀로 기억되고 있다.

그러나 테드 제닝스의 중요성은 결코 퀴어 신학에만 그치지 않는다. 『데리다를 읽는다/바울을 생각한다』에서 드러나는 데리다 사상에 대한 철학적 해박함과 바울 신학에 대한 명석함은 대가의 면모를 드러낸다. 이러한 철학과 신학의 연결 및 협업의 가능성을 보여주는 탁월한 사유의 공간은 데리다와 바울이라는 언뜻 보기에 관련이 없는 둘 사이에서 법과 모순적 관계에 있는 정의와 법 바깥에 있는 정의의 요구라는 공통분모를 찾아내어, 이 둘 사이의 비교나 축자적 해석에만 그치지 않는 독창성을 드러내기도 한다.

이 책 『무법적 정의』(*Outlaw Justice*)는 앞선 작업과 관련하여 제닝스가 이전부터 계획했던 작업인데(이에 관해서는 『데리다/바울』의 서문에서 언급한다), 앞서 소개된 책이 바울 읽기에서 데리다로부터 얻을 수 있는 여러 타당한 관점들을 소개하는 데 주안점을 둔 것이라면, 이 책은 보다 본격적으로 바울의 로마서 속으로 뛰어들어 근래 무신론적 사상가들이 제공한 정치적인 바울 읽기의 성과를 함께 소개하는 작업이다.

내가 번역한 책이지만 그럼에도 뻔뻔스럽게 말하자면, 이 책은 하나의 역작으로 인정받아 마땅한 책이다. 정말 그런지는 결국 독자가 판단할 몫이겠으나, 일단은 다음과 같은 질문에 답을 함으로써 가름할 수 있을 듯하다. 즉, 정치적 측면에서, 특히 일반적으로 이른바 정치신학이라 말하는 측면에서 바울을, 특히 바울의 '로마인들에게 보낸 편지'를 읽는 데 이 책은 어떤 이점이 있을 수 있을까?

2

먼저 시간 혹은 역사와 절연된 측면에서 어떤 특정한 방식으로 읽어오던 로마서라는 텍스트를, 그리고 이 텍스트를 쓴 바울을 다시 읽어낼 계기를 얻을 수 있다. 일반적으로 교회와 신학계에 한정되어 있던 바울 독해는 로마서를 개인적 차원의 시각으로 국한하여, 바울로 상정되는 한 개인이 율법의 선한 명령을 실행하고자 하지만 죄를 향한 방향으로 고정된 그 자신의 육신으로 인해 죄 지을 수밖에 없는 데서 오는 실존적 고뇌의 산물로 읽곤 한다. 개인적 차원의 올바름과 그리스도에 대한 믿음으로 얻게 되는 칭의(이신칭의)는 서구 중세라는 역사적 배경(종교개혁)에서 나름의 정치적 의미를 얻기도 했으나, 이러한 해석 방식에 치중할 때 로마서 읽기는 시대착오적이기에 오늘날 교회 바깥에서는 어떠한 의미도 찾을 수 없는 것이 되어버린다. 이를테면 개인적 차원에 한정되지 않는 정의의 요청과 요구는 시야에서 사라져버리고, 이로 인해 로마서는 종교적인 올바름 혹은 의로움을 얻기 위한 무시간적인 바울 신학과 윤리를 서술하는 텍스트가 되어버리는 것이다. 이런 방식에 따를 때, 로마서 1 : 18~25의 서술은 '동성애'에 대한 정죄로, 3 : 21~31에서 나타나는 '의로움을 인정받는 믿음'은 그리스도에 대한 믿음으로 치부되고, 이와 함께 로마서 8장의 '피조물의 간절한 기다림'에 대한 서술은 우주론적 신비의 차원에 할당되며, 유대 민족의 구원을 말하는 9~11장의 논의는 일종의 부가적 서술로, 그리고 이후 12~15장의 논의는 세상을 살아가는 그리스도인의 윤리를 위한 교훈으로 해석된다. 이제 로마서에 대한 정치신학적 독해는 교회와 신학계라는 게토 바깥에서는 도저히 어떤 연결고리를 찾을 수 없는 이러한 해석에 타당한 역사적 맥락을 제공하고, 이를 통해 이러한 개인적·실존적 차원에 국한된 시각에서 벗어날 길을 열어준다. 또한 이와 함께, 마치 바울 당시의 로마 제국이 그랬던 것처럼, 자본주의와 신자유주의의 지배만이 유일하게 가능한 지배체제로 간주되는 오늘날 바울의 메시아적 정치에서 어떤 시사점을 이끌어낼 가능성을 제공한다.

3

정치와 관련하여, 그것도 정치신학적 측면에서 로마서 읽기란 어떤 의미를 가지는 것일까? 정치신학으로 우리에게 알려진 학자는 나치 정당의 법적 논리를 기초했던 법학자 카를 슈미트다. 이 책이 취하는 정치신학적 관점이란 결국 슈미트와 그의 동시대인이었던 발터 벤야민 간에 있었던 대화에서 유래한다. 이를테면, 슈미트는 '국가에 관한 모든 근대적 이론들이 일종의 세속화된 신학적 개념들'이라는 주장을 제시하는데, 이는 국가 주권을 마치 신의 지상권(또는 자유의지)인 것처럼 간주한다는 보수적인 가톨릭 신학의 논리에 기반을 둔 것이다. 그는 여기에서 한 걸음 더 나아가 세속화된 정치와 의회민주주의의 위기를 주장하며, 법의 지배를 중단하게 될 '예외상태'를 선포하는 자로서의 군주 또는 독재자에 관한 논리를 제공한다. 벤야민은 이에 대한 반론으로 '신적 폭력'과 '약한 메시아적 힘'을 제시한다. '신적 폭력이란 유사하게 법의 지배를 중단하는 무엇이지만, 이는 국가와 지배자의 입장에 서는 슈미트의 논지와 완전한 대척점에 서는 대중 혁명이나 총파업과 같은 무엇이다. 그리고 '약한 메시아적 힘'이란 개별 민중에게 간직된, 국가 폭력과 억압에 저항하고 이를 뒤집을 수 있다는 희망으로 말할 수 있다. 이런 장황한 이야기를 하는 까닭은 바로 이 두 사람의 대화가, 야코프 타우베스가 지적하는 것처럼, 신약성서에 매우 중요한 한 인물에 대한 서로 다른 해석을 둘러싸고 벌어지는 까닭이다. 바로 로마서를 쓴 성 바울이라는 인물 말이다. 타우베스는 『바울의 정치신학』에서 바울의 로마서가 로마에 대한 메시아 조직의 선전포고라고 말하기도 한다(클라우제비츠에 따를 때, 전쟁은 정치의 연장이다).

로마서와 정치의 관계를 보다 분명히 하기 위해서는 먼저 역사적 맥락 안에서 살피는 일이 중요하다. 그리고 또 이를 위해서는 일정 이상의 낯설게 하기(defamiliarizing) 방식이 필요하다. 즉, 로마서의 언어를 이 서신이 쓰일 당시의 역사적·정치적 언어로 바꿔볼 필요가 있다는 것이다. 간단히 말해서, 일반적인 성서 번역에서 나타나는 의(義) 혹은 올바름(righteousness)은 정의(justice)로, 그리스도(Christ)는 메시아(Messiah)로, 예수(Jesus)는 여호수아(Joshua)로, 믿음(faith)은 충실함(faithfulness) 혹은 충성(loyalty)으로, 은혜(grace)는 관대함(generosity) 혹은 호의(favor)로 바꿔 말하는 방식이다. 이러한 용어상의 전환은 성서 본문과 성서가 쓰일 당시 문서들에서 후견인(patronus)과 피후견인(clientes)의 주종 관계나 로마 황제에게 쓰이던 용어들을 지도자인 메시아에 대해 전용하는 방식으로, 당대의 사회·정치상을 보여주는 역사서들의 일반적인 번역을 고려할 때 충분한 근거를 지닌다.

4

이러한 배경에서 바울이 로마인들에게 보내는 이 편지의 흐름을 따라가보자. 물론 제닝스가 제시하는 관점에 따라서 말이다. 새로운 정의를 말하는 이 편지의 시작은, 제닝스에 따를 때, 일종의 사법적 기소 혹은 고발과 함께 열린다. 로마에 거주하는 메시아적 세포조직에게 인사를 끝내자마자, 바울은 마치 법정에 나선 검사와 같이 법에 대한 기소를 시작한다. 먼저 이방인의, 다시 말해 로마 제국의 법에 대한 고발이 시작된다.(여기서, 개인주의적인 해석에 따를 때 문란한 성생활과 동성애에 대한 비판이라고 해석되던 로마서 1:18~25는 이러한 바울 생존 당시의 정치적 맥락에서 오히려 로마 제국의 지배층에 대한 고발임이 드러난다.) 하지만 유대 민족의 율법이라고 해서 바울의 기소를 피해 가지는 못한다. 당연히 이는 각각의 법으로 운영되는 두 사회와 정치체에 대한 고발이다.

이러한 고발에는 이방인의 법과 유대 민족의 율법이 어떤 한 사건과 관련하여 정의를 가져오는 데 실패했고, 오히려 그 본래의 취지와는 달리 부정의를 낳는 도구가 되었다는 인식이 깔려 있다. 즉, 로마 제국의 법(이방인들의 법)은 신이 보낸 메시아를 제국의 반역자를 벌하는 형벌(십자가형)로 처형했고, 유대 사람들은 그들 자신의 율법에 따라 그 메시아를 제국 군인들의 손에 넘겼던 것이다. 그런 점에서 두 법은 모두 정의를 가져오는 데 실패했고 따라서 부정의하다. 이 문제의 해결을 위해서는 새로운 정의, 곧 이 두 법에서 벗어난 새로운 정의를 가져올 필요가 있다. 그것은 바로 신적인 정의, 이방인의 법과 유대인의 법 둘 다에서 벗어나는, 그 둘의 바깥에 있는, 곧 무법적 정의(outlaw justice)인 것이다. 그리고 이 법 바깥의 정의는 법의 준수가 아니라 오직 충실성 혹은 충성에 기초하는 것으로, 먼저 죽기까지 충성한 메시아 자신의 충실함은 지지자들의 충실함을 불러와 그들을 신적인 정의의 부름에, 메시아적 정의의 요청과 요구에 부응하는 정의로운 자들의 공동체로 만든다.

이후에 이어지는 이야기는 메시아적 공동체에 관한 것이다. 생명과 영에 속한 메시아적 인류는 죽음과 육신에 속한 아담적 인류의 근본적인 전환이다. 여기에서 생명과 영 그리고 죽음과 육신이란 어떤 의미에서 삶의 양식에 관한 것이며, 전자가 충실함에 기초한 정의와 관련된다면 후자는 기존의 법과 관련된다. 바울의 논변에 따를 때, 한번 죽었다가 살아난 사람이 더 이상 죽음의 관할에 속하지 않는다면, 죽음에서 살아난 메시아를 따르는 지지자들은 이미 죽음의 관할에 곧 법의 관할에 속하지 않는다. 따라서 메시아를 따르는 자들은 확실하게 메시아의 죽음 이전의 법에 속하지 않게 되는 것이다. 이들은 희소한 자원과 이 희소성을 관리하기 위한 경제(economy) 혹은 이법(理法)이 아니라 넘쳐남에, 선물과 같은 관대함과 호의에 기초한 포함의 논리에, 오로지 신적인 정의와 메시아에 대한 충성에 이어 선물과 같이 주어지는 관대함의 논리에 따른다. 그리고 이러한 포함과 연대는 심지어 — 일반적으로 우주론적 차원의 신비를 말한다고 간주되는 — 로마서 8장의 피조물들과의 연대에 이르기까지 연장된다.

5

하지만 여기에는 약속의 문제가 남는다. 신이 과거에 맺은 계약은 깨어진 것이고, 계약을 맺는 자들에게 주어진 법은 폐지되어야 할 무엇인가? 로마서 9~11장에서 나타나는 바울의 대답은 그렇지 않다는 것이다. 바울 자신은 한 사람의 유대인으로서, 기존에 맺어진 계약과 이에 따른 법은 메시아적 정의를 통해 더욱 완성되어야 할 무엇이라 주장하며, 자기 동족인 유대인들이 비록 한때 메시아에 반대하는 자들이었으나 종국에는 이 새로운 신적 정의에 포함되기를 바라는 간절함을 드러낸다.(이것은 기독교권의 역사에서 지속된 이른바 '유대인 문제'에 대한 대답으로, 바울의 논변을 근거로 한 유대인의 배제가 얼마나 큰 오류인지 보여준다.) 여기에서 특기할 점은 제닝스가 지적하는 신의 특성이다. 결코 예상할 수 없으나 그럼에도 언제라도 믿을 수 있는(일관적인), 결코 약속을 깨지 않는다는 특성 말이다. 그리고 이러한 약속은 마치 '즉흥연주'와 같이 진행되며 심지어 신적인 정의에 반대하는 자들마저 자신의 구도에 포함해 넣는다. 마치 재즈 연주처럼 몇 가지 틀이 정해지지만 언제라도 일어나는 일에 대응하는 방식으로, 매 순간의 임기응변으로 진행되는 이 연주는 각자의 선율과 박자로 진행되기에 무엇이 나올지 예상할 수 없지만, 모두가 함께 합쳐질 때 하나의 음악이 되며 어떤 의미에서 언제라도 신뢰할 수 있는 방식으로 완성될 무엇이다.(이 책의 체제 역시 마치 악보와 같이 구성되어 있는데, '전개부'(phase)나 '종결부'(coda)라는 용어에서 이런 점이 드러난다.)

이후에 이어지는 로마서 마지막 부분(12~15장 전반부)은 종래의 해석에 따를 때, 단순히 공동체적 교훈을 제시한 부분으로 읽히곤 했다.

바울의 복잡하면서도 마치 나선을 따라 상승하는 듯한 특유의 신학이 서술된 1~8장의 논의에 비할 때 부차적인 것일 뿐이라고 말이다. 하지만 제닝스의 시각에서 볼 때 이 부분이야말로 정작 중요한 부분이다. 말하자면 이 부분의 논의에서 나타나는, 선으로 악을 이기라거나, 메시아가 그랬던 것처럼 서로를 환영하며 관대함을 보이라는 이야기는 단순히 종교·윤리적 교훈이 아니라 메시아의 몸에 통합된 충실한 자들을 위한 강령이기 때문이다.

6

이 글의 마지막으로 가기에 앞서, 책에서 소환하는 여러 사상가들 중에 두 사람을 끌어내어 잠시 살펴보자. 그 두 사람이란 데리다 외에 아마도 제닝스가 가장 자주 언급하는 인물일 알랭 바디우와 조르조 아감벤이다. 책에서도 이런 경향이 드러나지만, 전에 제닝스가 한국에 방문했을 때 나눴던 이야기를 기억하자면, 그는 기본적으로 바울 해석에 관해 전반적으로 바디우보다는 아감벤에 동의하는 편이다. 제닝스가 책의 논의를 시작하는 토대는 벤야민에게서 유래한 '메시아적인 것'의 정치신학이며, 이를 보다 분명하게 논의한 타우베스나 아감벤의 바울 해석이기도 하다. 생각해보면, 이러한 독해 방식에 바디우의 바울을 보는 시각은 적합하지 않은 것인지도 모른다. 바디우의 바울 논의는 바울 텍스트의 정치신학적 해석을 위한 것이 아니라, 그가 말하는 사건-주체-진리의 구조에 따라 새로운 보편의 주체를 찾고 그 예시를 들기 위한 것이다. 문제는 바로 이 '주체'의 문제에서 오는데, 제닝스가 이 책의 뒷부분에서 '메시아의 몸', 곧 메시아 사건에 충실한 자들의 공동체를, 어떤 집단적 주체를, 메시아적 '전위대'를 말하기 때문이다.

아감벤이 주로 사용하는 '분할의 분할'이라는 논리, 말하자면 어떤 구분을 만드는 분할을 다시 분할하여 그것의 양쪽이 서로 트이게 만듦으로써 '작동하지 않는' 혹은 '무위의' 구분으로 만들어버리는 논리는 특히 바울의 종말론적 입장에 적합한 것인지도 모른다. 그가 말하는 '지금의 시간'은 분할의 분할로 만들어진 나머지 혹은 잔여가 과거와 현재 사이에 자리 잡아 각각이 결코 닫히지 않는, 다시 말해 과거도 현재도 아닌, 과거와 현재가 혼재하는 시간의 중지(일종의 예외상태)를 만드는 것이기 때문이다. 하지만 이런 방식으로는 어떤 새로운 주체의 가능성을 찾을 수 없다. 예를 들어, 이방인과 유대인 사이의 구분에 이 분할의 분할을 적용하면, 비-비-이방인이나 비-비-유대인은 이방인도 유대인도 아닌 자가 된다. 하지만 이런 방식을 적용할 때, 주체는 흔들린다. 아니, 분명한 주체의 가능성은 제거되고, 종말론에 어울리는 '주체성'만이 남는다. 메시아적 '전위대'라는 것은 아감벤의 입장에서 그리 타당하지 않을 무엇이다. 그런 의미에서 메시아 사건에 충실한 새로운 집단적 주체(바디우의 방식으로 말하자면 유대인적 주체도 이방인적 주체도 아닌 비변증법적 주체로서의 기독교적 주체)에 관해서라면 차라리 바디우의 관점이 더 나은 설명력을 가질 것이다. 그런 관점에서 보자면, 이 책 자체가 일정 이상의 절충적 성격을 띤다고 말할 수 있다. 물론 그 중심에는 바울의 로마서라는 근간이 있다. 하지만 어쨌든 로마서에 관한 근래의 정치철학적 해석에 있어서는 각각의 부분에 서로 입장의 차이가 분명하게 나타나는 사상들이 번갈아 등장하며 한데 뭉쳐져 있다. 물론 그렇다고 해서 이 책의 가치가 삭감된다고는 말할 수 없을 것이다. 어떤 이유로 인해 다소의 협상과 양보가 있었다 해도 바울의 로마서를 중심에 둔 탁월한 정치신학적, 정치철학적 주해라는 점에는 달리 이의를 제기할 수 없기 때문이다.

7

이 절충이나 협상이라는 사안과 관련하여, 로마서 15장 후반부에서

16장으로 이어지는 부분에 관해 제닝스가 제시하는 논변을 살펴보는 것도 흥미로울 것이다. 이 부분에서는 주로 바울의 로마 방문 목적과 로마에 있다고 간주되는 바울의 동역자들에 대한 인사말이 주를 이루는데, 여기에서 제닝스는 바울의 인사말에 등장하는 몇몇 외국 출신자들과 아마도 해방 노예일 것으로 보이는 사람들에 관한 포스트식민주의적 독해를 제시하고, 여성들이 중요한 역할을 맡아 활발히 활동했던 초기 교회의 모습을 이야기한다. 그리고 또 종래의 로마서 번역이 이러한 교회의 '위험한' 면모를 감추기 위한 방식으로 변조되었으나 오히려 그랬기에 현재까지 이어져 내려올 수 있었다는 점을 지적하기도 한다. 어쩌면 제닝스가 로마서 해석의 역사에서 그 급진성을 간직하고자 하는 투쟁을 논하며 언급하는 '도래할 민주주의'와 약간은 다른 맥락이 되겠으나, 이 책이 전개하는 로마서 해석의 절충적 성격은 어쩌면 서로에 대한 근본적인 차이를 간직한 논의들이 로마서 해석이라는 장 안에서 서로를 존중하는 방식으로 각각의 단점을 메워주는 어떤 환대의 장을 마련한다고 말할 수 있을지도 모르겠다. 그리고 그 환대의 장 안에서 독자들은 저자의 명석한 로마서 독해에서 각각의 상황에 맞는 다양한 사상가들의 목소리를 듣게 되는 향연의 장을 발견할 것이다.

8

감사의 말씀.

제닝스 선생에게서 이 책을 처음으로 얻은 지 한 5년은 된 것 같다. 아직 경주로 내려오기 전이었으니까. 어느 날 갑작스럽게 미국에서 날아온 우편물 안에 이 책을 포함해서 네 권의 책이 들어 있는 것을 보고 참 기뻤던 기억이 있다. 그 네 권 중에 이 책이 가장 먼저 번역되었다. 아직 나머지 세 권이 기다리고 있는데, 언젠가는 그 책들 역시 국내 독자들을 만날 수 있기를 바란다.

먼저 이런 훌륭한 책을 써서 내게 번역할 기회를 준 제닝스 선생에게 감사한다. 내가 받은 책에는 선생의 자필로 '친구이자 같은 무법자인 박성훈에게(For Park Sung Hoon, friend, fellow outlaw)'라는 문구와 함께 저자 사인이 되어 있다.

더불어 이 책의 가치를 알아봐준 도서출판 길에도 감사의 말씀을 드린다. 계속 나빠지고 있는 이 사회의 출판 환경에서도 꾸준히 좋은 책들을 내어주는 이런 좋은 출판사가 있다는 것은 다행한 일이다.

마지막으로 이 책의 번역 작업에 격려를 보내준 가족들과 여러 친구들 그리고 선생님들께 감사의 말씀을 드린다.

2018년

경주에서

추천의 글

김진호•

근대적 지식의 첫 번째 문을 연 것은 역사학이었다. 전근대적 지식이 독점해온 진리가 역사학적 탐구를 통해 여지없이 무너진 것이다. 예컨대 교회가 예수에 대한 지식을 독점함으로써 교회가 해석하는 예수가 진리의 표준이 되어왔는데, 역사학은 성서 텍스트를 학문적으로 해부하여 가장 오래된 '문헌적 층위'를 발견함으로써 '교회가 해석한 예수'와는 다른 모습의 '역사적 예수'(historical Jesus)를 해석해냈다. 물론 역사적 예수가 교회의 예수와는 다르다는 주장으로 인해 교회가 독점해온 진리의 정당성은 심각하게 훼손되었다. 그것은 진리가 더 이상 교회 안에, 그 장소를 지배하고 있는 성직자에게 있는 것이 아니라 근대적 지식의

• 제3시대그리스도교연구소 연구실장. 한신대학교 신학대학원을 졸업하고 한백교회 담임목사, 한국신학연구소 연구원, 계간 『당대비평』 편집주간 등을 지냈다. 제도권 신학 바깥에서 민중신학 연구자로 활동하고 있다. 지은 책으로 『시민 K, 교회를 나가다』, 『리부팅 바울』, 『예수의 독설』, 『반신학의 미소』, 『권력과 교회』, 『당신들의 신국』(공저), 『지금, 여기의 극우주의』(공저), 『우리 안의 파시즘』(공저), 『사회적 영성』(공저) 등이 있다.

맹아로서의 역사학, 그리고 그것이 수행되는 대학에 있다는 새로운 믿음을 심어주었다. 이런 식으로 수행되는 역사학적 방법을 신학계는 '역사비평'(historical criticism)이라고 불렀다. 이러한 역사비평은 18~19세기에 신학을 전체적으로 '리부팅'하는 가장 결정적인 동력이었다. 역사비평이 모든 신학을 성서 해석에 기반을 둔 학문으로 바꾸어놓은 것이다.

그런데 19세기 말경 본격화되기 시작한 '고전적 역사주의의 위기'와 함께 성서해석학의 제왕이었던 역사비평도 헤어 나오기 어려운 한계의 수렁으로 추락하게 되었다. 그 위기의 요체는 역사학이 발견해냈다고 자부했던 '원초적인 과거 사실', 그것 속에 내포된 확고부동한 진리가 불신의 대상이 되었다는 데 있다. 가령 가장 오래된 복음서라는 마가복음도 누군가에 의해 '해석된 예수'에 관한 문서이며, 그것에서 '역사의 예수'를 읽어낼 수 없다는 회의가 널리 확산되었다.

20세기는 이러한 역사비평의 위기를 돌파하려는 여러 시도들이 속출하던 시대였다. 성서학계에서 '양식비평'(form criticism)이 각광을 받은 것은 역사비평의 확장을 통한 새로운 가능성이 될 수 있다고 생각되었기 때문이다. 그때까지 역사비평은 '최초의 문서적 흔적'을 찾는 데 역점을 두어왔는데, 양식비평은 문서로 만들어지기 이전, 구술단계의 텍스트(oral text)를 탐구함으로써 '단 하나뿐인 과거 사실'을 도출해낼 수 있을 것으로 기대되었다.

한편 양식비평만큼은 아니지만 '수사비평'(rhetorical criticism)도 역사비평을 보완할 수 있다는 기대를 받았다. 이 방법이 주목한 것은 성서 텍스트 속에 들어 있는 발화자의 '말하기 전략'이었다. 동시대의 여러 문헌 속에서 도출된 말하기 전략들, 즉 수사기법들을 성서 텍스트에 대입함으로써 애초의 말의 의미를 더 잘 발견할 수 있다는 생각이다.

좀더 최근, 그러니까 20세기 말 즈음에는 '사회과학적 비평'(social scientific criticism)이 맹렬히 모색되었다. 과거 역사학이 위기에 직면해 있던 시절, 역사학의 담장을 부수고 뛰쳐나간 새로운 학문적 탐구들 중 일부가 사회과학이라고 불리는 지식체계로 정착했다. 대체로 역사학이 시간의 역순으로 탐구를 진행하여 사실의 질서, 그것 속에 내포된 원초적 진리의 내용을 찾아내려 했다면, 사회과학은 공간의 배치를 주목함으로써 의미를 해석하려 했다. 그런데 이렇게 별개로 발전하던 학문이 20세기 후반 이후 서로 상호작용하면서 분석의 개연성을 향상시키고자 했는데, 성서학의 경우 20세기 말경부터 빠르게 상호적인 연구 분위기가 확산되었다. 가령, 역사비평이 인구학적 요인, 계급/계층적 요인, 기후적 요인, 지형적 요인들 같은 공시적 요소들을 간과함으로써 성서 속 특정 텍스트의 본질적 의미를 해독하지 못했다는 점에서 이런 사회과학적 요소들을 통해 역사비평을 재구축해 모두가 동의할 만한 단 하나의 진리에 도달하고자 했다.

이상과 같은 새로운 탐구들은, 대체로 '단 하나뿐인 과거 사실을 발견할 수 있다'는 역사비평적 명제를 보완하는, '확대된 역사비평'의 구축에 기여하고자 했다. 하여 역사적 사실이란 단 하나로 수렴되는 진실을 담고 있다는 믿음을 지향했다. 그러나 아직까지 역사비평은 '단 하나로 수렴되는' 과거 사실의 존재에 대한 합의에 이르지 못했다. 오히려 '더 다양한' 가설적 사실들에 도달했고, 서로 절충될 수 없는, 매우 개연성 있는 사실들이 무수히 많다는 딜레마에 빠져버린 상태에 있다.

한편 20세기 중반 이후, 역사비평과는 접목될 수 없는 전혀 새로운 여러 시도들이 활발하게 모색되었는데 그중 1980년대 이후 꽃을 피운 주목할 만한 두 가지 다른 비평이 학계의 이목을 끌었다. '서사비평'(narrative criticism)과 '구조주의비평'(Structural Criticism)이 그것이다. 이들은 공히 비평의 단위를 현존하는 성서 텍스트에 두고 있다는 점에서 역사비평과는 다른 관점을 취하고 있다. 역사비평은 현존하는 텍스트에서 과거로 거슬러 올라가면서 해석된 후대적 요소들을 하나씩 제거하는 과정을 통해 가장 적합한 원초적 텍스트를 발견하고 그것을 분석 대상으로 삼아 과거 사실을 해독하려 한 반면, 이 두 방법은 그러한 역사비평적 관점과는 달리 현존하는 텍스트 자체를 분석의 대상으로 한 것이다.

서사비평은 현존하는 성서 텍스트에 대해 역사적 물음을 제기하는 대신, 등장인물, 배경(setting), 사건, 플롯 등 텍스트 내의 여러 문학적 디테일에 주목하여 그 의미 가능성을 해석하고자 했다. 반면 구조주의비평은 텍스트가 놓여 있는 언어 구조에 주목하여 그것의 의미 가능성을 읽고자 했다. 여기서 전자가 발화자가 말하려는 의도를 알아내려고 했다면, 후자는 발화자의 의도에 대해서는 그다지 관심이 없고 거기에 사용된 언어의 심층, 즉 언어적 무의식의 세계를 통해 텍스트를 해석하려 했다.

여기서 주지할 것은 이것이다. 이 두 비평 방법은, 역사비평과는 달리, 성서 텍스트에서 '단 하나의 진리'를 발견해낸 것이 아니라, 다양한 의미의 가능성을 향한 해석의 문을 열어놓았다는 사실이다. 하지만 이 다양한 가능성의 실마리는 성서 텍스트 내에 있다고 보았다. 즉 이 두 비평 방법은 공히 텍스트주의적 해석에 집착하고 있다. 요컨대 '텍스트의 바깥'에 대해서는 무관심했다.

한데 1980년대에 주목받기 시작한 또 다른 비평 방법인 '독자수용비평'(reader-response Criticism)이 이와는 다른 길을 모색했다. 여기서 중요한 것은 독서자(그리고 그이의 세계)와 텍스트 간의 상호성에 있다. 즉 '텍스트 바깥'에 있는 중요한 주체인 '독서자'의 존재가 해석에 중요한 또 하나의 실마리라는 얘기다. 그런 점에서 이것은 일종의 탈텍스트주의(post-textualism)적 성서 해석, 혹은 '텍스트주의 해체적 성서 해석'의 등장을 의미했다.

한데 '독서자'란 누구인가? 그는 자신이 살고 있는 세계의 일원이다. 그 안에서 그이는 이 세계의 어떤 부분에 대해서는 동조하고 있는 반면 다른 부분에 대해서는 불화(不和)하고 있다. 또 어떤 것에 대해서는 무관심하다. 이것은 그가 자신의 세계를 해석하는 존재임을 의미한다. 그런데 이 대목에서 우리가 주목해야 할 점은 자신의 세계를 해석하는 그이의 행위 속에는 성서 텍스트를 해석하는 것도 포함된다는 점이다. 그런 점에서 독자수용비평이란, 엄밀히 말하면, 독서자, 그러니까 성서 텍스트를 해석하는 자기 자신이 동조 혹은 불화하는 세계에 대한 논의, 그것을 통해 수행하고 있는 그 자신의 실천과 연결하여 해석이 수행되어야 하는 비평 방법이다. 그런데 독자수용비평에서 독서자는 자기 자신에 대한 분석, 자기 세계에 대한 분석에 큰 관심을 기울이지 않은 채, 독서자 자신과 텍스트 간의 상호성만을 말하려고 했다. 이렇게 독자수용비평을 이해한다면 그것은 역사로부터 탈주하였던 비평들과는 달리 새롭게 세팅된 '역사의 복귀'를 선언하는 비평 방법임을 알 수 있다. 새롭게 세팅된 역사의 복귀란, 단 하나의 과거 사실의 재현에 대한 확신으로 표상되었던 고전적 역사주의와는 다르다. 그것은 과거와 현재의 끊임없는 대화로서의 역사를 의미한다. 또한 그것은 수많은 의미들로 끊임없이 재해석될 수 있는 복수로서의 역사학'들'이다.

이 점에서 독자수용비평의 문제 제기를 가장 철저하게 수행하고 있는 해석들에 관해 이야기할 필요가 있다. 오늘날 이러한 비평 방법으로 주목받는 것들로는 '문화비평으로서의 성서 비평'과 '정치신학으로서의 철학적 비평'을 들 수 있다. 문화비평으로서의 성서 비평은 대략 1990년대 중반 이후 본격적으로 모색되기 시작했다. 여기서 중요한 것은 '문화적 실천'이다. 독서자는 자신의 비평이 자리하는 시선을 여성에 두건, 유민에 두건, 민중에 두건, 노동자에 두건, 그 시선적 주체를 중심으로 하여 그를 둘러싼 사회의 일상적인 포용과 배제의 메커니즘, 그리고 그것에 저항하고 있는 일상적 실천으로서의 정체성의 정치와 그런 이들 간의 연대성의 정치 등을 분석하고 그것을 성서 텍스트의 해석에 개입시킨다. 대표적인 연구자로는 메리 톨버트(Mary Ann Tolbert), 페르난도 세고비아(Fernando F. Segovia), 수기르타라자(R. S. Sugirtharajah),

곽퓨이란(Kwok Pui-lan, 郭佩蘭) 등이 있다.

한편 정치신학으로서의 철학적 비평을 대표하는 이로는, 바로 이 책 『무법적 정의: 바울의 메시아 정치』(2013)의 저자인 테드 W. 제닝스가 손꼽힌다. 이 책은 선행하는 연작인 『데리다를 읽는다/바울을 생각한다: 정의에 대하여』(2005)와 함께 철학적 정치비평의 대표작이라고 할 수 있다. 그런데 흥미롭게도 성서에 대한 철학적 비평의 선구자들은 그리스도교 신학자들이 아니었다. 현대의 유대 정치철학자인 야코프 타우베스의 『바울의 정치신학』(*Die politische Theologie des Paulus*, 1987)이 문을 열었고, 현대의 좌파철학자들인 조르조 아감벤의 『남아 있는 시간: 로마인들에게 보낸 편지에 대한 주석』(*Il tempo che resta. Un commento alla Lettera ai Romani*, 2000), 알랭 바디우의 『성 바울: 보편주의의 정초』(*Saint Paul: La fondation de l'universalisme*, 1997) 등이 저술되면서, 바울은 일약 현대의 주요 사상가들이 앞다투어 그 정치철학을 논하는 주요 텍스트로 부상했다. 요컨대 이 비평 방법은 오늘의 세계에 개입하는 정치철학적 텍스트로 바울(의 문서들)을 읽는 것으로 나타났다. 하지만 그들이 읽는 바울은 고전적인 역사비평적 접근을 통해 조명된 '역사적 바울'(historical Paul)이라기보다는 '철학적 알레고리로서의 바울' 혹은 과거와 현재의 대화로서 리세팅된 현대적 역사학의 바울이다.

왜 바울인가? 이들이 바울을 주목하는 근저에는 현대 종교의 패권세력이라고 할 수 있는 그리스도교가 바울과 깊은 연관성이 있다는 전제가 있는 것으로 보인다. 나아가 그리스도교가 서구 사회 전체의 담론적이고 제도적인 토대가 되고 있다는 점에서 바울은 서구 사회 전체를 상징하는 알레고리라고도 할 수 있다. 요컨대 바울이 '첫 번째 그리스도인' 혹은 첫 번째 서구인이라는 전제에서 그들이 펴는 바울의 정치철학적 이론들이 출발하는 것이다. 물론 바울을 그렇게 해석하는 것은 그리스도교의 주류적 해석이라고 할 수 있다. 바디우의 바울은 이러한 맥락에 있다. 한데 최근 성서학계에서 새로운 대세를 형성하는 논점은 바울이 그리스도교와 유대교를 이분법적으로 나누는 경계선일 수 없다는 것이다. 타우베스나 아감벤은 그런 새로운 전제 위에서 바울론을 편다. 아무튼 바울을 정치철학적으로 이야기하는 현대의 사상가들은 그것을 통하여 진정한 그리스도교적 정치철학이 이 세계에 어떻게 개입해야 하는지를 각각의 방식으로 서술한다.

제닝스의 두 권의 연작은 이러한 정치철학자들의 바울론을 참조하면서 쓴 그의 바울론이다. 두 권의 연작 저서의 제목들에서 명시되듯 그는 '정의'를 얘기하고자 하는데, 그가 말하는 정의는 고대 로마나 현대의 미국과 같은 제국의 통치자가 표명하는 법의 지배로서의 정의가 아니라, '법 밖'의 혹은 '무법적' 정의다. 그 정의는, '군주적 지배로 표상되는 지배체제의 메시아주의'가 아니라, '메시아 없는 메시아주의' 혹은 '약한 메시아주의'와 함께하는 정의다. 그의 이런 정의론은 국민국가적 법질서 밖의 존재로서 국경을 넘어온 유민과 난민, 그리고 이분법적 성에 관한 규범적·법적 질서 밖의 존재로서 성의 국경을 넘어온 성소수자 등에 의해서 새롭게 주체화되고 있는 정의를 말한다. 그런 점에서 그 정의를 그는 '무법적 정의'라고 부른다.

정치철학적 성서 텍스트로서 『무법적 정의』는 로마서에 관하여 이야기하고 있다. 그 서사 양식은 다양한 장르적 성격을 띤다. 여기에는 문학적 비평도 활용되고 역사적 비평도 활용된다. 그런 점에서 그것은 '역사로부터의 탈주'이며 '새롭게 세팅된 역사로의 복귀'다. 즉 단 하나의 과거 사실을 발견하려는 역사주의적 욕구로부터의 탈주이며, 오늘의 사회를 깊게 읽고 그것에 깊게 개입하는 차원에서의 '역사로의 복귀'다. 물론 철학적 비평은 아직 비평적 실험의 출발 단계에 있다. 이 책은 그 새로운 비평의 등장을 알리는 기념비적 저작이다. 그것은 교회에서 대학으로 해석의 거점을 옮겨놓았던, 그리고 성직자에서 역사가로 해석의 주체를 이동시켰던 역사비평을 넘어서는 새로운 비평이다. 이제 해석의 장소는, 대학이든 아니든, 세계의 변혁을 꿈꾸는 실천의 장이 되며, 해석의 주체는 그러한 실천을 도모하는 이들이다. 하여 오늘의 지배적 메커니즘에 의해 법의 바깥으로 내몰린 이들의 시선에서 세계의 변혁을 꿈꾸는 이들이라면, 그이가 그리스도인이건 아니건, 이 책과 함께 그 꿈에 대하여 상상할 기회를 얻기를 기대한다.

찾아보기

| ㅋ |

| ㅌ |

| ㅍ |

| ㅎ |